航天科工出版基金资助出版

智慧军营建设研究

欧阳文　康文兴　刘世栋　编著

中国宇航出版社
·北京·

图书在版编目（CIP）数据

智慧军营建设研究 / 欧阳文，康文兴，刘世栋编著
. -- 北京 : 中国宇航出版社，2020.6
ISBN 978 - 7 - 5159 - 1793 - 1

Ⅰ.①智… Ⅱ.①欧… ②康… ③刘… Ⅲ.①营房－后勤管理－研究－中国 Ⅳ.①E235

中国版本图书馆 CIP 数据核字(2020)第 086900 号

责任编辑　赵宏颖　　**封面设计**　宇星文化

出版 发行　中国宇航出版社

社　址　北京市阜成路 8 号　**邮　编**　100830
(010)60286808　　(010)68768548

网　址　www.caphbook.com

经　销　新华书店

发行部　(010)60286888　　(010)68371900
(010)60286887　　(010)60286804(传真)

零售店　读者服务部　　(010)68371105

承　印　天津画中画印刷有限公司

版　次　2020 年 6 月第 1 版
2020 年 6 月第 1 次印刷

规　格　787 × 1092

开　本　1/16

印　张　17.75

字　数　432 千字

书　号　ISBN 978 - 7 - 5159 - 1793 - 1

定　价　98.00 元

《智慧军营建设研究》编写委员会

主　任　王　俊

副主任　于林宇

编　委　（按姓氏笔画排序）

闫　勇　李大立　李世成　李京钊

李　骁　宋　文　张　卫　张志海

张冠英　陈晓威　徐江涛　高晓琼

前 言

军队营区是养兵、屯兵、练兵、出兵的场所。习近平总书记强调，要牢固树立军队战斗力建设这个唯一的根本标准，要求部队各级在推进现代化营房建设中，必须用战斗力标准衡量建设成效，增强营房“打仗功能”，“营房就要有营房的样子”。营房要以战为先，平时要有利于部队的战备训练，战时要为武器装备与参战人员的战斗力发挥提供重要保障。

现代营房建设过程中，智慧军营已经成为一种趋势，国家军委和各军兵种开展了各类智慧军营的建设，逐渐取得预期成效。所谓智慧军营是指利用系统集成手段将物联网、自动控制、计算机网络、云计算、大数据等信息技术与建筑设计、环境监控技术有机地结合，通过对营区自然环境和人工环境等的自动监控、对信息资源的处理、对信息服务的优化组合，为部队官兵提供利于实战、便利快捷、控管有度及安全舒适的环境空间。智慧军营建设覆盖网络及其基础设施、建筑设备智能管理、军事业务应用、智能安全防范等多个系统的建设，以实现营区“一体建、一网跑、一卡通”的综合智能化管理，结合信息化条件下联合作战的发展趋势，在营区应急指挥调度、物流传输、供应管理等方面实现智能化，使营区设施设备能满足信息化装备电磁屏蔽、信息防护、电子伪装等方面的要求，加速推动营房信息建设向纵深挺进，向实战运用。

智慧军营的发展有着比较鲜明的时代特色。近些年来，世界各国智能建筑与智能装备的结合为人们提供了安全、便捷、舒适的工作条件和生活环境，并日益成为现代建筑的主流。不难发现，政府、金融、商业、医疗、文教、体育、交通等行业智能化程度的提高有力地提升了效率，同时也改善了用户的体验。这种变化为军队智慧军营建设提供了良好的技术支持、市场产品、技术人才和经验借鉴，同时也事实上促进并推动了智慧军营建设走向实践。

智慧军营建设是一项综合性技术应用工程，为此，我军已经制定了相应的建设标准与规范，在全军多处得到了试点应用。但目前，智慧军营建设的概念还未能深入部队、深入作战保障、深入工程建设，熟悉智慧军营建设的军队管理人员和工程技术人员队伍还不够强大；然而在军队进行战略转型期间，新型武器平台陆续列装服役，海岛工程建设顺利展开，以及数字营房工程全面实施，大型国防工程的信息化建设已经迫在眉睫，营区智慧化建设已经成为军队营区建设的重要工作内容，不再处于提概念、重讨论的阶段了。要实实在在地落实全军营区建设的发展策略，必须要正确理解智慧军营建设的核心和要旨，认清其在军队信息化建设中的作用，认真地规划并落实好营区保障信息系统的建设。

编写本书的初衷是从实用的角度出发，根据全军智慧军营建设的指导思想，结合各项智能化技术，研究智慧军营建设的相关技术、系统和工程问题，把对智慧军营建设的认识融入其中，总结出能够为军队实施智慧军营建设所需要的技术体系、认知方法、工程实施具体指导方案，体现出技术为部队实用、为战斗力生成提供保障的宗旨。本书从总体概念、相关系统技术体系、工程建设等几个方面对智慧军营建设进行了说明。其中相关技术体系是重点，基本上按系统概述、系统组成、主要功能和系统建设共四个要点进行叙述，以期对系统“是什么、为什么、能干什么、怎么建、建成后有什么作用”等相关业务人员关心的问题进行解答，从而消除对智慧军营建设的疑惑，更好地推动智慧军营相关项目的顺利实施。

在本书编撰过程中，得到了军队有关单位的大力帮助，以及其他单位的有力支持，在此致谢。

本书参考了有关智慧城市、智能楼宇、建筑智能化和数字军营的大量书刊及网上资料，并引用了部分材料，在此谨向这些书刊及资料的作者表示衷心感谢！

目 录

第1章　引　言

随着我军现代化建设快速推进，“科技强军、科技强勤”成为新时期军队建设的主旋律。在以“信息化带动机械化，实现军队建设跨越式发展”的战略方针指引下，我军正在大力开展科技强军建设，逐步构建作战要素无缝链接、作战平台自主协同的一体化联合作战体系和与之配套的完善的综合保障体系。军队营区作为综合保障体系的重要组成部分，承担着为军事行动提供基本依托，为官兵战备训练、工作生活提供基础设施条件的重要任务。军营的“基地化、标准化”建设，是营区适应现代战争要求、加速转型升级的重要举措，同时也有力地促进了智慧军营建设。

1.1　建设背景

未来是信息时代，信息在人类生存和发展中占据着不可替代的地位并发挥着巨大的作用，信息领域的发展必将促使军事领域产生一系列革命性的变化。信息不仅是社会发展的重要资源，同时也成为战斗力的重要因素，成为重要的战争资源。随着信息产业的发展和强大，把计算机和网络引入军事领域，促进了武器装备的信息化；社会产业结构的变化，引起军事装备结构和编制结构的变化，从事军事信息工作的人员比例上升；社会的信息化、智能化，推动军队实现信息化、智能化。信息化社会奠定信息化战争的基础，信息化战争是信息化社会母体孕育的产儿。

信息化战争中后勤保障环境、保障对象和保障需求将发生重大变化，军营的基础保障作用更加突出、设施抢修抢建任务更加繁重、野营保障任务量显著增加、后勤设施安全面临严峻挑战、组织实施保障的难度明显加大。主要表现在：

（1）保障作用突出

与传统的机械化战争相比，信息化战争中军营保障的作用更加突出：为参战人员提供良好的住用条件，以保持和恢复官兵的战斗力；为作战装备提供必要的阵地、基地和设施，以保障作战装备发挥其战技术性能；为作战单位，尤其是新型作战力量，提供配套的营房设施和营区防护伪装体系，以保障作战单位的隐蔽与安全，并实现其指挥和打击能力。

（2）抢修抢建任务繁重

一方面，多舰种、多机种、多弹种保障对军港、机场、阵地等军营基础设施提出了更高的要求，使军用机场、军港码头、阵地建设、维护和管理任务繁重。另一方面，在战时为保障各项任务的实施以及应对战场的破坏，也要面对大量抢修抢建任务。

（3）保障难度加大

信息化战争后勤设施保障对象多元、内容繁多，客观上增加了基建营房保障指挥协调的难度。在保障对象上，既有陆军，又有空军、海军和战略导弹部队等，军营保障既要满足官兵生活住用所需，又要保障武器装备必需的使用和维修设施。在保障空间上，既包括陆地上的后勤指挥所、医院、仓库以及空军的场站，又包括海军的港口和水下洞库。在保障内容上，既包括军营后勤设施的主体工程建设、维护和保养，又涉及与之相配套的供水、供电、供暖和照明设施；既要组织部队野营装备物资筹措供应，又要组织宿营保障和工程设施的抢建抢修；既要紧急开设临时补给点，为保障部队快速机动提供所需帐篷、供电、取暖、给水等野营装备，又要保障高技术武器装备、先进的通信系统正常运转；还涉及工程抢建抢修和隐蔽伪装、配套建设等内容。在保障力量上，既有本级基本力量、上级支援力量、地方支前力量，又有陆军和军兵种保障力量。从专业上看，有工程保障力量、水电保障力量、野营保障力量等。同时，供水保障、野营保障和工程保障涉及多个部门、多个系统，保障力量多元、保障关系复杂，基建营房系统只有科学整合、合理调度各种保障力量，才能发挥整体保障效益，协调一致地完成保障任务。

瞄准打赢信息化战争的目标，在我国军队现代化与集约化建设的趋势下，军营保障在军队综合保障体系中的重要作用日益凸显，成为军队战斗力生成和保障的重要依托。在科技强军理念的指引下，中国特色新军事变革不断推进，营区建设工作面临着难得的机遇和挑战。建设现代化军营，提高部队营区建设的智能化水平，保障军队基于信息系统的体系作战能力建设，成为当前我军营区建设的重要方向。

智慧军营建设是一项系统工程，它涉及军队管理学、计算机科学、信息科学、军事信息安全等多个学科和领域，需要科学地规划、高质量地实施、全面地管理，此外还需要先进的技术和充足的经费。通过引入物联网、移动互联技术，建立部队内部一体化智能管控平台，把电子信息标签、传感器等嵌入到营区、物资、库区等各种环境中，构成高效、可靠的军队内部物联网，结合云计算、大数据、卫星定位等技术，有机融合军事环境和各类物理应用系统，从部队营区的保障需求和管理需求出发，构建营区一体化信息体系，提供基于信息平台的数据集成、信息共享的处理方式，完成军队营区保障与管理方式的转变，有效提高效率，打造智慧军营，满足军队建设的需要。

究竟什么是智慧军营？军队如何设计与建设智慧军营？如何发挥智慧军营的保障效能？这些成为军队信息化建设的新课题，准确理解并解决好这些问题能统一认识、理清思路，为智慧军营建设的顺利展开奠定基础。智慧军营中综合应用了电子电气、计算机网络、自动控制、物联网、软件工程和系统工程等多种技术，具有较强的专业性和系统性，深入掌握并熟练运用这些技术需要较为广泛的理论基础和丰富的实践经验，这对于过去比较熟悉建筑、土木工程的军队管理干部与技术人员而言相对比较陌生，短时间难以把握其具体的建设规律，实施与管理上也存在诸多问题。为了帮助相关人员快速了解智慧军营，本书从国内外发展现状、智慧军营概念、总体框架、各分系统组成与建设、工程实施与管理等内容入手，对智慧军营进行全面深入的阐述，力争用浅显的语言来描述略显复杂的智慧军营的相关概念，揭开智慧军营的面纱，为实施智慧军营建设与管理提供技术参考和支持。

1.2　建设需求

针对智慧军营信息化体系的各构成要素，开展当前国内外、军内外的相关行业、技术领域、管理机制等的现行标准、规范、要求的收集整理，从适用性、差异性和发展性要求等方面形成对现行相关标准的分析，同时围绕智慧军营信息化体系各要素作用的有效性发挥，分析支撑智慧军营建设的需求。

（1）智慧应用需求

在数据及服务融合层、计算与存储层、网络通信层、物联感知层的基础上建立及整合各种军营管理部门应用，比如智慧战备、智慧军事训练、智慧后勤装备管理、智慧政治工作管理、智慧基础设施建设、智慧营院管理、智慧军营安防等应用，为部队官兵、部队首长和部队各级管理决策用户提供整体的信息化应用和服务。

（2）数据及服务融合需求

数据及服务的功能主要表现在将来自相异数据源的信息自动地做预处理、关联、预测更新和整合等相关处理，涉及各种不同级别、不同层次的数据处理流程。为了使数据融合中的专属词汇正规化，美国国土安全部专门成立了一个特别的行动组织进行这项工作，从而实现了对数据融合的研究以及相关功能的预研究。打个比方，人本身就好比是一个天然的数据融合系统，我们的眼睛、鼻子、嘴巴、耳朵以及四肢就好比是一个个传感器，它们将各自获取的“数据”先进行“预处理”，也就是靠各自单一的感官去感觉，最后反馈给大脑这个中央处理器，大脑再对这些多源的“数据”进行处理、滤波和估计。

由于每个层级表示信息处理的不同级别，因此数据融合是在若干个层级上对空间分布的信息源进行操作；数据融合的本质其实就是对锁定的目标进行观测、追踪、状态预测和整合；在数据融合操作完毕后会得到高准确率的状态估计以及实时的威胁判断，这些处理结果将成为对用户而言有价值的先验知识，从而使决策者做出正确的操作。

（3）计算与存储需求

随着物联网广泛应用于军事领域，产生了海量的半结构化、非结构化的数据，受到网络传输、硬盘读写的限制，传统的计算系统难以满足海量数据处理的应用需求。因此，提出了一种计算存储融合方法，通过扩展 Linux 内核，将集群内所有节点上的内存、处理器等计算存储资源在系统空间映射成一个统一的资源池，实现了单一进程空间和单一内存空间，并在内存空间内建立一个分布式内存文件系统。计算时可将数据完全加载到内存中，计算过程中仅与内存文件系统交互，避免了硬盘读写对系统性能的影响；另外，通过进程迁移，避免了节点之间的大量数据传输。实用结果表明，该方法能够大幅提升系统的计算性能，对数据密集型计算有效。计算与存储资源包括计算资源、存储资源以及软件资源，计算资源是启动程序，监测和控制进程的执行，对进程资源分配具有管理机制、提前预留机制和查询功能等。存储资源具有存放与获取文件的机制、第三方高性能传输方式、读写文件子集机制、远程数据选取与规约机制，以及保存被分配用于数据传输的资源。软件资源是支撑智慧军营应用正常运行所需要的基础软件，包括但不限于操作系统、数据库系统、中间件和资源管理软件等。

（4）网络通信需求

通信网络要满足：部署简单，支持自动上线和配置，可实时管理和维护；采用高可靠性设计；支持设备的远程维护，简化运维管理；支持全路径的业务 Qos 可视化，实现快速故障定位；从温控节能和绿色新能源利用等方面，构建绿色通信网络；支持高安全性，具有完整的安全管理机制和设备、秘钥管理设备等。通信网络包括部队营区之间和内部的各种广播、电视、电话和互联网，以及一些专用的网络，目的是为智慧军营提供大容量、高带宽、高可靠的光网络和全区覆盖的无线宽带网络所组成的高性能通信网络。

（5）物联感知需求

以物联网技术为核心，把无处不在的被植入物体的智能传感器连接起来，实现对现实营区的全面感知，利用云计算等智能处理技术对海量感知信息进行处理和分析，实现网上营区数字空间与物理网的融合，并发出指令，对包括人员、车辆、枪弹等在内的各种需求做出智能化响应和智能化决策支持，其最本质的特征是能通过物联网把信息化“数字空间”与现实营区的“物理空间”融合在一起。

一是战备值班管理网络化。整合现有网络资源，构建集视频指挥、文电传输、情报保障、数据查询于一体的战备值班管理网络。为应急值班力量装配北斗定位、可视终端，将信息网络延伸至基层末端，提高指挥效能；建立人员装备基本信息、战备方案、法规制度基本数据库，确保遇到紧急情况能够快速行动，提高应急处置效率。

二是人员动态管理可控化。依托军事综合信息网和单位局域网，运用射频识别、数据分析等技术，为每名官兵建立电子“身份证”，研发网上请销假软件，安装营门电子门禁，实现请假网上审批、营门刷卡出入、在外定位跟踪管控。对人员在外休假、请假期间的活动轨迹进行跟踪分析，发现问题及时预警提醒，增强人员管理的精准性。利用二代身份证和车牌识别技术对访客进出进行管理，对外来访客的身份或车辆信息进行登记。二代身份证识别系统可定期更新公安系统公布的恐怖分子或犯罪分子信息，为营门哨兵审查外来人员提供依据。

三是车辆安全管理实时化。开发运用集车辆信息管理、营区测速抓拍、动态智能监管、违章行车报警等功能于一体的车辆管理系统，对车辆进行全程管控。进出场时，驾驶员持授权卡刷卡通过，门禁系统自动识别拍照；营区内行驶中，利用显示屏幕提示限速规定，利用测速仪对超速车辆抓拍记录；出营门后，利用监控系统实时检查车辆行驶情况，提醒驾驶员纠正违规行为。

四是重要目标管理智能化。对武器弹药库、油料库和机关等重要目标，实施智能化管理。安装重要目标监控装置，对重要点位实施视频监控，加装哨位考勤巡查监控系统，对哨兵上下岗、巡逻执勤、干部查铺查哨等实时记录；安装红外报警装置，对进入监控区域的热源进行监测；给值勤枪支加装智能芯片，利用电子围栏技术对值勤枪支实施监控等。

五是涉密载体管理便捷化。建立涉密电子信息集中管控体系，建立涉密文电集中存储、归档管理、授权拷贝、分级检索等方法，严把涉密资料、文件、信息进出口关，真正把涉密载体、涉密信息放入电子柜、装上电子锁。在营门安装涉密载体报警系统，对涉密移动载体加装射频标签，设置借用审批、出区告警功能，确保涉密载体未经批准不出门。

六是官兵消费管理实时化。随着电子支付、手机银行、网上银行等新型交易平台的广泛普及，部队管理部门要运用大数据技术，实时监控官兵日常消费开支的主要流向并进行分析梳理，有针对性地加强教育引导，对短期内明显超出正常开支范围的消费或转账行为，要及时介入调查核实，防范参与赌博或变相赌博、借高利贷、私自离队等问题的发生。

（6）体系建设需求

遵循国家和军队现有适合于智慧军营规划设计、建设维护等各环节的建设管理相关标准规范，建立建设管理体系，为智慧军营建设提供整体的建设管理要求，加强智慧军营建设管理机制，确保智慧军营建设的科学性和合理性；遵循现有适合于智慧军营规划、设计、建造、运维各环节的国家和军队安全技术和安全管理的相关标准规范，建立安全保障体系，为智慧军营建设构建统一的安全平台，实现建立统一入口、统一认证、统一授权、运行跟踪、应急响应等安全机制，涉及各横向层次；对运行维护服务能力进行整体规划，提供必要的资源支持，建立运维管理体系，为智慧军营建设提供整体的运维管理机制，涉及各横向层次，确保智慧军营整体的建设管理和长效运行。

1.3 建设目标

由于我军并未明确、系统地提出智慧军营的建设概念，也没有确定智慧军营的建设目标，目前在军队开展的各类智慧军营建设项目中对于建设目标并没有形成统一的认识，因此本书关于智慧军营建设目标的内容仅代表作者的观点。

智慧军营项目的总体目标是基于物联网、云计算、大数据和人工智能的手段，构建一个安全、便捷、智能、高效的营区综合信息处理体系，它将面向多类用户：一是面向营区内部人员和外来访客，主要解决如何获取高效、便捷的保障管理与支持服务的问题；二是面向相关业务的职能管理部门，主要解决如何高效、智能地开展业务工作、实施营区保障和进行综合管理的问题；三是面向营区指挥员和首长，主要解决基于大数据、人工智能的安全管控、态势分析、运营决策的问题，通过对营区人、车、装备、设施、环境等相关数据的有效挖掘，使营区管理者更快、更高效地了解营区战备情况、保障能力、日常状况，实现对营区兵力的指挥调度、营区各类军事设施设备的精确运作管理，获得全局能力、实时能力、预测能力；四是面向上级机关和指挥员，主要解决对所属部队的地理位置、兵力组成、战备状态、物资准备、军营情况等多种信息实时掌握的问题，从而为上级机关制定军事行动计划、组织行动兵力、调拨军事物资、指导营区行政管理等提供信息和技术手段。

1.4 建设意义

智慧军营建设使得未来的部队基于营区的保障与管理在系统上朝着统一系统平台等方面演进、在业务上朝着统一协作等方面演进成为了可能。它以人工智能与信息技术为基础，以一体化、智能化的信息管理为保障，以激励部队管理的持续创新为抓手，全面促进部队智慧型营区建设。智慧军营就是以智慧的理念规划营区，以智慧的方式建设营区，以智慧的手段管理营区，用智慧的模式发展营区，从而提高营区空间的可达性，使营区更加具有活力。

1.5 建设现状

1.5.1 国外情况

1.5.1.1 相关技术

1984 年美国联合科技公司应用计算机技术、控制技术、通信技术和图形显示技术等建成世界上第一座智能化大楼，实现了建筑物的通信、办公以及建筑设备系统的自动化和智能化，提供了一个“高效、安全、舒适、经济、便捷”的环境，开启了智能建筑的时代。1990 年，“世界智能建筑协会”在美国成立，智能建筑正式走上舞台。提供一个更安全、更高效、更舒适、更方便的环境成为智能建筑发展的方向和目标。1993 年之后，智慧城市理念开始在世界范围内悄然兴起，许多国家积极开展智慧城市建设，将城市中的水、电、油、气、暖、卫生、教育等公共服务资源信息通过互联网有机连接起来，提供智能化服务响应功能，更好地满足市民学习、生活、工作、医疗等方面的服务需求，改善政府对城市行政、交通、医疗、教育、金融和环境等各方面事务的控制与服务能力。因此，智慧城市的建设不仅成为深受欢迎的民生工程，也迅速发展成为具有广泛基础的技术和产业生态圈。

欧洲的智慧城市更多关注信息通信技术在城市生态环境、交通、医疗、智能建筑等民生领域的作用，希望借助信息共享和低碳战略来实现减排目标，推动城市低碳、绿色、可持续发展。为此，投资建设智慧城市，发展低碳住宅、智能交通、智能电网，提升能源效率，应对气候变化，建设绿色智慧城市。2009 年，迪比克市与 IBM 合作，建成美国第一个智慧城市。利用物联网技术，在一个有 6 万居民的社区里将各种城市公用资源（水、电、油、气、交通、公共服务等）连接起来，监测、分析和整合各种数据以做出智能化的响应，更好地服务市民。韩国以网络为基础，打造绿色、智慧、无缝移动连接的生态、智慧型城市。通过整合公共通信平台，以及无处不在的网络接入，消费者可以方便地开展远程教育、医疗服务、税务办理，还能实现家庭建筑能耗的智能化监控等。新加坡 2006 年启动“智慧国 2015”计划，通过物联网等新一代信息技术的积极应用，将新加坡建设成为经济、社会发展一流的国际化城市。

2008 年 IBM 提出了“智慧地球”理念，其核心是综合利用物联网、云计算、移动宽带等新兴信息技术，提高地球上人与人、人与物、物与物之间的交互理解能力。智慧地球理念，不仅将改变人类的生产生活方式、社会结构，而且对战争形态、军队建设长远发展有着深刻的影响，因此迅速得到世界各国推崇，有些国家将其上升为国家发展战略，成为牵引世界“智慧”应用的强劲动力，由此衍生出大量的相关技术领域。

1.5.1.2　美军现状

美军历来高度重视军事体系与体制的建设，不仅在武器装备现代化建设方面引领全球，在军事理论探索、军事战略研究、军事体制设计等多个方面也非常系统、深入。

信息化战争条件下，武器装备的现代化是一项系统工程，既包括武器装备本身的现代化，更包括其背后信息体系的现代化。没有信息体系的支撑，再先进的单件武器也难以发挥作用；美军在信息体系的建设中就体现出了较强的前瞻性、科学性、体系性和实用性，由于体系宏大，在此不研究其作战武器信息体系，而更关注于美军基地的信息化建设现状与成果，以期为我军智慧军营的建设研究提供参考。

1.5.1.2.1　美军国防信息基础设施建设

海湾战争后，为改善“烟囱”林立的局面，美军于 1992 年启动 C^4IFTW 计划，以建立高效、无缝、保密、互通的全球指控系统，并于 1993 年正式批准了“国防信息基础设施”建设计划。国防信息基础设施建设不是单一的计划项目，而是由美国国防部各下属机构各自独立管理的信息计划项目综合集成的。国防信息基础设施由通信基础设施、计算基础设施、公共应用软件、功能应用软件等国防部长办公室、军种部、参联会主席、国防厅局和作战司令部所拥有的信息基础设施组成，满足国防部的所有用户在各种军事作战活动中对信息处理和信息传输的需求。

随着美国国防信息基础设施建设的推进，美军利用当前新兴的信息栅格概念，积极开发了多个不同层次和规模的基于栅格思想的先进信息系统，相应地提出了多个不同军事栅格概念。经历了从 C^4IFTW（1992 年）、ABIS（1995 年）、DoDC^4ISR（1998 年）到 GIG（2001 年）的发展过程，其概念逐渐清晰，技术层次逐渐提升，领域逐渐扩展，规模更为庞大。目前，GIG 建设已经发展到第三阶段，提出的 GIG3.0 包括由作战网络域定义的赛博联合作战区域，可以进行深度防御、信息共享，具有灵活的飞地化体系结构，多飞地客户端可以进行高效信息共享。

如果说全球信息栅格是美军网络中心战建设的重要基础设施，那么联合信息环境就是美军基于安全性考虑，对整个 GIG 重新设计而提出的一个概念，它将成为赛博空间发展的基础设施。现在，联合信息环境已成为美国信息系统局的一项重大战略目标以及一项重中之重的工作。联合信息环境正在并会继续推动美军信息共享、基础设施建设、系统和服务采办模式、联合训练、通信保障及作战支持等能力发生重大变化。美军最终将把在全球范围内数百个军事设施的 1.5 万个独立型军事网络、超过 700 万套计算机设备进行整合，共同建成一个庞大而统一的信息技术基础设施。可以说，对国防信息基础设施建设项目的支持体现了美军一贯注重信息基础设施建设的风格，使得其军事指挥中心、军事基地，甚至小型军事营地都有良好的信息化网络可覆盖，织就了美军严密的全球信息栅格。

1.5.1.2.2 美军基地信息化建设

美军的军事基地遍布世界各地，是其军事力量驻扎的主要场所。美军对基地的建设十分重视，经过多年已经建成了许多有地区性影响力的军事基地，形成了比较成熟、规范的建设与管理方略。

根据美军保障体制，美国军队基地是独立的保障实体，与被保障单位没有隶属关系。基地在作战、训练、装备修理、技术检测、物资补给、生活和文化娱乐等方面为部队提供各种服务保障。军队基地范围内各保障机构的设置、设施的建设、业务管理等，均由军队作战部所属的各有关系统司令部组织实施，而各个保障机构的行政管理和后勤保障活动统一由军队基地负责。为保障军队频繁的任务顺利地执行，美军队基地采用了许多信息化系统和措施，包括：

（1）强化基地信息化指挥保障系统建设

美国军队基地之所以能有效地进行保障，是与其 C^3I 保障指挥系统密不可分的。C^3I 保障指挥系统的应用开始于 20 世纪 80 年代，配置于军队指挥中心、岸上基地、海上舰载指挥中心、战术旗舰指挥中心。各指挥中心拥有全球指挥和控制系统的标准接口以实现互联互通功能。有了这一系统，基地便能对所有的、特别是本区域内的后勤保障能力有一个全面清晰的了解，从而使被保障单位提出的要求能又快又好地得到满足。如物资补给，主要是通过设在大西洋和太平洋沿岸的 2 个物资库存控制站和 8 个物资供应中心进行。这些部门的物资从采购、储存到供应全部实行计算机管理，依托 C^3I 保障指挥系统，军队可以通过计算机网络进行物资的申请、订货、调剂和供应。这样，部队向基地提出某些物资申请后，基地能迅速了解本区域供应中心是否存有这些物资，如没有，则迅速通过控制站把申请转给其他有此物资的供应中心，直接向部队供货。美军反映，由于普遍采用 C^3I 系统，方便了部队对物资的查询，提高了物资的投送速度，使军队基地的保障能力大为提高。

（2）发展保障信息技术

海湾战争后，美军重点开展了军队后勤指挥系统的研发，并使其与作战指挥控制系统形成一体。该系统中的“军队陆战队联合后勤系统”使用“军队陆战队空地特遣部队——后勤自动化信息系统”软件，可在普通硬件上运行。军队陆战队联合后勤系统包括军队陆战队空地特遣部队作战计划模型、运输协调员自动化信息化运输系统、计算机辅助装载管理系统、军队陆战队空地特遣部队数据库等。在海湾战争和伊拉克战争中，该系统主要用于战场人员和后勤数据处理，在战争中发挥了巨大的作用。

随后，美军在 21 世纪后勤建设新构想中明确提出利用智慧信息技术、电子计算机技术、卫星通信技术等，重点改进后勤指挥系统，使之发生了根本的变化。一是能够适时了解所有的作战后勤信息；二是能够准确预见作战部队的各种后勤需求；三是能够对作战部队的后勤需求作出快速反应；四是后勤指挥效率的提高将主要体现在反应的高速度和所提供保障的准确性上，强调未来的军队后勤必须是能够“快速提供精确后勤保障、无缝隙的一触供应系统”，能够为 21 世纪军队和军队陆战队提供聚焦式后勤保障。目前，美军已建设形成了全球范围内的C^4ISR系统，即集指挥、控制、通信、计算机、监视与侦察于一体的作战系统。与此同时，美军加强了后勤信息化建设，围绕各军种、各部门建立起庞大的后勤指挥、业务管理系统。如全球作战支援系统、联合全资产可视性系统、全球运输网等，实现了全球范围内的指挥控制自动化和资产可视化。

(3) 突出基地信息化装备设施建设

美军基地的后勤装备先进，标准化、信息化程度高，如在海军基地，码头作业全部实现机械化并拥有大量专用车辆和船只，如各种工具车、吊车、叉车、管线车、垃圾车、软水制造车、港作拖轮、作业船、工作艇等，从而大大提高了码头的作业能力和效率。各种作业普遍采用计算机管理，各种设施尽量标准化，甚至连码头上的电箱、电缆接口、排污接口也都实现了标准化，这样就使基地具有了优良的服务功能。

在美军基地的“资产可视系统”中，每件物资都编有条形码，物资从采购、储存到供应，全部实行计算机管理。依托全军物资数据库，军队可以通过计算机网络系统进行物资的申请、订货、调剂和供应；物资发运时，每个集装箱上装有激光射频卡，通过此卡，不仅可以知道箱内物资的品种、数量等情况，物资控制站还可对集装箱进行无线电跟踪，能随时掌握物资的运行位置。美国军队反映，这一系统的建立，方便了对物资的查询，提高了物资的投送速度，减少了物资的库存时间和数量。

(4) 营区港务长指挥控制系统

在美军基地，还建有许多业务信息系统来提高保障能力，如港务长指挥控制系统，该系统可提供港口/岸滩指挥控制、舰船跟踪、货物可视能力，支持快速部署或预置，可以为各类船只提供24小时不间断、近实时的舰船跟踪、货物可视能力和通信，并确保那些不具备对C^4ISR信息进行收集、分析和反馈能力的小型船只具备重要的作战意识、势态感知、常规作战图像数据和威胁分析数据的收集和处理能力；可在港口被破坏的情况下为陆军提供完成战区内部队运输、持续支援和回撤、救生等保障能力。另外，该系统还可进行港口和货物输转设备的协调，允许战区内的海运船只为舰船提供收集和发送气象分析和深海测量数据能力，制定船只运输和离港计划、安全港口计划、岸滩航线计划、危险物资/弹药泊位和锚泊计划。

该系统具有与现有C^4ISR体系结构相适应的无缝隙一体化能力，为了确保与C^4ISR联合作战体系结构保持一致，该系统采用模块化的军用C^4ISR设备，并且与联合作战体系结构完全一致。系统包括单一的指挥控制系统，外加两个能够与中心设备共享数据的独立作业的远程机动传感平台。

该系统还能向所有在运船只和在战区内的所有船只提供指挥控制，包括军用船、商用船、预置船、应急海运船、持续保障船、陆军驳船和东道国船只，与陆基部队协调作战决策，以及向所有船只收集和发送气象分析和海洋测量数据。

(5) 计算机化船舶货物装载部署系统

该系统由军队运输基层单位和军事交通司令部的港口人员使用，以使船舶装载单元设备的计划快速且精确地执行。当货物到达港口的集合区，工作人员就利用计算机文件系统的条形码扫描器，记录下收到的每件货物，然后将此数据传送到计算机终端。当全部货物经扫描并将数据输入计算机后，即可建立一个已收到货物的数据库。此数据库会准确地告诉装载部署系统应该装载哪些货物。该系统还依靠文件系统为每件货物提供最终的装载位置，一旦工作人员记录下装船货物的装载位置，就形成了被装货物完整的数据库，该系统将把这个数据转换成图形，显示出最终的装载布局。计算机化船舶货物装载部署系统对和平时期船舶装载提供了很大的帮助，在战时也将成为极为重要的后勤支援能力。

（6）码头电力监控系统

美国军队开发的码头电力监控系统可实时监测分配给每艘舰船的电源插座及其耗电量，记录用电量、瞬时电流、电压、功率因数和功率等，以便及时调节用电峰谷，对供电过程进行管理。美国军队在其模块化组合码头的研发中正在考虑使用管理控制与数据采集装备，对码头的用电实行中心控制和计量。

美军基地中营房保障正由机械化向信息化形态转变，涉及固定营房设施、野营设施和战场工程建设等多个方面，核心内容主要是：基建营房资源的可视性、基建营房需求预测的精确化、基建营房指挥管理与业务处理的自动化以及同其他后勤部门组织结构的“无缝”衔接，其特征表现为：

（1）基建营房全资产可视

所谓基建营房全资产可视，是对基建营房物资特别是战时基建营房保障物资的品种、数量、状态等信息进行实时把握。在机械化条件下，由于技术手段的局限性，很难从根本上解决基建营房部门的“资源迷雾”问题。信息技术的快速发展为驱除基建营房部门的“资源迷雾”提供了前所未有的机遇，因此，美军基建营房信息化建设的目标之一就是建立一个基建营房全资产可视系统，最终实现基建营房各相关部门资源的透明化。

（2）基建营房需求预测精确化

作战部队的基建营房保障力需求是基建营房系统组织实施保障的基本依据，但在以机械化为主要形态的传统基建营房系统中，难以做到对基建营房保障力需求的实时、精确预测。在美军后勤史上，因“需求迷雾”所导致的惨痛教训屡见不鲜，由此美军在军事后勤变革中提出依靠信息技术自动、准确地预测作战部队对包括野营工程及工程物资需求、营具维修需求等在内的基建营房保障力的需求。

（3）基建营房信息链接无缝隙

紧密衔接的“无缝”基建营房信息系统是一个覆盖基建营房所有领域和贯穿基建营房工作全过程的、全军一体化的基建营房信息系统，是一个将所有基建营房职能、任务和机构连接和组合起来的单一的、一体化的、无缝隙的、以配送为基础的系统。美军认为，包括基建营房保障系统在内的传统后勤系统是一种“烟囱式”后勤系统，结构松散，管理不便，指挥困难。基建营房信息化建设就是要依靠现代信息技术特别是计算机网络技术，把结构松散的“烟囱式”系统转型为紧密衔接的“无缝”基建营房信息系统。

紧密衔接的“无缝”基建营房信息系统有以下特征：一是整个系统使用一体化、自动化信息系统；二是系统集管理、指挥、通信、情报、保障等能力于一身；三是系统具有前所未有的互联性、互通性和相互适用性，它将是一个高度开放的系统，能够与其他所有相关系统互通、互联；四是组织领导高度集中化。除解决技术问题外，为建立紧密衔接的基建营房信息系统，美军还对基建营房组织体制和基建营房运营过程进行了一系列的改革，重点是加强基建营房的集中统一领导，实现由一个部门将过去分散管理的运输、补给、维修和其他保障职能承担起来。

（4）基建营房配送式精确保障

美军的基建营房信息化建设目标是变革以储备为基础的传统基建营房保障模式，打造配送式精确保障模式。所谓配送式精确保障，就是在基建营房“供应链”全资产可视的基础上，根据精确预测的作战部队需求，采取从起点直达战斗部队的补给方法，通过灵活调遣基建营房物资，以很少的库存和灵活的保障设施，在需要的时间和需要的地点将物资主动配送给作战部队的一种基建营房保障方式。配送式精确保障不仅意味着一种全新的基建营房工作方法，更是对传统保障模式的革命性变革。以配送为基础的基建营房信息化保障系统将使基建营房保障由被动变为主动，由管理物资变为管理物流，由管理仓库变为管理物资“供应链”。

1.5.1.2.3　美军靶场信息化建设

在美军各类军事基地中，靶场是比较特殊的一种。美军靶场建设和发展一直处于世界领先地位，其靶场数量多、规模大，而且综合试验能力强，各靶场间推行联合试验和训练，产生了很好的效果。美军认为，“武器装备试验必须建立在战场需求上，必须经得起战场的最终检验。”在未来高技术作战的战争形态、作战样式、作战对象和作战环境等背景下，按实战要求进行逼真的武器试验是美军靶场发展的基础。

鉴于联合试验训练的需要，美国国防部于1994年到1995年期间组织了多次相关会议，确立了旨在实现美国各靶场、试验设施及仿真资源之间的互操作、可重用与可组合的“逻辑靶场”项目，该项目由试验与训练功能体系结构（TENA）、公共显示分析与处理系统（CEAPS）、虚拟试验与训练靶场（VTTR）和地域性靶场联合（JRRC）四个密切相关的工程组成。2000年12月，美国国防部在《联合试验与训练靶场指南》中公开提出“逻辑靶场”概念，并确立了建设“逻辑靶场”的基本框架。逻辑靶场是美军靶场信息化建设的产物，它揭示了靶场发展的客观规律。逻辑靶场通过网络连接，解决靶场之间地域隔离问题，实现资源共享，增强靶场整体功能，促进美国国防部的“仿真、试验和鉴定过程”的贯彻，支持“基于仿真的采办”，最终实现以经济、高效的方式支持“网络中心战”环境下的试验与训练，支持“2020联合设想”的实现。图1-1为美军逻辑靶场建设结构。

美军靶场的信息化建设也体现了美军以先进信息化建设战略为指导，以跨地域、大规模、高性能信息网络为基础，以专业化的信息技术为工具，深入开展各类军事基地信息化体系构建的策略，表现出了显著的科学性、系统性和实践性特点。

1.5.1.3　其他情况

其他军事基地的种类很多，包括后方基地、军事院所、训练基地、医院仓库等，虽然功能和用途各不相同，但无一例外都是将信息化建设作为提升能力的主要途径。

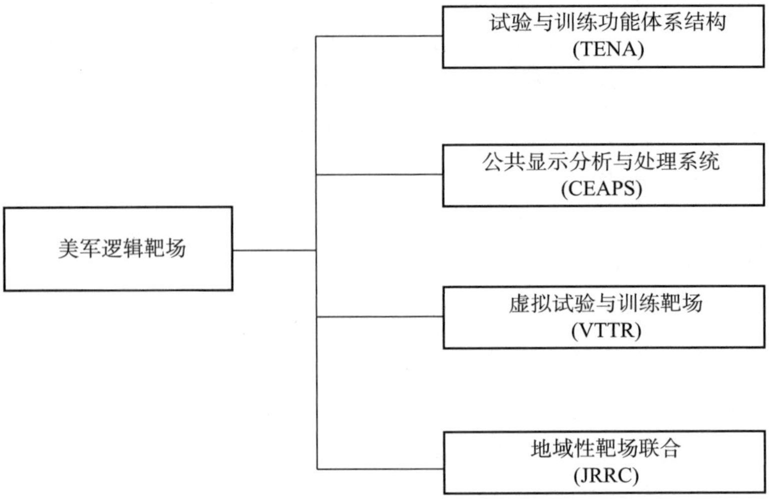

图 1－1　美军逻辑靶场建设结构

1.5.1.3.1　国外军事院校信息化

军事院校作为一类特殊的军事基地，担负着研究战争、培养军事人才的任务，信息化是其明确的发展趋势，许多采用现代信息技术的教学和培训手段的运用，大大增强了军事院校的研究和教学能力。

（1）大力发展远程教学

世界各国都重视院校教育的信息化，从早期的基于印刷教材和音像资料的函授教学，到基于广播电视和卫星通信的电视教学，再到现代基于网络的远程教学，均被广泛使用。例如，美国空军大学的空军技术学院，借助“通信卫星 401”教学网开展电视教学。据统计，有 72 个空军基地收看该网 12 个频道的教学内容，参加学习的人数达到数万。再如，美军空军大学的空军军事学院借助多媒体和计算机互联网技术，对中校以上的军官和国防部官员进行远程教育，每年招收 3 000 名学员。此外，美国陆军还依托普赖斯沃特豪新公司建立美国陆军网上大学，学员遍及陆军现役部队与预备役部队的官兵及家属，至 2007 年已有 7 万余人入学。

（2）注重模拟教育训练手段

模拟教育训练是一种现代教育训练方式，通过灵活运用多媒体、仿真技术、网络技术、虚拟现实技术等各种先进的技术手段，既可以用于基础实验教学，也可以用于战术、战役甚至战略级模拟演练，为实兵军事训练提供有效支撑。世界各国军校普遍重视采用仿真模拟的方式开展教育训练，演练新技术、新概念、新战法。例如，美国陆军副官长学校利用作战模拟中心训练学员，开展了可用于 80 000 人、持续 21 天、伤亡 27 000 人规模的战争模拟训练。俄罗斯总参谋部军事学院建立了先进的一体化、自动化教学指挥所、战役训练中心和计算机模拟中心，对学员进行技术装备学习和军队指挥模拟训练；德国国防军大学的通信虚拟实验室，能够使实验者通过互联网完成大量通信类虚拟实验并进行实验数据分析。

1.5.1.3.2　训练基地信息化

依托训练基地进行基地化训练，是21世纪世界军事训练的发展趋势。当前世界许多国家的军队针对未来高技术战争对军事训练的新要求，都在不断强化基地化训练，以提高训练质量和效果。比如在训练基地按照统一标准统配指挥信息系统、假设敌部队、靶标及控制系统、战场工程设施，以及警戒和训练管理系统等。

英国军队最大的训练基地是普格瓦综合训练基地。基地编有一支训练有素、装备精良的假设敌部队，配备了现代化的电子、光学对抗训练系统，轮训部队可以与假设敌部队进行地面攻防作战和电子对抗演练。

德国军队目前拥有陆军模拟作战演习基地、坦克模拟训练基地等。陆军模拟作战演习基地内配备有先进的计算机模拟系统和训练监视评估系统，能够模拟显示各种轻武器、火炮、坦克、飞机的打击效果，演练地面作战、反空袭作战、电子战和信息战等多种作战模式。

奥地利军队针对未来山地作战的特殊需要，建立了规模不等的山地作战训练基地，这些基地设施完备、功能齐全、针对性强，能够满足部队实施山地作战针对性训练的需要。

俄罗斯军队是世界上最早依托训练中心（训练基地）实施训练的军队之一。早在20世纪50年代，苏联军队就开始大规模建设能够全面训练各军兵种部队的训练中心。苏联解体后，俄罗斯军队接手了苏联军队绝大多数训练中心，并在此基础上又进行了改建、扩建和增建。经过多年的建设，目前俄罗斯军队已在莫斯科、圣彼得堡、伯力、赤塔等地建立了系统完善、功能齐全、种类多样的训练中心体系，能够承担从单兵到战术、战役甚至战略各个层次的训练任务。据统计，俄罗斯军队现有各种训练中心100余处，陆、海、空军和各兵种都拥有属于自己的专用训练中心。在俄罗斯各军种中，陆军拥有的训练中心数量最多、规模最大、现代化程度最高。俄罗斯陆军训练中心一般分为合成训练中心和兵种、专业兵训练中心，其中较著名的有第344陆军航空兵飞行员战斗使用与训练中心、第726陆军防空兵训练中心、莫斯科军区第467军区训练中心、远东军区第129军区训练中心、西伯利亚军区第214军区训练中心等。这些训练中心通常都有战术训练场、射击场、坦克教练场、汽车教练场、直升机机场和训练指挥所等设施，并且配备有各种现代化训练器材和必需的武器装备。

日本、印度等国家军队，也都建立了成体系的训练基地，这些国家军队的基地化训练已经经常化和制度化，无一例外，信息化系统都是各国训练基地的关键系统，充分运用信息网络、模拟仿真、光电技术等现代科技成果，建立导调监控、战场仿真、辅助评估、综合保障和基地管理等系统，导调手段现代化、战场控制实时化、训练环境实战化、质量评估科学化水平得到提高。具体的做法包括：统一训练信息系统技术标准，开发训练信息系统公共平台，建立训练模型服务中心、数据服务中心、软件测评中心和公共服务平台，研制一体化的联合作战指挥训练系统，模拟训练手段实现由简单向复杂、由单一向综合、由技术向战役战术发展，形成作战指挥、装备操作、实兵对抗三位一体的模拟训练体系。

1.5.2 国内情况

1.5.2.1 社会现状

2009 年我国政府提出了“感知中国”计划，以此作为新兴的产业方向，引导我国信息化技术的快速发展，推动国家的产业升级，主要做法包括积极推进智慧城市、智慧交通、智慧医疗等建设，扩大信息化技术应用的深度与广度。以智慧城市为例，2011 年以来，我国已有 300 多个城市、县、镇启动了智慧城市（镇、社区）的规划和建设工作，共有 20 多个省（自治区）把智慧城市建设列入全省的发展规划中。住建部智慧城市指导工作启动得最早，于 2011 年就开始了智慧城市、区（县）、镇的调研、策划和试点工作。2013 年确定首批试点城市 90 个，第 2 批试点城市 103 个，2014 年 9 月又与科技部联合发出通知，启动了第 3 批试点工作。截至目前，我国国家智慧城市试点已达 193 个，智慧城市建设总数达到 392 个，其中环渤海地区、长三角地区和珠三角地区是智慧城市开展较为积极的区域，北京、上海、广州、深圳、宁波、南京、沈阳、无锡等智慧城市发展较快，已成为该领域的先进示范城市，我国的智慧城市发展不但已进入规划和建设推动阶段，而且智慧城市建设竞争全面展开。

为引导、规范智慧城市的建设，各级政府主管部门关注智慧城市评价指标体系建设，如上海构建了智慧城市评价指标体系 2.0 版，以实现智慧城市建设的有的放矢。我国也在制定第一个指导与评价智慧城市的国家标准《智慧城市评价模型及基础评价指标体系》，为智慧城市建设和效益评估提供统一依据。各研究机构积极推动智慧城市指标体系的完善。

智慧社区是另一个信息化技术集中应用的领域，通过信息通信（ICT、RFID）等信息化手段，构建具有海量信息智能过滤处理的城市居民功能社区，形成新的生活服务、产业发展、社会管理模式等智慧形态，如：智能楼宇、路网监控、城市生命线管理以及智能医院等。江苏省的智慧社区建设发展较快，通过整合全省信息资源，建立了统一软件服务平台和窗口，以多种方式在任何时间、任何地点向政府、企业和民众提供各类智慧应用的服务，在规模上覆盖了全省 13 个地方市的大部分地区；设计层面上形成资源提供者、平台建设者、服务使用者、门户运营者多方共赢的局面；服务范畴上实现规范化和标准化，通过渠道管理平台进行信息的统一发布，实现各渠道信息提示或业务介绍的规范性和口径一致性，通过渠道管理平台能力封装，对外提供标准化服务，实现各渠道的全业务能力及无差异化服务；操作层面上稳定、方便、快速。

我国的智慧校园建设是一个热点，全国许多高校、中小学校等都大力推动数字化、信息化建设，如校园一卡通已经广泛应用，教师和学生在校区的报名打卡、门禁通行、生活消费等已经基本实现电子化、网络化；网络化教学、网络化考试系统应用也十分普及，给校园生活带来了非常大的便利。

近些年来我国的智能安防产业迅猛发展，如智能安防产业的经济规模已经连续多年呈现两位数的增长，“平安城市”“雪亮工程”等国家级安防工程的实施带动了整个行业的发展以及安防产品的应用，目前各个城市、各个单位、各个小区的安防摄像机、门禁、车辆卡口、周界围栏等设备比比皆是，智能安防设备已经成为人们生活中常用的安全防范手段。以生产、销售摄像机为主的龙头企业杭州海康威视数字技术股份有限公司已经成为一家世界级的安防产品公司。

我国的智慧交通也正蓬勃发展，各类交通控制、交通服务、交通保障系统大量应用，整个交通系统的面貌相比过去已经发生翻天覆地的变化，例如中国铁路网络购票的12306平台以及自助取票机已经是铁路出行不可或缺的助手；网络出租车、共享单车的普及已经将短距交通的便捷惠及每一位行人；智能手机上的导航软件，已经成为人们出行最常用的工具之一，为日常出行带来了极大的便利。

智能家居已经成为民用信息化建设的一个新增长点，在一些新概念小区，在住宅内部铺设家庭互联网和控制节点，以实现在智能手机上远程控制家中的电器和光源，以及通过传感器和监视器实时查看家里的情况，小米公司打造的互联网家电应用系统，可以通过语音识别的方式进行人机交互，方便地控制电视、空调、音响等电器的开关和状态，人性化地设置家里的环境，给人们带来舒适与温馨的体验。

另外，其他许多智慧产业应用也发展较快，如智慧医疗、智慧教育、智慧保险、智慧电力等。总之，近年来，我国各领域、各行业的智慧应用技术和产品都呈现出井喷的现象，推动了相关技术与产品的快速发展，形成了许多优质产业和实体，但同时也应注意到，很多智慧产业都存在一定泡沫现象，技术水平还未能实现突破，实用效果不能支撑产业理念，还有待于产业和市场的大浪淘沙，进一步提升技术能力。

1.5.2.2 我军现状

我军的信息化建设长期处于落后状态，一方面是由我国信息产业整体水平制约造成的，另一方面是因为我军对信息化战争理解不深刻、不统一，尚未形成具有战略性、全局性、科学性、有效性的信息化建设规划和实施计划，难以一以贯之地实施各项军队信息化建设。

20世纪90年代发生的海湾战争、科索沃战争等几场局部战争，给全世界，也包括我军上了一堂生动的高技术条件下现代化战争教学课，宣告了战争形态已经由机械化向信息化加速演变，新军事变革已经迫在眉睫。在此形势下，中央军委高度重视我军的战略转型，信息化建设成为全军建设的引领方向。党的十八大报告关于“加快推进国防和军队现代化”板块中更是明确指出，“坚定不移把信息化作为军队现代化建设发展方向，推动信息化建设加速发展”。目前，我军以作战为主的各类高新武器装备、指挥控制及通信系统信息化建设速度很快，程度也很高。然而，军队后勤尤其是营房保障信息化发展水平相对较低。从保障作战需求的角度上，还存在营房保障指挥系统不完善，物资储备、运输、供应信息化程度较低等问题，与打赢信息化战争的要求还有很大差距；从保障日常生活的角度上，还存在营区营房及附属配套设施信息化水平低、能耗大，管理效率不高等问题，与建设生态、环保、智能的现代营区目标有很大的差距。

2000年前后，军队积极开展营区数字化、信息化建设，发展到现在，总体上可分为三个阶段。第一阶段是分散探索建设阶段，从 20 世纪 90 年代末到 2008 年，以各军区、军兵种探索数字军营建设为主，以实现营区用水、用电自动计量，营房设施设备自动监测、监控为目的，形成了数字化营区建设的初步思路，进行了部分营区数字化的试点建设；第二阶段为总部主导试点建设阶段，从 2008 年到 2011 年，以原总后勤部基建营房部提出数字军营概念、主导数字军营示范试点工程建设为主，先后在军内多个单位开展了数字军营示范试点工程建设，为全面开展数字军营建设奠定了良好的基础；第三阶段是各级推广应用建设阶段，从 2012 年起，按照现代营房建设理念和要求，新建营区、配套整治营区要同步开展数字军营建设，在此后相当长一段期间，每年至少开展多个数字军营建设，数字军营建设进入全面加速建设时期。目前，智慧军营概念的产生与实践，又为数字军营注入了新的思想、新的技术、新的模式。

1.5.2.3 主要问题

在我军开展营区信息化建设的过程中，由于对营区信息化建设认识的不统一、建设规划的不一致、建设内容的不相同，导致各个单位、各个阶段的建设呈现出较大的差异，暴露出许多问题，建设效益也难以体现出来，这些问题主要表现在如下几个方面。

（1）技术层面的问题

①顶层设计不足

智慧军营是军队营区建设的新课题，对于军队营房建设管理机关而言，想要顺利组织智慧军营建设，首先应当由机关在军队层面组织总体论证与规划，明确智慧军营建设需求、目标、原则、规模和功能，合理计划各舰队、各单位智慧军营建设内容、规模、时间表等，统筹推进智慧军营的建设。由机关实施顶层设计，即根据军队不同类型的营区，进行功能特色与建设需求分析，规划设计智慧军营的主要建设内容、建设要求、建设流程及工程规范等内容。目前，智慧军营建设在顶层设计工作上还有所欠缺，对于部队建设的实施指导有待加强。

②技术储备不足

智慧军营、智慧建筑、智能化控制等技术发展较快，部队营区建设设计单位相关专业设置有所滞后，技术储备不足，在设计与建设时主要依据总部制定的相关标准与规范，同时参照国家与行业的技术标准，尚未形成适用于数字军营建设的具体实施标准规范、管理流程、技术模板和管理机制等体系，在一定程度上影响了智慧军营工程项目的组织开展。

（2）管理面临的问题

①基础数据采集量大，信息分类维护难度大

目前许多部队营区仍然十分分散，如海防部队大多分布在沿海一带，点多线长，独立驻防的营连较多，尤其是各类侦观哨所，大多地处前沿，位置分散。独立驻防点多，网络节点就多，配套的设备终端就多。从地域到内容，信息末梢所采集的基础数据来源非常广泛和丰富。从人员请销假到车辆（船舰）出入、从涉密载体使用到仓储物资出入库、从营区环境监控到营区能耗管理，从情况可视化到流程审批自动化等，“智慧”管理应用于部队的工作、训练、战备和生活等各个方面，从庞大的信息量中过滤出有效数据并进行合理分类存储和维护管理，对于目前数字军营建设水平来说难度较大。

②基础网络稳定性差，技术保障难度大

由于受到驻地地理条件的限制，基层部队的网络基础条件都不是很好。虽然近些年各级都加大了网络基础设施建设的力度，国防网络建设成果显著，但受到特殊地理条件、建设计划和建设经费等诸多因素的影响，基础传输网络的运行质量不是很稳定。在大的灾害性天气过后，传输线路和终端设备经常会受到破坏。而部队自身的技术保障力量相对薄弱，依赖地方维修的情况比较普遍，导致设备的修复周期较长，“数字”管理的持续性较差。

③“信息化”管理意识薄弱，推广应用面临阻力

经过多年建设，基层部队硬件的“数字化”已经初具规模，“门禁管理系统”“车辆监控管理系统”“视频监控系统”“涉密计算机及载体管理系统”“基层网络通信系统”“营区能耗管理系统”等一大批信息系统的投入运行有效地提高了军营精确化管理水平，但受部队老传统、老思想的影响，数字化管理软件明显跟不上硬件的建设。思想上对这些新系统还是有不信任感，“数字化”管理的意识比较薄弱，人防重于技防的现象还普遍存在，总感觉人是最可靠的，只要人看到、摸到、管到，就没有什么安全问题，“数字化”“智慧化”管理的推广面临着较大的阻力。

(3) 实施层面的问题

部队营区的信息化建设在实施过程中面临一些问题，包括：

1) 军营目前均存在营房单体面积小、年代久远、分布零散的特点，多数营区建设缺乏系统性，随意插建、迁建现象较为突出，超过安全使用期的老旧营房所占比例较高。此类营区难以满足现代营房建设总体要求，需要进行根本性改造，但由于该类营区所占比例过大，如果按照智慧建设要求的标准与规范进行改造，势必形成巨大的建设投入。

2) 现阶段营区网络设置单一，可视化网络建设、平台设置仅仅局限于安全管理的基础层面，仅仅实现了营区的可视化监控，距离信息智能化还存在很大的差距。部队营区网络建设因为管理部门的不同，没有形成统一的综合布线，即未进行统一的网络建设，信息网络基础设施设备不系统，给数字军营建设带来较大困难。

3) 我军信息化建设存在大量“烟囱”，并且“重硬件、轻软件，重系统、轻数据”思想十分普遍。军营诸多业务系统面临“有硬件无软件、有软件无数据、有数据难共享”的局面。主要原因是跨单位、跨业务领域的数据交换机制难以建立，现役系统无法通过网络及时向数据共享交换管理系统提供实时数据，“横向”数据互通尚未实现。

4) 营区基础要素的智慧程度低，且因营区建设久远，信息缺失量大，难以形成数字军营的基础要素。营房土地、结构、设备及管理流程等基础要素的完整性差，即使通过后续工作，也难以达到要求，无法形成完整的数据库。且没有统一的营房业务处理和营区管理技术平台，信息保障缺乏适合的技术条件。

5) 营区大部分管理工作由士官从事，特别是设施设备的管控一般由士官负责，因文

化程度有限，且流动性大以及人员培训不及时，交接不规范等原因，导致智能化管理缺乏系统的业务能力，不能满足要求。

这些问题导致了目前我军营区信息化建设难以达到预期的效果，制约了我军营区从传统型向数字型，再向智慧型的演化，也影响了基于信息体系下战斗力生成模式的顺利转变。

第 2 章　建设需求

建设需求是指在系统建设之前用户的实际和潜在的对目标的期待、对系统的要求。对建设需求的分析是对用户需求进行引导、收集与分析的过程，保证系统建设能够充分满足用户的要求，解决用户的问题，给用户带来收益，又能够控制建设成本，降低风险。需求分析是智慧军营建设的前期工作，从总体需求、能力需求、业务需求和技术需求等多个角度进行研究，对智慧军营建设究竟为什么建设、应满足什么目标与要求等问题进行探讨，以期形成智慧军营建设需求的整体轮廓，保证建设的顺利开展。

2.1　军营概念

军营一词最早出自《后汉书》，指兵营，即军队留驻的住所，用于驻扎士兵。对于军队营区，《中国人民解放军房地产管理条例》的定义是："营区是指位置固定、界线明确、建有供军队单位住用的房屋，并由军队单位组织管理的区域。"中国人民解放军军语的定义是："营区是建有营房及相应附属设施并有明确地界的区域。是军队日常工作、生活和训练的场所，通常包括：机关办公区、宿舍区，科研、医疗及其他业务活动区，训练场区，仓库、车场区，干部眷属住宅区，生活服务区等。"《军事法学词典》的定义是："专供军队驻扎的营区，内部通常设有营房、道路、各种活动场所及卫生、供水、照明等设施，是具有使用功能的独立系统。营区范围有铁丝网围墙的，以铁丝网围墙为界，没有铁丝网围墙的以营区面积为界。"虽然文字表述有所不同，但内容基本一致，都包括以下要点：

1）营区是专供军队单位驻扎、分区住用和管理的区域；

2）营区是具有使用功能的独立系统（营区内通常设有营房、道路、各种活动场所及卫生、供水、照明等设施）；

3）营区具有固定的位置和明确的边界；

4）营区是城市或乡村区域的一部分，与当地的社会、经济、文化等构成紧密的联系。

在文中讨论的军营，泛指我军的各类军事基地，一般由军事行政区、家属生活区，以及各营区道路、管线网络等基础设施设备组成。

2.1.1　军事行政区

军事行政区是营区部队各级组织与官兵日常活动的场所，是决定营区性质的根本部分，是营区功能结构组成的主体，分为以下几个区域。

（1）军事办公区

军事办公区包括部队司令部、政治部、后勤部、装备部机关以及其他部门与单位（如学校的基础部、系，部队的营部等）的办公区域。为便于管理，一般参谋部、政治部、后勤部、装备部机关为一栋办公楼，其他部门和单位根据需要与条件，可单独设楼或几个部门、单位合用一栋办公楼。

（2）军事训练区

军事训练区是部队进行集体训练和各部门、各单位分开训练的场所。因此，既要有满足部队集体训练的大型场地，又要有各单位分散训练的小型场地相补充。

（3）教学科研活动区

对于一般部队营区，教学科研活动区通常独立存在，如有特殊需要可在军事办公区中安排教学科研活动区。但对于军事院校和科研院所来说，教学科研活动区则是该营区中最重要的活动区域，主要由教学楼、试验楼、图书馆和室外建筑小品、建筑绿化等组成。

（4）部队生活区

部队生活区一般包含若干栋集体宿舍、食堂、晒衣场与绿化带。如部队生活区离军事训练区较远，还应在适当区域设置一定数量的篮球场以及单杠、双杠等器械场，以便于部队指战员的日常体能锻炼活动。

（5）车炮库区

车炮库区是部队贮存坦克、大炮、车辆、装备和弹药等特殊用房区域，应满足一定的军事和技术要求。该区组成复杂，安全保密要求高，不应与公共场所和生活区混杂。一般设在营区的某边、端，并且应以实体围墙分隔，并宜在围墙外用绿化带和道路与营区其他区域进行隔离。

2.1.2 家属生活区

家属生活区是营区部队干部、职工、士官及其家庭人员住用的生活场所，主体是单位编制人员生活服务与住用的区域，一般由部队礼堂（也有把部队礼堂放在军事行政区的）、俱乐部或文化活动中心、门诊所、浴室、生活服务中心、食堂与建筑广场、道路、住宅建筑、建筑小品、建筑绿化等组成。

2.1.3 营区道路与管线网络系统

营区道路、管线网络系统承担着营区内外联系的功能，是营区功能结构的重要组成部分。营区道路系统由主干道、次干道与步行道等组成。管线网络系统由供水、排水、供气、供热、供油、供电和通信网络系统组成。管线网络功能复杂，技术性强，专业工种配合要求高，同时又多埋藏在地下或建筑物内部，管理与改造维修难度大。

2.2 总体需求

从建设的总体目标与整体角度而言，智慧军营建设应能满足如下要求：

（1）数据综合处理

提供对军营保障与管理相关数据采集、存储、分发、维护等综合处理功能，确保数据的规范、安全和可用。提供通用灵活的信息服务能力，能够对数据按需进行处理分析，支持固定模式的统计查询和基于主题的关联查询，并以多种形式展现和输出查询结果；制定相关数据交换标准并提供配套工具，在工作中数据满足按需共享、顺畅交换和平战转换等要求。

（2）业务工作处理

满足军营各业务领域需求，实现各项业务工作从计划制定、开展实施、决策分析到综合管理等一系列过程的全业务覆盖，形成“纵向到底、横向到边”的完整信息链。

（3）辅助决策支持

在构建军营战备大数据基础上，运用大数据分析和可视化技术，展示业务处理、管理和保障等方面的规律性、关联性和趋势性；能够有效支撑预警报知、指挥控制、防护救援、综合保障、日常业务处理等应用系统，实现数据的互联互通，有效增强系统决策支持能力，为完成人防业务提供辅助支撑。

（4）网系融合

充分利用军营现有的各类网络资源，综合运用营区局域网、专网、网络单向数据传输等多种技术，构建军营专用网络、军地相关网络相融合的通信网络体系，同时利用服务质量保障策略确保系统运行所需的网络带宽和传输质量体系，提高系统网络的可管理性。

（5）安全保密防护

按照国家和军队的相关安全保密有关规定，采用信息系统分级保护相关防护手段，构建“纵深防御、整体联动、立体防护”的安全保密保障体制，具备边界防护、身份认证、密码保护、访问控制、病毒检测、漏洞扫描、入侵检测、安全审计等能力，为信息的处理、传输和存储提供可靠的安全保障，确保系统实体可信、行为可控、资源可管、事件可查和信息保密。

（6）适用性需求

具有集中配置、灵活部署和适度冗余能力，能适应新形势下军营保障与管理业务处理方式，能够根据业务工作需求的变化实现快速定制流程和功能组配，最大限度满足人防各业务流程功能要求；能够满足用户个性化需求，依托个性接口，按需提取，展示军营各类业务数据。

（7）可靠性需求

一是采用技术成熟、性能指标较高的设备设施，保证信息系统的高质量与高稳定性，提供稳定可靠的运行能力；二是冗余设计关键服务和部位，对信息系统重要关节，采用冗余设计，避免关键服务或部位故障导致系统的崩溃或瘫痪，提供对突发事件、故障的及时响应能力；三是提供对系统关键业务和数据的合法性、一致性进行检查、提示和审核，确保信息系统的可靠性。

(8) 可伸缩性需求

可伸缩性需求是指一个信息系统适应负载变化的能力。在负载变化时能相应对自身能力做出相应的变化，以适应负载。智慧军营的各类应用系统需要具备调度的可伸缩性，当信息服务需要更多资源时能及时、适量地给予资源分配，当信息服务资源需求减少时能够适时回收资源，保证系统的资源高效利用，从而节省运行成本。

(9) 管理维护需求

一是可维护性，采用标准化、模块化、服务化的软件设计方法，提供业务信息系统的安装部署、升级、补丁分发等功能，便于技术人员日常维护。二是可管理性，在资源整合后能够提供完整的功能集，智慧军营各类业务应用系统包含种类繁多的软件和硬件设备，每个软件都有相应的工具提供全面的管理支持。三是可追踪性，系统历史和重要记录在案，以备查找，这些记录可以作为故障诊断的依据，帮助及时定位和解决问题。

2.3 能力需求

智慧军营业务信息系统，依托军营网络体系，提供基于信息体系的服务能力，主要包括：

(1) 军营保障与管理各领域业务处理的能力

依托业务信息系统，能够处理战备训练、作战保障、综合协调、营区保障、营区管理、安全监控、宣传教育等各类业务，形成统一、协调、高效的基于军营的各项保障与管理实施能力。

(2) 业务综合集成与框架构建的能力

能够在统一的平台框架下集成人防各业务分系统，提供统一的集成服务能力。同时具备外部接口，提供基于 Web Service 接口模式的数据访问与功能交互，供营区参谋、政工、后勤与装备各业务信息系统进行应用服务调用，形成基于智慧军营体系的信息支撑与整体框架建设能力。

(3) 军营战备数据采集和管理的能力

能够支持各种军营战备数据的采集，可以按不同的专业、使用单位提供采集能力。对于采集的数据，能够分别形成综合数据库和专业数据库，自动进行汇总和综合分析，具备辅助指挥员执行各项任务时的决策和查询检索的能力。

(4) 综合研判与辅助分析的能力

能够综合运用大数据、云计算、数据建模等技术，对军营战备数据库、决策库、预案库、知识库、模型库等基础数据，进行多维深度关联分析，具备需求计算、预案生成、方案优选、仿真推演等功能，为营区内各级机关、保障分队等单位处理军营保障与管理业务提供智能化的辅助决策能力。

(5) 信息协调交互的能力

主要包括两个方面，一是部队与上下级单位之间协调工作所需的信息流转能力；二是军营驻扎部队与地方政府之间信息交互能力，包括需求文书、疏散方案、任务方案向地方政府的发送，地方政府保障任务的落实情况，战备资源的变动情况。

（6）信息综合检索的能力

能够提供各类法规政策、任务需求、战备资源、行动预（方）案、保障任务实施情况、兵要地志、媒体资料等重要信息的综合检索，为军营业务处理提供辅助信息支撑。

（7）需求接收和处理管理能力

能够与军队指挥信息系统对接，快速地获取部队各种作战、演习、训练等任务，能够按照各业务机关职能，将任务需求进行分解，形成定量细化的保障与管理任务，能够按照需求提出的部门、需求涉及的地域、需要保障的资源、需求的满足情况等多个方面对保障与管理需求进行查询分析。

2.4　业务需求

军营是军队集中驻扎、训练、工作与生活的场地，为军队日常业务开展和运转提供承载的平台。我军的军营业务工作通常包括军事训练、政治工作、后勤保障、装备保障和营区管理等 5 类。由于军事训练、政治工作、后勤保障、装备保障等业务具有分级、分类、分部门管理，专业性强、保密要求高的特点，为突出重点，本书重点关注营区保障与营区管理，其业务需求如下：

（1）营区保障

营区是部队的物质载体，应能为部队遂行各项任务提供高效的各类保障。首先，营区应科学规划，功能布局合理、明确，营房设施标准化、制式化，能够满足部队作战准备、驻地训练、工作生活快捷方便的要求；其次，营区内应当建设较完备的基础设施，包括战备、训练、办公、生活等设施，满足部队的使用要求；再次，营区保障应实现信息化，包括营区要素，如建筑、供水、供电、供暖等保障设施设备以及营产营具等的管理与控制信息化，实现“全部物资、保障力量和需求可见”，为部队提供“适时、适地、适量”保障，能节省人力、物力，提高保障效率。

（2）营区管理

营区管理是对营区内官兵日常办公与生活秩序维护、日常事务处理、各类服务保障业务实施的各项管控与处理事务。管理对象包含应急指挥、公文管理、人员管理、会务管理、营区公共安全和信息安全等方面。其中，营区公共安全主要涉及人、车、物、事的管控，营区周界、内部区域、重点要害部件的安全监控、事件预警和应急处置等。营区管理的信息化、智能化需求日益强烈。

智慧军营的营区保障与管理信息化建设需求主要集中于上述方面信息化手段的建设、使用、管理和维护，上述各项工作的信息化能够改变过去手动登记、纸质文件、层层审批的方式，实现数字化、网络化、扁平化的管理，提高工作效率。

2.5 技术需求

2.5.1 营区信息系统综合集成需求

我军目前营区信息化基础设施建设已有一定的基础，部分单位信息基础设施水平较高。军队各个业务职能部门（参谋、政工、后勤、装备部门）已经有配发的大量软件，目前存在的问题是这些业务软件基本都是单机运行版本，数据不共享，也无法集中使用，智慧军营建设应首先解决业务软件综合集成的问题。其中，最紧迫的是营区保障与营区管理的各类信息应用系统的综合集成需求。

2.5.2 营区信息数据汇集需求

部分军营占地范围广、单位多，营门出入口人员与车辆的管理问题比较突出，应考虑采用信息化的手段提高人员与车辆的管理效率。与此同时军营内的各种智能感知设备（包括智能摄像头、门禁系统等设备）产生大量的非结构化数据，应考虑建设大数据中心，对大体量的异构数据进行存储并进一步进行分析。

2.5.3 营区信息资源共享需求

由于我军业务工作条块划分现象比较明显，不同的管理部门对信息的使用需求有交叉，然而部分采集的信息，如营区内官兵个人信息等，没有实现共享，导致多个部门重复多次采集，信息重复、冗余和不唯一。需要从管理上和技术上采取适当的办法实现智慧军营内的信息资源共享，既可以保证基础数据的共用，免去反复的统计工作，同时又能够实现信息使用的权限分配，保证数据有序共享。

2.5.4 营区信息数据深度利用需求

目前，对军营信息数据深度利用方面具有较强的需求，许多单位保存了大量的历史档案和数据，但由于数据处理手段落后，不但没有实现电子化，更谈不上建模分析，数据金矿没有被发掘。基地通过大数据中心的建设，可在物理上收集储存大量的已经被清洗和整理过的数据，同时应根据不同的业务应用需求，建立适当的分析模型对数据加以利用，以提取挖掘出有价值的信息，指导军营的保障与管理，如通过对官兵的体能测试数据的分析，判断官兵的身体状态，制定更科学有效的训练计划；通过对营区内水电消耗的计量分析，找到水电保障的基本规律，从而制定有效的经费保障预算计划，并采取有效措施节能降耗。

第 3 章　智慧军营内涵与外延

随着我军的战略转型和编制体制的调整，军队营区的建设逐渐向集约化、大型化和信息化方向发展，以营区保障与管理信息化建设为主要特征的智慧军营逐渐成为当前军队建设的趋势。智慧军营究竟是什么，该如何建设，是关系到智慧军营建设的关键问题。聚焦智慧军营概念与内涵的探讨，从概念模型、建设类型、运行模式、指导原则、建设步骤等各个方面对智慧军营进行剖析，以期形成对智慧军营的系统认识。

3.1　内涵与外延

3.1.1　智慧的含义

英文中，智慧是 Wisdom，《剑桥词典》对它的解释是："利用知识经验做出好的、善的决策和判断的能力"。在中文中，智慧是"能迅速、灵活、正确地解决事物和解决问题的能力"。有学者认为智慧首先是一种高阶思维能力和复杂问题解决能力；其次，智慧的精神内核是伦理道德和价值认同；再次，智慧强调文化、认知、体验、行为的圆融统整。有人指出智慧是"在一定文化环境中个体处理信息的生理和心理潜能，这种潜能可以被文化环境激活以解决实际问题和创造该文化所珍视的产品。"可以发现，不论东西方，都将"智慧"外化为一种能力，并且这种能力是指向人的。

百度百科中，智慧是高等生物特有的高级综合神经活动能力，覆盖感知、知识、记忆、理解、联想、情感、逻辑、辨别、计算、分析、判断和决定等多种能力。智慧是由智力、知识、方法与技能、观念与思想、审美与评价等多个子系统构成的复杂体系蕴育出的能力。因此，智慧显然是指人的智慧，而不是物的智慧，物只有智能，但物的智能可促进人的智慧。

3.1.2　内涵

在军营中通常部署两类信息系统，一类是作战指挥系统（C^4ISRK），另一类为保障管理系统。美军的信息化程度较高，这两者融合得十分紧密，之间的界线不是十分明显，而对于我军来说，"重作战、轻保障"的传统和体制等原因，使得这两类信息系统的发展不均衡，这也客观上导致我军构建基于信息系统的作战体系需要重点加强综合保障能力的建设，这推动了智慧军营的发展，也赋予了智慧军营建设的内涵与实质。

根据世界上通用的分类，作战指挥系统（C^4ISRK）是指直接参与军事行动的各类信息系统，包括情报、侦察、指挥、控制、通信和电子对抗等类型，主要立足于战时的"出兵"与"用兵"。由于其重要性和保密性，其作战指挥系统通常相对独立、密级程度高、实时性强；而智慧军营的信息系统指军营内建设的营区作战训练与战备、营区政工保障、营区装备保障、营区后勤保障和营区综合管理系统，主要立足于平时的“养兵”与“练兵”，提供军队练兵的环境、物质与精神保障；同时为在各类军营中部署的作战指挥系统提供各种支持和保障，例如提供军营中现有兵力、武器装备、保障物资和保障能力等情报，进行兵力前出和作战等军事行动的兵力调动、防奸保密、武器装备输送与分发、各类保障物质的筹措与准备、军营作战环境的准备与安全保障等支持工作。总之，智慧军营建设，首先要围绕“军营”实施。军营的性质及任务使命就是军营驻扎部队的性质与任务使命，智慧军营建设的出发点就是为部队达成使命、完成任务提供更有力的保障条件。图 3-1 为智慧军营的内涵。

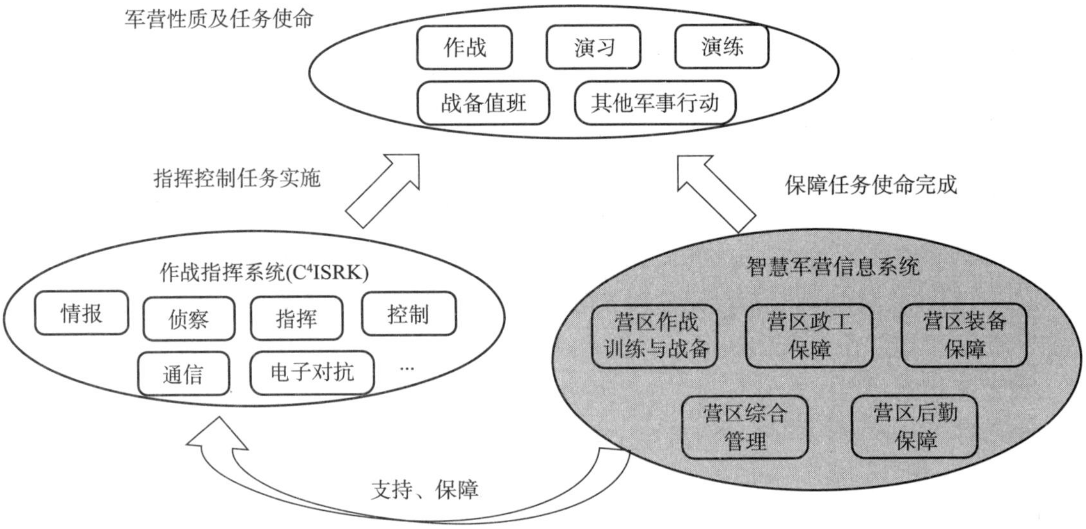

图 3-1 智慧军营的内涵

基于上述对智慧军营应用目标与场景的理解，在文中对智慧军营做出了如下的定义：聚焦部队作战能力生成，以军队营区平战一体化建设需求为牵引，以保障部队遂行使命任务为核心，以作战训练、政工教育、后勤装备保障和部队管理为应用领域，综合运用物联网、云计算、大数据和自动化控制等先进信息技术，建设军队营区综合信息平台和各类信息应用系统，实现营区军事信息资源的共享以及业务的协同应用，平时实行战备精细化保障管理，战时融入部队一体化指挥体系，满足军队“一体化联合作战”和多样化军事综合保障的智慧应用的发展战略要求。

3.1.3 外延

军营的保障与管理离不开整个国家、社会的各类物质生产与保障管理体系，同时还与同时代的信息技术、信息应用模式密切相关，智慧军营的建设必然打上国家和时代的烙印，形成丰富的外延（如图 3-2 所示）。

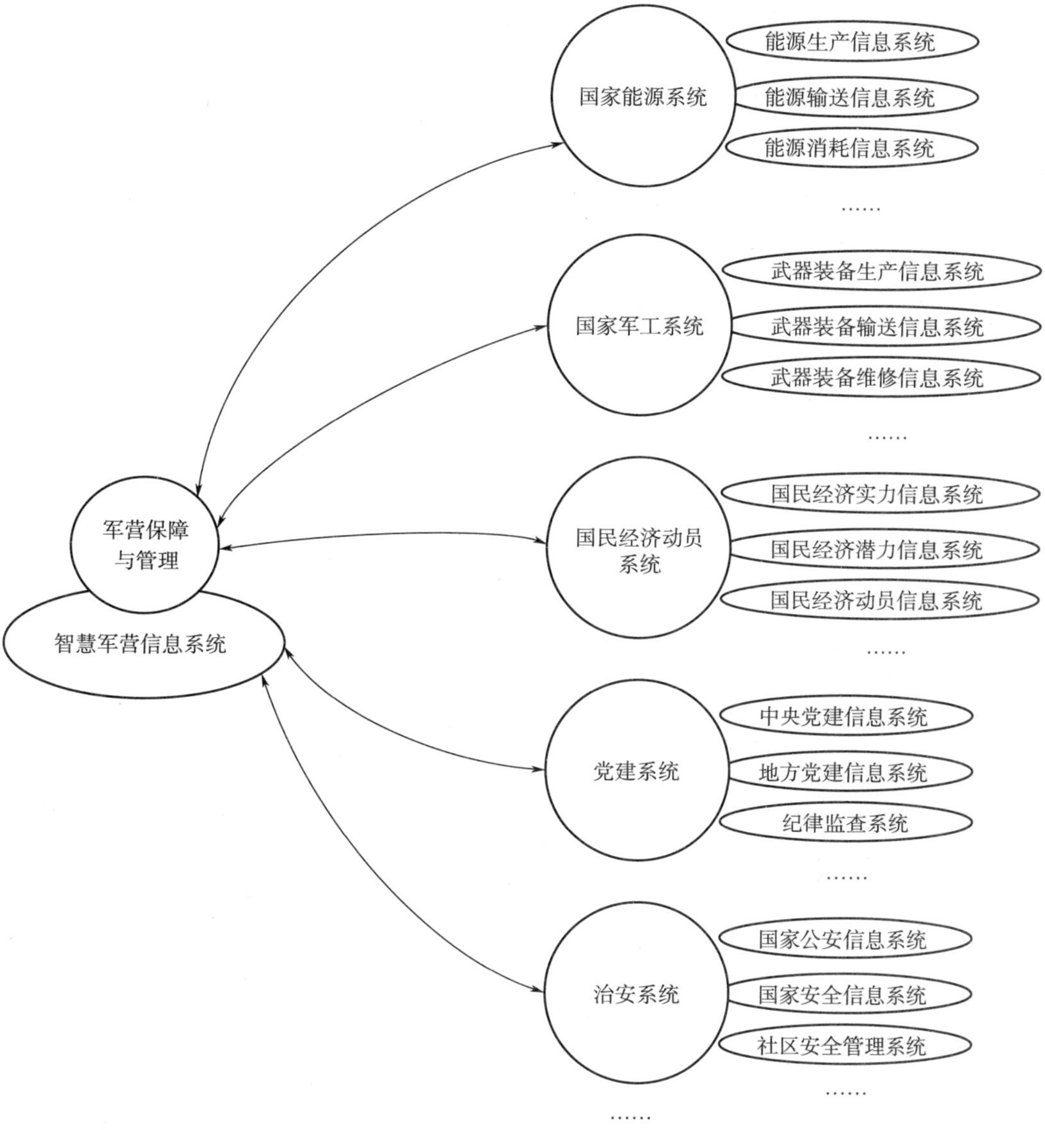

图 3－2　智慧军营的外延

智慧军营的建设不是在军营内封闭搞建设，而是要与国家、军队、驻地的多个单位有广泛的联系；随着军营保障社会化趋势的推进与深化，军营的各类工作与生活保障物质的供给、水电暖气等保障能源的提供、营区周边治安与敌情的稳定等都与军营驻地的地方政府与单位产生紧密的互动，在地方各类信息系统应用越来越全面、深入的形势下，智慧军营的信息化应与地方相关的信息化建设保持同步，实现信息互通、数据共享，这样才能保证军营的保障与管理效率跟上社会发展的步伐，改变传统模式，补齐信息化的短板。

3.1.4　智慧军营的智慧含义

3.1.4.1　智慧军营的智慧诠释

智慧军营的“智慧”指什么？从字面上解读，“智”指的是：降低军营内各类保障与管理工作难度系数，实现操作的自动化与智能化，减轻官兵的工作强度，提高工作效率；“慧”指的是：培养并保障营区内官兵精神层面上的血性、韧性、灵性、文化以及创造力，使军营更具活力和战斗力。这种“智”“慧”协同发展的模式，使军营的训练、工作和生活更加健康、和谐。

智慧军营中“智”的实现方式是“全域感知、泛在互联、智慧应用”，具体含义为：

“全域感知”是针对军营内部各类管理与保障数据采集难、信息获取难等问题，以信息基础设施为依托，以感知技术手段为支撑，以军营军事实体为主要对象，重点通过末端传感器、底层传感网关和上层感知传送管理系统，构建集采集、传输、处理为一体的感知网络，实现各类数据按需采集和动态监测。

“泛在互联”是针对军营内部各类保障与管理资源分散难集中、末端要素难联通等问题，依托安全的有线、无线、军用卫星等通信手段，实现传感器、视频终端、计算设备、存储设备等军营多种要素的互联，构成一个跨地理空间的智能化网络体系，实现智慧军营的信息系统互联协同和实时交互，充分提高信息资源利用水平。

“智慧应用”是针对军营配发部署的保障与管理软件多、数据缺乏、标准不一、智能化程度不高等问题，依托充分考虑军营使用需求和应用场景的具备计算、存储和执行能力的保障与管理业务信息系统、设施设备自动控制信息系统、安全防范与管理信息系统、辅助决策与应急指挥信息系统等，按需进行数据分析和知识生成，为预测、决策提供信息支持，迅即调动末端部件实现动态响应，快速进行可变业务处理，实现营区综合保障业务的智慧化管控。

智慧军营解决营区军事资源实时感知、指挥控制网络通畅、保障资源实时调度、管理与服务全面周到的问题，实现平战高效对接、军营各业务协同、综合保障精细化管控，整体提升军营信息化建设水平。

智慧军营中“慧”的实现方式是“以人为本、综合全面、持续有效”，具体含义为：

“以人为本”是军营科学发展观的核心价值。以人为本在军营的体现就是让官兵自主、自信、自强，不断地开发自身资源，让自己发挥无限的潜能，在军营中勇于担当使命、坚决完成任务，在军事生涯中实现自我价值。智慧军营立足于以更先进、更系统的科技帮助官兵融入现代化、信息化的军营环境，熟悉具有高度信息化特征的军营训练、工作与生活模式，掌握智慧军营中各类信息化设备、信息化应用系统的操作技能，提升信息化思维能力和应用能力，塑造具有信息化战争素质的人。

“综合全面”指智慧军营的人的“慧”表现出系统、综合、全面、深入的特点，在军事素质、政治素质、科技素质、人文素质的培养与提升上实现均衡、全面。智慧军营的建设首先瞄准的就是军事素质和政治素质，通过一系列先进的信息化训练与教育的设施、装备、系统、方法和手段，培养并提升官兵军事理论、军事专业技能、军事基础素质、政治素质、心理素质，塑造一支能战的军队；同时以军营信息化的思想、方式及信息化的各种实物，熏陶并引导官兵全面提高科技素质和人文素质，使得军营内的官兵具备适应高科技战争的科技文化能力和素养，塑造一支善战的军队。

“持续有效”目标是针对军营信息化建设“一阵风”的弊端，防止智慧军营的建设“重口号、图虚名”的现象。我军智慧军营的发展建设有着外部压力和内部动力，决不能只停留在报纸和新闻上，不能停留在口号和计划上，而必须有科学的指导、详细的计划、持续的投入和不断的迭代，才能显现出应有的效果。其中持续有效主要反映在对智慧军营建设的规划人员、建设人员和参与人员的思想、认识和行动上；首先应将智慧军营建设的必要性、可行性、实践性思想植入官兵的脑海中，形成认知的“慧”，通过有效的方法、必要的手段，将官兵参与、实践智慧军营的“慧”持续下来，不断丰富充实智慧军营的实施，长期坚持才能转变我军传统的军营建设模式，逐步建设、完善智慧军营，提升我军打赢信息化战争的能力。

智慧军营的“智”和“慧”，虽然有不同的含义，但它们两者是相互关联、相互统一的。其一，“智”是智慧的基础。当营区中的“物”充满智能，即营区中的“人”生活在一个技术支持无处不在的营区中，并且这些技术都是以“人”的运用需求为核心来展开建设的时候，营区中的“人”便会在无形之中将这些技术作为日常学习生活中不可或缺的助手，如此，“智”将成为智慧生成过程中必不可少的基础。如果智慧军营中缺少了“物”的智能，那么“人”的智慧生成也将随之减少。其二，“智”是智慧赖以生存的环境。智慧是一种潜能，它是人类先天遗传与后天环境交互作用的结果，后者对于智慧的作用更为巨大。可见，智慧的生成除了与天赋相关外，还依赖于后天的生长环境。在智慧军营这一环境中，对“人”产生影响的除了营区这个外部空间以外，还有营区中的“物”，因此，智慧军营中的“物”是营区中的“人”所赖以生存的环境。其三，“慧”是“智”的成果，也促进“智”的提高。通过物的智能化，人的聪慧程度提升了，认知能力、理解能力、处理能力都增强了；反过来，更聪明的人将提出更多智能化的需求和方法，促进智能化的升级。总之，“智”与“慧”都是智慧军营中不可或缺的组成部分。物的“智”促进了人的“慧”的更好生成，“人”的更高需求也不断促进着智能性的提高，二者相辅相成，共同促进了智慧军营的成长。

3.1.4.2 智慧军营的评价

智慧军营的评价指标体系尚未建立，智慧军营评价的指标项目、指标内容、指标权重、指标的评级等关键要素还未形成统一的认识，首先是由于智慧军营的概念出现时间不长，目前军队和地方没有权威的定义，边界与内容还描述不清；其次，智慧军营的智慧程度如何评价涉及较多的军事效益、社会效益和经济效益指标，相关的研究难以深入，也没有适当的研究机构承担该项工作，只能智者见智，众说纷纭。即便如此，稍早出现的人工智能、智慧城市等分级分类评价指标的出现，虽然与智慧军营评价指标有较大的差异，但也能提供一些参考与借鉴作用。

人工智能领域以人工制品的智能能力高低为标准定义了6个等级，从第0级到第5级人工制品的智能能力不断提高：

1）第0级：可以信息输入，但不能信息输出，或者可以信息输出，但不能信息输入，或者可以创新创造，但知识库不能增长；

2）第1级：不能与测试者（人类）进行信息交互的物体和系统；

3）第2级：能够与人类进行信息交互，但它的控制程序或知识库从诞生时就不再发生变化，这种系统称为“人工智能系统的第2级系统”；

4）第3级：能够与人类进行信息交互，但不能与其他系统通过“云端”进行信息交互，控制程序或知识库只能通过USB、光盘等外接设备进行程序或信息升级；

5）第4级：能够与人类进行信息交互，可以通过“云端”进行信息交互、进行程序或信息升级，但这类系统所有的信息都是直接从外部获得，其内部无法自主创造新的知识；

6）第5级：能够与人类进行信息交互，可以自主地创新创造出新的知识，不断提升能力，改进技能适应环境，并可通过各种途径进行信息交互。

2007年，维也纳理工大学从智慧人群、智慧经济、智慧治理、智慧流动、智慧环境、智慧生活等六大层面出发，构建了包含74项三级指标的智慧城市评估体系。国际智慧城市论坛（ICF）从宽带连接、知识型劳动力、创新、数字融合、社区营销与宣传等五个方面评价智慧城市的发展水平。2012年，我国住建部出台了《国家智慧城市试点暂行管理办法》，从城市建设管理的角度，提出了由保障体系与基础设施、智慧建设与宜居、智慧管理与服务、智慧产业与经济等四个方面构成的评估体系。2014年《国家标准委、中央网信办、国家发展改革委关于开展智慧城市标准体系和评价指标体系建设及应用实施的指导意见》指出加快形成智慧城市建设的标准体系和评价指标体系，加强重点标准的研制和应用，开展智慧城市评价工作，充分发挥标准和评价对智慧城市健康发展的引导支撑作用。在《智慧城市评价指标体系总体框架（试行稿）》中说明了智慧城市评价指标体系总体框架，其中能力类及成效类指标所涉及的各个方面均作为一级指标，每个一级指标下包含若干二级指标评价要素，每个二级指标评价要素代表对一级指标某一个侧重面的考量依据。各分项制定中可根据领域特性和需求、参考二级指标评价要素确定相应的二级指标项。总体而言，总体框架共包含9个一级指标和36个二级指标评价要素。选取分项评价指标时，应遵循指标设立原则，并充分考虑该指标是否能体现我国智慧城市发展特征及是否适用于该领域当前发展阶段特征，分项评价计算的方法如图3-3所示。

综合参考人工智能领域、国防工程领域和智慧城市领域的分级分类方法，结合部队营区特点，从智能能力等级、智能功能层级、智能服务效能对智慧营区进行分级评价。

目前部分营区监控子系统基本实现了人工智能领域第3级水平；部分营区办公系统实现了桌面云架构，能达到人工智能领域第4级水平，但是由于对部队信息安全的考虑，所使用的云仅限于私有云，还不能对接互联网公有云，大大限制了实际的智能能力水平；还有大部分营区的信息系统基本实现了数字化，建成以后由于互动体验受限或者使用场景限

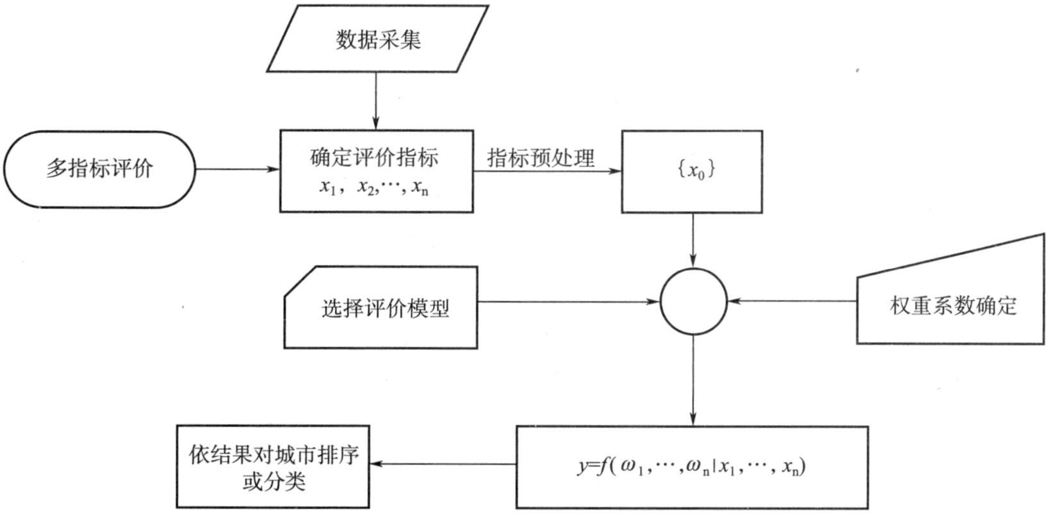

图 3-3　智慧城市评价分项指标逻辑框图

制，很难再进行更新维护操作，处于人工智能领域第 2 级水平。智能能力等级定义为 1 级、2 级、3 级和 4 级，分别对应人工智能领域的 2 级、3 级、4 级和 5 级。

智能功能层级描述了智慧营区信息系统能够完成智能功能的部件位于架构层次位置的高低，目前大部分营区建设了安防监控子系统、消防监控子系统、办公自动化子系统等部分设施设备建立了监控子系统以及这些子系统基本达到监控智能化的层级，即位于系统级智能水平，类似安防、消防等比较成熟的监控系统可以达到一定程度的自动化。

但是大部分营区并没有实现设备级智能化和平台级智能化，即末端传感器仅仅是采集设备，并不具备智能自检和故障恢复的能力，各业务分系统并不能充分信息共享和融合，各分系统还是相互独立运行。智能功能层级定义为设备级、系统级和平台级三个层级。图 3-4 为智慧军营分级分类方法示例。

智能服务效能描述了智慧营区信息系统实现的智能功能可以为营区管理提供的服务效能高低。按照营区的职能划分，可以分为生活型营区、训练型营区、作战型营区和试验型营区等，每种营区具有不同的职能任务，智慧营区信息系统将辅助营区人员完成管理任务，不同类型的营区对于信息系统提供的智能服务功能需求不一样，比如机关营院型营区主要需要信息系统提供智能设施设备控制（比如水、电、气、安防、消防控制）、智能节能管控、装备物资智能保障、人员智能管理等服务功能；训练基地型营区需要信息系统提供生活型营区信息系统的基本功能外，还要提供训练计划、训练管理、训练模拟、训练评估、训练装备管控等功能服务；基层部队作战型营区除了提供上述两种营区的基本功能外，还要提供武器装备智能监控、战场态势感知、伪装与防护等服务功能；武器装备试验型营区除了基本的功能外，还需要提供试验任务计划、试验任务流程管理、试验任务模拟、试验任务评估等服务功能。按照信息系统服务效能的高低，可以分为高、中、低三级，低级效能表示信息系统智能人工录入信息，通过人工操作方式获得系统监控和管理等

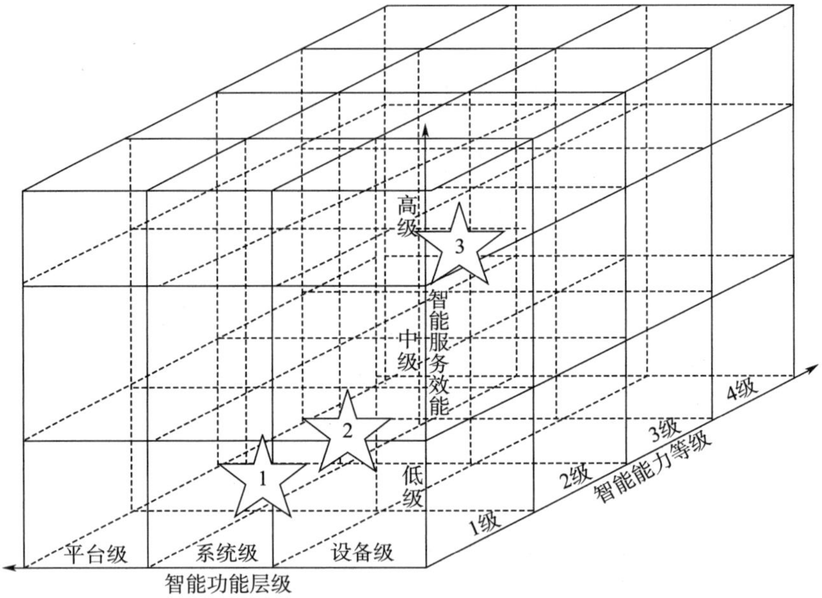

图 3－4　智慧军营分级分类方法示例

服务；中级效能表示信息系统可以自动采集信息，通过人工操作的方式提供系统监控和管理等服务；高级效能表示信息系统可以自动采集信息，然后自动分析处理数据，为操作人员提供辅助决策信息或者直接驱动系统自动运行。按照上述分类标准，目前大多数营区仅仅达到低级水平，部分试点营区可以达到中级水平，还没有营区能够真正达到全自动的高级水平。

3.1.5　与数字军营的关系

数字军营是指在传统军队营区基础之上，综合运用信息资源规划、地理信息系统、全球定位系统、遥感等信息理论及技术，建立营区营房管理、供水供电、供热供气、采暖通风、环保绿化、交通管控、安全监控、消防等业务信息系统，可实现同级、上级之间业务基础数据交互共享的军营。

数字军营可发展为智慧军营。智慧军营比数字军营的内涵更丰富、发展目标更远大、技术应用更先进、实用效果更理想，可以说智慧军营优于数字军营，高于数字军营。两者的不同点主要表现为：

（1）关注点不同

数字军营关注的是营房保障系统的数字化、自动化，实现信息的自动采集和传递；智慧军营更关注信息的汇总分析、规律的发现和知识的总结，从而为指挥决策服务。

（2）目标不同

数字军营以电子化和网络化为目标，建立以计算机为主的信息处理系统；智慧军营则以智能化处理、自学习能力生成和科学化决策支持为目标，提供具有较强智能水平的知识产生、决策支持能力。

(3) 实质不同

数字化的实质是将信息进行数字化，方便计算机处理、网络化传输等，智慧化的实质是用相关的信息处理技术完成一些需要智能进行判别和决策的任务。

(4) 结果不同

数字化的结果是数据的积累和传递，智慧化的结果是数据的利用、分析和开发，以形成知识。

(5) 覆盖范围不同

数字军营主要由军队基建营房部门提出，面向营房保障数字化和信息化建设业务；智慧军营将营区的综合保障（包括后勤保障和装备保障），以及营区的综合管理作为建设领域开展相应的信息化建设，覆盖的范围更广泛、更全面。

3.2 建设类型

我军的军营泛指各类军队驻扎、使用的营区，包括军委、军兵种的各级各类机关大院，基层部队的机场、军港、阵地、训练基地和试验基地等，以及后方部队的院校、研究所、仓库、油库、洞库、医院、修理厂等。

智慧军营的建设应当具有普及性和代表性，从军委机关到基层部队，从北疆到南陲，从高山到海岛，涵盖各个军兵种，包含智慧军港、智慧机场、智慧阵地、智慧靶场、智慧营院、智慧科研院所、智慧仓库、智慧医院等各种类型，不同的类型应有不同的建设方案（见图 3－5）。

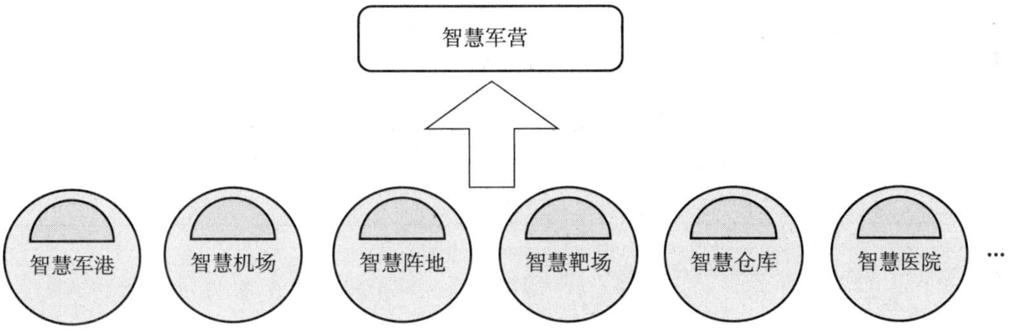

图 3－5　智慧军营的建设类型

3.3 技术模型

智慧军营建设的核心是使得军营达到智能化、智慧化而实施的信息体系建设。智慧军营信息体系具备当前复杂信息系统的典型分层技术结构，具体可分为 4 个层次，从底向上依次为采集层（感知控制层）、传输层（网络传输层）、控制层（集中管理层）和应用层（应用服务层），如图 3－6 所示。

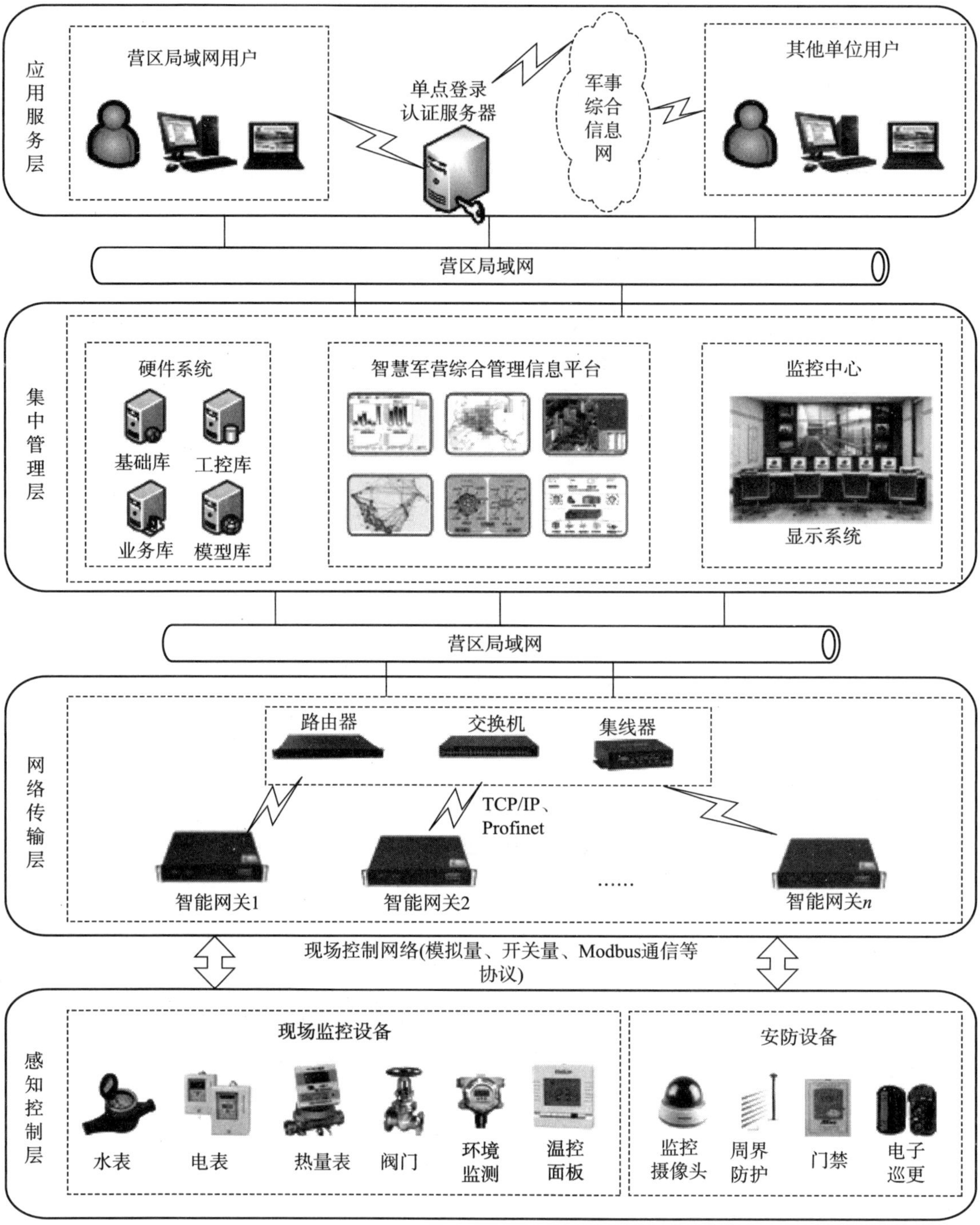

图 3－6　智慧军营的技术层次

(1) 感知控制层——实现全域感知

综合利用射频感应、智能计量、电磁控制、红外传感等感知、捕获、测量技术随时随地对目标对象进行信息采集和获取。感知控制层重点解决信息获取问题，包括各类物理量、标识、音频、视频等数据，具有全面感知营区各类军事保障信息的核心能力，能够使原有网络信息节点延伸扩展到各类军事实体和末端用户，扩大了信息采集的对象范围，是智慧军营建设的基础。关键技术包括检测技术、中低速无线或有线短距离传输技术等。具体来说，感知控制层综合了传感器、嵌入式计算、智能组网、无线通信、分布式信息处理等技术，能够通过各类集成化的微型传感器的协作，实时采集各种环境或监测对象的信息。感知控制层设备主要由各种传感器以及传感器网关构成，包括气体浓度传感器、温湿传感器、二维码标签、射频标签和读写器、摄像头等感知终端。

(2) 网络传输层——实现接入与泛在互联

通过将营区内需要掌握其信息的各类目标对象接入保障信息网络，依靠各种通信手段和安全防护措施，随时随地进行可靠的信息交互和共享。网络传输层能够把感知控制层获取的数据无障碍、高可靠、高安全地进行传送，它解决的是数据在一定范围内，特别是远距离的传输问题。除目前已经比较成熟的远距离有线、无线通信技术和网络技术外，为实现“物物相连”的需求，网络传输层将综合使用以太网、宽带自组网等军民通信技术，融合和扩展现有营区固定网络，实现有线与无线的结合、宽带与窄带的结合、感知网与通信网的结合。

(3) 集中管理层——实现服务支撑

该层通常部署于营区的保障与管理监控中心，采用硬件虚拟和光交换网络等技术产品，提供资源虚拟化、集中存储、集成处理、数据服务和容灾备份等基础设施服务。通过集成现有软件和新研软件，提供营区业务处理、营区综合态势展示、营区安全管控、营区决策支持、营区电子信箱、营区服务网站管理等共用系统；部署集服务引擎、存储服务、运行服务、组件服务、整合服务、数据处理服务、监控服务、感知分发服务、开发服务和工具类等多类服务于一体的支撑平台，为业务应用开发、部署和系统集成，提供一套完备的服务支撑。围绕应用系统的快速开发、部署、使用和管理全过程，分别为建设规划者、开发者、使用者提供元数据管理、应用快速搭建和接入认证环境。

(4) 应用服务层——实现智能应用

应用服务层主要解决信息处理、信息交互和信息服务问题，通过各类信息系统将网络传输层发送来的数据进行处理，并通过营区网络连接的各个用户终端、安全移动设备等与营区的人员进行交互；它以数据为中心，包括数据的存储、查询、分析、挖掘、理解以及基于数据的决策和行为等技术。围绕部队营区战备训练、综合保障和营区管理等业务，基于信息服务支撑，对感知和传输来的信息进行分析和处理，提供智能化信息应用、联网业务处理、辅助决策和控制等功能支持。

3.4 指导原则

智慧军营建设过程中，应紧密结合军队营区的实际情况，着眼于解决营区建设的重点、难点问题，坚持先进性与实用性、继承性与前瞻性、当前需要与长远发展相结合的指导原则。

（1）突出信息智能

信息智能是建设现代营区的重要指标，也是建设现代军营最具时代特征的特点，要在智慧军营建设中突出抓好。

一是按标准化要求实施。标准化是信息化的基础，信息化工作持续展开，离不开标准的引导和规范。全军数字军营建设的“一个标准，六个规范”文件，对开展智慧军营建设具有良好的指导作用；另外国家、军队和行业已经制定大量的相关建设标准和规范，务必严格遵照执行，确保建设规范有序。

二是按智慧要求支撑。数据是信息化的根基，离开数据，信息化建设就是无源之水、无米之炊。智慧军营建设，首先要完成营区实体要素智慧转换，并实时进行数据更新维护，以提高数据的完整性、一致性和准确性，切实搞好智慧军营软硬件系统运行的数据支撑和可靠保证。

三是按智能化要求拓展。目前，营区的大部分信息系统还停留在信息查询、统计分析等静态管理上。智慧军营建设应当深化人工智能、模式识别、自动控制等先进信息技术的应用，并向指挥、决策、评估等领域拓展，不断提高基建营房管理水平和保障效能。

（2）体现科学管理

现代军营建设不仅仅是一种建设行为，更是一种发展理念。智慧军营建设要搞好统筹兼顾，实现科学发展。

一是统筹好建设与应用的关系。智慧军营建设的宗旨，就是要充分利用现代信息技术，切实地解决营区建设、管理和保障中存在的问题。同时，也要根据信息技术日新月异、换代频繁的特点，在技术上适度超前，留有发展空间。

二是统筹好继承与发展的关系。全军已经配发了多类业务信息系统，各级各单位也自主研发了一些应用软件，基本覆盖了训练管理、政工保障、后勤保障、装备保障、工程建设、营院管理等各业务领域，但至今还没有一个综合系统、集成平台。智慧军营建设部署的营区综合管理信息平台，是集成营区各业务系统功能需求而整合的公共性、基础性业务处理平台。平台还具备开放性和兼容性，以适应不同单位、不同厂商设备控制系统的集成，以及安全监控、入侵防范、电子巡更等营区相关信息系统的接入。

三是统筹好横向与纵向的关系。智慧军营建设应注重系统对接和功能扩展，主动融入军队信息化建设大局。横向上，要强化营区智慧管控手段，满足部队作战指挥、政工教育、后勤保障和装备管护需要，提高基于信息系统体系作战的保障能力；纵向上，要增强各类用房和设施设备信息智能含量，满足部队实施信息化条件下工作、训练和战备要求，提高营区承载智慧部队的能力。

（3）着眼长远建设

建设现代军营，是军事基础设施建设的发展方向，是今后一个时期的指导方针。按照这一思路，智慧军营建设应当立足长远，作为一项长期的战略任务加以推进。

一是注重实践牵引，配套完善标准。按照建设现代军营实施步骤和工作实践，加强理论研究，总结探索出军队营区、军港、机场、阵地、仓库等不同类型智慧军营建设的特点和规律，配套完善智慧军营建设评估管理办法，建立健全智慧军营标准体系，不断增强标准规范的可行性和操作性。

二是注重沟通协调，形成建设合力。智慧军营建设是部队建设的一项基础性工程，涉及面广，影响面大，需要强化协调工作，积极与通信、军务、保卫等职能部门沟通，搞好参谋、政工、保障各部各业务口协作，确保形成工作合力。

三是注重攻坚克难，不断创新发展。随着现代军营的深入推进，智慧军营建设面对的新问题、新难题也会越来越多，比如：新型作战力量智慧军营建什么，部署调整及收缩住用部队智慧军营怎么建等，都要求加强研究探索，创新方式方法，力争使智慧军营建设取得新的发展和突破。

3.5　建设框架

智慧军营的信息建设总体上分为：技术体系建设和管理体系建设。技术体系建设是应用现有的或适度超前的技术及产品对信息化建设项目进行实施，以实现其技术目标；管理体系建设是根据智慧军营现有基础和信息系统建设的相关情况，建立智慧军营的信息系统操作、使用、管理、维护的机制和制度，培养信息系统专业人才队伍，保证信息系统的良好运行，为信息化系统功能发挥提供有效的保障。

智慧军营信息技术体系的建设框架包括六大方面：

（1）以架构理论为核心的信息化建设体系规划

采用当前的通用架构理论，包括 DoDAF，ToGAF 等，对智慧军营的信息化建设体系进行规划，形成科学的基于能力、系统和应用为主的智慧军营信息化建设架构，指导智慧军营信息化建设的科学展开。

（2）以指挥、办公、科研等为主线的保障、管理信息系统

围绕智慧军营承担的保障与管理任务，建立以资源协同、任务实施、信息共享、数据分析和辅助决策为主的信息体系，形成智慧军营使命任务的信息化实施平台与支撑能力。

（3）以数据为核心的智慧军营全资源动态管理信息系统

以智慧军营各类资源，包括人员、车辆、物资、营房等要素信息化管理为目标，建立“一数一源”的数据统一采集、运用机制，形成综合、集成化的智慧军营综合管理信息系统，提高综合管理效力。

（4）以服务为导向的智慧军营信息服务系统

智慧军营信息服务有较强的需求，以公共信息展示和公共信息服务平台为主要的服务形式，建立面向用户需求的信息服务系统，提高智慧军营信息服务保障能力。

（5）全方位立体化的智慧军营信息安全保障系统

以“人防、物防、技防”为主要手段，在军队安全标准与要求的框架下建设智慧军营综合安全防护体系，形成全方位的立体防护能力。

（6）基于云计算模式的智慧军营信息基础设施

以营区云计算系统、物联网和数据中心为主要内容，建设覆盖智慧军营各分区、各节点的，包含信息采集层、信息网络基础设施层、数据层等的完善的信息基础设施设备，形成营区信息“高速公路”。图 3－7 为智慧军营信息化建设框架图

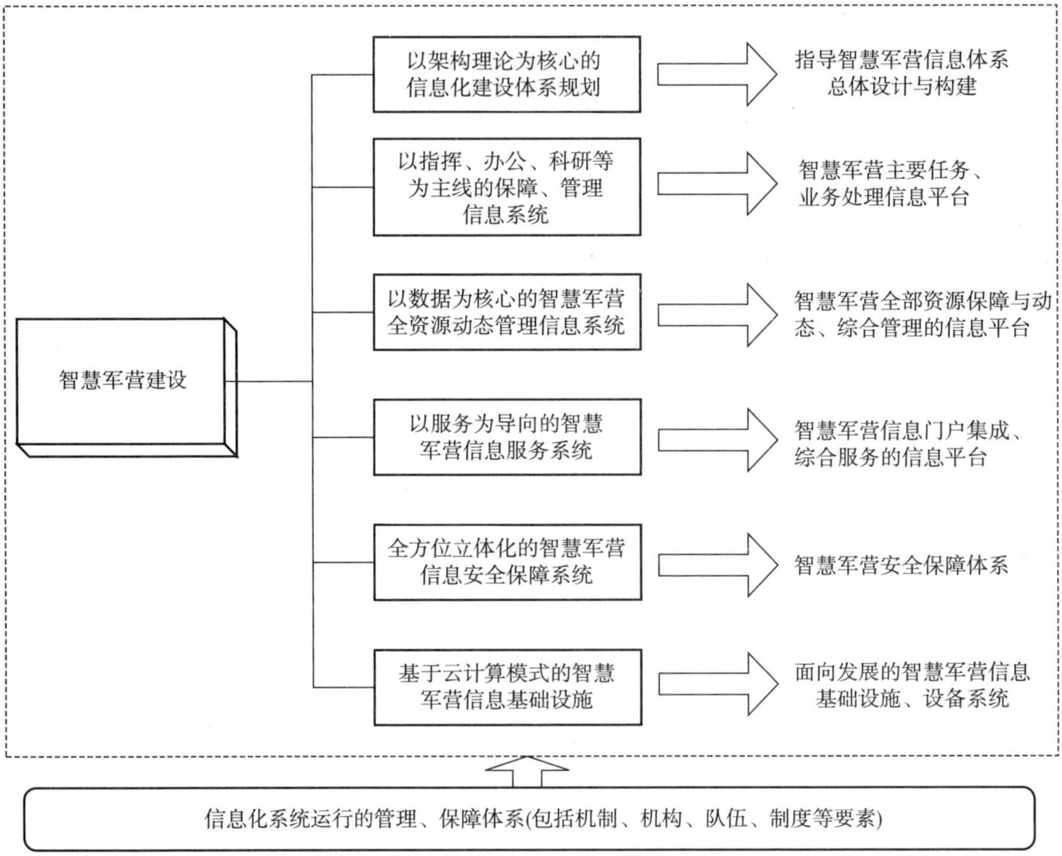

图 3－7　智慧军营信息化建设框架图

3.6　建设步骤

智慧军营建设是一个长期的过程，可划分为三个重要阶段，第一阶段是营区的数字化建设，第二阶段是营区的网络化建设，第三阶段是营区的智能化（智慧化）实现，前一个阶段是后一个阶段的基础，通过 3 个阶段，才能实现智慧军营建设；每个阶段都有主要的建设目标、建设任务、建设内容、建设指标，通常跨阶段的建设可能导致部队对数字化、网络化、智能化、智慧化建设实践不足，在思想上、物质上、人员上和经验上都有所欠缺，无法真正实现智能化、智慧化的目标。

应当正确认识部队营区与营房的信息化建设，目前许多部队的智慧军营建设正处于第一阶段，营区内的部分保障设施设备实现了数字化与自动化，但数据的采集与处理能力还

十分低下；部分营区信息化建设达到第二阶段，即网络化建设阶段，但仅有办公系统、交班系统等实现了网络运行，各业务系统依然是烟囱式状态，没有有效的数据交互和信息融合，更谈不上数据分析、挖掘和人工智能的决策支持，离智能化保障的要求还有相当大的差距。图 3－8 为智慧军营建设步骤。

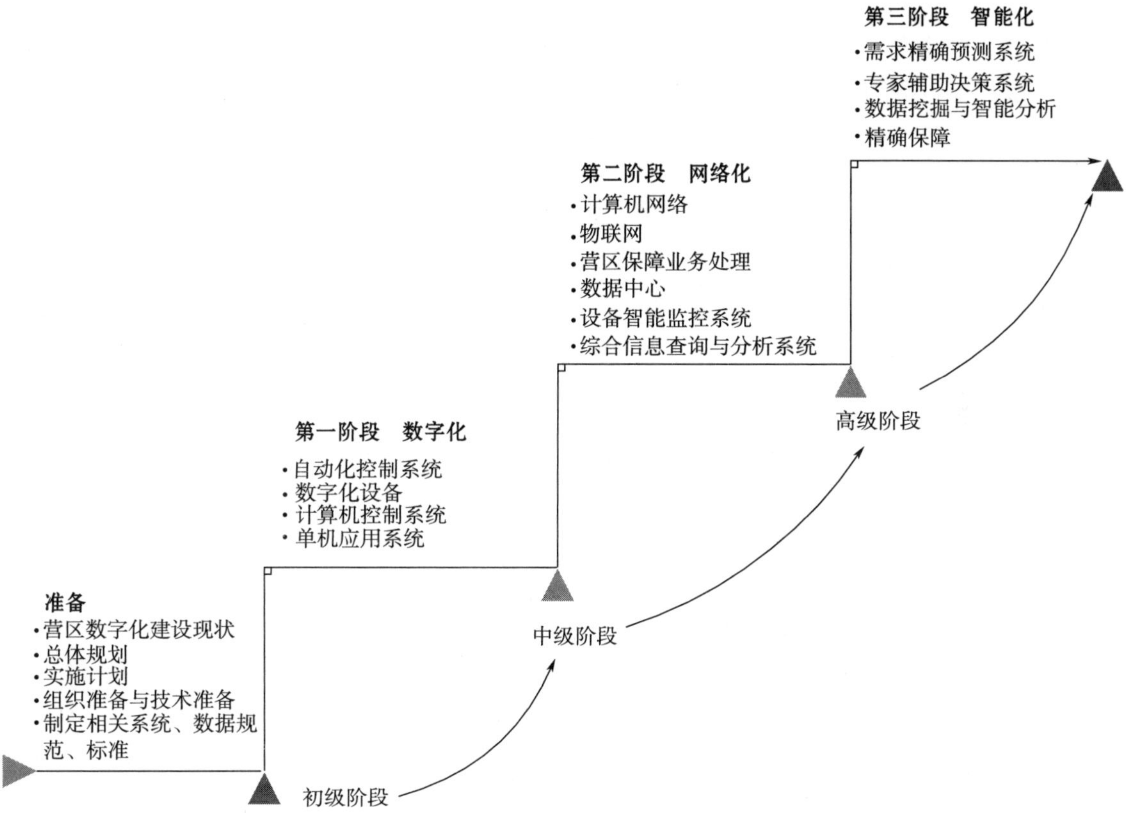

图 3－8　智慧军营建设步骤

3.7　建设依据

智慧军营建设涉及信息系统规划、软件设计、硬件集成和工程建设等环节，包含了系统工程、计算机工程、软件工程、电子工程、电气工程、工程安装、安全防范和信息安全等多个专业，为了有效规范智慧军营的建设，避免技术缺失与技术风险，应当遵守国家、军队和相关行业的各类技术标准和要求。由于涉及的标准、规范、规定较多，在此不再赘述。

第 4 章　总体框架

智慧军营建设从系统组成上，包括基础设施、硬件设备、软件程序、数据库等部分；从结构层次上可分为采集、传输、控制和应用层。各个组成部分在不同的技术层次上发挥各自作用，并通过数据交换和功能组合，形成智慧军营信息集成与融合的总体效果。

4.1　总体规划

根据智慧军营建设的总体规划，对智慧军营信息化建设的总体目标、总体架构进行规划设计，形成完整的智慧军营信息化建设体系和建设项目分类，最终落实到具体的信息化建设系统，其过程如图 4－1 所示。

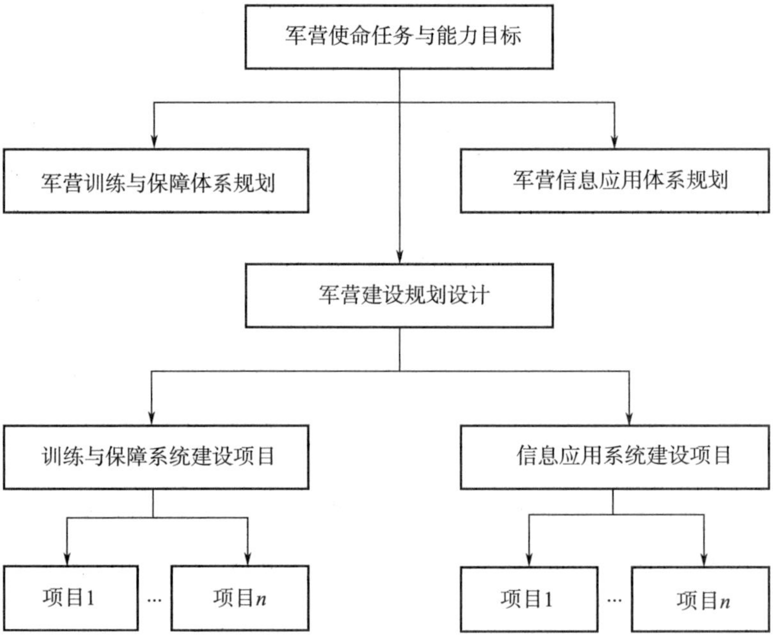

图 4－1　智慧军营建设信息体系结构规划图

以军营的使命任务与能力目标为导向，对军营的训练与保障体系和军营信息应用体系的建设进行整体规划，制定军营各项建设的基本思路、指导原则、结构组成、步骤方法、经费规模等纲领性文件；在此基础上，完成军营建设的规划设计，以科学、合理、详细的技术方案作为建设实施依据；营区相关建设单位对信息化应用系统建设项目进行立项，形成系列的相关具体建设项目，随着各项目的建设和运行，逐步补齐军营信息化建设的短板，努力实现建设智慧军营的目标。

4.2　系统组成

智慧军营建设主要由“信息基础设施、设备管控系统、安全防范系统和管理软件系统”等多个系统组成。营区综合管理信息平台是整个营区集中化、智能化监测与控制的信息集成平台，主要运行各类控制软件、应用软件和门户网站等，完成整个营区各类信息系统的数据汇集、存储、处理与应用，进行营区保障与管理的综合态势展示与监管控制，提供各类信息服务。

营区设施设备智能监控系统是对营区多类保障设施设备进行自动化管理和智能化监控的信息系统，主要包括设备互联系统以及智能供电、智能供水、智能供暖和环境监测等系统。

安全技术防范系统是为营区提供多种形式的安全保障与危险防范的系统，包括视频监控、周界防护、入侵报警、路障机、枪支离位报警和电磁屏蔽室系统等。

营区信息网络系统是智慧军营的信息基础设施，包括计算机网络和物联网等。计算机网络是各类服务器、计算机终端、笔记本电脑等终端设备互联互通的信息网络。物联网是营区供水、供电等系统的传感器、控制器等设备或装置互联并接入计算机网络的信息网络。营区信息网络系统建设原则上应覆盖到整个营区，联通各办公室、训练场所、文体娱乐场所、军人生活保障场所、宿舍，以及供配电站、供水站、锅炉房等保障设施场所，物理上与营区其他网络隔离，建成后成为整个营区的信息联通与交换主要平台。

监控中心指营区监控机房和各建筑设备间与弱电间，包括拼接显示屏、服务器、路由器、管廊、线槽、供电和防雷接地等基本设施、设备与装置。要素数字化系统和综合数据库系统是智慧军营的重要基础。

智慧军营现阶段规划的主要建设项目可分为综合管理信息平台、信息网络系统、设施设备智能监控系统、信息化应用系统、机房工程（监控中心）和安全技术防范系统，主要内容见表 4-1。

表 4-1　智慧军营建设内容表

信息系统		建设内容	备注
营区综合管理信息平台		研制具有开放结构的智慧军营综合管理信息平台，将智慧军营各类信息应用系统的控制软件进行整合集成，为使用者和管理者提供一个良好的技术平台；可以与纵向和横向的信息系统进行交互、融合	由相关技术单位在统一配发软件的基础上进行二次开发，形成具有军队特色的智慧军营集成控制平台
营区信息网络系统	网络系统	建设营区信息网络系统，包括计算机网络和用于设施设备监控的物联网	
	综合布线系统	在营区主要建筑物建设综合布线系统，包括：指挥办公楼、宿舍楼、文体用房、食堂与生活服务中心、招待所、卫生队、供电站、水泵房、综合仓库、门卫房以及其他附属用房等	为避免后期建设的不便，初次建设时尽量覆盖营区全范围

续表

信息系统		建设内容	备注
营区设施设备智能监控系统	智能供电系统	建设营区智能供电系统，包括用户用电计量、用电控制、电费缴纳、用电安全监控、用电统计分析等	根据《军队营区智慧建设标准》要求实施
	智能供水系统	建设营区智能供水系统，包括用户用水计量、用水控制、干线水压监测、水费缴纳、用水统计分析等	根据《军队营区智慧建设标准》要求实施
	环境智能监测系统	建设军队营区环境智能监测系统，监测内容包括温湿度、水质、环境噪声、空气质量等	根据各单位具体情况建设
	营区广播系统	建设营区数字网络广播系统，实现全区或分区的广播	根据各单位具体情况建设
	其他系统	中央空调系统，寒带地区包括智能供暖系统	
信息化应用系统	战备训练管理系统	研制部署适合不同营区类型和特征的战备训练智能管理系统	
	政工保障系统	研制部署兼顾平时和战时需求的营区政工保障系统	
	综合保障系统	研制部署符合营区需求的后勤、装备保障信息系统	
	营区管理系统	研制部署营区行政管理、安全技术防范管理的系统	
	信息服务系统	建设营区信息服务统一平台，提供公共信息服务	
	信息安全管理系统	通常应配置网络管理系统、网络漏洞扫描系统、杀毒软件等用于全营区计算机应用系统的信息安全防护	分阶段建设全要素网络安全管理系统
	其他应用系统	包括营区地理信息系统、营区三维视景系统、营房资料智慧管理系统等	根据单位实际情况建设
机房工程	营区信息系统设备机房（中心机房）	建设综合的营区信息中心监控室，安装各类传输、交换、配线、通信终端设备，提供智慧军营信息系统监控、安全防范监控系统综合操作使用的环境	
	弱电间	每栋建筑应有设备间，每层楼宜有弱电间	新建筑一般设置弱电间，老旧建筑根据实际情况选择适当地方作为弱电间
	其他	机房供电、机房防雷接地等	
安全技术防范系统	门禁系统	指挥楼大门、指挥室（采用指纹与智能卡并用）或重要作战台位出入口	根据工程建设计划安排和部队实际需要选择建设
	车辆查验系统	配置于营区大门，完成出入车辆的验行（智能卡与车辆识别系统并用）	
	路障机系统	有条件、有需求的单位可在营区主入口建设防冲撞路障机系统，提高营区防护水平	
	视频监控系统	布置于营区重要出入口、要害部位出入口及周边，包括指挥办公楼、油库、枪弹库、财务室、保密室、综合仓库（含仓库）、营区大门、码头、洞库门口等	

续表

信息系统		建设内容	备注
安全技术防范系统	枪支离位报警系统	布置于枪械库、执枪岗亭、哨位，用于监测枪支是否处于正常位置，否则报警	
	周界系统	营区周边围墙建设自动周界报警系统	
	紧急报警系统	门岗、重要值班室或其他报警点	
	入侵报警系统	建筑物内部或其他重要场所探测非法进入的报警系统	
	电子巡查系统	对营区的巡查路线设计、巡查任务执行、巡查信息管理的信息系统	
	电磁屏蔽室	对营区重要电子设备应用场合进行电磁屏蔽，防止电磁信号泄漏，保护信息安全，通常包括作战指挥室、通信机房、机要室等	

4.3 总体架构

逻辑架构主要将智慧军营系统按照分层的思想，对各分层、子系统、模块进行规划设计，制定交互接口和交互机制。依据全军信息系统结构，智慧军营信息体系在逻辑架构上划分为感知采集层、基础设施层、数据层、平台服务层、应用层、展示层和安全体系、标准体系“六层两域”，逻辑架构如图 4－2 所示。

4.4 应用架构

以系统模块或者独立组件的形式为智慧军营提供各种应用服务为目标，面向智慧军营管理要求，梳理各业务工作的管理需求，分析各项保障业务处理的模式和流程，构建统一的智慧管理平台、业务应用系统，其中业务应用模块和独立组件既可以嵌入到平台各个系统中，又可以服务的形式单独提供，最终构建出一个高内聚、低耦合、信息融合的应用支撑平台。系统应用架构如图 4－3 所示。

4.5 技术架构

智慧军营的技术架构由接入层、平台层、数据层、服务层、应用层、展现层等六层构成，从技术上确保项目顺利实现、稳定运行和后续扩展，如图 4－4 所示。

（1）接入层

物联感知设备接入系统实现基地管理与保障相关的设施设备以及监控摄像机、门禁控制器、道闸控制器、数字水表、数字电表和自控阀门等各类传感器的适配、安全接入和身份认证，保证采集数据的安全可靠传输，并通过对数据的协议解析、数据转换和提取，进行数据传输。

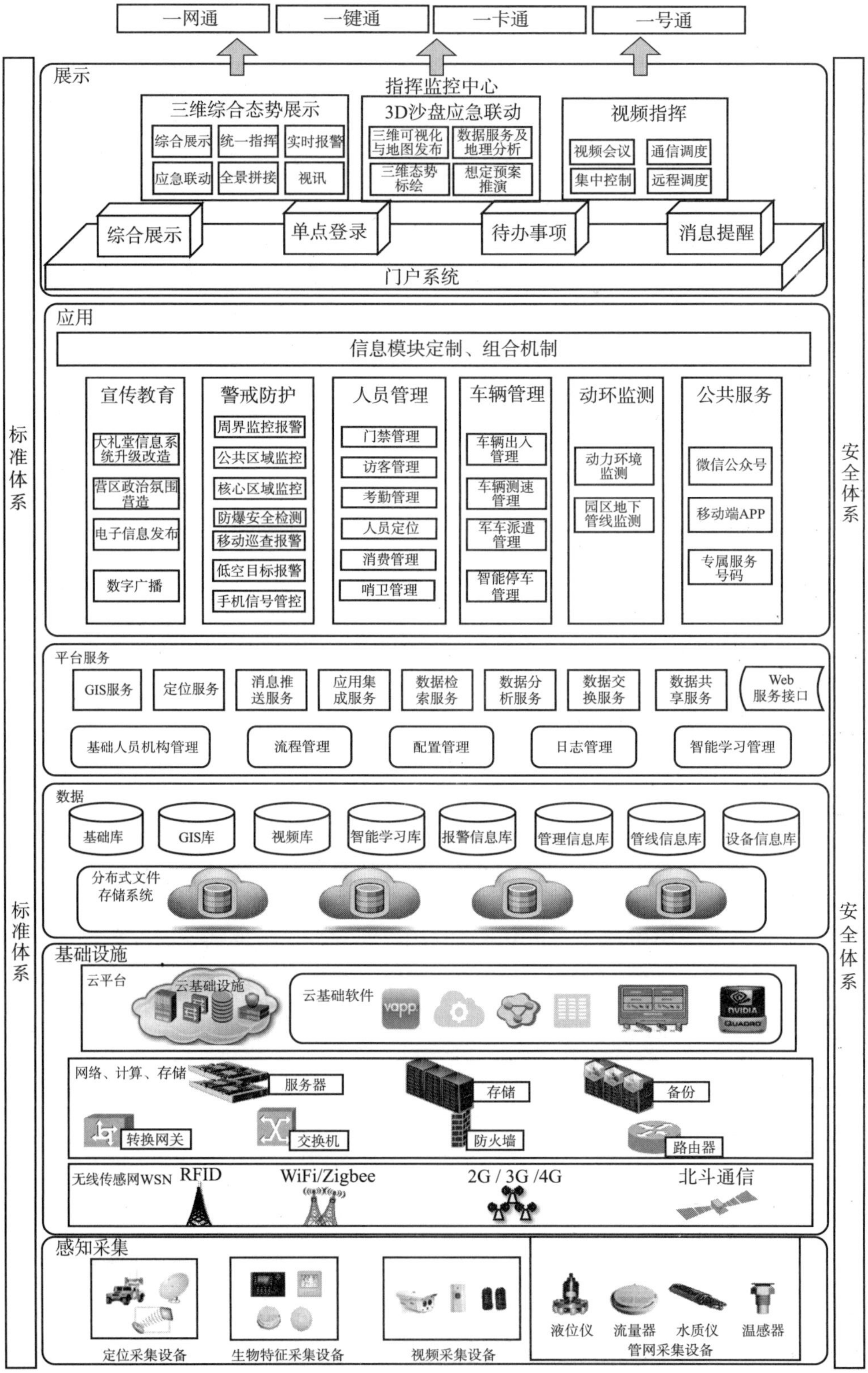

图 4-2　智慧军营系统总体架构图

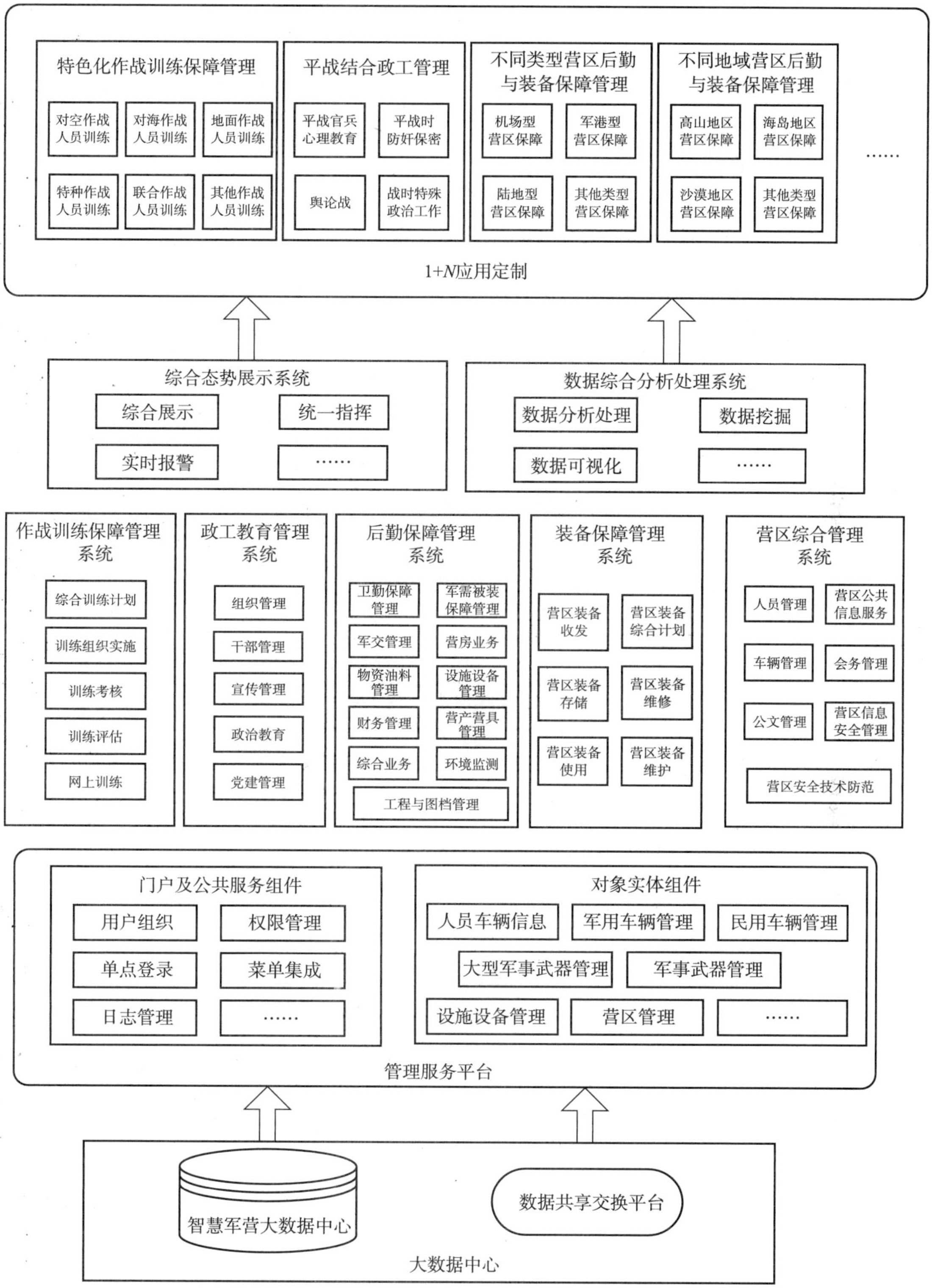

图 4－3　智慧军营应用架构

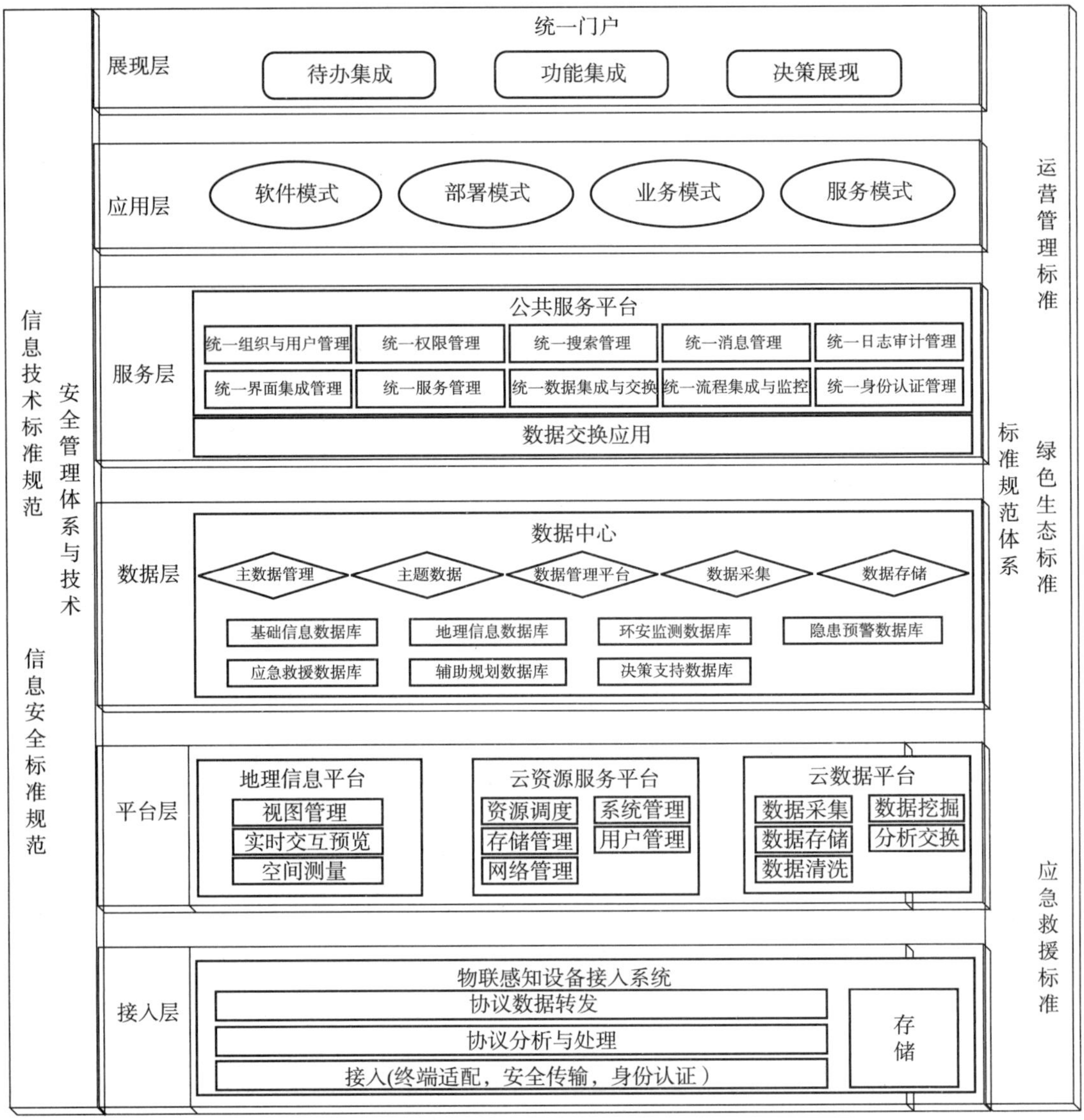

图 4-4 技术架构

(2) 平台层

平台层包括地理信息平台、云资源服务平台和云数据平台，为数据中心提供基础的地图管理、云资源管理和数据管理等服务，应用相关平台主流的技术体系，如地理信息平台数据引擎技术、数据检索技术等。

(3) 数据层（数据中心）

将营区各类数据统一组织和存储，实现资源按需分配，为各应用系统提供基础环境支撑，高质量满足基地相关单位、各级用户对 IT 基础设施资源的需求，根据需要采用相关数据库技术，如数据建模技术、分布式基础构架技术、数据库引擎技术、数据可视化技术等。

(4) 服务层（公共服务平台）

通过数据交换手段和数据接口，以数据中心为基础，对外提供数据发布、数据共享、数据交换、数据分析等服务，并实现与营区其他业务系统的集成应用。

(5) 应用层（业务应用）。

面向营区综合管理提供辅助规划、安全和环境监测、能源管理、应急处置、专家支持等应用。

(6) 展现层（统一门户）

通过门户系统实现各类应用的单点登录、消息集成、统一权限、统一用户和组织机构，并对各类信息以及各类辅助分析结果进行统一展示。

4.6　数据架构

智慧军营数据体系划分为标准、基础、业务等层次（如图 4 - 5 所示）。

梳理营区各个业务之间需要协同共享的数据，形成业务主题数据标准，由数据中心对这些数据进行统一管理和维护，并以服务的方式向各应用系统提供数据共享服务，实现数据的充分共享，打破信息孤岛。另一方面，对各应用系统中都需要的数据进行统一管理，主要包括组织架构、用户角色等公共信息数据，系统数据、工作流数据等基础信息数据，人员信息数据、车辆信息数据、地理信息数据等，保证各应用系统数据的一致性，减少各系统分别维护的成本和提高管理效率。

4.6.1　标准数据

标准数据分为字典数据和业务标准数据，不提供数据维护界面，数据更新采取统一下发打包数据的方式完成。

数据字典根据实际使用的现行数据字典规范，以梳理、提取和汇总各业务系统中所需的码表数据为主，具体包括各系统需遵循的各类军事数据标准中的后勤保障字典数据中的相关部分，以及业务应用的类型、码表数据。

4.6.2　基础数据

基础数据是业务运行所需的核心对象数据和后台配置支持数据，各单位可根据自身情况进行扩展配置，具体包括人员、营房、设施、设备、物资、仓库等对象数据，以及系统运行所需的基础配置以及人员和流程等信息。

4.6.3　业务数据

按照业务类型，业务数据主要包括日常办公、营房业务信息、设施设备管理数据和营房服务数据等，用于提供每种业务应用的业务数据，支撑业务应用处理分系统中每个模块的运行。

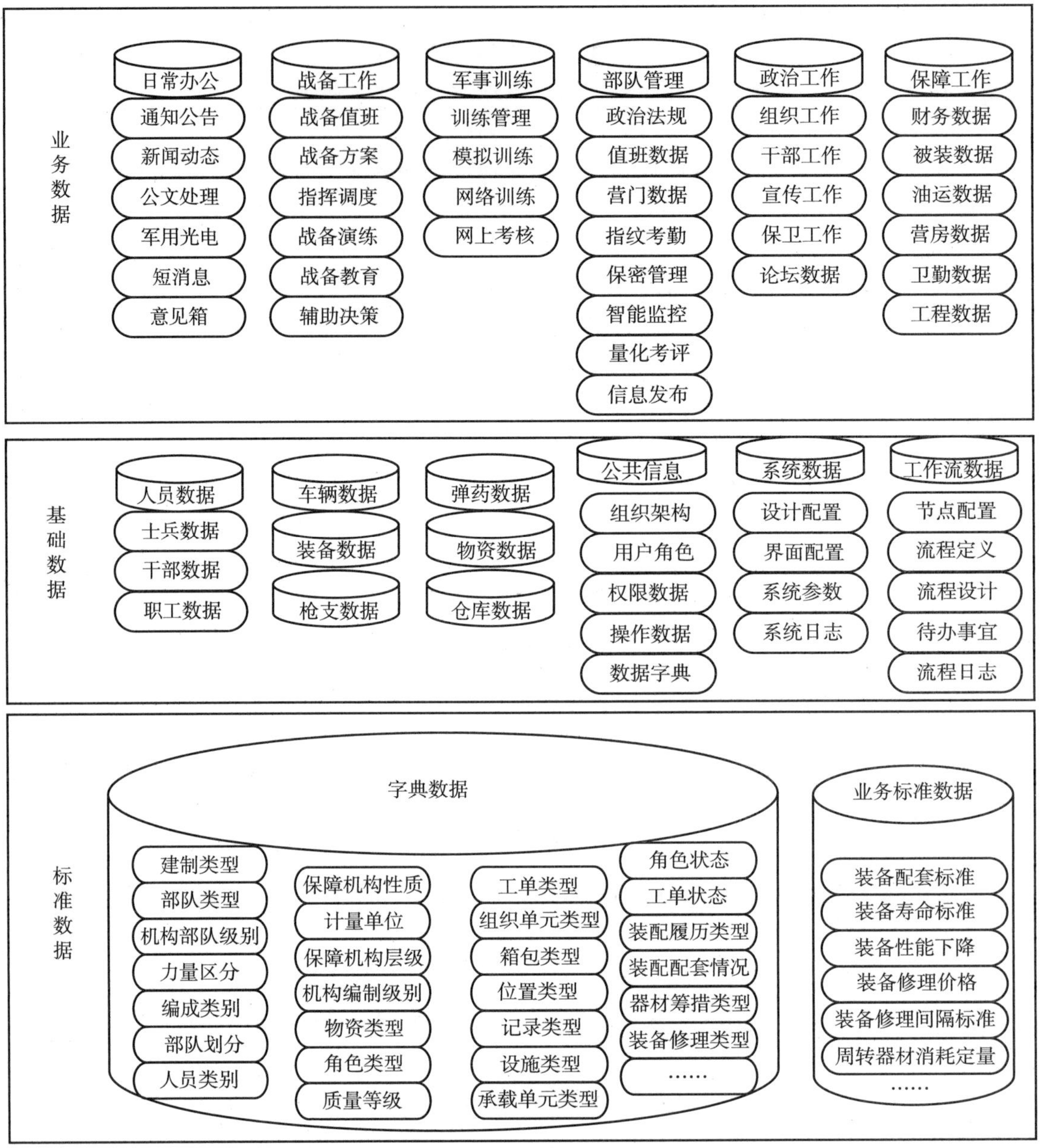

图 4－5 智慧军营数据架构图

4.7 关键技术

4.7.1 地理信息技术

地理信息系统综合测量学、几何学、数据库、多媒体、虚拟现实等领域的学科和技术，把相关信息同地理位置及视图结合起来，利用计算机采集、存储、编辑、显示、转换、分析和输出地理图形及其属性数据。智慧军营中应用地理信息技术可以将营区的基础信息分层分类管理起来，可根据需求将这些信息图文并茂地进行处理，借助其空间分析和可视化表达功能，进行营区的各种管理和辅助决策。

4.7.2　卫星定位与导航系统

我国自主开发和运行的“北斗”系统由空间段、地面段和用户段三部分组成，可在全球范围内全天候、全天时为各类用户提供高精度、高可靠的定位、导航、授时服务，并具短报文通信能力。智慧军营应用“北斗”系统随时掌握军队保障人员、车辆、物质等资源所在位置，及时准确地实施营区保障组织和营区管理。

4.7.3　数字技术

对营区管理工作中涉及的实体，即营区土地、建筑物、构筑物、其他附着物和水、电、气、热设施设备等的各种属性信息进行数字化转换，建立集数据、图形、文档为一体的基础数据库，为管理决策提供信息支撑。通过数字化转化不仅可以输出可视的全要素营区规划图，而且可以根据保障需求输出诸如营区容积率、军事行政区与公寓区比例等各种专题图，并可通过对上述各类图纸的整合，对各类信息进行综合分析，给营房保障方案的制定提供直观、可视化的依据。

4.7.4　军事物联网技术

物联网是通过射频识别、全球定位等设备和技术，按照约定的协议，把任何物品与互联网连接起来，进行信息交换和通信，以实现智能化识别、定位、跟踪、监控和管理的一种网络。现代战争对物资流、信息流进行精确掌握的需求，是推动军事物联网发展的强大动力；而军事物联网的出现，也扩大了未来作战的时域、空域和频域，将对军队后勤建设产生深远的影响。营区使用物联网技术不但可以实现各类保障物资的高效管理，并且对于构建营区传感器网络具有重要的作用。

4.7.5　RFID 技术

RFID 技术是非接触式的自动识别技术，通过射频信号自动识别对象并获取相关数据，被检测物体上贴有 RFID 标签。RFID 技术具有读取距离远、穿透能力强、无磨损、非接触、抗污染、效率高、信息量大等特点，是营区物联网中最关键的技术，通过在营区物资仓库的食品、被装等物资上安装 RFID 标签，实现快速获取供应保障信息。

4.7.6　传感器技术

传感器负责物联网信息的采集，是实现对现实世界感知的基础，也是物联网服务和应用的基础。传感器对被测对象的某一特定信息具有感受检出功能，并能按照一定规律转换成与之相对应的有用信号。传感器主要应用在营区供水、排水、供电、供气等各类感知系统的建设上，是构建智慧军营的重要组成设备。传感器技术是构建营区物联网不可或缺的一项技术。

4.7.7 无线传感器网络技术

无线传感器网络技术能够通过各类集成化的微型传感器协同实时监测、感知和采集环境及监测对象的信息，并通过随机自组织无线通信网络以多跳中继方式将所感知的信息传送到用户终端。无线传感器技术主要用于传输远距离采集的信号，并对营区远距离信号进行汇总。

4.7.8 网络通信技术

在营区现有信息网络基础上，完善营区局域网，构建集数据采集、传输、监控和管理为一体的设备网，形成营区物联网，使营区各类保障资源信息可以有效组织和综合集成，构建集数据采集、传输、监控和管理为一体的信息通道，实现营区资源集中监管、多部门信息共享。充分利用地理信息系统技术，将营区各类保障资源的地理分布属性与业务管理数据结合，使营区各类数据信息的分析结果更为准确、直观、生动。

第5章　通用信息系统平台

在军队营区部署具有开放结构的通用信息系统平台，将营区内多类业务处理、营区管理信息系统进行整合集成，为操作人员和管理人员提供一个综合、集成和融合的多系统信息处理平台，实现营区综合信息资源的整合分析和应用系统的高度集成。

5.1　系统组成

为提高系统集成化程度，降低操作复杂度，应研制功能完善、风格统一、界面友好的智慧军营通用信息系统平台，将营区保障与管理业务处理、保障设施设备自动化监控、信息服务应用、安全防范系统监控、通用办公应用各个信息应用系统集成到统一的软件操作界面上，实现业务统一处理、设施设备的集中控制管理和数据集中管理。图5－1为通用信息系统平台界面示意图。

图5－1　通用信息系统平台界面示意图

系统功能模块组成如图5－2所示。

（1）保障与管理业务

保障与管理业务模块提供营区内的各类业务工作信息处理功能，包括军事战备与训练管理、政工保障、后勤保障、装备保障等业务。

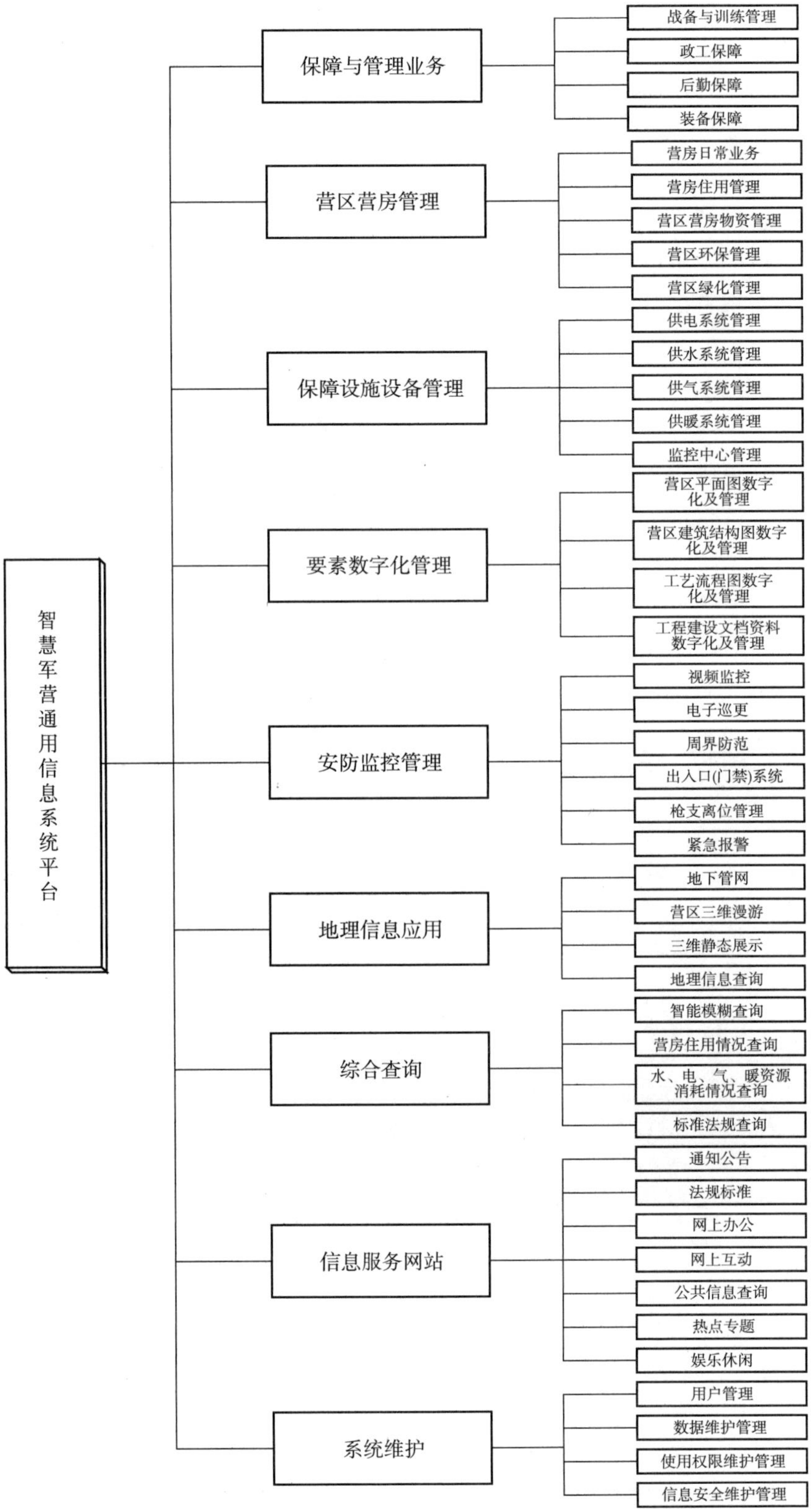
智慧军营通用信息系统平台
保障与管理业务
战备与训练管理
政工保障
后勤保障
装备保障
营区营房管理
营房日常业务
营房住用管理
营区营房物资管理
营区环保管理
营区绿化管理
保障设施设备管理
供电系统管理
供水系统管理
供气系统管理
供暖系统管理
监控中心管理
要素数字化管理
营区平面图数字化及管理
营区建筑结构图数字化及管理
工艺流程图数字化及管理
工程建设文档资料数字化及管理
安防监控管理
视频监控
电子巡更
周界防范
出入口(门禁)系统
枪支离位管理
紧急报警
地理信息应用
地下管网
营区三维漫游
三维静态展示
地理信息查询
综合查询
智能模糊查询
营房住用情况查询
水、电、气、暖资源消耗情况查询
标准法规查询
信息服务网站
通知公告
法规标准
网上办公
网上互动
公共信息查询
热点专题
娱乐休闲
系统维护
用户管理
数据维护管理
使用权限维护管理
信息安全维护管理

图 5－2　系统组成

（2）营区营房管理

营区营房管理模块包括营房日常业务、营房住用管理、营区营房物资管理、营区环保管理、营区绿化管理等多种业务。

1）营房日常业务：对营区营房工作的各种日常业务信息的处理。

2）营房住用管理：对营区各类营房的规划、建设、居住、分配、使用、维修信息进行管理。

3）营区营房物资管理：对营区内营房物资的出、入库，库存和计价进行管理。

4）营区环保管理：对营区的环境状况监测、环境治理、环境保护等工作信息进行管理。

5）营区绿化管理：对营区的绿化计划、绿化状况、绿化工程建设等信息进行管理。

（3）保障设施设备管理

保障设施设备管理模块用于对营区供电、供水、供气、供暖等设备进行监测控制管理，包括设施设备的运行状态、重要参数、消耗量、故障维修和使用情况，并可设定消耗限值，进行预警或报警，具体包括：

1）供电系统：可靠供电是营区保障的重要内容。营区控制中心应能控制、监视、记录供电系统的运行情况以及各用电单位的电力消耗数量。

2）供水系统：控制、监视、记录供水系统的运行情况以及各用水单位的使用数量。

3）供气系统：对营区的蒸汽、燃气等供应系统进行自动化操控和智能化管理。

4）供暖系统：营区供暖系统主要实现供暖动力中心、外线和用户的自动化操控和智能化管理。

5）监控中心管理：对监控中心的多类设备进行控制、监视和管理。

（4）要素数字化管理

要素数字化管理模块是对部队营房各类工程图纸、文档、资料等进行数字化转换并进行管理的功能模块。

（5）安防监控管理

安防监控管理模块是部队营区进行安全防范技术系统统一监控的模块，包括视频监控、电子巡更、周界防范、出入口系统、枪支离位、紧急报警等多个功能模块，根据实际需求进行裁剪或组合。

（6）地理信息应用

地理信息应用模块为操作平台提供图形化的、数据化的地图背景，方便管理人员以直观、简捷的方式管理各项信息。

（7）综合查询

综合查询模块指对平台包含的各类信息进行综合查询。

（8）信息服务网站

信息服务网站模块提供基于网络的营区各类信息服务，包括通知、公告等公共信息发布平台、网上办公平台、网上互动、公共信息的查询、聊天及电子公告平台等信息交互平台。

（9）系统维护

系统维护模块为系统管理员和程序员提供系统维护工具。

5.2　主要功能

通用信息系统通常部署在监控中心，由数据库管理服务器、中心管理服务器、媒体交换服务器、存贮磁盘阵列等设备提供运行支撑，集中统一管理智慧军营所有信息系统的所有设备及用户。具有设备接入、状态管理、告警管理、时钟管理、控制管理、调度管理、用户管理、权限管理、媒体信息转发、分发、存储、回放等功能。

根据业务需求，通用信息系统主要实现以下功能：

（1）数据的集成管理

通用信息系统所涉及数据有各类人员、车辆、武器装备、军营土地、军事设施设备、能源消耗等数据，还有统计、调查等管理数据，将这些多源数据进行统一存储管理，有利于数据的综合分析和查询，为营区日常维护、资产管理、各种资料的保存以及改造、规划等提供依据。

（2）数据查询和展示

将营区各类数据建立索引关系，实现各种数据的综合检索和查询，可以图形与图表等多种形式进行数据的展示。

（3）公共信息服务

以营区的各类公共数据为依据，建立营区公共信息服务平台，采用信息审核机制提供信息发布授权。

（4）三维显示

可结合营区数字高程信息和三维建模技术，建设营区公共区域三维系统，对营区地形地貌、军事设施、建筑物等进行三维可视化显示、查询、漫游等操作。

（5）工程建设档案管理

对营区的工程建设档案、营房档案、地籍档案等资料信息的管理。

（6）营区信息管理

实现营区基本信息管理，包括单位、土地坐落、房屋分栋、使用性质等营房管理的基本信息。

（7）设备信息管理

管理军事设施上各类设备的信息，实现综合查询和统计分析功能。

（8）系统管理

系统管理功能可以对系统配置数据，包括组织机构、角色设计、功能模块配置、系统用户、管理日志等进行管理。

（9）打印

通过打印机输出属性数据、各类统计报表及查询统计结果，打开需要输出的文档，进行相关的设置后打印。

通过智慧军营通用信息系统平台的建设，力图实现如下的目标：

（1）统一的管理平台

智慧军营通用信息系统平台可实现对营区各类保障与管理业务，营区设施设备管控，营区安全管理的视频监控，人、车管控以及动环监测等若干子系统的无缝集成，采用基于内部通信与数据库的共享机制，实现用户统一配置与管理，并统一分配全局权限，大大提高管理水平。

1）统一数据库，内部信息相互联通，有利于信息传递；

2）通过软件设计实现业务联动，简化系统联动设计；

3）智能网管实时监测系统运行数据，方便运行维护；

4）统一界面、控制逻辑与配置方式等，提升管理效率。

（2）强大的系统联动

系统基于综合应用平台进行业务整合，实现丰富的功能联动机制，通过多个子系统功能互补避免安防疏漏，提高营区保障与管理的业务自动化程度，对各类事件防患于未然，对安防警情及时响应。

全面的联动触发事件设计，根据报警输入的属性预设多种报警事件，系统可针对事件设置不同的联动方案，可同时调用整个信息处理平台的多数资源进行响应。

实现多种内部联动，包括弹图、声音联动、启用对讲、字符叠加、录像联动、云镜联动、报警输出联动、短信联动、邮件联动、电子地图联动、抓图等；接收到报警后可联动关联监控点视频在客户端与大屏上显示，可联动快球预置位启动语音对讲功能，实现与前端报警场所的语音通话；支持特情优先，同级别报警排队显示。

（3）先进的智能应用

系统应采用基于深度学习的智能产品，相较于传统智能产品，全面提升分析运算速度、分析准确性和场景适应性，并且丰富了智能应用类别，例如人脸抓拍比对、人证合一、车牌识别、人脸/车辆以图搜图、异常行为分析、客流统计、周界防范及去误报等。

借助统一的综合应用平台和功能强大的智能分析产品，有效构建了全方位的事前预警、事中控制、事后追溯的完整信息体系，显著提升了综合管理水平。

（4）便捷的操作体验

综合应用平台界面设计人性化，采用 B/S 管理、C/S 操作模式，使系统维护更方便快捷，无论是系统管理、对各业务系统的参数配置管理、网络管理，还是对前端监控的远程控制、检索、回放录像资料、日志查询等都可通过 Web 方式来完成，界面设计友好，能够让用户快速掌握操作方式，用户可通过 Web 页面、客户端等对系统进行访问与控制，方便远程管理。

（5）精细的权限设定

系统对用户权限的设置按管理功能权限、设备资源权限和中心管理权限进行划分，可设置用户的管理权限等级，并将用户操作权限细化到每台设备的具体功能分项，如供水系统某台泵的控制权限、某道门禁的查看和控制权限、某台摄像机的录像回放和云台控制权限等。

(6) 高效的系统运维

综合应用平台运维服务对系统内的设备运行状况进行监视和管理，并能以各种图表的形式进行实时显示，主要提供资源清单管理、远程维护管理、性能管理、故障管理、日志管理，对各种维护数据可以进行查询、统计，并生成相关报表。

5.3 系统研制

系统的研制从营区保障和管理的实际需求出发，采用面向服务体系结构和分层模块化的设计思想，按照统一的技术体制和接口标准，构建结构可重组、具有良好可扩展性，开发应用设计、平台管理、界面定制和应用集成等管理功能模块，建立部队公共信息的服务框架和信息处理平台。

5.3.1 技术路径

在技术路径选择上考虑 4 个方面：一是开放性，技术体制开放，具备跨平台特性，可集成异构应用，符合军队信息系统国产化相关要求；二是成熟度，具有完善的基础支撑，包括技术本身的功能性、可靠性、普及性，以及开发人员掌握的程度和学习成本等；三是先进性，技术及支持能否顺畅运用行业的先进设计理念和技术成果（尤其是对 SOA 技术框架、物联网和云计算等技术的支持），规范开发流程，提升开发工作效率；四是经济性，在类似功能、效率和可靠性的前提下，尽可能降低系统建设运用的支撑组件获取和研制实施的成本。

(1) 系统架构及框架技术选型

系统主体功能选择 B/S 架构，选择适合网络开发的 Java 语言，采用基于 J2EE 标准的应用服务器中间件作为开发架构，以实现应用系统的快速开发、灵活部署。

(2) 部分应用模块及嵌入式设备采用 C++语言实现

系统研制中性能和效率要求高，偏向系统底层驱动的应用功能，以及嵌入式设备的功能开发可采用 C++语言平台，基于 Linux 操作系统、C++开发框架实现。

(3) 采用面向服务的设计构架

系统按照 SOA（Services-Oriented Architecture）规范设计支撑平台，遵循模块化与封装这两大原则，模块化将复杂的大任务分解成相对简单的小步骤，封装则将其内部的复杂性屏蔽代之以清晰的接口。

(4) 采用云计算架构

项目通过支撑平台基于云计算技术构建基础设施，通过网络将应用、数据和 IT 资源以服务方式提供，实现弹性伸缩、快速部署；使用虚拟化技术重塑数据中心，减少了服务器数量和空间容量；服务管理软件可以统一管理所有系统，可有效削减管理成本。

5.3.2　技术结构

信息平台基本结构通常由数据库、服务器、专用设备（如数据备份设备、数据存储设备、安全保密设备等）、系统支撑软件（如数据库管理系统 DBMS、数据仓库系统等）、应用服务管理软件、系统管理人员和运行管理制度等部分所构成。在系统结构上，数据中心自底向上可划分为硬件设备层、数据资源层、支撑软件层、系统管理层、工具软件层和应用软件层（见图 5-3）。

图 5-3　平台的技术结构

信息平台应用时技术上可由不同技术功能层来支撑：

1）硬件设备层包括数据库服务器、数据存储设备、数据备份设备、安全保密设备等。该层是平台外在的硬件支持条件，是系统运行的硬件基础；

2）数据资源层包括数据库、数据仓库、数据集市等，是平台运行的数据基础；

3）支撑软件层包括数据库管理系统、数据仓库软件和系统管理软件等，用于对数据的高效管理；

4）系统管理层包括数据更新、用户管理（含用户信息及访问权限）、数据访问控制、系统设备管理、系统运行日志等功能，是对平台正常运行的可靠保证；

5）工具软件层包括数据建模工具、数据查询工具、联机分析处理（OLAP）工具、数据抽取转换装载工具、数据交换工具等；

6）应用软件层包括综合信息查询系统、联机数据分析系统、数据共享访问系统等，是平台的业务功能核心组成层，用于完成平台集成的各个业务系统的主要功能。

信息平台本身包括多个软件组成部分，采用多层架构的方式以不同的接口实现链接，构建具有多个业务系统和软件模块的灵活集成、数据共享、结构完整的信息处理平台，如图 5－4 所示。

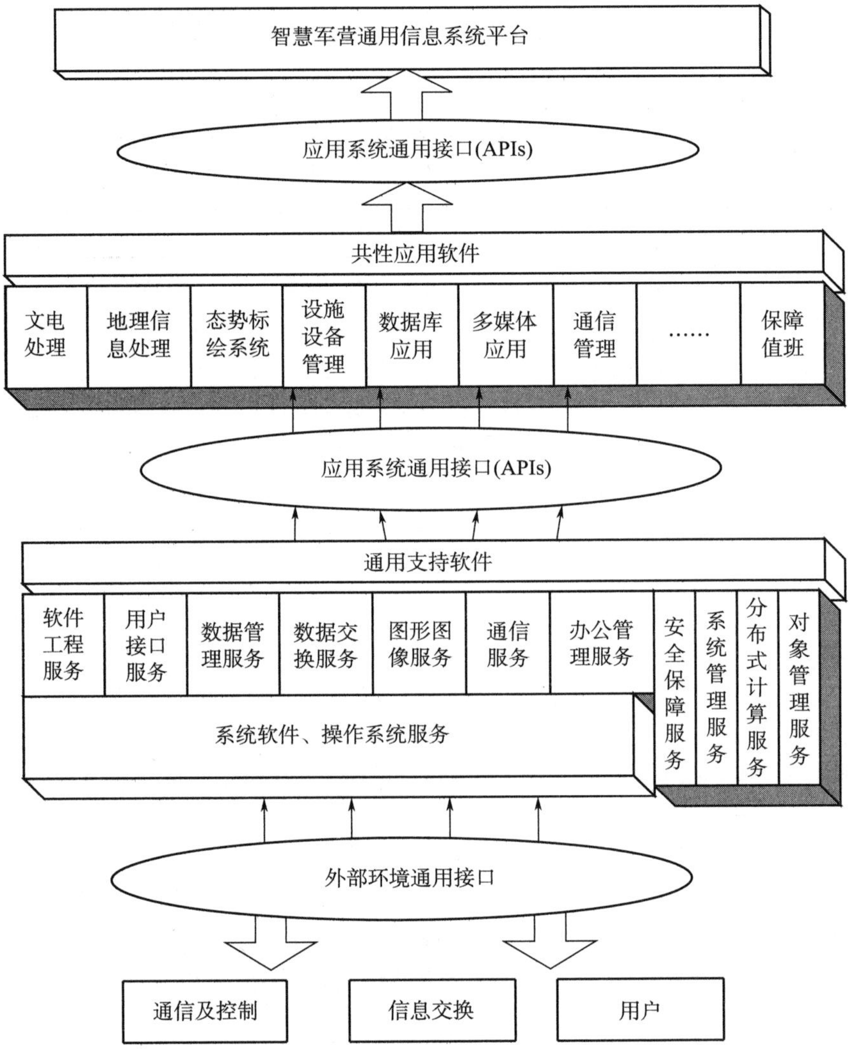

图 5－4 平台软件体系

5.3.3 开发标准

标准化体系主要包括共性基础、开发管理、测试质量、开发技术、基础数据和网络安全等标准规范，其与技术体系结构和已有标准的对应关系如图 5－5 所示。开发时应尽量参照相关的标准。

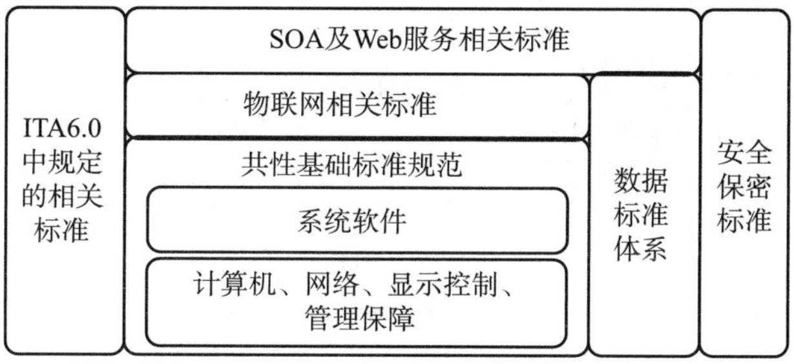

图 5-5　系统开发标准

5.3.4　研制方法

为统一技术标准、规范应用模式、实现成果复用，在深入分析应用需求的基础上，合理定位并界定系统支撑平台与军队信息服务的关系，明确信息服务层的组成要素。信息服务层按照 SOA 和云计算“基础设施即服务 IaaS、平台即服务 PaaS 和软件即服务 SaaS”三层技术架构，充分考虑与上级机关、兄弟单位信息服务平台可能的对接关系，研制可重组、可定制、可扩展的支撑平台，形成运行、开发、整合、运维一体化的服务体系。

在 PaaS 层，以集成开源软件为主，提供信息服务注册管理、发布发现等公共服务，考虑集成现有军用文电等共用系统；研制集服务引擎、存储服务、运行服务、组件服务、整合服务、数据处理服务、监控服务、感知分发服务、开发服务和工具类服务等 10 类服务于一体的支撑平台，为业务应用开发、部署和系统集成，提供一套完备的服务支撑。信息服务层的重点工作是研制支撑平台，该平台采用 Java 动态模型框架（OSGi）插件式设计，跨平台、跨业务，开放性、扩展性强；基于平台，各个业务可统一开发模式、统一集成方法、统一展示方式和统一运维管理；智能应用层的固定典型应用直接依托平台进行快速搭建、调整完善以及和现有应用的整合集成，机动典型应用依托平台完成与固定典型应用的数据转换和对接，并可依托平台进行服务化改造，从而完成信息资源的抽取转换和发布共享。

软件设计采用三层结构的设计方法，即通过服务器层实现应用前端与后台数据库的数据共享，通过 JSP 语言和相关的小服务程序以及 XML 电子数据交换格式实现网络形式的新形态综合管理系统。图 5-6 为软件模型。

其中，设施设备管理系统软件可采用组态软件来开发，必须考虑设施设备的兼容性和各设施设备的通信协议。采用组态软件开发，纯中文界面、编程风格简单、实时性能好、开发周期短。利用组态丰富的动画链接属性制作动画画面；利用其 Script 语言编写用户的自定义函数；并可利用组态提供的函数访问数据库、进行科学计算、访问外部程序等；可以利用组态提供的报表、曲线、配方等功能制作用户自己的报表和负荷曲线等；亦可以插入用户制作的 ActiveX 控件并和组态交换数据；将画面以 Web 形式发布供网络上浏览器程序使用。

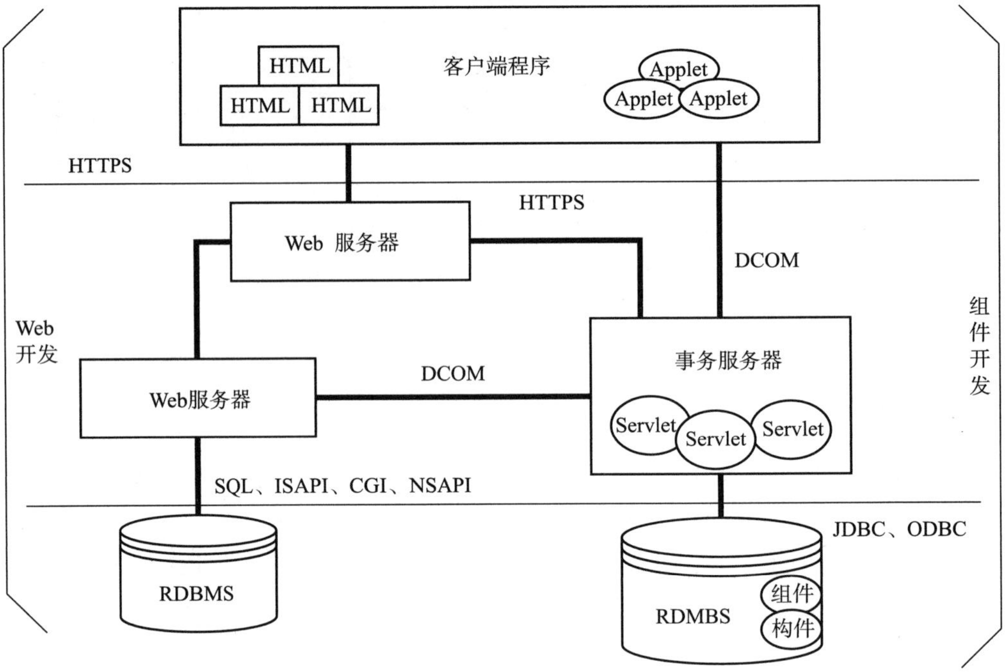

图 5－6　软件模型

5.3.5　研制流程

5.3.5.1　主要工作流程

为了有效地保证系统开发的质量，整个系统建设的全过程划分为准备、设计、开发、实施和运行阶段，每个阶段完成相应的任务，确保信息系统的建设。软件开发流程图如图 5－7 所示。

5.3.5.2　需求分析阶段

首先需要经智慧军营的建设方和软件平台开发方双方协调，形成《需求调研计划》及《需求调研大纲》，确定准备工作、需求调研的内容、方法方式以及人员和日程安排等内容，经双方同意后按此计划开始调研。调研正式开始前开发方项目开发组应检查所有必要的准备工作，确保已经圆满完成。

项目开发组根据调研中系统实际技术需求和各个子系统的业务需求，编写《系统需求分析报告》，并由项目组评审，不合格的部分进一步完善调研；通过用户单位评审后由双方共同签署评审意见，并正式生效。

对于软件开发过程而言，需求阶段是整个过程中最重要的阶段，需求分析成果的好坏将直接导致项目的成功与否，因此合作双方在此阶段多投入是值得的。而且一旦评审通过并生效，则需求报告将成为系统的设计、开发、测试、实施、试运行和项目验收的基本依据之一，因此原则上用户需求将不再因为其他因素的改变而变更，如需进行此种变更，需经双方项目负责人协商确定。

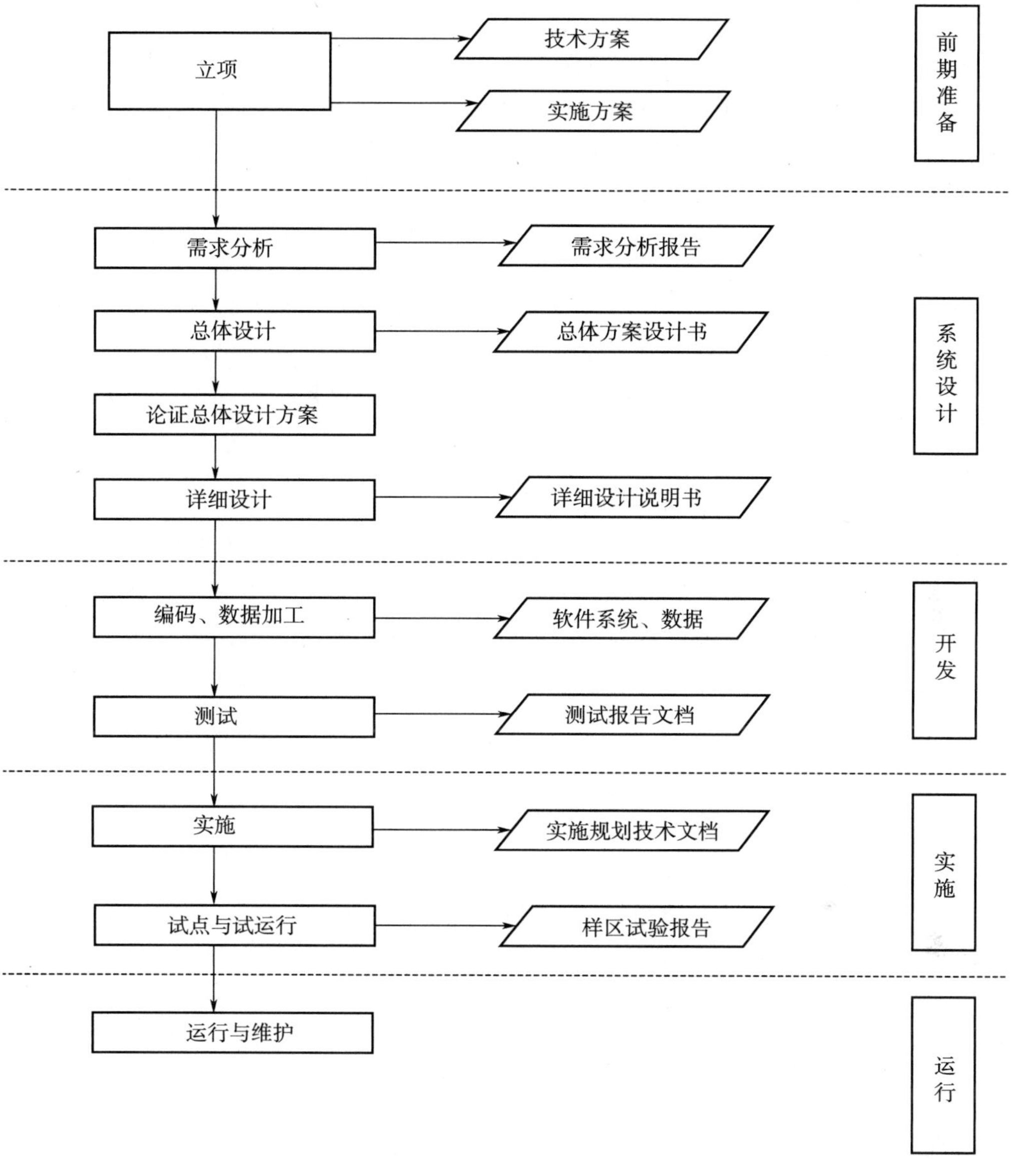

图 5－7　软件开发流程图

5.3.5.3　总体设计阶段

项目开发组通过对系统的功能、运行和性能要求加以分析，产生一个高层次的系统结构、软件结构、接口和数据格式的设计方案，并向工程领导小组提交《系统设计报告》(其中包括数据库设计)，组织评审并签署评审意见。对其中评审不合格的部分进一步完善和重新策划，评审通过后由双方共同签署评审意见，并正式生效，作为后续软件开发和测试的基础。

5.3.5.4　详细设计阶段

项目开发组在《系统设计报告》的基础上，对功能和性能要求进一步加以分析和细化并且把软件的详细设计文档化，向工程领导小组提交《系统详细设计报告》，并由项目组组织评审并签署评审意见。对其中评审不合格的部分进一步完善和重新策划，评审通过后由双方共同签署评审意见，并正式生效，作为后续软件开发和测试的基础。

5.3.5.5　系统开发阶段

根据前面的设计结果，由双方的现场实施负责人、技术负责人讨论确定详细的开发计划，并向工程领导小组提交《项目开发计划》；工程领导小组对《项目开发计划》进行审查，由双方签字后正式生效，并将其作为软件开发阶段的项目管理和监控依据，项目开发小组要严格据此计划控制项目进度，按时向工程领导小组汇报工作进展。

5.3.5.6　系统实施和试运行阶段

首先需要经双方交流协调，形成《项目实施计划》，确定现场实施的准备工作、人员和日程安排、培训计划、阶段目标等内容，经双方负责人签字后生效，按此计划开始现场实施。正式开始现场实施前项目开发组应检查所有必要的准备工作是否已经完成。

现场工作首先要进行软件在服务器端的安装和调试，包括数据库中各类对象的生成，初始化数据，原有系统的重要数据的转换导入，前后台软件的安装，配置参数调整等工作；完成后需向系统维护人员提交《数据库安装目录》《软件安装方法》文件，并协助用户进行软件安装。

软件安装完成并确认可在系统正常运行后，开始相关业务人员的培训；在培训开始之前需要由双方协商形成《培训计划》，明确培训环境、条件及方式、参加人员、课程课时等详细内容，由双方现场实施负责人签字后生效，并分别开始着手准备，在既定时间内完成。

5.3.5.7　项目验收阶段

在试运行期内系统存在一定的细节性问题是工程项目不可避免的问题，特别是随着用户应用的逐渐深入，此类需求会逐级提出，此类问题不属于系统的致命性错误。因此试运行期内所发现的真正的“问题和错误”收敛到一定数目以下时，各业务子系统经过一段时间的并行工作新系统已基本可靠，就可以切换到正式运行阶段，开始正式运行。

正式运行后，由用户提出验收要求，双方共同制定《项目验收计划》，组成项目验收小组，共同进行项目验收。此时研制单位将向用户提交验收的各类文档，包括对系统开发过程进行总结的《项目总结》《项目技术报告》，最终的完整的《数据库字典》等。

验收工作将由用户单位聘请专家组完成，专家组对系统进行全面的验收评审后出具项目验收小组领导签字的《项目验收报告》，并签署验收意见。

5.3.5.8　系统正式运行及维护阶段

在保证期内研制单位应提供免费的软件升级和维护服务。

5.3.5.9　各阶段辅助文档

在实施中的各阶段，对于所发生的需要在现场进行较长时间工作的情况，如果在《需求调研计划》《项目开发计划》《项目实施计划》《培训计划》等工作计划中未包含，则需要在工作开始前双方共同制订好《现场工作日程安排计划》，并严格据此执行。

5.3.5.10　重点难点及处理措施

软件部署阶段重点难点主要集中于协调和调试工作上，研制单位在技术实力配置上优先考虑编程及开发人负责调试和 Bug 修改工作，现场协调主要是协调使用人员跟踪调试，对整个过程初步了解，之后为后续系统优化提供建议。

5.3.6　软件性能设计

5.3.6.1　通用性设计

智慧军营平台的建设应考虑目前营区已经自建的业务系统如何融合和接入的问题，从而充分保障和利用已有的建设化成果。智慧军营通用信息系统平台的建设，需要采用开放的先进技术架构，做到“高起点、高标准、高要求”，在系统的通用性设计上，在满足用户当前需求的同时，一定要充分考虑用户业务的变化和社会的发展、第三方系统对接，采用国际先进的移动应用架构，先进的技术标准，保证系统设计的前瞻性，能适应未来几年信息化技术的发展。

智慧军营平台将采用“开放平台＋业务应用”的方式进行建设，如图 5－8 所示。

开放平台具有良好的软件、硬件兼容性。

（1）多技术路线的接入集成

对主流的 J2EE、.Net、B/S 多种技术路线开发应用可以基于接入标准进行集成。

（2）多类型数据的接入集成

对主流的关系型数据库、非关系型数据库以及各种类型的数据提供统一的存储和访问接口，进行数据层方面的接入集成。

（3）多类型服务的接入集成

对各种通用服务、专业服务、综合服务等，按照服务的接入标准可以进行统一的接入，并以服务总线的方式进行统一的管理和运行监控。

（4）多形式业务应用的接入集成

对已有和新开发的业务应用系统，按照云平台的接入标准进行接入和集成。

开放平台提供集成、运行、管理一体化的环境，各系统基于业务规范、技术规范、数据规范、接口规范等进行数据层、服务层、业务层应用开发，并可以按照接入标准进行数据集成、服务对接、应用接入和统一访问，所有的数据资源、业务应用和服务可以基于云环境进行部署，实现可复用性、扩展性。

“开放平台＋业务应用”建设方式将打造一个“百花齐放”的业务应用开发生态圈，为用户带来持续价值。

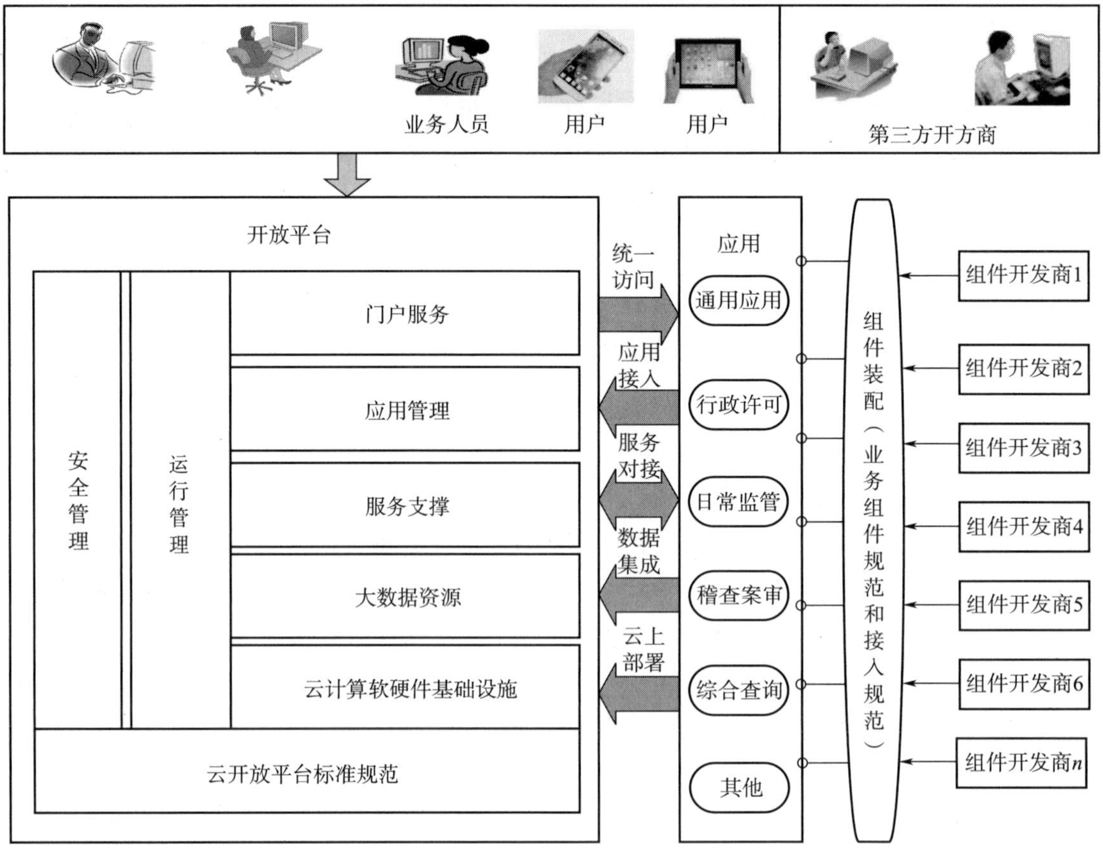

图 5－8 “开放平台＋业务应用”图

5.3.6.2 扩展性设计

根据智慧军营建设项目类型、规模和应用场景，平台可进行伸缩配置，平台设计时应考虑各服务的扩展能力，尤其是中心服务、设备接入、流分发、流存储等核心服务，各分项服务可分别根据规模进行集群扩展。

综合应用平台核心处理单元支持分布式、负载均衡部署，并采用多级架构来支持系统平台自身规模的扩展；支持承载大容量业务接入的核心服务器；分发、接入等单元均支持灵活扩展、平滑扩容，并提供可开放、可共享的接口。

5.3.6.3 兼容性设计

综合应用平台应兼容多种数据库，包括 PostgreSQL 数据库、Oracle 数据库，MySQL 数据库以及达梦、金仓等国产自主数据库等，可通过中间件实现异构数据的整合。

综合应用平台除了支持国内主流全系安防产品外，针对现实应用中大量第三方产品接入的需求，可适应各种品牌的硬件接入，兼容若干国内主流厂商的标准化设备，支持标准 GB/T28181、ONVIF、PSIA 设备的接入，兼容若干主流报警主机的接入等，并提供协议接入，SDK 接入，主动注册设备接入等多种接入方式接入更多第三方厂商设备。考虑到第三方 SDK 的实现质量会成为系统的不可控因素，需要进行一定的隔离，综合平台在处理非标准流接入时，引入转码、转封装等优化技术，实现对码流的隔离。

5.3.6.4　稳定性与安全性设计

平台基础系统可采用分布式文件系统以及分布式任务调度框架，提供统一集群资源监控管理，形成统一的分布式存储资源管理，将集群中各个节点的存储能力聚集起来，采用多管理节点设计，避免集群单点失效，采用分布式架构确保管控节点的高可靠性，并自动进行故障监测和数据迁移，单集群的管理能力可以达到 5 000 台以上规模的物理服务器；平台存储采用分布式多副本技术，数据可靠性达 99.999%。平台提供统一的运维管理能力，能够对集群的状态和上层应用服务的运行状态和性能指标进行监控，对异常事件产生警报和记录；为运维人员提供整个平台以及上层应用的部署和配置管理，支持在线集群扩容、缩容和应用服务的在线升级。平台提供统一的监控和告警能力，能够实时获取平台服务的运行状态，以及分级的报警信息，并提供 API 接口，支持推送监控信息。

平台采用分布式计算框架提供大规模数据存储与处理，提供离线和实时计算服务，可按需支持百 TB 级别数据的秒级分析能力，提供一站式数据开发应用环境，支持从数据集成、数据开发、数据治理、数据服务到数据运维的全生命周期数据管理。平台采用完善的基础安全、数据安全和网络安全等措施，保证系统的安全性，支持多租户级权限控制能力，支持用户安全授权，能够确保租户的应用安全及数据安全，平台提供数据分散多副本存储机制及加密存储机制，确保数据存储可靠。平台支持数据加密传输机制，确保数据传输可靠。

平台支持在系统整体掉电恢复后，能够正常恢复业务，并确保关键数据不丢失，支持硬盘故障自动容错处理，支持硬盘热插拔，故障硬盘的业务恢复时间不超过 2 分钟。

大数据云服务平台采用分布式文件系统，将大量通用机器的存储资源聚合在一起，为用户提供大规模、高可靠、高可用、高吞吐量和可扩展的存储服务，并支持横向扩展，最大能够支持数十 PB 量级的存储大小（1 PB=1 000 TB），总文件数量达到亿量级。

5.4　应用系统

5.4.1　物联网接入子平台

面向军营末端设备数据采集、信息感知和接入需求，建设物联网接入子平台，适应军营不同终端的接入，解决不同类型终端接入通信协议与数据协议不统一的问题，为智慧军营建设提供物联网末端数据感知、物联网资源接入服务。物联网接入子平台提供不同类型终端的可配置接入和统一管理，以便对上层应用进行传感器和通信协议的适配。图 5-9 和图 5-10 分别为物联网集成平台总体框架和通信引擎示意图。

物联网接入平台具备如下功能：

1）多协议接入——支持 MQTT、Socket、WebSocket、Coap、Stomp、Modbus DTU、Modbus TCP 等协议接入，解决各种异构设备的接入管理；

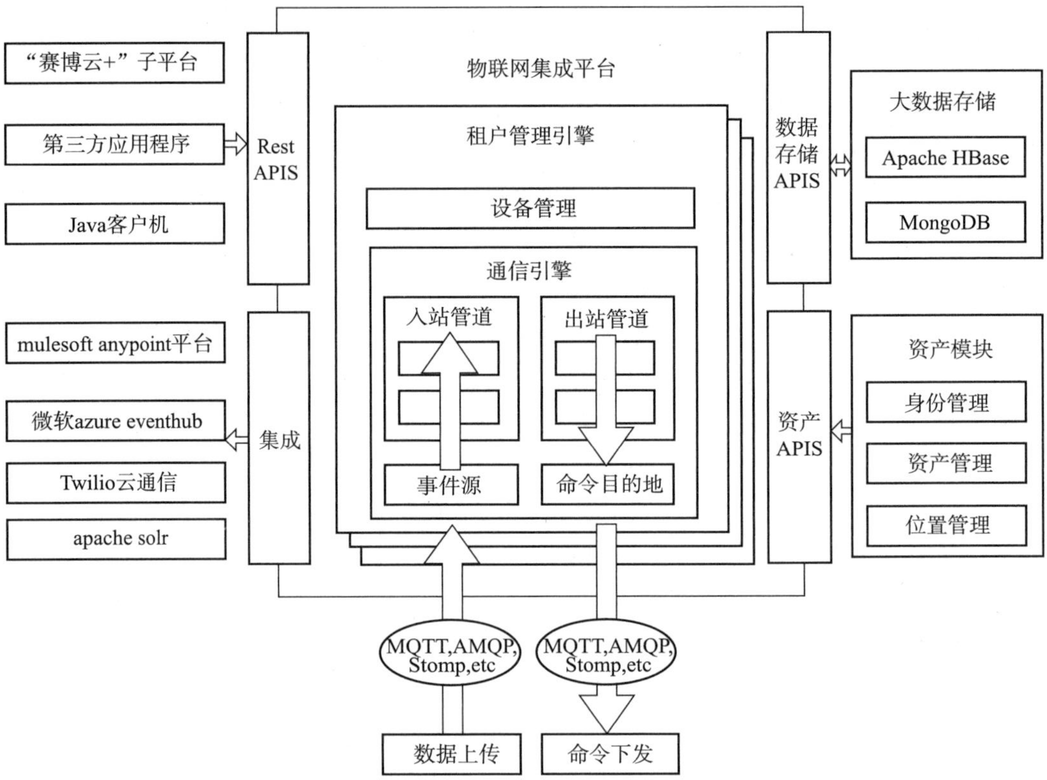

图 5-9　物联网集成平台总体框架示意图

2）物联网安全——解决从数据接入到最终展现给用户的每个环节的安全防护，比如通过 SSL 和 TLS 保证链路安全、通过密钥鉴权对数据的访问有效进行控制、通过防火墙等硬件设备防止网络攻击、通过副本冗余保证数据的存储安全；

3）高可靠的设备管理——通过自我注册、REST 服务或批量添加设备，使用批量命令操作控制大量设备，提供完整的设备管理；

4）先进的多租户模式——在单个 CCPIoT 实例上运行任意数量的 IoT 应用程序，为每个租户提供独立的数据存储以及单独的可定制处理引擎，而且启动、停止和重新配置租户时不影响其他租户；

5）高并发实时接入——百万级别的物联网终端以高频率发送的数据能够实时接入到系统中；

6）海量数据存储处理——提供大规模可扩展的设备事件管理和集群部署方案，集成高可扩展性、高性能的 MongoDB 和 HBase 数据库，为设备事件提供时间序列数据库，解决传统架构随着终端数量增大，数据库读写压力剧增、读写延迟增大等问题。

7）设备状态展示——在百万级别的物联网终端中，快速地获取到某个终端的当前状态，或者过去的某个时间段内的状态参数。

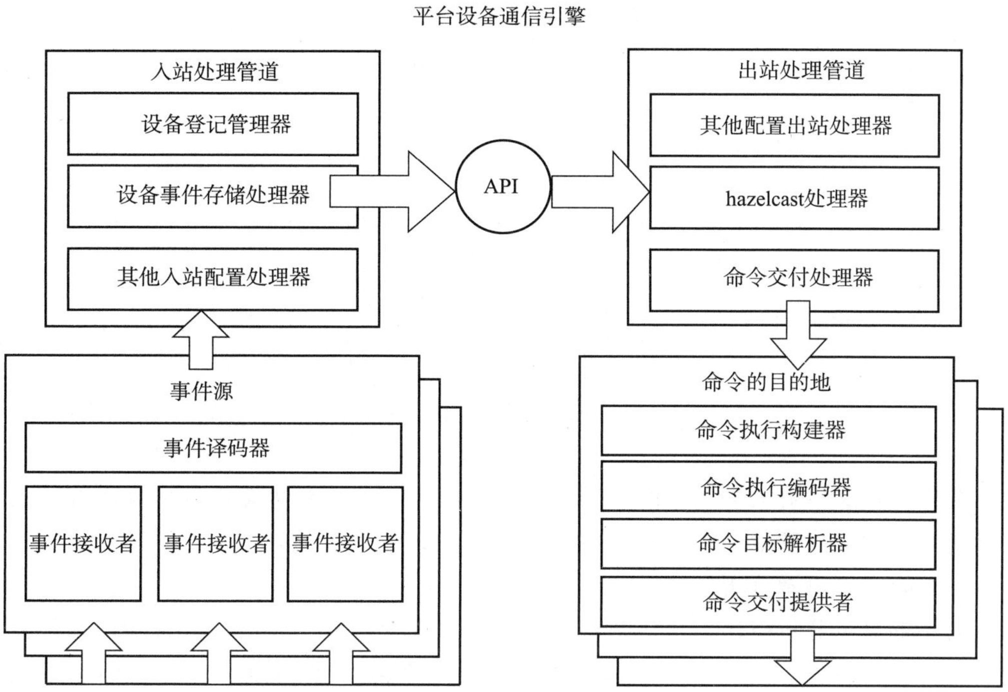

图 5 - 10　物联网平台通信引擎示意图

5.4.2　综合信息显示子系统

5.4.2.1　系统概述

综合信息显示子系统用于营区保障与管理信息的综合处理与信息显示，包括营区综合保障态势、营区日常行政秩序、安防视频监控、人员车辆管理、动环监控可视化、各设备系统运行态势、营区环境三维综合态势和各类报警等信息。按照“数据集中存储，信息综合利用”的应用模式，综合信息显示子系统依托营区云平台、监控中心大屏显示系统及相关业务职能部门的信息终端、视频监控终端，将各类业务、安防视频监控、人员车辆管理、车辆综合态势、门禁安防态势、动环监控可视化等各类前端采集的关键信息，通过后台云计算平台智能分析功能与数据可视化功能，实现在“一个平台、一幅图”上集中呈现各类综合信息，能够按照核心区、工作区、生活区分区分级显示系统运行综合态势、营区环境三维综合态势和各类报警等信息，具备日志审计及各类报表管理功能。

5.4.2.2　功能组成

综合信息显示子系统由基础显示分析模块、综合态势显示分析模块、综合指挥调度模块组成，如图 5 - 11 所示。

(1) 基础显示分析模块

基础显示分析模块为态势显示分析提供二、三维可视化应用界面，以全球统一时空框架为基础，实现对基础影像数据、基础矢量数据、基础地形数据、三维模型数据的加载显

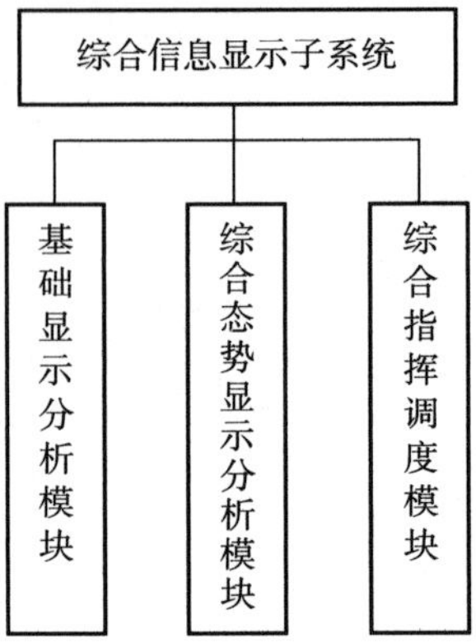

图 5－11　综合信息显示子系统组成

示和浏览查看，支持对加载数据的量测量算、标注标绘等基本功能，为综合态势显示分析提供可视化基础支撑环境。

（2）综合态势显示分析模块

综合态势显示分析模块主要负责对接入的安防视频监控、人员车辆管理、动环监控可视化、系统运行态势、营区环境三维综合态势和各类报警等信息，基于基础显示分析环境，实现多源信息的一张图综合展现。模块同时提供各类分析工具，辅助用户开展营区车辆与人员监控、燃气管路危险识别与防范、系统设备故障快速定位等业务应用。

（3）综合指挥调度模块

综合指挥调度模块基于综合态势显示分析结果，针对营区发生的应急和突发事件，为值班人员、系统管理人员和执勤人员提供联动报警、防护等级切换等指挥调度功能。模块同时具备各类报表的统计和生成、运行日志管理和审计等功能。

5.4.2.3　工作流程

工作流程如图 5－12 所示。

1）用户登录系统，系统对用户身份进行识别，并赋予相应的权限；

2）系统启动后，系统访问地理信息系统平台，加载营区基础数据、GIS 建模数据、BIM 建模数据，构建基础显示环境；

3）系统通过地理信息系统平台访问视频监控终端，对安防视频监控、人员车辆管理、车辆综合态势、门禁安防态势、动环监控等各类前端采集的关键信息进行接入；

4）对各类前端采集信息进行可视化处理，通过图层对各类信息进行管理，生成营区综合态势一张图；

5）在综合态势一张图基础上，进行营区的安全状态监测分析，对人员、车辆进行活动规律分析；

6）根据综合态势显示分析结果，针对营区发生的各类应急和突发事件，进行联动报警、防护等级切换等指挥调度，并将指挥调度信息发送至外部系统。

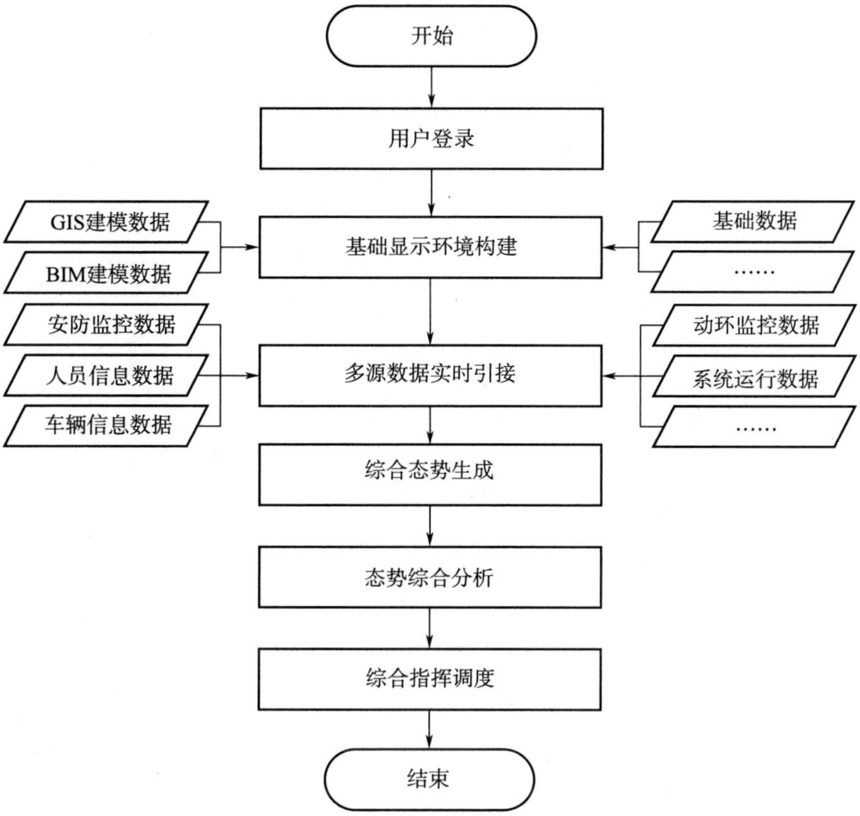

图 5-12　综合信息显示子系统工作流程

5.4.3　地理信息系统子平台

5.4.3.1　系统概述

地理信息系统子平台负责基于 GIS（地理信息系统）与 BIM（建筑信息模型）技术，构建营区三维可视化空间基础信息服务平台，实现视频监控、周界报警、出入口控制、电子巡查、人员管理、车辆管理、机房监控以及供配电和供暖设备管理等各智能设备系统的控制管理集成在统一的三维管理界面上，实现事件态势预警、保证运行质量、提高工作效率、降低人力成本、降低运行能耗的建设目标。

5.4.3.2　技术架构

地理信息系统子平台技术架构设计遵循“顶层设计、统筹规划、统一标准”的原则，采用面向服务的架构技术，实现面向服务、资源共享、统一注册、分级授权的服务组织模式与运行管理机制，形成贯穿智慧军营资源和管理业务的信息化体系。其中，服务框架采用基于微服务的架构思想，对系统组件通过服务化进行解耦，利用容器虚拟化技术承载，选择 REST API 标准化接口对外提供服务，实现平台数据服务、应用服务、数据管理和分发服务、消息服务等松耦合集成，以及面向各类业务需求的应用编排和组装。系统技术架构分为支撑层、数据层、平台层和应用层，具体如图 5-13 所示。

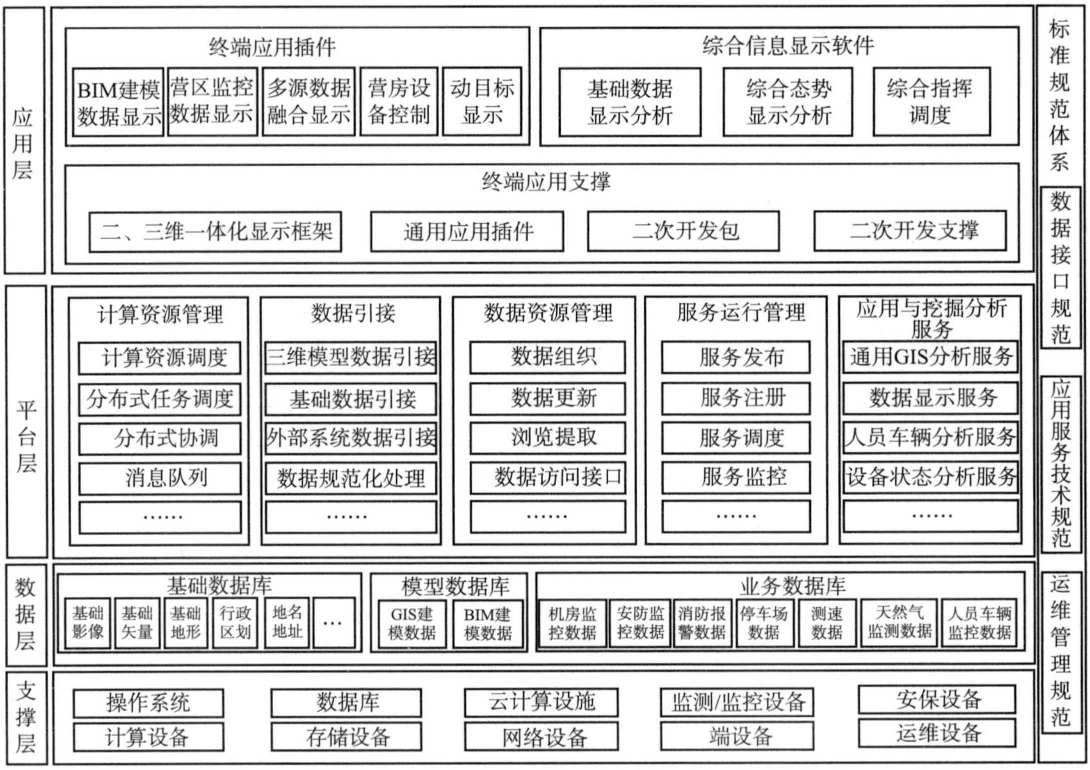

图 5－13　地理信息系统子平台技术架构

（1）支撑层

支撑层提供系统运行的软硬件支撑环境，包括存储设备、计算设备、网络环境、端设备、运维设备、安保设备、操作系统、数据库、监测/监控设备、云计算设施等。

（2）数据层

数据层主要整合基础影像、基础矢量、基础地形、行政区划、地名地址等各类基础数据，GIS 建模和 BIM 建模数据，以及机房监控、安防监控、消防报警、停车场、车辆测速、天然气监测、人员车辆监控等各类业务专题数据，为上层服务和应用提供统一的数据资源池。

（3）平台层

平台层主要包括计算资源管理、数据引接、数据资源管理、服务运行管理、应用与挖掘分析服务等 5 部分，为上层应用提供基础地理信息资源共享与服务平台支撑。主要通过数据中心分系统的计算资源池和数据资源池，为上层应用提供计算支撑和数据支撑；提供服务资源的统一注册、发布、监控和统计等功能；提供面向终端应用、通用应用、服务接口及二次开发的支撑能力。

（4）应用层

应用层主要包括终端应用插件、综合信息显示软件和终端应用支撑 3 部分。终端应用插件主要提供 BIM 建模数据显示、营区监控数据显示、多源数据融合显示、营房设备控制、动目标显示等功能，同时可依据二次开发包和开发规范对应用插件进行扩展。综合信息显示软件提供基础数据显示分析、综合态势显示和综合指挥调度等功能，也支持定制与二次开发。终端应用支撑提供面向桌面式、手持式等终端的应用支撑能力，并提供通用应用插件以及二次开发支撑能力。

5.4.3.3　功能组成

地理信息系统子平台由数据引接与处理子系统、数据管理服务子系统、应用分析服务子系统、服务发布与管理子系统、终端显示应用子系统组成。地理信息系统子平台组成如图 5－14 所示。

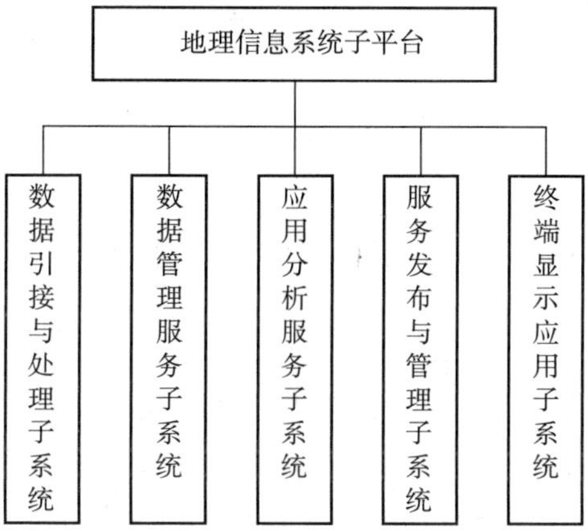

图 5－14　地理信息系统子平台组成

（1）数据引接与处理子系统

数据引接与处理子系统负责从外部引接三维模型数据和机房监控数据、安防监控数据、消防数据等各类监控数据，以及基础影像、基础地形、矢量数据、地面数据等各类基础数据，完成数据质量检验、数据格式解析、数据格式转换、金字塔构建和瓦片化处理，实现数据的标准化和规范化。

（2）数据管理服务子系统

数据管理服务子系统负责为平台提供各类数据的高效存储和访问支撑，能够基于统一时空基准框架构建数据之间的关联关系，完成数据编目、批量入库、查询检索、浏览提取、备份恢复等功能，同时向上层应用和服务提供数据的入库、访问和维护接口。

（3）应用分析服务子系统

应用分析服务子系统负责为平台提供通用 GIS 分析服务、数据显示服务和大综合分析服务，具备地面路径规划、位置服务、空间量测、资源分析等通用 GIS 分析功能，以及三维模型、基础影像、矢量、图片、音频、视频等多源数据的显示渲染等大数据分析功能。

（4）服务发布与管理子系统

服务发布与管理子系统负责为平台提供高可靠、高可用、可扩展、可动态伸缩的服务框架，为数据服务、显示服务、基础服务、分析挖掘服务等各类服务的可靠运行提供服务注册、服务使用、服务调度、服务监控等服务运行支撑。

(5) 终端显示应用子系统

终端显示应用子系统负责提供桌面式、移动式的基础地理信息和营区数据的综合应用支撑，通过网络接入后台数据服务和应用服务，实现二、三维一体化的多源数据的查询、下载、显示和交互功能。

5.4.3.4　工作流程

地理信息系统子平台工作流程如图 5－15 所示。

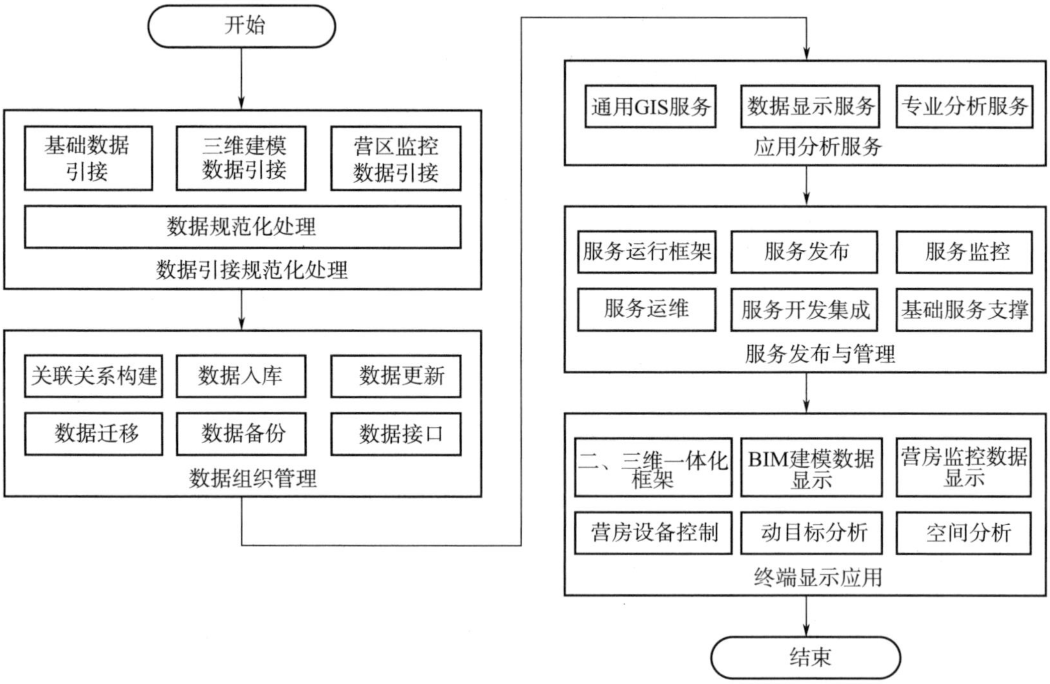

图 5－15　地理信息系统子平台工作流程

1）数据引接与处理子系统对营区基础数据、营区监控数据进行引接和规范化处理，进行数据入库存储；

2）数据管理服务子系统对多源数据建立时间、空间、属性等维度的关联关系，进行数据的归档和存储；

3）应用分析服务子系统在后台通过大数据分析，自动化地对各类设备状态数据、人员和车辆活动数据进行分析，生成大数据挖掘结果；

4）服务发布与管理子系统对各类数据资源、应用服务资源进行统一的注册与发布；

5）终端显示应用子系统向服务发布与管理子系统发送数据或应用请求，并接收服务发布与管理子系统反馈的服务结果，进行数据的可视化和分析应用。

5.4.3.5　接口关系

图 5－16 为地理信息系统子平台接口关系，表 5－1 为综合信息显示软件接口关系。

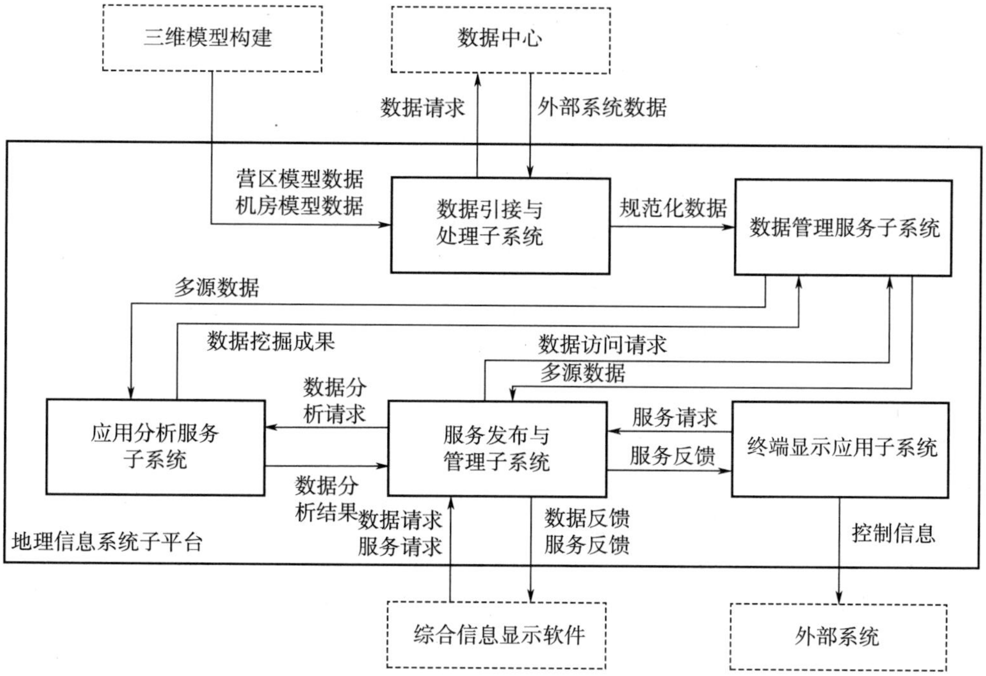

图 5－16　地理信息系统子平台接口关系

表 5－1　综合信息显示软件接口关系

序号	发送方	接收方	接口数据	接口形式	接口方式
1	数据引接与处理子系统	数据中心	数据请求	XML	WebService
2	数据中心	数据引接与处理子系统	营区监控数据	文件	WebService
3	三维模型构建	数据引接与处理子系统	GIS 建模数据 BIM 建模数据	文件	WebService
4	数据引接与处理子系统	数据管理服务子系统	规范化数据	文件	WebService
5	数据管理服务子系统	应用分析服务子系统	多源数据	文件	WebService
6	应用分析服务子系统	数据管理服务子系统	数据挖掘成果	文件	WebService
7	服务发布与管理子系统	数据管理服务子系统	数据访问请求	XML	WebService
8	数据管理服务子系统	服务发布与管理子系统	多源数据	文件	WebService
9	终端显示应用子系统	服务发布与管理子系统	服务请求	XML	WebService
10	服务发布与管理子系统	终端显示应用子系统	服务反馈	文件	WebService
11	综合信息显示软件	服务发布与管理子系统	数据请求 服务请求	XML	WebService
12	服务发布与管理子系统	综合信息显示软件	数据反馈 服务反馈	文件	WebService
13	终端显示应用子系统	外部系统	控制信息	XML	WebService

5.4.4 辅助决策子系统

营区通用信息系统平台对营区的各类基础数据、运营数据进行合理的建模、数据采集、数据存储、数据管理和数据应用，而营区的辅助决策将拟采用分布式大数据采集方法实现营区数据的采集，利用 Spark 框架数据清洗技术进行数据存储分类；采用自由表数据模型解决非结构化数据的整理分析等问题，基于神经网络、聚类分析等技术实现数据挖掘，最终形成决策，技术路线如图 5－17 所示。

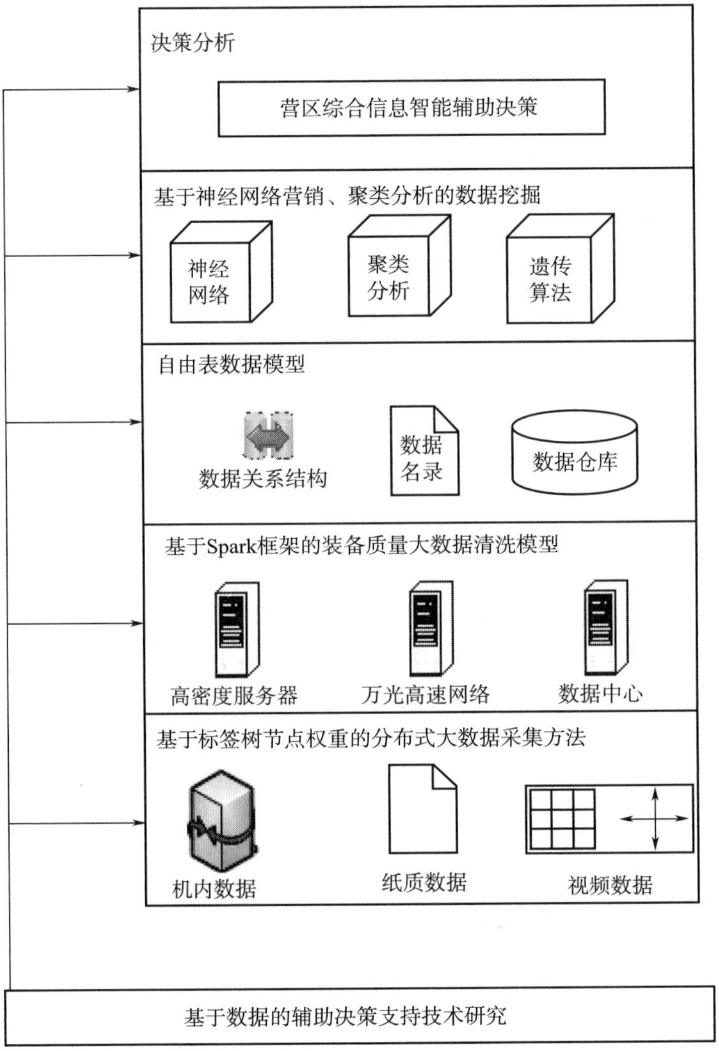

图 5－17　基于数据的辅助决策支持技术研究的技术路线

（1）基于标签树节点权重的分布式数据采集方法

数据是实现数据辅助决策研究的基础，传统的数据采集技术方案已经难以满足快速采集高质量的数据集的需求。所以如何高效地采集海量的高质量数据对数据应用与研究具有极其重要的作用。

（2）基于 Spark 框架的数据清洗技术

前期采集与存储的原始数据中混杂着许多不完整、错误和重复的“不清洁”数据，导致营区信息数据存在着不一致、不完整、低价值密度、不可控和不可用的特性。如果一味强调提升 IT 基础设施的数据处理性能、数据分析方法的科学性、数据分析师的数据素养，而不通过数据清洗有效提升数据的质量和可用性，将会导致营区信息数据应用的收益率和数据决策科学性下降。

（3）基于自由表数据模型的数据整理分析技术

传统的关系型数据库将每条数据作为一条记录存储在关系表中，形成一种典型的长表结构，随着数据规模的不断变大，必然带来查询速度慢、一些统计分析功能无法实现等问题。

非结构化的自由表数据模型是一个多维的分布式映射，本模型采用 Cassandra 的存储模型，通过列族名、行键、列名唯一地映射到一个值。列是最小数据模型；行是包含若干个列的集合，它通过一个叫行键的主键来索引；列族是包含很多行的集合，相当于关系数据库中的表；键空间是包含多列族的集合，相当于关系数据库中的数据库。非结构化的自由表数据存储模型的最大特点是数据列可以任意添加，总列数几乎不受限制。采用该模型，视频、音频等非结构化数据亦可如同传统关系数据库中的记录一样，正常存储、查询、分析，且该模型使非结构化数据具有普遍适用性。

（4）数据挖掘与决策技术

在多数据应用环境下，利用质量信息可追溯性、可分类性、可对比性进行海量数据的挖掘，可采用的方法有云计算、网格计算和分布式计算。通过数据挖掘技术，采用如人工神经网络、分类与预测、关联规则、聚类分析、偏差分析、遗传算法等挖掘事务数据库中有用的规则，并基于人机交互技术与运筹学、信息安全以及相关终端设计技术等实现基于大数据的决策支持。

5.5　系统部署

根据技术发展的趋势，同时考虑到使用、维护与管理的方便，信息平台拟采用 B/S/D 的工作模式，软件、数据库系统主要部署于监控中心，应用软件平台按计算机系统的规划，分别安装于不同的服务器上；营区中不同的用户，如营区部队首长、机关领导、机关管理人员、基层单位官兵等根据不同的权限，使用平台不同的功能模块，得到不同的信息服务，其部署安排如图 5－18 所示。

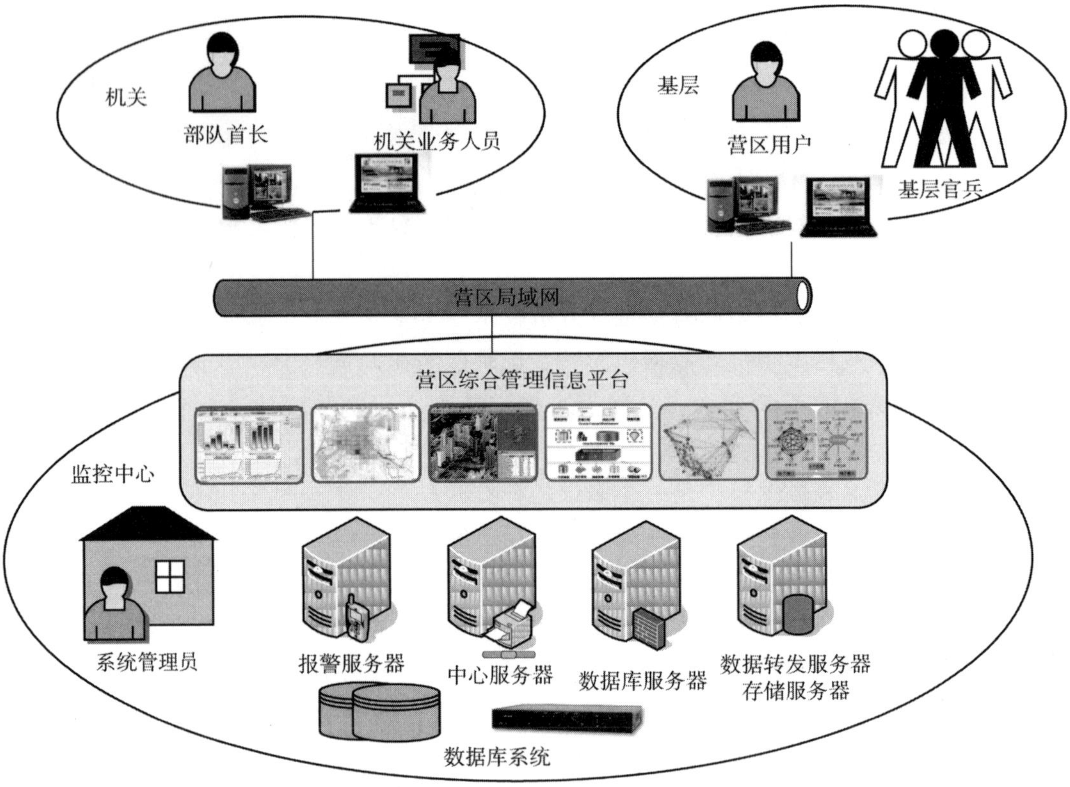
机关
部队首长
机关业务人员
基层
营区用户
基层官兵
营区局域网
营区综合管理信息平台
监控中心
系统管理员
报警服务器
中心服务器
数据库服务器
数据转发服务器
存储服务器
数据库系统

图 5－18　平台部署安排

第6章　信息网络系统

信息网络是信息传输的专用通道，是信息系统运行的基础。进行智慧军营信息网络系统的建设，目标是提供高带宽、高速率、高可靠性、高安全性的网络平台，支撑数据运载服务及信息服务，满足信息化、办公自动化、多媒体等业务系统的运行要求。

6.1　概述

为满足营区保障、管理等各种信息传输的需要，应在营区内建设独立的营区信息网络系统。信息网络系统主要包括综合布线系统、计算机网络和设施设备监控网等子系统。

综合布线系统——一种模块化的灵活性高的建筑群之间的信息传输通道包括有线电话、计算机网络、有线电视等应用系统的线缆、连接件、插头、插座及附属的线槽、分线箱等设备。

计算机网络用于连接营区军事行政区的各建筑，有多个数据点需要接入网络系统。根据网络结构总体要求，将网络分为骨干网和接入网两部分。骨干网是整个网络的核心层，其作用是提供高速的数据传输链路，并从网络规模和网络业务方面提供良好的扩展性及精确控制的网络传输服务。而接入网为用户接入层，用户业务都是基于 IP（Internet Protocol）接入的，业务主要是数据以及将来的各种多媒体应用。所有核心设备（包括核心交换机、路由器、防火墙、多种应用服务器等）设在核心机房内；各独立建筑配线间的接入层交换机通过 1 000 Mbit/s 多模光纤与核心交换机相连；接入层交换机对用户区提供 10/100 Mbit/s 自适应的交换式端口，可以考虑 1 000 Mbit/s 交换到桌面的需求。网络的骨干交换技术采用支持第三层交换技术的千兆路由交换技术，它同时具有第三层的路由交换功能以及强大的第二层交换功能。

根据现有的保障设施设备自动化控制技术的发展情况，营区应建设具有遥测、遥控、遥信等功能的设施设备监控网络，主要包括现场总线的线缆、连接件、集线器、智能网关等设备。

6.2　综合布线系统

6.2.1　系统组成

在智慧军营中，需要传输的对象是各种模拟信号和数字数据。模拟信号有音视频信号、控制系统中的各类传感器输出信号、执行器输入信号等。数字数据主要是各类数字设备终端的输入输出数据、控制指令数据等。根据其不同的应用特征，将智慧军营中的传输信号进行分类，如图 6－1 所示。

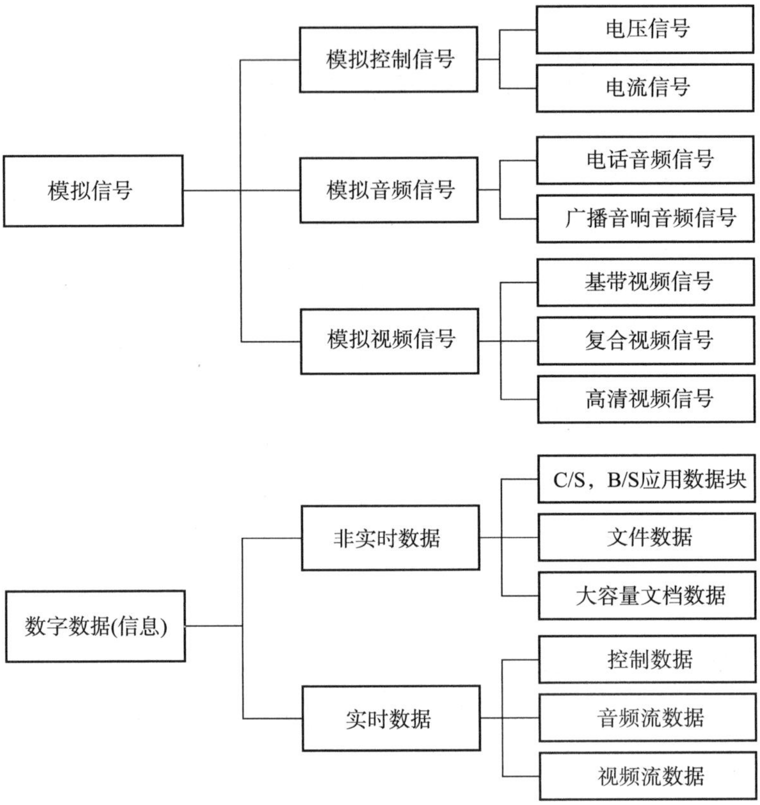

图 6－1　智慧军营传输信号分类

模拟信号的传输特征如下：

1）模拟控制信号：包括电压信号和电流信号，其频率一般不高，不超过 1 000 Hz，信号传输时容易受到干扰，传输距离较短。

2）模拟音频信号：包括模拟电话音频信号和模拟广播音响音频信号。营区电话通信系统一般为模拟电话音频信号传输，频率为 300～3 400 Hz，所以电话通信信道的带宽只要达到 4 000 Hz 即可；广播音响音频信号频率为 20 Hz～20 kHz，带度较大。

3）模拟视频信号：包括基带视频信号、复合视频信号和高清视频信号。闭路监视系统涉及基带视频信号传输，一路基带视频信号的带宽为 6 MHz，既可以模拟传输。也可以数字传输。有线电视网涉及复合视频信号传输。采用频分多路复用技术，将多套电视节目的基带视频信号调制到不同的频带，最终复合成一个宽带的信号在一条信道上传输。通常，复合视频信号的频率为 300～860 MHz。高清视频信号有模拟传输、数字传输和网络传输三种方式。模拟传输方式一般采用 YPbPr 分量传输，一路高清视频信号需要三根同轴线缆同时传输，线缆使用量较大，远距离传输后信号受损；数字传输方式一般采用 DVI、HDMI 和 HD－SDI 信号传输，DVI 和 HDMI 信号传输距离只有几米，HD－SDI 信号可以传输百米左右，对同轴电缆的性能要求很高；网络传输方式是通过以太网等网络传输视频信号，传输的距离从百米到几十千米，性能稳定。

数字数据的传输特征如下：

1）非实时数据：营区有许多非实时数据传输的需求，包括 C/S 或 B/S 应用的数据块、文件数据、大容量文档数据等类型。由于对传输的实时性要求不是很高，计算机网络的带宽达到 1 Mbit/s 即可满足要求；在一些超过 1 Gbyte 的大容量文件传输应用中，为了提高工作效率，计算机网络的传输速率应尽可能高，如达到 1 000 Mbit/s，同时还应稳定和安全。

2）实时性数据：为了保证安全，营区设备监控系统中存在一些实时性的数据传输需求，包括控制数据、音频流数据和视频流数据等，其特点是数据传输速率不一定高，但时延一定要小于某个门限，在这种情况下通常采用现场总线、工业以太网等技术来满足传输要求。

结构化综合布线系统的建设目的就是提供将上述各种信号进行传输的物理通道，基本方法是将营区中计算机系统、电话系统、设施设备自控系统、监控系统、保安防盗报警系统、电力系统合成一个体系结构完整、设备接口规范、布线施工统一、管理协调方便的体系。传输语音、数据和图象信号的布线系统经过统一的规划设计，综合在标准和规范的一体化布线系统中。综合布线系统将智慧军营所有管理系统的子系统有机地集成在一起。因此结构化综合布线系统为智慧军营的系统集成平台，是智慧军营系统集成以实现信息与资源共享的基础。

营区综合布线系统采用光缆，屏蔽、非屏蔽线缆，控制及电源线缆、接插件、信息模块、配线架、标准机柜、配线箱等设备，其布线系统的信息出口均采用标准模块化管理，与设备实现最理想的插接，全部缆线采取集中式管理，便于维护和功能扩展。

营区综合布线系统通常包括 6 个子系统，如图 6 - 2 所示。

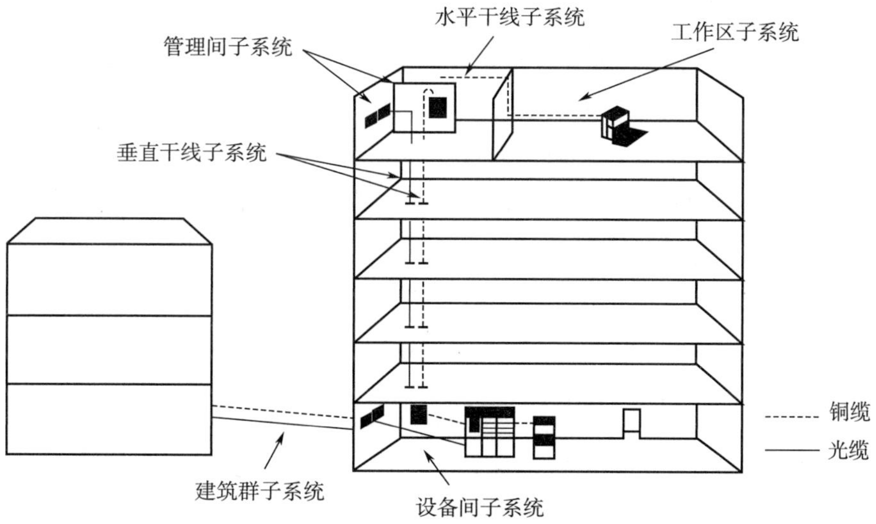

图 6 - 2　综合布线系统组成

（1）建筑群子系统

建筑群子系统由连接两个及以上建筑物之间的缆线和配线设备组成。若采用光缆作为建筑物间网络连接介质，则不需要安装避雷器，甚至可以架空铺设。若采用双绞线，则必须穿管埋地敷设。进入建筑后，采用双绞线敷设时，导线必须单独敷设在弱电金属桥架或金属管道内。金属桥架和金属管道与综合接地系统良好连接，充当导线的屏蔽层，不能与强电导线共用强电金属桥架或强电金属管道。

（2）设备间子系统

设备间子系统由进线设备，程控交换机、计算机等各种主机设备及其配线设备组成。它是综合布线系统最主要的管理区域，通常分为视频/语音管理和数字管理两部分。视频/语音设备管理部分子系统连接大楼外的各种线路，经与垂直干线子系统跳接后，连通各视频/语音管理子系统，为防雷电破坏应安装通信避雷器作为通信线路的第一级防雷措施。连接进出大楼的大对数通信电缆必须埋地敷设，以防进出大楼的通信线路引入的感应雷。数据设备管理子系统即是计算机网络核心设备，采用大对数双绞电缆作为传输主干缆。需要在机柜中安装计算机网络防雷器，作为计算机网络的第一级防雷措施。若采用光缆作为计算机网络主干线，则将有效避免雷电影响。

（3）管理间子系统

管理间子系统设置在各层配线间，由配线设备、输入/输出设备等组成。管理间子系统也分为数据和视频/语音两部分。视频/语音部分采用 BIX 安装架固定在墙面上。由接线圈、绕线环等组成，需要安装信号避雷器作为通信线路的第二级防雷措施。数据部分采用双绞线作为垂直主干线，也需要在机柜中安装信号避雷器作为计算机网络的第二级防雷措施，防护由于引下线泄放雷电流而形成的电磁场突变所产生的感应雷。

（4）垂直干线子系统

垂直干线子系统由设备间的配线设备和跳线设备以及设备间至各楼层配线间的连接电缆组成。分为视频/语音主干线和数据主干线两部分。视频/语音主干线按照程控交换机和电信系统的标准和做法，采用屏蔽大对数双绞电缆，因为已在管理间子系统安装了信号避雷器，所以这部分一般不需要再装防雷设备。数据主干线采用大对数双绞电缆作为数据传输主干缆，因为已在管理间子系统安装了信号避雷器，所以一般也不需要在这部分再安装防雷设备。如采用光缆作为计算机网络主干线，则避免了由于引下线泄放雷电流而形成的电磁场突变产生的感应雷，这是最好的防雷措施。

（5）水平干线子系统

水平干线子系统由连接管理间子系统至工作区子系统的水平布线及信息插座组成。数据点和视频/语音点均采用双绞线敷设在金属桥架和金属管道内。金属桥架和金属管道与综合接地系统相连，形成了信号线路的屏蔽层。并且在管理间子系统中，已设置防雷保护装置，所以在水平干线子系统中不必再加装防雷装置。

（6）工作区子系统

工作区子系统由连接在信息插座上的各种设备组成。连接计算机网络的数据点由于在管理子系统中已采取了防雷措施，所以在工作区子系统一般不需要再加装防雷设施，若需要利用调制解调器通过视频/语音点连接计算机，由于视频/语音线路与外线连接，则有必要安装信号避雷器，作为末级防雷措施。

6.2.2　主要功能

综合布线系统具体功能为：

1）支持数据高速高质量传输；

2）支持话音准确传输；

3）提供统一线路规格和设备接口；

4）具备完整的产品结构，包括非屏蔽双绞线（UTP）、光纤、连接模块以及工具等系列产品。

综合布线系统建设的价值是：

1）综合布线系统是衡量营区信息化程度的重要标志。部队营区的现代化程度不完全看建筑物和装修是否宏伟华丽，设备是否配备齐全，还要看综合布线系统配线能力，如设备配置是否成套，技术功能是否完善，网络分布是否合理，工程质量是否优良，这些是决定营区信息化程度高低的重要因素。智慧军营能否更好地为部队信息化建设服务，综合布线系统具有决定性的作用。

2）综合布线系统使智慧军营充分发挥智能化效能。综合布线系统把营区内的通信系统、计算机和各种自动化设备及设施，在一定的条件下纳入综合布线系统，相互连接形成完整配套的整体，以实现高度智能化的要求。综合布线系统能适应各种设施当前需要和今后发展，具有兼容性、可靠性、使用灵活性和管理科学性等特点，是智慧军营能够实现高效管理与服务的基础设施之一。

3）综合布线系统能适应今后智慧军营中各种信息技术应用发展需要。部队营区的建筑和基础设施一般都具有较长的使用寿命，在规划和设计新的建筑时，应考虑如何适应今后发展的需要。由于综合布线系统具有很高的适应性和灵活性，能在今后相当长的时期内满足客观发展需要，为此，在营区新建的建筑和基础设施中，应根据建筑物的使用性质和今后发展等各种因素，积极采用综合布线系统，在老旧建筑中也要考虑增设综合布线系统，在主要部位、通道或路由等关键地方，适当预留房间（或空间）、洞孔和线槽，以便今后安装综合布线系统时，避免打洞穿孔或拆卸地板及吊顶等装置，有利于扩建和改建。

6.2.3　系统建设

建设营区的综合布线系统，形成营区基本信息传输与控制链路。建设内容主要包括营区综合布线各个组成子系统的设计、安装和调试，重点是通信线路线缆的选择、信息接入点的设计、线路设备的设计等内容。

6.3 计算机网络

营区内的计算机网络是信息传输网络系统的核心，是大量的信息传输、交换的主干通道。营区内计算机网络是一个宽带 IP 网络，结合无线局域网技术，可以提供高速的计算机数据传输通道。

计算机网络可以实现数字设备之间的高速数据通信，也可以实现语音和视频信号的智慧传输，或者说，可以实现多媒体通信。例如，VoIP（Voice over Internet Protocol）可以支持传统的电话通信业务，IPTV（Internet Protocol Television，网络协定电视）可以支持有线电视业务。

6.3.1 系统组成

计算机网络通常具有多种结构，不同的结构适合不同的营区网络与信息传输要求，建设的复杂程度、性能水平、维护难度和经费需求也不同，部队可根据自身的要求选择不同的网络结构。

（1）以太网的二层网络结构

对大部分的计算机网络系统采用二层结构的以太网就能满足其应用需求，如图 6-3（a）所示，由核心层和接入层组成。接入层通过带三层路由功能的核心交换机实现互联。网络系统以 1 000 Mbit/s（10 Gbit/s）以太网作为主干网络，用户终端速率为 10/100 Mbit/s。核心层的主要目的是进行高速的数据交换、安全策略的实施以及网络服务器的接入。接入层用于用户终端的接入。对于稳定性和安全性要求特别高的场合，核心层交换机宜冗余配置，接入层和核心层交换机之间宜采用冗余链路连接，可以采用如图 6-3（b）所示的双冗余二层结构。

（2）以太网的三层网络结构

三层网络结构适用于特大型的营区计算机网络系统应用需求，如图 6-4 所示，由核心层、汇聚层和接入层组成。核心层和汇聚层通过带三层路由功能的交换机实现互联。网络主干以 10 Gbit/s 以太网为主，用户终端速率为 10/100 Mbit/s。

对于稳定性和安全性要求特别高的大型营区计算机网络场合，可以采用如图 6-5 所示的三层冗余结构，汇聚层和核心层交换机冗余配置，接入层、汇聚层和核心层交换机之间采用冗余链路连接。

（1）核心层网络

核心层网络是整体网络的关键核心部分，决定了整体网络的性能和扩展性，主要实现骨干网络之间的优化传输。建设时要重点考虑的是其冗余能力、可靠性和高速传输能力。核心层是所有流量的最终承受者和汇聚者，所以对核心层的设计以及网络设备的要求十分严格。可采用虚拟化、双链路、主干全万兆级传输速率的网络架构，核心设备及汇聚设备实现双机保障，使网络系统链路或网络设备故障不影响网络的正常运行，实现虚拟化、智

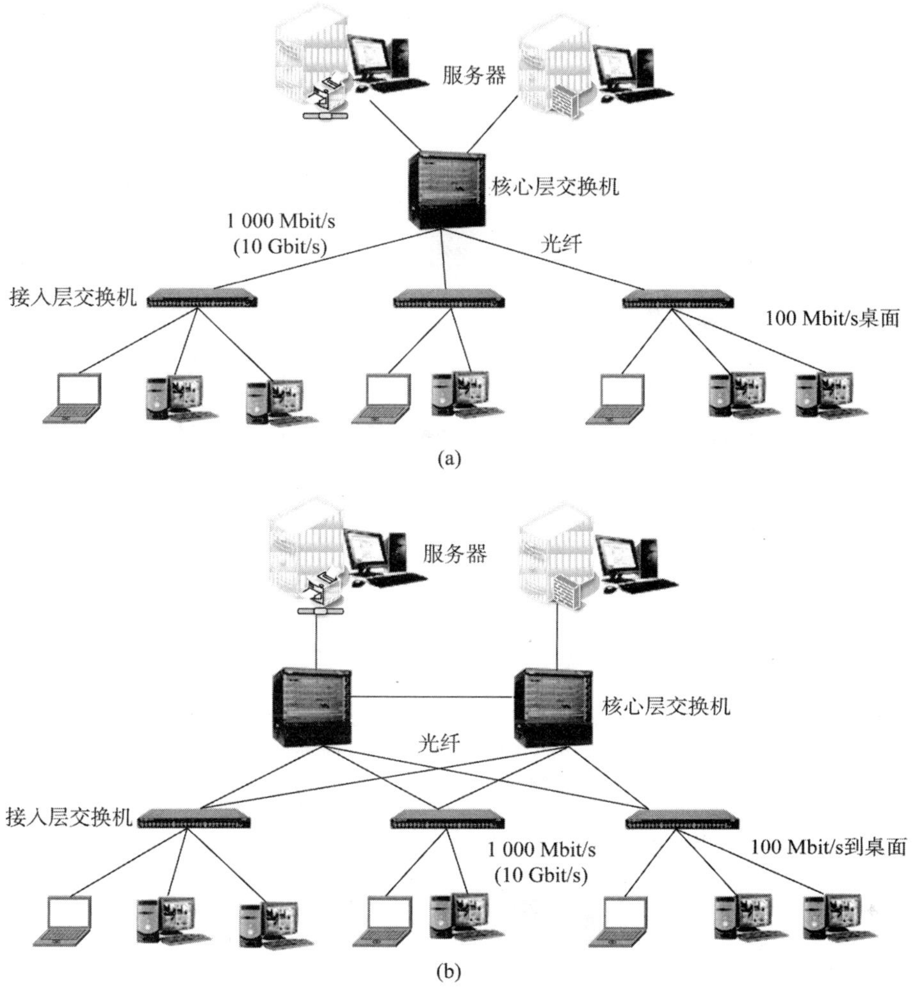

图 6 - 3　二层网络结构

能化、无阻塞高速交换，从而达到安全、稳定、可靠、高速的特性。

核心层网络设备可采用 2 台数据中心级或类数据中心级设备，设备内部具备多平面架构模式，采用交换网与主控引擎分离技术；除以太网基础特性加端口及链路聚合、隔离、镜像等特性外，支持交换虚拟化技术，支持标准 OSPF V3 及多版本技术，支持 QoS 技术，支持二、三层 MPLS VPN 技术，IPV4 \ IPV6 协议双栈支持，支持 IPv4 向 IPv6 的过渡技术，支持多路由策略，支持多种组播技术，支持访问控制列表，提供不间断转发、不间断升级、环网保护等多种高可靠技术，支持拥塞检测、拥塞避免算法等数据中心软件特性。两台设备采用虚拟化技术并集成为“一台逻辑”交换机，同时对外提供服务，保障信息系统的无故障、无阻塞运行。

(2) 汇聚层网络

汇聚层网络在网络系统中发挥承上启下的作用——向下连接各个接入交换机，实现终

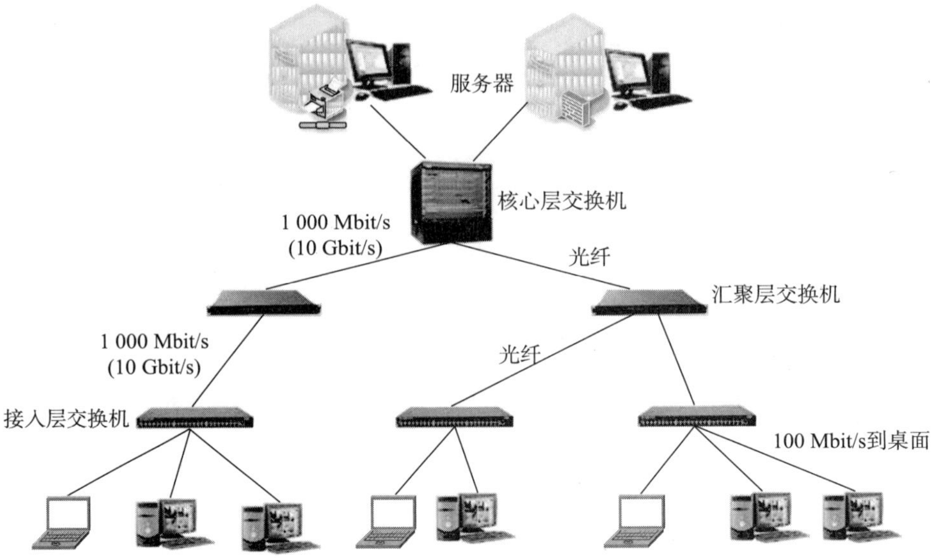

图 6－4　三层网络结构

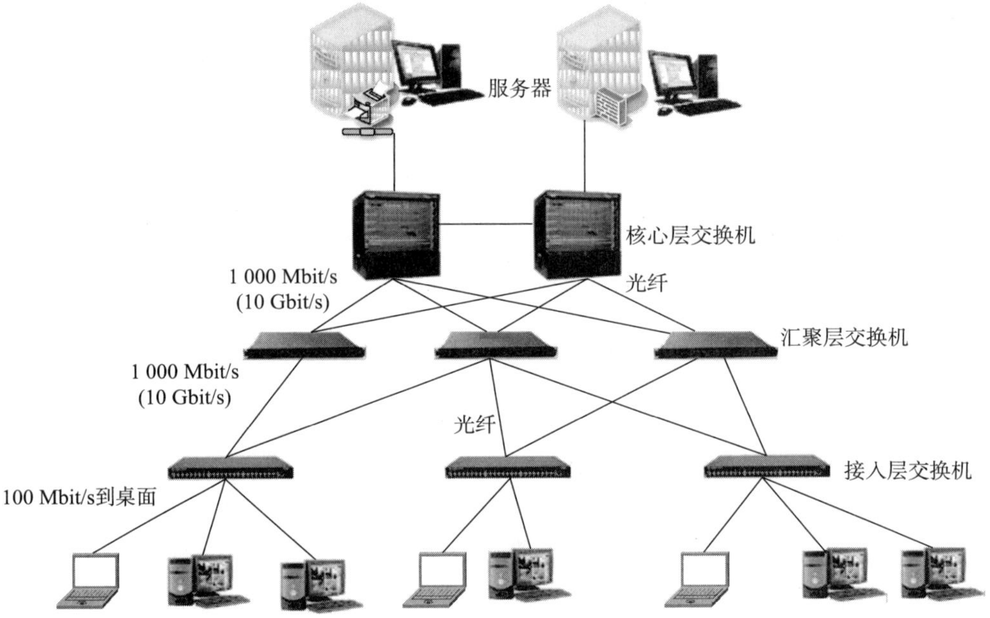

图 6－5　三层冗余网络结构

端连接的转发；向上连接核心层交换机，保障核心业务和交互业务的可转达性。汇聚层具有高性能和高稳定的特点，通常配备高密度的板卡，连接诸多的接入节点；汇聚层并不要求具备如同核心层一般强大的处理能力，但是需要支持复杂的策略，方便在汇聚层实现各种针对接入层而定制的不同转发策略。

汇聚层网络设备可选择 CLOS 或者 CROSSBAR 内部架构模式，支持多种业务板卡，如防火墙板卡、IPS 板卡、无线控制管理等；除以太网基础特性加端口及链路聚合、隔离、镜像等特性外，支持交换虚拟化、标准 OSPF V3 及多版本等技术。

（3）接入层网络

接入层网络的主要功能是连接终端用户，一般要求具备多个 10/100/1 000 Mbit/s 终端连接传输链路，具备向上的千兆（万兆）以太网传输链路，保障业务的可达性。

接入层设备要求具备单电源（或者辅助电源）、多个 10/100M/1 000 Mbit/s RJ45 接口、多端口千兆以太网光接口（或者携带万兆以太网光接口）、堆叠端口等，总体具备多层交换机的硬件特性；除以太网基础特性加端口及链路聚合、隔离、镜像等特性外，支持交换虚拟化、支持 802.1X 认证、支持流量控制等相关的技术。

（4）原有网络接入

在对营区原有的网络系统性能评估后，需要接入新网络系统时，可将原有交换机作为链路汇聚交换机，接入新核心交换机，其余原有设备和接入方式保持不变；还可以根据实际情况采用适当的方式将原有网络接入。

（5）基础信息安全系统建设

安全建设是网络建设的高级阶段，在传统的交换技术和路由技术的基础上，增加了过滤和防御的理念，属于网络建设的高级层次。

早期，由于信息安全知识、理念和设备的发展与推广普及程度的限制，通常都是在网络运行一段时间后才暴露出安全问题，有时候可能已经造成严重的后果。目前，无论技术人员还是管理者，已经意识到信息安全建设是一个网络不可缺少的组成部分，因此会在信息化规划和建设的初期，引入信息安全规划设计。

基础信息安全系统涉及出口防火墙、IPS（Intrusion Prevention System，入侵防御系统）、防病毒网关、上网行为管理、服务器区防火墙等。

1）出口防火墙：其采用高性能应用层防火墙，作为局域网接入军队广域网的最终网关设备，承载整个网络的出口流量。现代防火墙除具备安全特征外，还具备了部分负载均衡特性。在营区计算机网络与军队广域网连接出口，放置一台高性能防火墙，可采用端口捆绑或者链路聚合模式工作，对内连接其他安全设备，对外连接军队广域网的链路。

2）IPS：根据 IDS（入侵检测系统）的运作原理，PDi 从单纯的旁路检测报警功能发展到目前的实时检测过滤功能，实现了质的飞跃。与防火墙相对比，其功能不同之处是，IPS 更加侧重于对来往数据流量的内容分析，找到其中的动作语义来采取防御策略，而防火墙主要针对端口的开放和关闭来阻止攻击，二者的工作是互补的。在监控中心的网络链路的防火墙后端，部署 IPS，起到针对动作语义分析来阻止攻击行为、拒绝木马等特征流量等动作，进一步实现边缘网络的安全。

3）防病毒网关：其是部署在网络链路上的硬件设备，起到阻止常见病毒和木马等进入网络的作用。与杀毒软件不同的是：防病毒网关在网络的入口处就采取了措施，拒绝了大多数能够被识别的病毒和木马进入网络，过滤了无意义的网络流量；而防病毒软件仅在服务器和终端起到作用，不能阻止这种流量在整个网络的肆意传播，占据流量和带宽。在监控中心部署该设备，也是为了保障整体网络的安全可靠。

在防病毒网关之后，可以将下属网络链路分为两支：一个分支解决普通用户互联网访问流量问题，一个分支解决服务器和 VPN 访问等问题。

分支 A：部署上网行为管理设备。

分支 B：部署服务器等设备。

4）上网行为管理：上网行为管理设备近年来被广泛采纳，主要用途是对网络流量进行清洗、整形，过滤或者减少非感兴趣数据流，如 P2P 下载、海量下载等，同时保障正常的网络访问的畅通；对用户的上网流量加以控制，保障正常业务和访问不被阻塞，减轻设备压力，加强整体网络可靠性和可用性。

5）服务器区防火墙：多层应用防火墙，主要用于对服务器区域的安全保障，阻止对服务器的非法攻击和威胁，保障各应用系统的安全和流畅运行。

（6）服务器区建设

服务器区主要是承载各应用系统和业务系统的服务端，响应客户端提交的服务请求，并提供相应的服务，服务器承担着保障各应用系统和业务系统安全、稳定、可靠运行的任务。

6.3.2 主要功能

计算机网络的主要功能为：

（1）信息交换和通信

这是最基本的功能，营区内计算机网络中的计算机之间或计算机与其他终端之间可以快速可靠地相互传递数据、程序或文件。

（2）资源共享

资源共享包括硬件资源、软件资源和数据资源。硬件资源的共享提高了营区计算机硬件资源的利用率。软件资源和数据资源的共享可以充分利用已有的信息资源，减少软件重复购置，避免数据库的重复建设。

（3）提高信息系统的可靠性

在单机使用的情况下，任何一个系统都可能发生故障，这样会为营区用户带来不便。而当计算机联网后，各计算机可通过网络互为后备，这样计算机网络就能起到提高信息系统可靠性的作用。更重要的是，由于数据和信息资源存放于不同的地点，因此可防止因故障而无法访问或由于灾害造成数据破坏。

（4）均衡负荷

对于需要大量计算的任务，如果集中于单台计算机上，负荷过重将影响处理的时间，此时可将任务分散到不同的计算机上共同完成，使得复杂问题可以有效解决。

（5）综合信息服务

依托计算机网络可全营区提供各种信息服务，是提高营区信息化使用水平的重要技术平台。

6.3.3　系统建设

6.3.3.1　总体结构设计

营区网络的建设要覆盖整个营区内所有应接入网络的建筑物（通常应考虑将来网络接入的预留），网络主干网一般采用树、星形混合网络互联技术，为防止广播风暴并提高信息安全性，可采用 VLAN（虚拟网络）划分各接入单位的用户终端、智能仪表控制器和安全技术防范系统，每个 VLAN 独立划分网段，VLAN 通过三层交换机实现互联互通。根据全军信息保密的相关管理规定，中心机房可通过防火墙等设备与军事综合信息网相连。

1）核心层是营区网络的交换中心和数据中心（建设在监控中心机房），主要包括核心三层交换机、数据库服务器、应用服务器、数据存储系统、安全防护系统、容灾备份系统、网络管理系统等。物理位置设在中心机房。核心层用来区分 VLAN，隔离各区网络风暴。

2）汇聚层主要负责聚合营区内办公楼、宿舍楼等建筑物内的路由路径，同时链接接入层的交换机，并且收敛数据流量，将各建筑物连接为一个网络整体，物理位置设在各建筑物的设备间。

3）接入层主要包括建筑物内各楼层和各单元，以电缆接入建筑物相应的汇聚节点，各基层用户终端通过接入层交换机连接到网络上来。

6.3.3.2　网络干线路由

营区路由采用光缆作为主干线，汇聚到监控中心机房。

监控中心与各楼之间光缆加装千兆光纤收发器实现干线千兆带宽，各楼汇聚点与楼内计算机类信息点的接入交换机采用千兆链接，与智能仪器采用百兆链接。

6.3.3.3　信息点设计

根据计算机网络设计的原则和对营区建筑设计的分析，设置各建筑的信息点数。

6.4　设施设备监控网

6.4.1　系统组成

在智慧军营建设中，设备监控主要包括供水、供电、供气和供暖设施设备，环境监测仪表或设备，路灯自动控制设备等的监测与控制。这些设备数据，通过相应的通信线路传送到数据网关设备控制箱，组成设施设备监控网，然后接入局域网，其结构如图 6-6 所示。

6.4.2　主要功能

设施设备监控网的主要功能是：

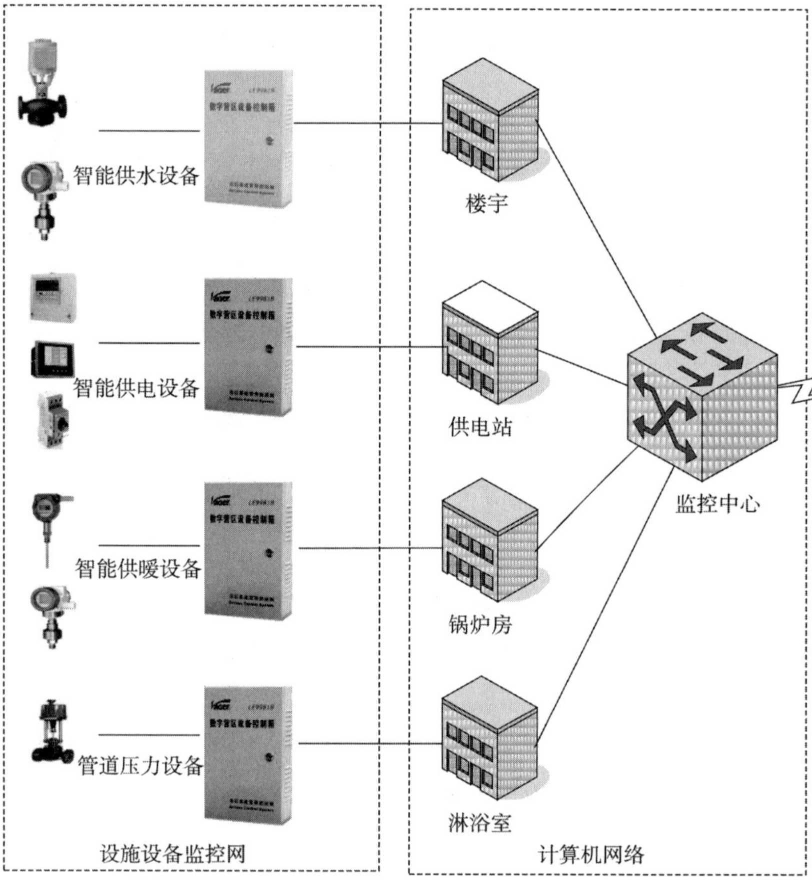

图 6－6　设施设备监控网布设结构

（1）营区设施设备状态监测通道

营区设施设备状态监测通道提供了营区设施设备工作状态、参数、告警等信息采集、传输的通道，使得基于远程控制的设施设备监控网络能够构建完成。

（2）设施设备状态控制通道

设施设备状态控制通道同时也是营区集中监控平台对各设施设备进行远程、网络端工作模式控制的基本信息通道。

6.4.3　系统建设

设施设备监控网建设时根据需要连接入网的各种设施设备的数据传输要求、信息接入位置、接入点数量、传输距离等参数，设计出适当的线路网络，通过已经建设好的线槽、管廊等基础设施，以及数据网关设备控制箱等，架设好对应的线路，形成完整的监控网。

6.4.3.1　数据网关设备控制箱及网络敷设

在营区供电站、锅炉房等相关建筑物设备间相应位置，布置供水、供电等数据网关设备控制箱，箱内安装数据网关设备、电源适配器和控制开关。控制箱可采用超 5 类网线等与局域网交换机连接，信息汇入监控中心。

6.4.3.2　设备总线和电源线敷设

设备控制箱与智能水表、电表、电磁阀等现场仪表或控制装置采用设备总线连接，通信线缆选择满足其通信要求的线缆，如 RVVSP2×1.0、超 5 类线缆等；同时根据水表、电表等设备的选型敷设电源线，如 RVV3×1.0 线缆，满足供电要求。

6.4.3.3　设施设备监控网构建

智能供水、智能供电、环境监测等系统中包含的远传水表、远传电表、电磁阀、压力计、环境监测仪器、数据网关设备以及相应的通信线路构成了军队智慧军营的设施设备监控网。

第7章　监控中心

智慧军营监控中心是各种智能信息系统设备安装、运行和管理的场所，同时也是各种信息汇总、处理、控制、储存和管理的枢纽，是整个营区的数据中心和保障指挥控制中心。

智慧军营监控中心建设时应积极与营区各部门协商，融合其信息化建设的需求，将多个业务部门信息处理系统进行整合，形成统一的营区信息监控中心，避免过去的条块分割，形成良好的信息沟通与应用体系。

7.1　组成及功能

7.1.1　系统组成

监控中心由中心机房、硬件设备系统和软件系统组成（见图7-1）。

7.1.2　主要功能

监控中心汇集了营区各个信息系统的信息，通过集成和融合处理，采用大屏幕、多媒体和多种声光设备等，以实时视频图像、动态图形画面、图表和文字等方式形成直观的营区保障态势，包括保障资源、保障车辆、保障力量的分布等情况，为营区后勤保障指挥员实施指挥控制、组织调度和日常管理提供场所环境和技术手段；同时也为值班人员实施设施设备监控、日常营区管理和部队日常行政工作提供条件。

智慧军营综合管理平台是监控中心的信息处理中心，通过汇集、处理和展示，为智慧军营的保障与管理提供如下功能：

1）通过智慧平台的综合态势功能，显示系统监控营区各项事务进展和营区现状，使指挥员和管理人员能够及时、全面、准确地掌握营区总体情况；

2）收集并监控营区各种后勤保障设施设备的状态信息，可供指挥员、管理人员和操作人员实时掌握其运转情况；

3）提供指挥通信手段，利用有线和无线通信系统与各个保障单位、保障车辆、保障人员、管理人员进行话音、文本等通信，实现营区后勤保障力量的协调与管理；

4）通过监控系统实时对营区门岗、保障区域、油库、洞库、仓库等重要部位进行视频监控，随时掌握营区重要地域保障的情况；

5）提供值班管理模块，实现值班排班、值班日志填写、值班事务提醒、值班情况统计、值班制度展示等功能；

6）提供值班作业系统，完成通知、通告、文件、消息等的传递、发送、存储、查询、管理等工作；

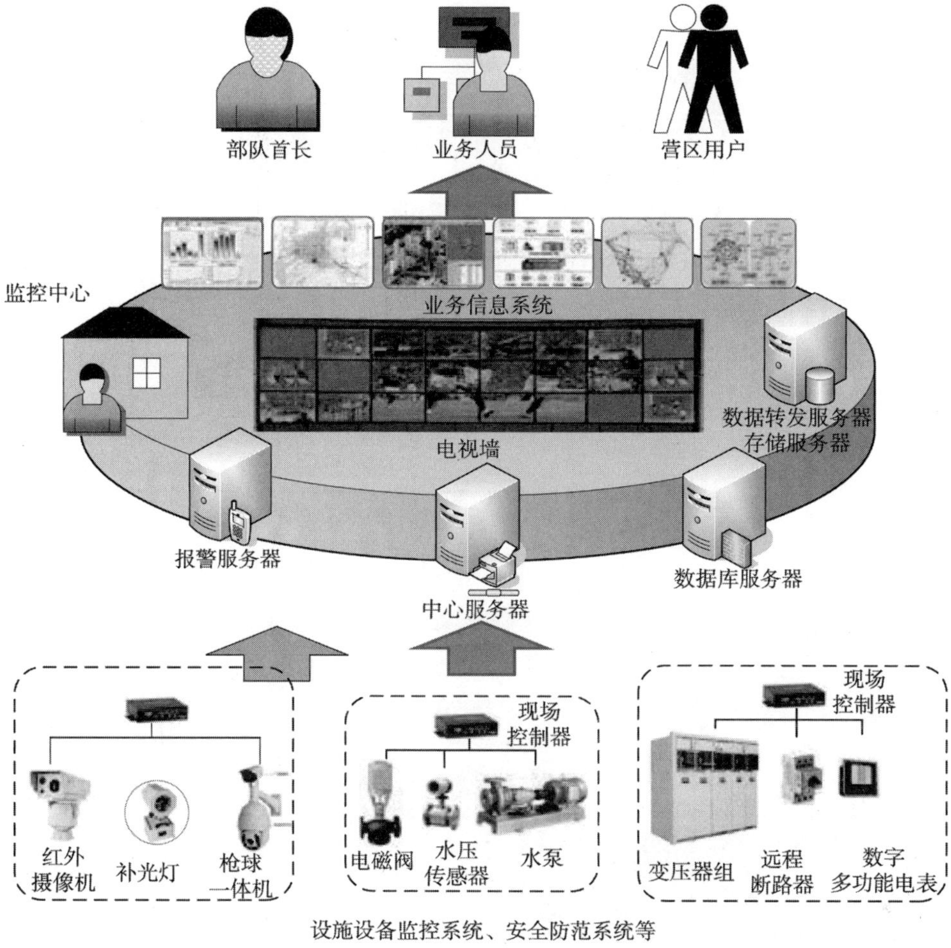

图 7-1　监控中心组成示意图

7）向营区数据中心传送各种数据，完成营区重要保障数据的搜集、汇总与管理，形成智慧军营保障与管理的数据存储中心、管理维护中心、处理与展示中心；

8）提供营区公共信息系统使用与管理、消防集中监控等后勤保障与管理的其他功能模块，实现多类保障与管理系统的综合集成。

7.1.3　系统建设

监控中心应部署各类相关的信息系统，主要包括营区综合态势显示系统、业务系统、语音通信系统、营区监控系统、其他辅助系统，如图 7-2 所示。

（1）综合态势显示系统

综合态势显示系统由大屏幕显示墙、视频信号切换控制电路、中央集中控制和音响系统等模块组成。主要对营区的综合保障与管理态势进行显示，包括营区综合保障态势图标图形界面、营区的地理信息应用系统界面、营区保障要素位置界面、重要监控点视频图像等，可以进行多种图形与图像的显示、切换、控制与处理。

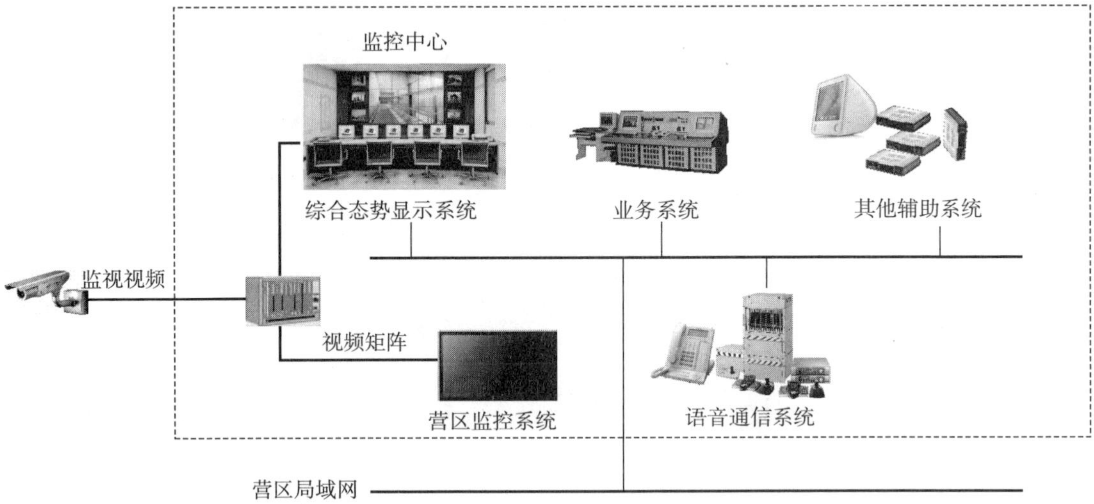

图 7-2 监控中心组成

图 7-3 监控中心效果图

（2）业务系统

业务系统是监控中心管理、值班人员进行营区保障管理与业务处理的工作平台。具有保障人员进行各类保障业务信息处理、公文流转、保障方案制定和下达等业务处理的功能；同时还应当有值班员信息处理、值班日志记录、下级值班检查汇总、电话记录、信息收发、文件传递、节日值班处理等功能；并且该系统负责对营区保障各单位的作业信息和重要数据进行汇总，形成营区保障动态综合信息。

(3) 营区监控系统

营区监控系统可汇总布设在营区军事区的监控视频，形成对营区主要保障现场、保障设施设备、营区周边及重点目标安全防范的监控，可以实现监控信息的存储、回放、检索及报警等功能，完成对整个营区的保障要素和营区安全进行实时图像监控和记录。

(4) 语音通信系统

语音通信系统包括有线和无线通信系统，设立语音调度台。主要采用军用有线电话、数字无线通信设备（对讲机）、军用手机等，进行点对点、点对多语音或文本通信，用于指挥员下达保障指令、组织调度保障力量、了解掌握保障进展，并可实现与保障人员间的及时交流，协调各项业务的开展。

(5) 其他辅助系统

其他辅助系统包括机房中央控制系统、消防集中监控系统、机房环境集中监控系统和不间断电源等，为营区监控中心人员工作、设备运行等提供保障与支持。

7.1.3.1　硬件环境建设

硬件环境主要包括：综合显示与态势监控系统、综合布线系统、有线/无线通信系统、指控台、计算机网络设备、计算服务设备和辅助系统（见表 7 - 1）。

表 7 - 1　硬件环境建设内容

序号	系统	建设内容
1	综合显示与态势监控系统	电视拼接墙、视频分配器、视频录像系统、显示服务器、显示控制系统、音响系统等
2	综合布线系统	包括电话、计算机网络、电视、视频布线系统
3	有线/无线通信系统	数字移动电话、军用数字程控电话网（接入民用公用电话网）、话务台和电话录音系统
4	指控台	监控中心值班指控台、语音调度指控台
5	计算机网络设备	交换机、路由器、集线器等
6	计算服务设备	各类服务器、计算机、磁盘阵列等
7	辅助系统	机房监视系统、机房门禁系统、机房供电系统、机房空调系统、机房消防监控系统

7.1.3.2　软件环境建设

监控中心软件环境建设内容如表 7 - 2 所示。

表 7 - 2　软件环境建设内容

序号	系统	功能使用
1	通用信息系统平台	对各类应用信息提供门户平台，实现信息系统集中统一界面操作使用
2	综合态势处理系统	用于指挥中心对营区的综合保障态势进行标绘、查看、存储和查询等处理
3	营房业务系统	对营区营房综合业务进行处理

续表

序号	系统	功能使用
4	值班系统	指控中心进行值班管理、业务处理、保障信息综合的软件工具
5	网站系统	提供营房信息服务的网站平台
6	决策支持系统	用于对指挥员进行保障方案制订和保障方案选择的决策支持
7	营区地理信息系统	营区内地理信息系统操作使用的软件工具
8	通信管理系统	配合话务台使用，对各保障单位进行通信，对电话内容进行录音，对电话进行监听
9	数据库系统	部署适当的数据库系统，为信息系统应用提供统一的数据库
10	辅助系统	电子邮件，网络聊天等系统

7.2 设备机房

监控中心机房通常分为主机房、辅助区、支持区和行政管理区等。主机房是用于电子信息处理、存储、交换和传输设备的安装和运行的建筑空间，包括服务器机房、网络机房、存储机房等功能区域。辅助区是用于电子信息设备和软件的安装、调试、维护、运行监控和管理的场所，包括进线间、测试机房、备件库、打印室、维修室等区域。支持区是支持并保障完成信息处理过程和必要的技术作业的场所，包括变配电室、柴油发电机房、UPS室、电池室、空调机房、动力站房、消防设施用房、消防和安防控制室等。行政管理区是用于日常行政管理及客户对托管设备进行管理的场所，包括工作人员办公室、门厅、值班室、盥洗室、更衣间和用户工作室等。部队营区建设时应根据建设规模和实际情况合理划分监控中心机房功能区域，有条件的单位应尽量提供完整的分区机房环境，其他单位可酌情处理，但应当尽量满足机房分区使用的要求。

机房的设计与建设是监控中心建设的基础，为规范机房的设计，确保建设的质量，应当遵照 GB 50174—2017《数据中心设计规范》实施。通常，电子信息系统机房根据使用性质、管理要求及重要性等因素可划分为 A、B、C 三级。A 级机房内的场地设施应按容错系统配置，在电子信息系统运行期间，场地设施不应因操作失误、设备故障、外电源中断、维护和检修而导致电子信息系统运行中断。B 级机房内的场地设施应按冗余要求配置，在系统运行期间，场地设施在冗余能力范围内，不应因设备故障而导致电子信息系统运行中断。C 级机房内的场地设施应按基本需求配置，在场地设施正常运行情况下，应保证电子信息系统运行不中断。智慧军营中监控中心机房可参照 GB 50174—2017 规范和部队情况进行分级判断，并且按要求进行建设。

机房设计通常应当包含如下的内容：机房位置及设备布置、环境要求、建筑结构、空气调节、电气要求、电磁屏蔽、机房布线、机房监控与安全防范和消防等方面。图 7-4 为机房效果图。

图 7 - 4　机房效果图

7.2.1　机房选址

智慧军营的监控中心机房选址应当满足 GB 50174—2017《数据中心设计规范》的基本要求，即：

1）电力供给应稳定可靠，交通通信应便捷，自然环境应清洁；

2）应远离产生粉尘、油烟、有害气体以及生产或贮存具有腐蚀性、易燃、易爆物品的场所；

3）远离水灾、火灾隐患区域；

4）远离强振源和强噪声源；

5）避开强电磁场干扰。

网络系统总配线设备机房宜设于建筑（单体或群体建筑）的中心位置，并且在规划时应与监控中心设备机房及数字程控用户交换机设备机房综合考虑。

对电磁干扰敏感的数字程控用户交换机设备机房、通信系统总配线设备机房和智能化系统设备总控室等重要机房不应与变配电室及电梯机房贴邻布置。

设备机房不应设在水泵房、厕所和浴室等潮湿场所的正下方或贴邻布置。当受土建条件限制无法满足要求时，应采取有效防护措施。机房不宜贴邻建筑物外墙。

另外，机房选址应当满足部队营房规划、日常使用与安全管理的要求。

7.2.2 环境要求

7.2.2.1 温度、湿度及空气含尘浓度

主机房和辅助区内的温度、相对湿度应满足电子信息设备的使用要求；无特殊要求时，应根据电子信息系统机房的等级，按照表 7－3 内的要求执行。

表 7－3 温湿度要求

<table>
<tr><th rowspan="2">序号</th><th rowspan="2">项目</th><th colspan="3">机房要求</th><th rowspan="2">备注</th></tr>
<tr><th>A级</th><th>B级</th><th>C级</th></tr>
<tr><td>1</td><td>主机房温度、相对湿度(开机时)</td><td colspan="2">23±1 ℃,40%～55%</td><td>18～28 ℃,35%～75%</td><td rowspan="6">不得结露</td></tr>
<tr><td>2</td><td>主机房温度、相对湿度(停机时)</td><td colspan="2">5～35 ℃,40%～70%</td><td>5～35 ℃,20%～80%</td></tr>
<tr><td>3</td><td>主机房与辅助区温度变化率</td><td colspan="2"><5 ℃/h</td><td><10 ℃/h</td></tr>
<tr><td>4</td><td>辅助区温度、相对湿度(开机时)</td><td colspan="3">18～28 ℃,35%～75%</td></tr>
<tr><td>5</td><td>辅助区温度、相对湿度(停机时)</td><td colspan="3">5～35 ℃,20%～80%</td></tr>
<tr><td>6</td><td>UPS电池室温度</td><td colspan="3">15～25 ℃</td></tr>
</table>

7.2.2.2 噪声、电磁干扰、振动及静电

有人值守的主机房和辅助区，在电子信息设备停机时，在主操作员位置测量的噪声值应小于 65 dB。

在频率为 0.15～1 000 MHz 时，主机房和辅助区内的无线电干扰场强不应大于 126 dB。

主机房和辅助区内磁场干扰场强不应大于 800 A/m。

在电子信息设备停机条件下，主机房地板表面垂直及水平向的振动加速度值不应大于 500 mm/s^2。

主机房和辅助区的绝缘体的静电电位不应大于 1 kV。

7.2.3 建筑结构

机房的抗震设计烈度应比当地基本建设烈度高 1 度。

防火应达到国家二级标准，即要求承重墙、柱、屋面为非燃烧体，屋顶、楼板、楼梯为难燃烧体，并有相应的消防措施。

高度在 15 m 以上的建筑物和构筑物应按第二类民用建筑物和构筑物的防雷要求进行设计，应有防止直击雷、侧击雷和雷电流侵入的措施。

机房的最小面积应当满足设备安装、人员操作使用的要求。

机房门的大小应保证设备进出机房方便，门窗都应防尘、保温。建议不宜直面街道或马路，窗户装双层玻璃，门窗均须加橡胶条密封。

7.2.4　空气调节

主机房空调系统的气流组织形式，应根据电子信息设备本身的冷却方式、设备布置方式、布置密度、设备散热量以及室内风速、防尘、噪声等要求，结合建筑条件综合确定。当电子信息设备对气流组织形式未提出要求时，主机房气流组织形式、风口及送回风温差根据表7－4选用。

表7－4　主机房气流组织形式、风口及送回风温差

序号	气流组织	下送上回	上送上回（或侧回）	侧送侧回
1	送风口	1）带可调多叶阀的格栅风口； 2）条形风口（带有条形风口的活动地板）； 3）孔板	1）散流器； 2）带扩散板风口； 3）孔板； 4）百叶风口； 5）格栅风口	1）百叶风口； 2）格栅风口
2	回风口	1）格栅风口；2）百叶风口；3）网板风口；4）其他风口		
3	送风温差	4～6 ℃送风温度应高于室内空气露点温度	4～6 ℃	6～8 ℃

对机柜高度大于1.8 m，设备热密度大、设备发热量大或热负荷大的主机房，宜采用活动地板下送风、上回风方式。

在有人操作的机房内，送风气流不宜直对工作人员。

7.2.5　电气要求

7.2.5.1　供配电

机房用电负荷等级及供电要求应根据机房的等级，按照现行国家标准GB50052《供配电系统设计规范》执行。

供配电系统应为电子信息系统的可扩展性预留备用容量。

机房应由专用配电变压器或专用回路供电，变压器宜采用干式变压器。配电应采用专用配电箱（柜），专用配电箱（柜）应靠近用电设备安装。配电箱（柜）宜配备浪涌保护器（SPD）电源监控和报警装置，并提供远程通信接口。当输出端中性线与PE线之间的电位差不能满足设备使用要求时，宜配备隔离变压器。

信息设备应由不间断电源系统供电。不间断电源系统应有自动和手动旁路装置。确定不间断电源系统的基本容量时应留有余量。

电子信息设备的电源连接点应与其他设备的电源连接点严格区别，并应有明显标识。

敷设在隐蔽通风空间的低压配电线路应采用阻燃铜芯电缆，电缆应沿线槽、桥架或局部穿管敷设；电缆线槽与通信线槽并列或交叉敷设时，配电电缆线槽应敷设在通信线槽的下方。活动地板下作为空调静压箱时，电缆线槽（桥架）的布置不应阻断气流通路。

7.2.5.2　照明

主机房和辅助区一般照明的照度标准值宜符合表 7－5 的规定，照度标准值的参考平面为 0.75 m 水平面。

表 7－5　主机房和辅助区一般照明照度标准值

序号	房间名称	照明标准值/lx	统一眩目值 UGR	一般显色指数 Ra	备注
1	主服务器机房	500	22	80	
2	网络机房	500	22		
3	存储机房	500	22		
4	进线间	300	25		
5	监控中心	500	19		
6	测试区	500	19		
7	打印室	500	19		
8	备件间	300	22		

支持区和行政管理区的照度标准值按照现行国家标准 GB50034《建筑照明设计标准》的有关规定执行。

主机房和辅助区内应设置备用照明，备用照明的照度值不应低于一般照明照度值10％；有人值守的房间，备用照明的照度值不应低于一般照明照度值的 50％。

7.2.5.3　静电防护

主机房和辅助区的地板或地面应有静电泄放措施和接地构造，防静电地板或地面的表面电阻或体积电阻应为 $2.5\times10^4\sim1.0\times10^9\,\Omega$。且应具有防火、环保、耐污耐磨性能。主机房内的工作台面材料宜采用静电耗散材料，其静电性能指标应符合前述要求。

主机房和辅助区中不使用防静电地板的房间，可敷设防静电地面，其静电性能应长期稳定，且不易起尘。

机房内所有设备的可导电金属外壳、各类金属管道、金属线槽、建筑物金属结构等必须进行等电位连接并接地。

静电接地的连接线应有足够的机械强度和化学稳定性，宜采用焊接或压接，当采用导电胶与接地导体粘接时，其接触面积不宜小于 20 cm^2。

7.2.5.4　接地

机房的防雷和接地设计，应满足人身安全及电子信息系统正常运行的要求。设计应符合现行国家标准 GB50057《建筑物防雷设计规范》和 GB50343《建筑物电子信息系统防雷技术规范》的有关规定。

保护性接地和功能性接地宜共用一组接地装置，其接地电阻按其中最小值确定；对功能性接地有特殊要求需单独设置接地线的电子信息设备，接地线与其他接地线应绝缘；接地线与接地线宜同路径敷设。

电子信息系统机房内的电子信息设备应进行等电位联结，并应根据电子信息设备易受干扰的频率及电子信息系统机房的等级和规模，确定等电位联结方式，可采用 S 型、M 型或 SM 混合型。采用 M 型或 SM 型等电位联结方式时，主机房应设置等电位联结网格，网格四周应设置等电位联结带，并应通过等电位联结导体将等电位联结带就近与接地汇流排、各类金属管道、金属线槽、建筑物金属结构等进行连接。每台电子信息设备（机柜）应采用两根不同长度的等电位联结导体就近与等电位联结网格连接。

7.2.6　电磁屏蔽

对涉及国家秘密和军事秘密的智慧军营监控中心机房，应设置电磁屏蔽室或采取其他电磁泄漏防护措施，电磁屏蔽室的性能指标应依据国家相关标准执行。

7.2.7　综合布线

机房的网络布线系统设计，应符合现行国家标准 GB50311《综合布线系统工程设计规范》的规定。

主机房、辅助区、支持区和行政管理区应根据功能要求划分成若干工作区，工作区内信息点的数量应根据机房登记和用户需求进行配置。

承担信息业务的传输介质应采用光缆或六类及以上等级的对绞电缆，传输介质各组成部分的等级应保持一致，并应采用冗余配置。

当主机房内的机柜或机架成行排列或按功能区域划分时，宜在主配线架和机柜之间配置配线列头柜。

机房宜采用电子配线设备对布线系统进行实时智能管理。

机房布线系统与公用电信业务网络互联时，应根据电子信息系统机房的等级，在保证网络出口安全的前提下，确定接口配线设备的端口数量和缆线的敷设路由。

缆线采用线槽或桥架敷设时，线槽或桥架的高度不宜大于 150 mm，线槽或桥架的安装位置应与建筑装饰、电气、空调、消防等协调一致。

7.2.8　KVM 子系统

为便于在机房外部对信息系统进行管理和维护，减少进入机房次数，为机房配置 1 套 KVM 系统，对机房内部应用服务器进行管理。管理端设置在值班室内，根据保密要求，机房管理端及其布线之间相距至少 1 m。

当机房中的管理员需要在本地访问被管理设备时，可使用 KVM 设备提供的本地管理接口来进行操作。

KVM 系统结构如图 7 - 5 所示。

通过转接线缆，将服务器的键盘、鼠标、显示信号接入 KVM 交换机，在操作间设置工作站，通过 IP 局域网与 KVM 交换机连通，管理人员使用 Web 管理界面对服务器进行操作。

KVM 系统具有多种功能方便用户进行机房管理：用本地端口管理服务器和网络设备；

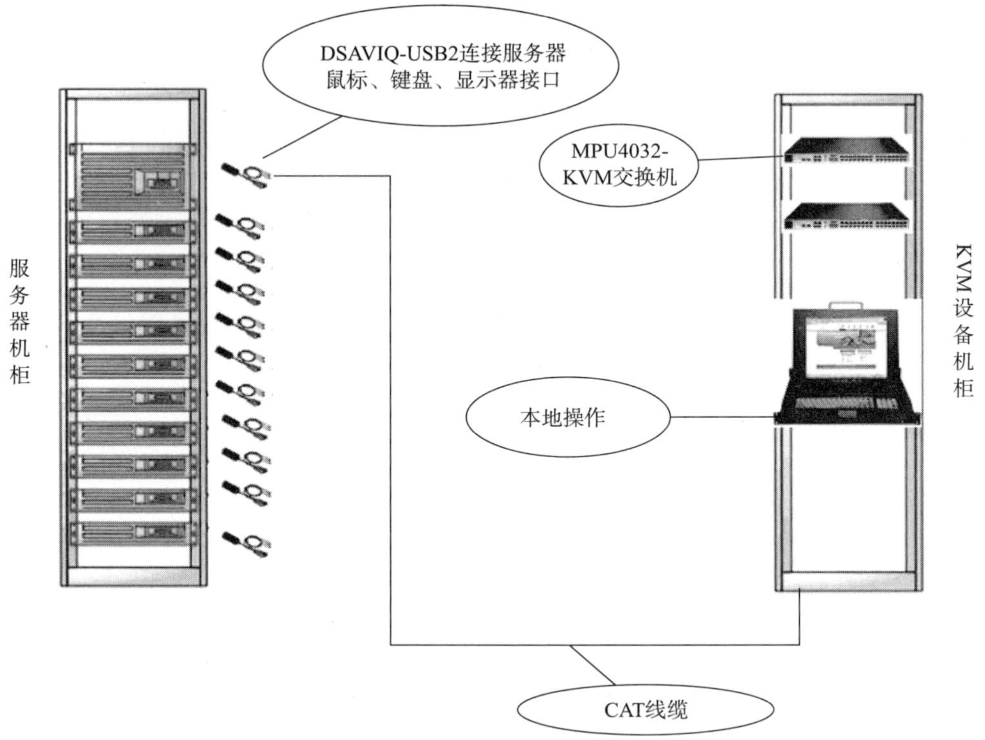

图 7－5　KVM 系统图

用远程 IP 的方式管理通过客户端软件来操作服务器和网络设备；未来可将智能 PDU 整合到本系统中，实现电源管理。

通过 IP 方式实现远程用户对管理权限内的设备进行监控、操作。每台 KVM 设备都具有本地管理的接口，可供管理人员对服务器进行操作；可以将不同地域的服务器同时显示在一个管理界面里并标识相对应的名称便于集中访问操作。所有操作需要通过集中管理设备进行统一认证授权，用户访问 KVM 时需要通过认证服务器的认证方可按照自己相应的权限来访问服务器。

所有操作都有系统日志功能，记录每一用户登陆、退出服务器的详细日志并且保存到数据库中，要求可以记录到访问端的 IP 地址、用户名、登录时间、登出时间等。

整个系统、单台数字 KVM 设备、单台同一厂商生产的 KVM 集中管理模块支持本地和第三方认证系统，可集成 LDAP、AD、Radius、RSA SecureID 等外部认证系统，支持 USB Key 数字证书认证，以方便未来考虑安全加固，确保整个管理网络相互冗余、绝对安全畅通和运维管理的规范化。

KVM 集中管理平台功能如下：

（1）系统冗余

支持多机冗余集群，多台备份系统可部署在不同地方，实现异地容灾；集群中每台服务器都处于 Active 状态，不同地方的运维人员可实现就近访问，实现管理的负载分担。

（2）管理范围

支持 IPMI/RSAII/DRAC/iLO 等嵌入式芯片服务器、刀片服务器、PC 服务器、网络设备、安全设备、虚拟机、电源等 IT 设施的集中管理。

（3）资产管理

能够提供从机房—机架排—单个机柜—设备清单的全局视图；能够对目标设备进行归类，能够对应用和资产信息进行描述，便于查询和形成报告。

（4）虚拟机

支持 Virtual Centers、ESX servers 和 ESX3i servers 的管理。具备自动发现虚拟机、给出虚拟机资产列表、查看资源分配状态、打开虚拟机的控制台、执行电源操作、开始或恢复一台虚拟机、停止或挂起一台虚拟机、打开 RDP/VNC 会话、配置/接收数据日志等功能。

（5）认证安全

支持本地和第三方认证系统，可集成 LDAP、AD、Radius、RSA SecureID 等外部认证系统，支持 USB Key 数字证书认证。

（6）权限管理

支持根据用户、用户组、设备、设备组设定不同的管理权限，管理相应的服务器、网络设备、安全设备、电源等 IT 设施。

（7）日志管理

可提供资产信息、访问频率、安全事件等相关日志和报表，以利于管理和决策。

（8）传输加密方式

所有信号支持 DES、3DES、AES、128 位-SSL 多种加密方式。

（9）域管理功能

支持分域的管理方式。在 KVM 集中管理模块中将设备和用户等资源划分到不同子域（部门），每个子域（部门）设立管理员，对自己所在区域的 IT 设备进行增删和管理指派，实现区域（部门）的自治运维管理。

（10）操作审计功能

可以通过此功能将对被管理串口设备的操作，进行全程记录。

（11）事件集成

通过 SNMP Trap 或邮件方式将告警信息发送到事件管理中心。

7.2.9　安全防控

机房应设置环境和设备监控系统及安全防范系统，各系统的设计应根据机房的等级，按照国家现行标准 GB50348《安全防范工程技术规范》和 GB50314—2015《智能建筑设计标准》的要求执行。

环境和设备监控系统宜采用集散或分布式网络结构，系统应易于扩展和维护，并应具备显示、记录、控制、报警、分析和提示功能。

环境和设备监控系统、安全防范系统可设置在同一个监控中心内，各系统供电电源应可靠，宜采用独立不间断电源系统供电，当采用集中不间断电源系统供电时，应单独回路供电。

安全防范系统宜由视频监控系统、入侵报警系统和出入口控制系统组成，各系统之间应具备联动控制功能。

紧急情况时，出入口控制系统应能受相关系统的联动控制而自动释放电子锁。

室外安装的安全防范系统设备应采取防雷电保护措施，电源线、信号线应采用屏蔽电缆，避雷装置和电缆屏蔽层应接地，且接地电阻不应大于 10 Ω。

7.2.10　消防灭火

机房应根据机房的等级设置相应的火灾自动报警与灭火系统，并应按照现行国家标准 GB50116—2013《火灾自动报警系统设计规范》、GB50016—2018《建筑设计防火规范》和 GB50370—2005《气体灭火系统设计规范》的要求执行。

（1）火灾自动报警系统

气体防护区内按照规范要求分区设置火灾自动报警系统。

防护区内设置编码声光报警器，防护区外距地 1.5 m 处设置气体灭火紧急启停按钮，在防护区的疏散门的正上方设置放气指示灯，以满足火灾自动报警系统的报警功能。

火灾自动报警系统基本设计要求如下：

1）防护区内烟感单点报警，防护区内声光报警。防护区内烟—温两点报警，延时 30 s 后联动气体灭火系统设备进行气体灭火。

2）防护区外烟感报警，自动喷水灭火系统喷洒头喷水，同时信号反馈到报警主机，压力达到一定值时，启动喷淋泵。

（2）气体灭火系统

机房应设置一套气体灭火系统，能自动检测火灾，自动报警，自动启动灭火系统，操作与该系统连锁动作的有关设备；可选用七氟丙烷自动灭火系统，采用无管网环保型柜式自动灭火装置，由灭火剂瓶组、容器阀、电磁型驱动装置、金属软管、信号反馈装置、喷嘴、柜体等组成。

灭火系统控制器应在灭火设备动作之前，联动控制关闭机房内的风门、风阀，停止空调机、排风机，切断非消防电源。机房内设置警笛，机房门口上方应设置灭火显示灯，灭火系统的控制箱（柜）应设置在机房外便于操作的地方，且应有保护装置防止误操作。气体灭火系统的灭火剂及设施应采用经消防检测部门检测合格的产品。各种气体灭火系统的设计及安装应满足相应的国家标准。

柜式七氟丙烷气体灭火系统（图 7－6），是轻便可移动式自动探测火灾、自动报警、自动灭火的现代化消防设备，其灭火效能高，灭火速度快、毒性低、对设备无污损，灭火装置性能优良，其控制部分可与消防控制中心相衔接。气体灭火防护区内，设置泄压口；气体灭火防护区外，设置消防排气系统；在每个气体灭火防护区外设置空气呼吸器；防护区的出入口处应设声光报警器。

图 7-6　柜式七氟丙烷气体灭火系统

7.2.11　防雷接地

（1）机房防雷保护

为防止感应雷、侧击雷沿电源线进入机房损坏机房内的重要设备，机房采用三级防雷措施，分别在总电源进线、UPS 输出端、UPS 配电列头柜、精密空调配电柜加装避雷器。第一级为标称放电电流 100 kA 的电涌保护器，将大能量的浪涌电流限制在后续保护系统可允许的范围；第二级为标称放电电流 40 kA 的电涌保护器，通过能量分配进一步泄放浪涌电流；第三级为标称放电电流 15 kA 的电涌保护器，用浪涌电压抑制器使输出的钳位电压达到规定值，不但如此，而且还能有效地抑制电网中的尖峰干扰，使供电系统更加稳定。

机房市电系统设计为两级防雷，分别在机房市电总进线端安装标称放电电流 100 kA 的电涌保护器，在机房精密空调配电柜安装标称放电电流 40 kA 的电涌保护器。

（2）机房接地保护

机房设有四种接地形式，即：计算机专用直流工作地、配电系统交流工作地、安全保护地、抗静电接地（防雷接地和静电泄漏）。考虑直流工作地、安全保护地、防雷接地和静电泄漏均利用机房建筑接地体，并在机房设置等电位接地箱。用接地母线与机房建筑接地体相连（联合接地点由机房建筑提供，要求接地电阻值小于 4 Ω，且接地点应直连至机房建筑物总等电位端子排）。地板支架、机柜外壳等不带电的金属部分均与此接地网相连。

机房设置均压等电位带，机房内沿墙一周采用 30×3 mm 铜带敷设为环形，铜排内侧采用 25 mm^2 铜编织带布成泄漏网。铜编织带与地板支腿螺栓紧密连接，支线做成网格状，间隔为 1.2 m 敷设在活动地板下，依据计算机设备布局，组成分支状，用软铜线以最短的长度与静电泄漏网等相连。

计算机机柜的接地点不少于两处；金属吊顶板、金属龙骨、金属壁板、不锈钢玻璃隔墙的金属框架等也用导线连接，接入等电位箱，使之形成法拉弟笼。分支线缆采用 6 mm^2 软铜导线或者软铜编织带，并且每一连续金属框架的静电泄漏支线连接点不少于两处。接地干线采用 50 mm^2 接地主干线连接至大楼预留接线端子排。图 7－7 为机房接地系统示意图。

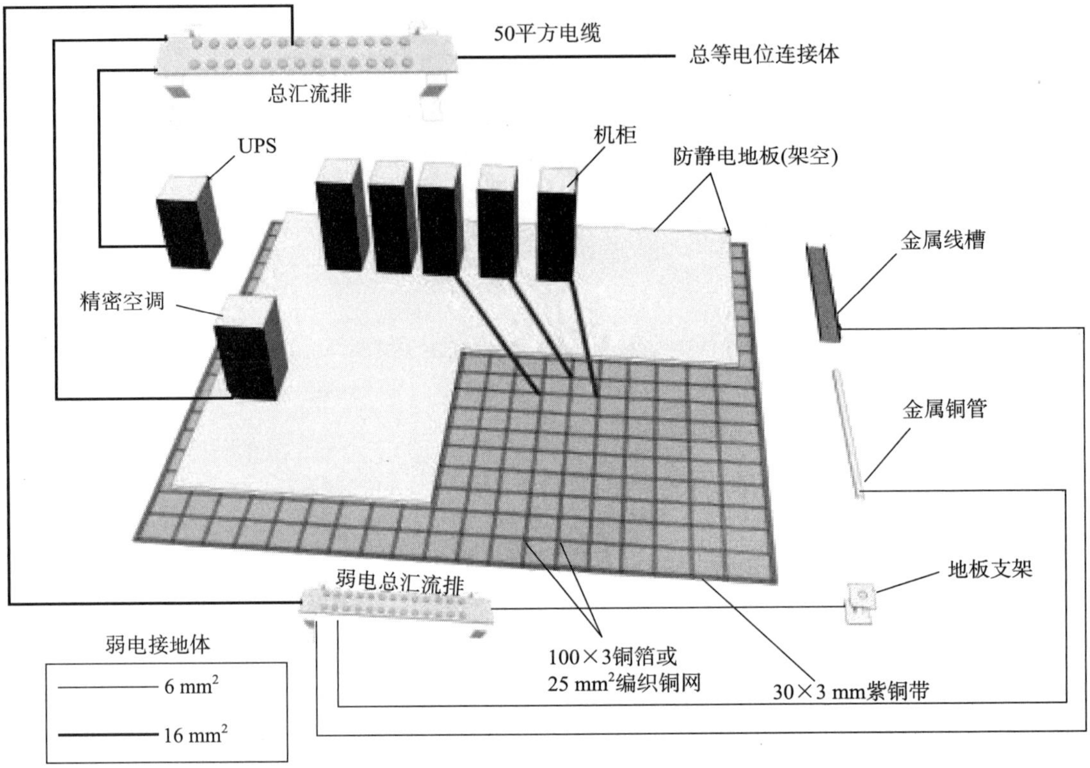

图 7－7　机房接地系统示意图

机房设有四种接地形式，即：计算机专用直流工作地、配电系统交流工作地、安全保护地、抗静电接地。

- 交流工作地电阻值≤4 Ω；
- 安全保护地电阻值≤4 Ω；
- 抗静电接地电阻值≤4 Ω；
- 计算机系统直流工作地电阻值≤4 Ω；
- 机房接地电阻值≤4 Ω（单点接地）；
- 机房内设备接地电阻值≤4 Ω（单点接地）。

第8章　保障设施设备监控系统

供水、供电、供暖等系统是营区最基本的保障设施设备，与官兵的工作与生活紧密相关。智慧军营中建设智能化的基础设施设备系统可以有效地提高系统的自动化操作程度，降低设备维护管理工作的强度，同时保障基础设施设备的工作状态，改善营区的基础保障的服务质量与水平。

8.1　概述

设施设备智能监控系统包括智能供水、智能供电、智能供暖等系统，该系统可以用自动化运行监控、远程化消耗计量、集中式控制管理和资料智慧应用的方式，建设供水、供电和供暖等系统的营区管网、现场控制设备、信息传输网络和监控中心，形成具有高度自动化监控与智能化管理能力的基础设施设备保障系统，其主要作用为：

（1）实时监测

1）运用软件，建立控制界面标准符号与供水、供电、供热系统各节点的对应关系，实现供水、供电、供热系统数据联动，并监测各智能设备的运行状况。

2）定时读取智能电表、智能水表、热量表的计量数据，实现营区水、电、热表远程抄录功能。

（2）数据查询

1）各项监测数据长期保存。以直观的方式对这些结果进行显示。并能将上述结果存储导出为文本文件、图像文件、Excel工作表等多种形式。

2）提供灵活多样的查询对比方式。实现实时数据查询、历史数据的查询、各种总量的查询等。可查看某一建筑单体的各项能耗堆积情况，也可查看某一单项能耗的分布情况，并自动生成年/月/日报表供管理者调阅。

（3）设备智能控制

1）供水管网通过采集水压传感器压力变化数据，通过变频器自动控制水泵，实现营区恒压供水。根据需要发送电动水阀控制指令，实现水阀远程开断。

2）对于供电系统，线路检修或紧急情况时，可发送电闸关断指令。

3）供热管网建立自动控制流程系统，采集供热管网压力数据变化，自动调整电动调节阀，维持供热管网热力平衡。

4）定期向路灯控制器发送营区路灯夜间季节性开关控制时间。路灯控制器结合室外光线照度数据，自动实现路灯定时开关。

(4) 能耗指标管理

1) 根据营区用能单位分配水电消耗指标，定期采集消耗数量，统计分析用电消耗情况，网上公示各单位水电指标、消耗数量、指标余额等信息。

2) 对于分户按需预售用水、用电指标。当用水余额不足以及用电余额不足时，及时提醒用户。消耗量超过预售指标后可自动/手动断供。

(5) 自动节能控制

1) 定时自动调节建筑物供热入水口电动调节阀，实现建筑物按需分时供热。

2) 智能三通混水阀根据气候补偿仪及室外温控仪指令，自动调节锅炉回水混水比例，实现利用率最优化。

3) 通过室内温控仪和电动二通阀通信连锁，实现室内恒温控制。

(6) 能效分析

通过对分层监测获得的能耗数据深入挖掘，提出横向对比、纵向层层深入对比的方法，可以准确找到营区中的能源浪费和节能潜力，评判管理或技术措施的实际节能效果。

(7) 能效考核

1) 实现营区总体能耗监测及各单体能耗监测，将监测数据与总部水电暖消耗定额进行比较，以评估考核。

2) 通过制定节能目标，帮助决策人员监管节能任务的实现过程，例如某月能耗超标了，主管领导能通过平台获得预警信息，然后指示下级进行检查或改进。

(8) 设备管理及报警

1) 实现水管泄漏实时报警。

2) 当电流过载、电压过限时实时报警。

3) 供热管网泄漏即时报警。

4) 营区环境参数异常即时报警。

监控系统针对营区的供水、供电、供暖设备系统建设相应的网络和管理软件，网络应具有先进性和开放性，采用一层到三层的网络结构，采用以太网通信和 OPC 系统集成平台。系统应具有如下功能：所有的机电设备均可在计算机控制下自动运行，不需人工操作，既减轻劳动强度、减少操作人员，又消除了人为的操作失误。比如，供配电自动监测系统、照明控制系统、集中供热自动监控系统、给排水自动监控系统等；将设备运行过程中的数据实时采集下来，存入数据库，形成系统的实时信息资源。对这些信息资源的统计、分析，能够对设备运行状况、设备管理等提供必要数据。

8.2 供水监控系统

8.2.1 系统组成

供水监控系统包括管理层、控制层和仪表层。管理层由应用程序服务器和操作员管理终端组成，通过营区局域网实现数据的传输；控制层由可编程数据网关组成，接入营区局域网，通过交换机将数据传输至管理层；仪表层由电动调节阀、远传水表等现场设备组成，通过 Modbus 等现场总线将数据传输到数据网关进行分析处理。系统结构如图 8－1 所示。

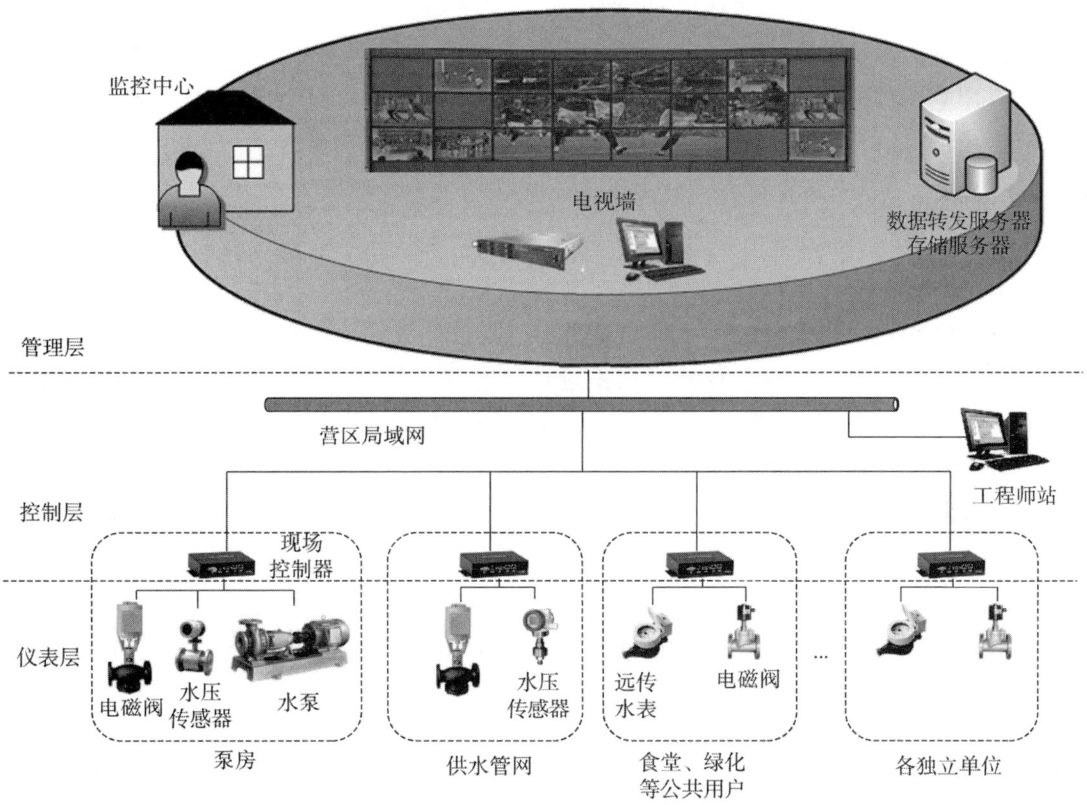

图 8－1　供水监控系统

从功能上划分，智能供水监控系统包括泵房控制、供水管路管控、分类分户用水计量控制、食堂和绿化喷淋等公共系统管控子系统。

8.2.2　主要功能

供水监控系统主要实现以下功能：

（1）泵房管控

市政供水进入营区泵房后，经过水泵加压，向营区公共建筑、绿化设施和各分户供水。根据营区用水量的变化，泵房管控主要实现泵房出水恒压控制。

（2）供水管网压力的实时监测

在泵房出水口和各分户进水口安装支持现场传输协议的管压传感器，通过现场总线接入现场数据采集控制器，由它将管压信息通过营区局域网传输至监控中心，并在集中监控软件界面上进行展示和管理。

（3）营区用水量的自动记录

供水监控系统能够对营区总用水量和各分户用水量及营区食堂、绿化喷淋和公共浴室等进行自动计量、远程控制通断和计费管理。在泵房出水口和各分户进水口安装支持远传协议的水表，通过现场总线实时传输用水量信息至现场控制器，由其将数据通过营区局域网传输至监控中心上位机，实现远程抄表。

（4）营区用户供水管理

完成用水费用的收缴费管理，系统可根据用户用水配额、用水量、缴费情况手动或自动调节用户端电动调节阀的开关，从而实现营区供水的自动管理。

8.2.3 系统建设

8.2.3.1 设计要求

部队营区用户的需求决定了系统建设目标、集成的级别、投资规模以及基本要求。对于部队需求应仔细研究，反复权衡，从先进性、经济性和实用性等多个方面来综合考虑。在进行供水、供电和供暖监控系统建设前，应根据需求进行设计。

设计时应遵守如下基本要求：

1）从系统的整体功能出发，综合考虑各个子系统的界面和系统集成应用。从部队勤务使用与管理角度出发，考虑系统的设计、采购、安装调试、维护保养、技术服务的全过程。

2）从满足部队使用要求的前提出发，确定系统的建设目标、管理机制和各方面的用途，概算出系统的功能及投资回报效益。

3）根据营区建筑分布、保障管理和用量计费的需求，合理地设计各个监控系统的现场计量监测点位、现场测控网络和通信协议，设备选型从功能性、可靠性和经济性等多个角度出发，综合衡量。

4）设备控制网络的设计采用分布式的网络管理，能够使用不同的协议，多个用户能安全可靠地共存于同一网络管理环境中。

5）尽量提高系统的智能化水平，降低对操作人员的要求。

6）尽量使系统结构紧凑，网络层次清楚，降低管理维护人员的难度。

智能供水监控系统监控设备主要包括智能水表、电动调节阀、压力变送器和变频器等。根据工程技术要求，结合自动化应用经验，仪表应尽量选择优秀品牌且有成功应用业绩的产品。设备选型参考见表 8－1。

表 8－1　供水监控系统设备选型参考例子

序号	设备名称	可参考品牌	技术参数
1	智能水表	杭州竞达	供电电压：24 V/220 V； Modbus 通信； 波特率：2 400； 校验：偶校验； 8 位数据位； 1 位停止位

续表

序号	设备名称	可参考品牌	技术参数
2	电动调节阀	上海泽中	供电电压：24 V/220 V； Modbus 通信； 波特率：2 400； 校验：偶校验； 8 位数据位； 1 位停止位
3	压力变送器	重庆瑞源	供电电压：24 V/220 V； 模拟量通信 4～20 mA； 测量范围：0～1 MPa
4	变频器	西门子	供电电压：380 V； 通信方式：Profibus 通信

8.2.3.2　建设内容

营区供水监控系统建设内容设计要点包括：

1）对于由市政供水的营区，在营区供水管网的总入口、主干支水管安装水压变送器和远传水表，安装智能电动阀，实现管网压力监测、流量计量和紧急关停；

2）根据设计点位，在办公楼、训练楼、部队宿舍、招待所、洗衣房和自备井泵房等建筑，配置水压变送器和远传水表，实现用水计量远程抄表；安装电动水阀，实现用水远程控制管理；

3）在安装远传水表、水压变送器和电磁阀设备附近的适当位置，配备具有自动数据采集、操作控制、数据传输和日志记录等功能的现场控制器，构建供水监控系统的现场监控网络；

4）根据现场控制器的安装，部署相应的营区局域网接入装置，可将多个现控制器有效地连接局域网；

5）在营区监控中心的相关服务器上配置集中监控软件，实现营区供水系统的集中监控，并可以进行单独计费用户的费用统一管理。

8.3　供电监控系统

智能化的供配电系统应用计算机网络测控技术，对所有变配电设备的运行状态和参数集中进行监控，实施遥测、遥调、遥控和遥信；同时还具有故障的自动应急处理能力。系统结构如图 8-2 所示。

8.3.1　系统组成

营区供电监控系统包括变配电监控、变压器经济运行监控、用户用电量监控、路灯控制等子系统。

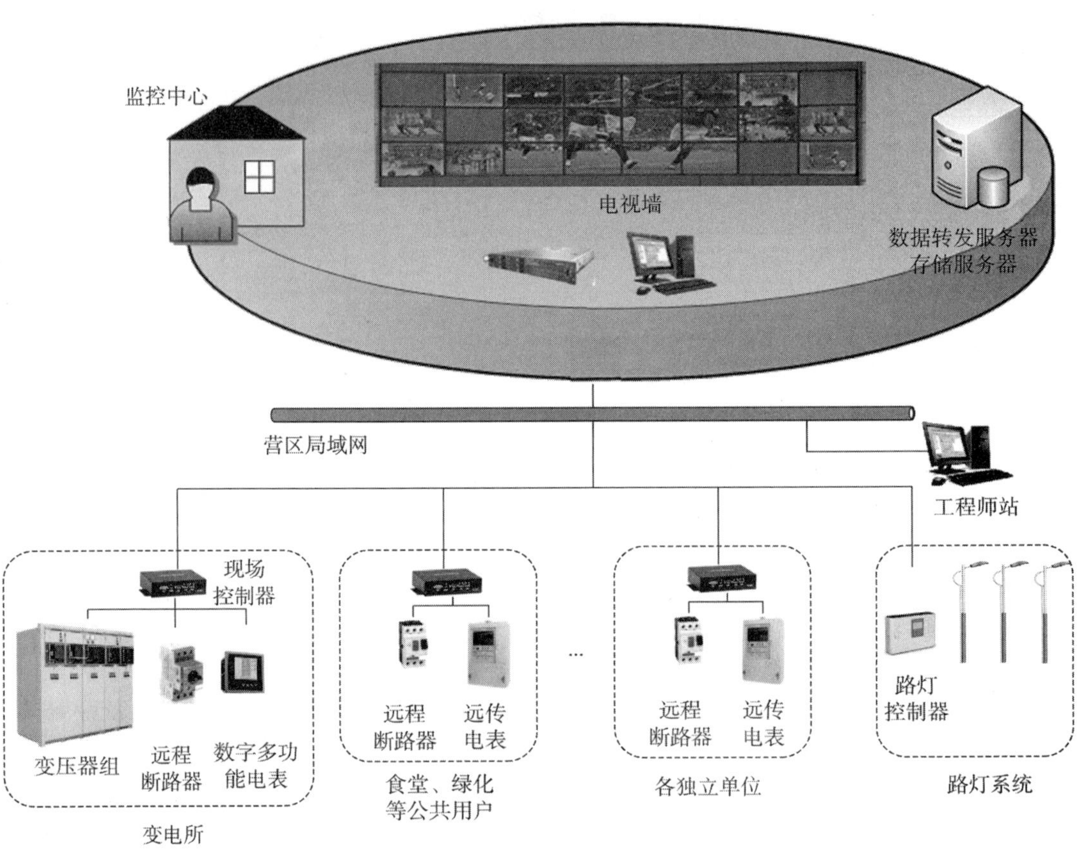

图 8－2　供电监控系统

(1) 变配电监控系统

变配电监控系统通过现场总线方式与变配电室现场智能设备相连接，对高（低）压断路器、接地开关、多功能电能测量仪等设备进行控制和实时数据监测，并与监控中心上位机建立连接，采用 TCP/IP 规约进行数据交换，系统具有安全、可靠、合理、经济等特点。

(2) 变压器经济运行监控系统

变压器经济运行监控系统通过采集变配电室多台变压器低压侧三相电流和三相电压，分别计算每台变压器电流、电压有效值、有功功率、无功功率、视在功率、功率因素和变压器负荷系数、有功电能、无功电能，作为对多台变压器进行监视、控制以及负荷预测的基本数据。由于电力负荷时刻变化，而对变压器运行情况的监视、控制，需要考虑和计算一段时间内的平均值。因此，综合考虑取时间段 $T=24$ h 计算一个平均值，采用通过如此处理的计算值作为监测装置的基础数据，以安全、有效地实现对配电站变压器经济运行的监视和控制。

(3) 用户用电量监控系统

用户用电量监控系统通过现场总线方式与现场智能多功能电表相连接，采用适当的通信协议，对用户用电数据进行控制和实时数据监测，并与上位机建立连接，采用 TCP/IP 规约进行数据交换，系统具有实时性好、可靠性高等特点。

（4）路灯控制系统

路灯控制系统通过现场控制总线方式与路灯控制器相连接，根据设定的开关灯时间和光照度对路灯进行实时自动控制，并通过 TCP/IP 规约与监控中心管理主机进行数据交换，系统具有自动化程度高、可控性高、实时性好等特点，在保证照明度的情况下减少了电能损耗，实现了整个路灯控制系统的经济运行。

路灯控制系统组成框图如图 8－3 所示。包括路灯控制器、通信电缆和路灯控制主机。其中，路灯控制器集照明遥测、遥信、遥控、节能控制、电缆防盗报警、载波通信与远程通信接口于一体，通过交流采样的方法完成路灯现场电流、电压及有功功率、功率因数等数据的采集、运算、处理、存储、显示；并根据控制中心的命令，完成数据的传送和对各种照明灯的控制；当现场发生故障、盗窃或数据超限时能主动报警，保证系统安全正常运行；当与控制中心通信中断时，可根据存储的开/关灯最后时限自动独立运行，保证路灯可靠运行。通信电缆可以采用 RS485 通信电缆，也可以采用电力线作为通信电缆。路灯控制主机是路灯测量与控制软件系统的运行平台。

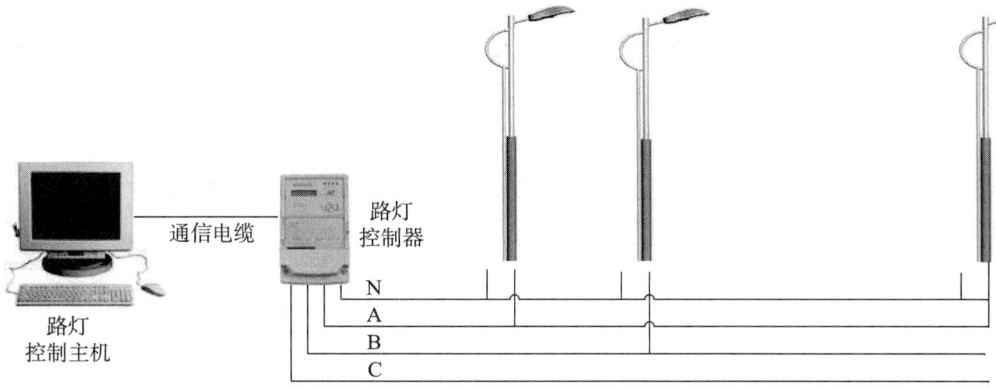

图 8－3　路灯控制系统组成框图

营区路灯控制系统对整个营区、某一区、某一路灯控制器，直至单盏灯都可以方便地进行时控、光控、强制开关灯、实时监测及参数设置等，能提高路灯开/关的自动化程度，节约能源。

8.3.2　主要功能

通过安装远传智能电表，并加装互感器，实现用电独立计量与量化管理。对高低压配电室等进行远程接口改造，在线监测设备运转情况，实现设备远程故障报警。通过按照时间表设定自动控制开关启停管辖的主干路灯，控制公共区域照明。主要功能如下：

1）电表信息自动管理：可在营区平面图（或 3D 视图）中直观查询电表读数、统计信息并进行电阀控制；

2）高低压配电管理：可在监控中心远程实时查询配电房的高低压配电柜（箱）工作状态及电压、电流等测量值，对配电设备的状态进行远程监控和管理；

3）供电报表自动管理：可分月、日、小时实时查询用电统计信息，产生统计报表，并可以对用电数据进行历史曲线图、趋势发展图和时段用电分析图等深化分析与展示；

4）路灯智能控制：根据设定的开关灯时间和光照度对路灯进行实时自动控制，并通过TCP/IP规约与上位机进行数据交换，系统可实现多种方案的路灯关启远程或手动控制，有自动化程度高、可控性高、实时性好等特点，可有效节能；

5）实时电力数据采集、处理：完成电力参数计算、统计、分析、管理和存储，利用Oracle数据库技术，实现与其他系统的可靠集成；

6）就地、远程集中防误操作控制：操作、报警过程语音报读；无须安装任何客户端软件，实现就地、远程人机界面显示、报警查询、电能集抄等功能。

8.3.3 系统建设

营区供电监控系统建设内容设计如下：

1）在营区变电站安装监控采集仪表及现场控制器，能够对自动化或半自动化的营区变配电设施设备的状态进行监测，并根据设计对相关的供电设备进行远程控制；

2）根据点位设计，对营区需要单独计量的建筑物安装低压远程断路器和远传电表，实现供电开关远程/手动控制和自动化远程用电量抄表；

3）营区主干路灯安装智能型路灯控制器，使得路灯具备远程/手动智能控制能力，可实现手动和分时段、分模式自动控制；

4）建设营区供电监控现场监控网络，并合理设计现场控制器的营区局域网接入方式，实现监测网络的可靠使用；

5）研制或配置配套软件，实现智能供电集中管理和单独计量用户的费用管理。

8.4 供暖监控系统

8.4.1 系统组成

供暖监控系统包括管理层、控制层和仪表层。管理层由数据库服务器、应用程序服务器和操作员站组成，通过办公以太网实现数据的传输；控制层由各个可编程逻辑控制器和工程师站组成，通过工业以太网连接，并通过交换机将数据传输至管理层；仪表层由电动调节阀、管温传感器、管压传感器、变频器、水泵、热量表、温控仪等现场设备组成，通过现场总线协议传输数据。系统结构如图8-4所示。

8.4.2 主要功能

（1）锅炉房管控

主要实现出水恒压恒温、回水恒温恒压控制。由控制模块输出调节信号控制电动调节

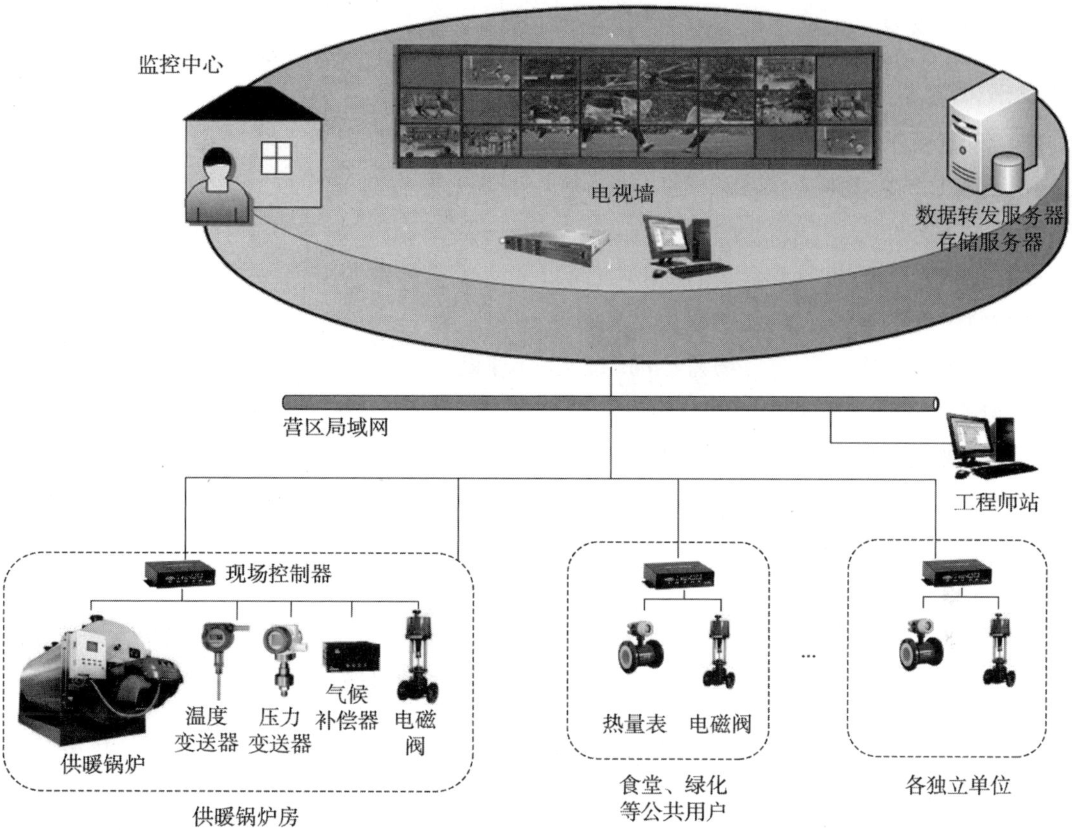

图 8－4　供暖监控系统

阀的开度，从而控制进入混水器的热水流量，实现锅炉房出水的恒温控制；由控制模块输出控制信号至变频器，变频器输出相应的频率驱动炉前泵，使其按照规定的转速控制供水量，实现锅炉房出水的恒压控制；控制模块输出控制信号至变频器，变频器输出相应的频率驱动循环泵，使其按照规定的转速控制管网中热水的循环速度，实现锅炉房回水的恒温控制；由控制模块输出控制信号至变频器，变频器输出相应的频率驱动补水泵，使其根据需要向热水管网中补水，实现锅炉房回水的恒压控制。

（2）热水管网温度、压力的实时监测

在营区锅炉房出水口和各分户进水口安装数字式管温、管压传感器，通过现场总线接入现场控制器，由其将管温管压信息通过营区局域网传输至监控中心管理主机，并在集中控制软件界面上进行展示和管理。

（3）营区用热总量和分户用热量的自动计量和计费管理

供暖监控系统能够对营区总用热量和各分户用热量进行自动计量和计费管理。在锅炉房出水口和各分户进水口安装数字热量表，通过现场总线实时传输用热量信息至现场控制器，由其将数据通过营区局域网传输至管理主机，实现远程抄表和计费管理。

8.4.3 系统建设

营区供暖监控系统建设内容包括如下要点：

1）在营区供暖锅炉房安装自动控制设备的监控采集仪表及现场控制器，能够对自动化或半自动化的供暖锅炉设施设备的状态进行监测，并根据设计对供暖设备的工作状态进行远程控制；

2）根据点位设计，对营区需要单独计量的建筑物安装低热量表和电磁阀，实现供暖开关远程/手动控制和自动化远程用暖量抄表；

3）建设营区供暖监控现场监控网络，并合理设计现场控制器的营区局域网接入方式，实现监测网络的可靠使用；

4）研制或配置配套软件，实现供暖集中管理和单独计量用户的费用管理。

8.5 燃气监控系统

军营中一般都有燃气设施，为加强管理、保证安全，应建设智能化的监控系统，实现燃气管网泄漏检测的自动化，完善和提升整个燃气管网泄漏的预警能力，降低燃气泄漏事故造成的危害程度。

8.5.1 系统组成

（1）现场监测设备

燃气报警器——可监测营区燃气调压箱附近的燃气浓度，并将监测到的数据通过网络传送到监控中心。

枪机摄像机——摄像机具备火焰报警、烟雾报警功能，实现报警现场图像复核

（2）监控软件

燃气监控平台的主要功能包括：实时数据显示，实时曲线，历史数据查询，历史曲线，各种报表及超限报警功能。

所有功能在任何一台连接到中控室网络的计算机上均可实现，报警信息还可通过短信方式发送到指定的手机上。

系统平台上实时弹出报警位置，并闪烁显示，应对报警现场进行同步图像复核。

燃气监控系统组成如图 8－5 所示。

8.5.2 主要功能

系统采用模块化“分布式”结构设计监控系统，满足全天 24 小时不间断运行。实现集中监控、统一数据处理、统一告警及本地化数据存储，同时支持 B/S、C/S 两种访问方式，管理人员可通过内网、外网进行监控或管理。

系统可分为 4 个部分，分别是：

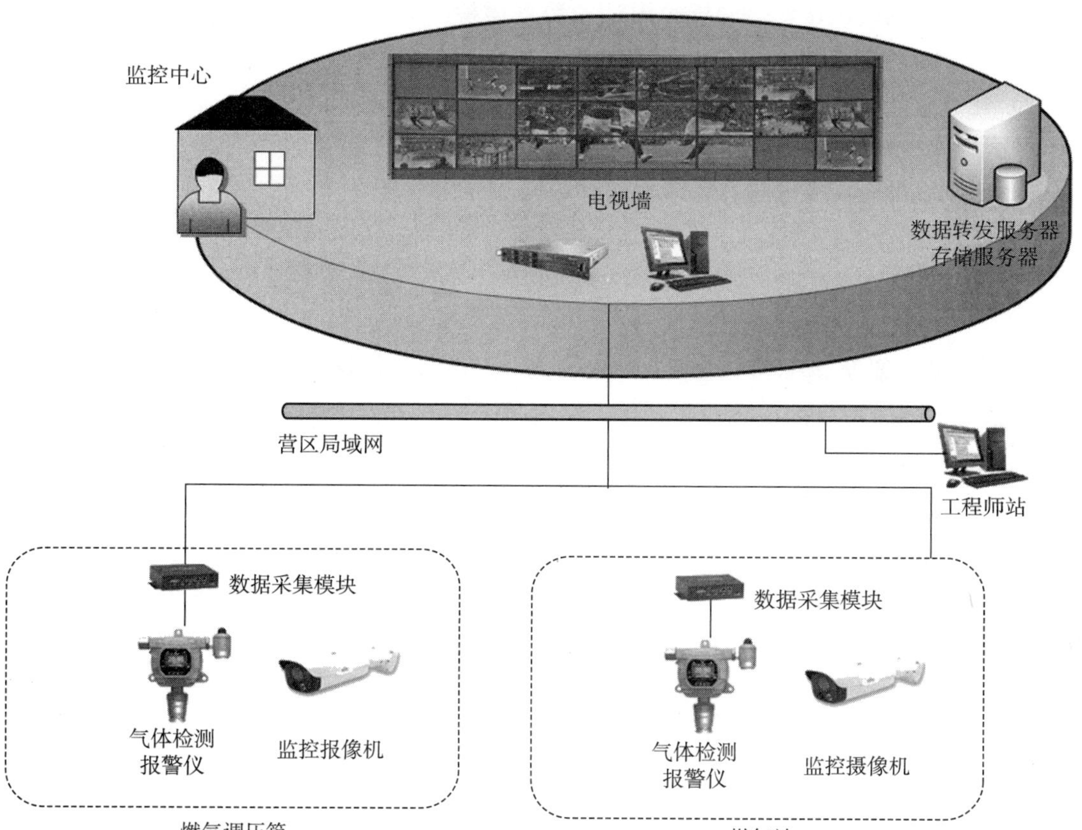

图 8-5　燃气监控系统

现场传感层：由摄像机、传感器组成，摄像机具备火焰报警、烟雾报警功能，实现报警现场图像复核。摄像机直接通过网路传至营区管理中心。燃气探测器采集现场可燃气体浓度信号，将采集的现场信号通过 RS485 或网络方式上传到所在区域数据采集箱内。

现场采集层：数据采集箱负责收集与处理由现场设备采集发送上来的数据。嵌入式服务器具有数据采集、独立数据库、数据处理、协议转换等功能。嵌入式服务器将采集的数据和处理后的结果、报警信息等上传至统一管理层。嵌入式服务器可脱网运行并保存历史数据一年之久。

远程管理层：系统支持 B/S 和 C/S 架构，便于管理人员随时随地了解机房的工作状况，直接观看到与监控服务器一致的监控画面等。

整个系统架构基于模块化的设计，某一子系统出现问题，不会影响其他子系统；某一个站点出现问题，不会影响其他站点；集中管理平台出现问题，不会影响本地监控系统的数据完整性。

8.5.3　系统建设

营区燃气监控系统建设内容包括如下要点：

1）在营区燃气调压站、调压箱附近安装气体检测报警仪和摄像机，能够对调压设备是否有燃气泄漏进行监测；

2）建设营区燃气监控现场监控网络，并合理设计现场气体检测报警仪的营区局域网接入方式，实现监测网络的可靠使用；

3）研制或配置配套软件，实现燃气泄漏集中报警管理。

8.6 集中管理软件

营区保障设施设备管理工作涉及营区的供电、供水、供暖等各方面，工作中既要对各种专业图和数据进行查询、统计和分析，又要根据查询、统计和分析的结果做出相应的判断和处理，是一项高度综合的工作。按照“信息资源可视化、系统开发集成化、数据处理标准化、决策支持科学化”的发展思路，初步建成综合一体、功能完备、技术先进的基础设施信息管理系统，实现对基础管线、房地产、设备、档案等基础信息的智慧管理，为各级首长提供优质高效的信息服务和决策支持，不断提高营区综合保障能力。

8.6.1 系统组成

对营区基础设施设备信息管理的分类、使用和处理进行研究，实现整个营区的基础设施设备基本信息、使用管理、竣工图纸、工程资料和产品说明书等相关资料的高效管理，实现所有设施设备的维修、维护记录管理，为重要的设施设备建立电子履历表，提高设施设备的信息管理效率，降低营区基础设施设备系统的管理和维护成本，延长系统使用寿命。营区基础设施设备信息管理系统的系统组成如图 8－6 所示。

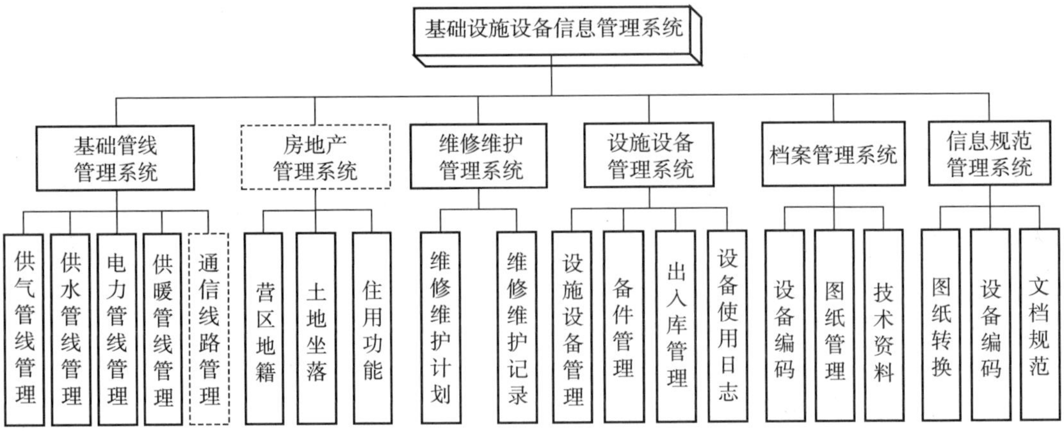

图 8－6 基础设施设备信息管理系统组成图

（1）基础管线管理系统

基础管线管理系统提供水、电、暖、气及通信系统管线信息输入、编辑、更新等功能，实现信息的查询、统计、爆管分析、断面分析、三维可视化等。

（2）房地产管理系统

房地产管理系统提供有关营区地籍、土地坐落、住用功能管理和维护等信息，实现资源共享，规范化、科学化、自动化地管理营区土地与房屋。

（3）维修维护管理系统

维修维护管理系统对营区基础设施设备的维修维护工作信息进行管理，包括维修维护计划的制定、审批、存档、查询等，以及维修维护记录信息的管理。

（4）设施设备管理系统

设施设备管理系统对营区各个基础设施设备进行管理，维护各种设备的基本信息，对设备出入库、维修、维护、备品备件实现信息化管理，通过网络实现设备数据共享。使得用户能够了解当前基础设施设备的详细状况信息。

（5）档案管理系统

建立档案目录数据库、全文数据库、图片数据库、多媒体数据库等基础数据库，实现工程图纸、技术资料档案的信息化管理。

（6）信息规范管理系统

在建立系统时，为了把收集到的各种信息资料导入计算机，必须首先对信息进行分类分层和编码，制作分层、编码与属性标准，数据交换格式标准，建立统一的基础设施智慧规范，信息规范提供了制定的信息系统所涉及的设施设备相关数据、资料、图档等进行智慧处理应当遵守的规范、格式、编码等要求，保证其具备良好的标准性和通用性，方便信息处理及共享。

8.6.2　主要功能

营区基础设施设备信息管理系统，将营区供水、供电、供暖、通信等基础设施设备信息以智能、图形化和可视化手段进行管理，通过该系统，营房管理可实现以图查档，并形成各类信息资源共享、高效快捷的管理机制，提供高效的各类管理功能。

（1）管线图形化管理

根据营区管线布置实情，综合利用营区平面图、管线设计施工图和历史文档等资料，结合实地勘测数据，制作完成以营区平面图为底图的“管网线”数字图，以数字图为基础关联电子档案和属性等调查信息，实现管线图形可查询管线及相应配件的属性和档案。属性和档案可定位管线图形，并按图形类别，分层次、分级别实现图形漫游和属性显示，较好地解决了管线属性和档案快速查询的难题。

（2）设施设备定位化管理

利用设施设备图和相关联的营房建筑图，实现设施设备信息和图形的定位管理。通过设施设备图形关联属性信息的模式，链接定位设施设备图形在系统中的位置，如水泵房、室外配电箱、消防栓等设施设备的地物要素，而对于那些电梯等没有地物图形信息的设施设备，可通过后台属性数据关联查询，定位设备所在房屋中的位置，并自动生成相应的图形符号。

（3） 营房维修智能化管理

根据各类营房维修规模、设施设备保养时限与技术要求，届时弹出维护对话窗口，显示所需维修和保养的项目和内容，同时打印输出维修保养清单。完成后，提示记录维修保养信息。当营区管线发生故障时，系统智能模块对管线流程进行综合分析，生成故障分析报告，为维修人员提供辅助决策依据。在故障点地理位置指定时，系统除了可视化查询外，还可在选定参考点位后，计算出故障点开挖面的位置、大小和土方量，保证维修施工安全，提高营房保障能力。

（4） 营房档案一体化管理

营房档案一体化管理是以营区平面图和设施设备数据为基础，通过房屋栋号关联房屋建筑图形、设施设备属性和档案数据，借以简单快捷的图标操作方法使各类工程从规划设计、工程施工、维护修缮到报废拆除为止，实现对宗地、营房、道路、通信网络、水电暖管网等基础设施的图形、档案的一体化管理。同时，可按阶段、类别完成各类营房数据的统计和汇总，也可按营房、管线、绿化等各种专题输出相应的图形和数据，以满足各种需求。

具体操作功能包括：

（1） 地下管网显示功能

地下管网显示功能根据管线的特点和分类，结合实际管径，绘制出结构复杂、类型多样的地下管线。地面透明度调节功能方便用户了解管网与地表之间的空间关系。

（2） 图形操作功能

图形操作功能包括三维操作、图层控制、鹰眼等功能，其中三维操作包括放大、缩小、前进、后退、旋转和俯仰，图层控制是指定图层显示与隐藏的开关，鹰眼提供全区域范围的导航功能。

（3） 查询功能

查询功能主要指双向查询功能，即可通过点击对象获取属性信息（如设备的维护、维修记录，设计数据、安装调度数据以及管线长度、面积计算、空间测距等庞大的属性查询信息）；同样，用户查询属性信息时可立刻定位该对象。

（4） 地下管网维护和事故处理功能

根据各类营房维修规模，设施设备保养时限与技术要求，届时弹出维护对话窗口，显示所需维修和保养的技术和内容，同时打印输出维修保障清单。发生爆管事件时自动搜索需关闭的阀门并且提供最佳事故处理方案。

（5） 数据输出

系统可以以各种形式输出设施设备信息；如以 word 或 excel 文件形式输出所有的设施设备空间数据；自动分析、计算、统计各个设施设备管网的属性数据，并以 word 文档或 excel 电子表格的形式输出或打印。

8.6.3 系统建设

基础设施设备信息管理系统作为一个软件应用系统，建设时主要由设计、数据准备、系统研制、系统部署和系统使用等几个主要阶段构成。

8.6.3.1　设计

（1）设计目标

基础设施设备信息管理系统利用 GIS 技术、数据库技术，采集、管理、更新、综合分析与处理营区内的保障基础设施设备信息，能够实现设施设备管理、图形查询、属性查询和统计、空间分析等功能，达到信息集中管控的目标。

（2）设计要求

系统设计应当满足可靠性、实用性、完备性、标准化和开放性等相关要求。同时还应当从专业化和集中管控的角度来考虑。专业化指各分系统之间要分清层次、理顺职能，专注本业务领域，降低系统间职能耦合度。集中管控是指通过对营区内各设备自动监控系统、信息应用系统等运行情况的及时感知、对服务调用及系统运行性能的集中监控，以及基于统一的安全访问控制、高效的容错方法以及负载分配策略等，实现系统的容错性、高可用性以及负载平衡，以有效提高后勤业务信息系统总体效能。

（3）技术结构

如图 8－7 所示，基础设施设备信息管理系统底层是数据层，由供水、电、暖、气等基础设施设备，以及地下管网、营区房地产和档案资料等数据库组成。系统数据分为空间数据和属性数据，使用数据库管理软件进行管理。中间层采用地理信息系统作为空间数据库的引擎；最上层是应用层，用户通过应用层实现数据维护、图层管理、信息查询、空间分析、设备管理、房地产信息管理、档案管理等功能，完成系统的应用。

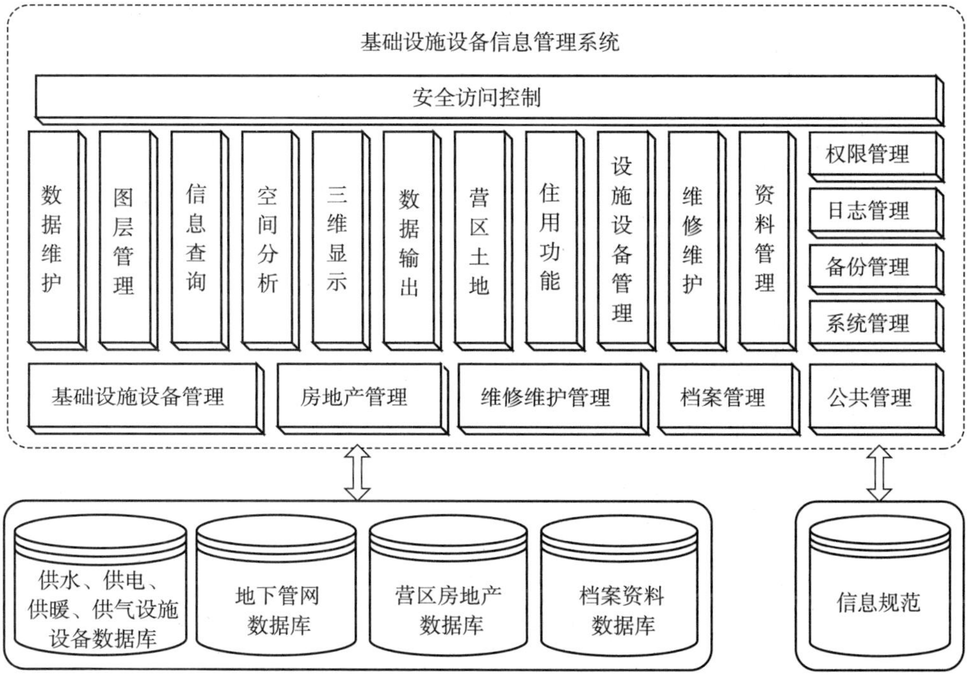

图 8－7　基础设施设备信息管理系统软件结构

(4) 技术体制

营区基础设施设备信息管理系统是基于地理信息系统(GIS)基础平台二次开发建立起来的地理信息系统,现今国内外比较成熟的大型 GIS 软件主要有:ArcGIS、MapInfo、SuperMap 和 GeoStar、MapX 等。通过对几种主流 GIS 平台软件在开放性、可伸缩性、先进性、扩展性、稳定性等性能上做比较,选择应用成熟的平台。程序设计应采用适用于基于 Client/Server 的体系结构联合开发的语言。基础设施的图形数据和属性数据库采用合适的地理空间数据库管理。服务器端主要负责数据的存储与共享。客户端主要完成数据管理、权限设置、图层设置、用户的业务要求与综合应用。

8.6.3.2 数据准备

数据是营区基础设施设备信息管理系统运行的基础,包括基础地形数据、单元网格数据、部件数据和地理编码数据等。

数据准备包括:

(1) 基础数据

基础地理数据是指营区管理系统赖以工作的基础地形图、正射影像图、区域划分图等众多的基础空间信息和非空间信息等。基础地形图是反映营区地貌和位置的背景数据。基础地理数据库可直接为营区管理相关部门提供准确实时的营区基础地理信息,保证管理平台对基础地理信息的需求。

(2) 单元网格划分

单元网格是采用网络技术,根据营区属地管理、地理布局、现状管理、管理对象等,以一定范围为基本单位,将营区区域划分成若干个网格状的单元。对于占地面积较小的部队营区可以不进行网格划分。

(3) 部件普查数据

营区部件即物化的营区管理对象,主要包括建筑、街道、水、电、气、热等基础公用设施及绿地、休闲健身娱乐设施等公共设施,以及建筑方案设计的总平面图、立面图。

(4) 地下管线规划专项资料

地下管线包括综合管沟、给水、排水、电力和电信管线、地下管线的竣工图。

(5) 项目设计方案资料

项目设计方案资料包括各类建设项目的设计方案名称和所属设计单位等相关信息,建设项目的详细规划与计划文本。

(6) 营区实景影像数据

营区实景影像数据是对营区单元网格管理的补充,能够有效提高空间服务的准确性。

各项数据准备完毕后,还需要对其进行预处理,主要包括各种纸质图的扫描、配准、数字化专题数据整理归类、影像校正、建表等过程。

之后还应当进行数据检查和数据编码等处理,将各类数据加工处理为系统研制所需要的结构。

8.6.3.3　系统研制

软件系统研制是通过成熟与合理的软件结构设计、程序编码、单元测试、联合测试等环节，将设计思想转化为具体的能够使用的软件系统的整个过程。

系统研制包括结构设计、接口设计、各个功能模块研制、数据库系统研制和安全机制实现等内容。

8.6.3.4　系统部署

系统研制完毕后，根据部队使用的需求进行安装部署。应从部署的位置、部署的硬件条件、软件保障环境等方面整体实施，使系统满足正常运行条件，发挥作用与效能。

8.6.3.5　系统使用

系统使用时应当从日常操作、安全控制、管理维护和首长使用等多个角度实施，使该系统不仅是部队营房管理部门实施日常操作和管理的平台，同时也是营区首长掌握营区保障动态、营区官兵了解相关信息的平台。

第9章　多媒体信息发布系统

在军队营区建设多媒体信息发布系统，以图像、图片、文字等多媒体方式向营区发布通知、公告、标语及宣传教育材料，既丰富了宣传手段，又改善了信息传达效果，是智慧军营建设的一项重要内容。

9.1　概述

多媒体信息发布系统用于多种媒体内容发布与播出，可以替代张贴海报、播放录像带/光盘等旧有的宣传方式，将需要宣传和发布的信息灵活编辑制作，通过网络传输等方式输出到指定的宣传发布点进行播出，以达到信息的定向发布、实时更新和集中管理目的。

通过在营区的大门、主干道、办公楼门厅、食堂、服务社等地方部署大屏幕LED点阵、液晶电视等多媒体播放终端，把部队最新政治宣传片、各种教育图片、各类通知信息以及值班安排等信息发布到大屏幕，让官兵及时了解部队的最新工作安排与动态；特别是如果遇到紧急情况，还可以通过多媒体信息发布系统把报警信息快速地发布到食堂、宿舍等地方，方便部队快速行动（见图9-1和图9-2）。

图9-1　户外电子信息橱窗

图 9－2　室内信息发布系统

9.2　系统组成

信息发布系统的系统结构如图 9－3 所示。

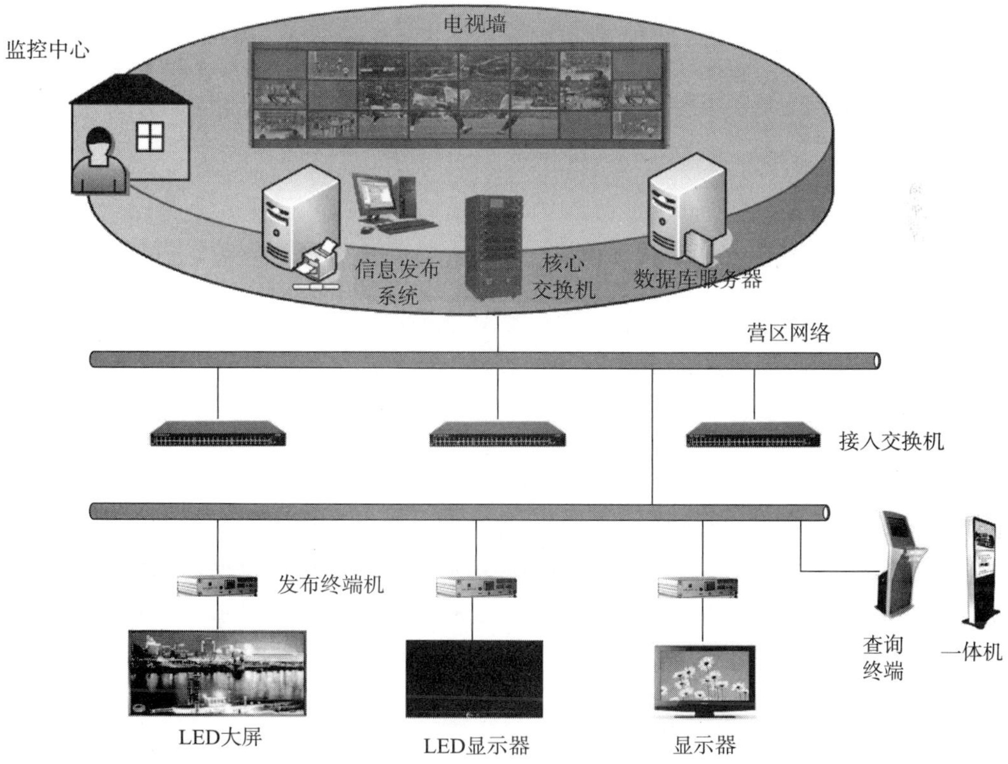

图 9－3　信息发布系统结构示意图

信息发布系统主要由以下几部分组成：

1）安装于营区办公楼或宿舍楼门厅等位置的信息发布终端机及显示屏；

2）位于营区监控中心的服务器、管理终端及相应的管理软件、应用软件；

3）连接发布终端、管理终端及服务器的信息化网络。

其中的信息发布媒体服务器、管理终端安装于营区监控中心，发布终端及显示屏安装在现场。

9.3 主要功能

9.3.1 业务功能

信息发布系统提供如下业务功能：

1）向营区内的官兵或来访者提供告知、信息发布、演示及查询等功能；

2）具备适当的信息查询与自动化交互能力，方便官兵了解、查阅当前及历史的公开信息；

3）系统可由信息采集、信息编辑、信息播控、信息显示和信息导览等分系统组成，可根据部队实际需求进行系统配置及组合，方便部队使用；

4）可以发布如下重要的信息：

a）重要命令或指示发布，如部队重要命令或指示、重要保障任务、主要宣传内容以及其他教育内容；

b）各种欢迎信息，包括字幕、图片和视频等；

c）公共信息引导与发布，如天气和时间；

d）服务信息发布，出入口预放行人员或车辆信息发布，值班人员信息分布，各单位当日或近期工作任务发布，紧急救援信息内容发布，设备报警或故障信息发布，各种报警信息发布。

9.3.2 技术功能

（1）编辑制作

系统可灵活组合网页、视频、音频、动画、图片和字幕等信息；提供天气、时间、值班表等多个节目元素组件，方便各类节目内容制作，并实现部队业务系统数据库链接；屏幕区域可随意分割，实现各个区域显示不同的播放内容，所见即所得；系统自带大量模板可供客户选择，系统提供形象宣传、业务介绍、通知公告、安全提示等多种模板，用户也可自行设计生成新的模板。场景选项参数灵活设置，如：播放方式、播放次数、每轮播放重复数、切换效果、播放时段、背景音乐等。

（2）业务数据实时接入

可显示最新训练任务、部队任务、最近活动信息，可自定义显示样式，支持动态切换、翻页等多种滚动显示效果。

（3）发布系统管理

系统管理端可将节目推送到指定的播放端或组，可随意设定节目下载时间，充分利用闲置网络资源，保证主营业务正常使用；系统支持断点续传、后台下载以及在程序休眠状态下的下载，支持实时下载更新播放内容；可对所有传输数据进行文件加密，提供端到端的信息安全。

（4）播放控制

远程指令营区各个终端播放器按照播出单顺序自动播放。系统编辑播出单，设定播出时间，按设定时间播出节目。用户按分钟为单位编排一天或多天的节目时间表，可以设置开机自动播放默认播出单，在播放端没有接收到新的播放日程时，可按默认播出单播放。

（5）支持多种格式

可支持多种格式内容的同步展示，并可随意放大/缩小/移动/切换；至少可支持 1 个以上窗口播放本地储存的视音频文件；支持按窗口大小对原始文件画面尺寸放大缩小；支持文字信息的即时插播。

（6）支持分组

对于多路相同的内容可采用分组方式发布文件和分组播放文件，对营区内不同场所的信息内容分组分配和播放，相同的内容可设置为共享时间，不同的内容可进行单独定义。

（7）电视输入

支持有线电视信号输入显示。

（8）网络化控制

能够实现网络化的控制以及编辑后的内容远距离传输。

9.4　系统建设

信息发布系统的建设主要从系统结构、点位规划、发布服务器、发布终端机、播放显示器和系统软件等方面设计与施工着手，建成适用部队作战、训练与生活的发布系统。

9.4.1　点位设计

信息发布系统建设前应当进行科学的发布点位分析，依据部队实际使用需求、建设目标和投资规模等情况，对部队营区内主要的公共区域、官兵活动相对密集区域及需要安装的位置，设计信息发布终端的部署点位，形成点位表，并可根据需要灵活扩充。

9.4.2　信息发布服务器

服务器架设在营区信息化监控中心，由存放各种多媒体信息的文件服务器、数据服务器、应用系统服务器、金融服务器以及流媒体服务器组成，对各终端播放器进行管理、控制、监控和下发各种多媒体信息。这几类服务器可视硬件配置情况安装在一台服务器上，也可分开安装。

通过对营区信息发布系统管理用户的分配和相应权限的划分，可以通过安装管理平台软件实现所属终端的远程、分布式实时管理，多媒体信息、控制信息、节目播出单的发布，以及与设备运行相关的统计数据的查询。

9.4.3 发布终端机

发布终端机主要功能是接收控制中心服务器发出的媒体文件及播放列表，按计划播出媒体文件，循环播出与删除接收到的视音频信息及文本信息。发布终端机能响应监控中心管理控制命令，即用户可根据管理需要向播放终端显示屏上发布各种视音频信息，一次内容安排后发布终端机即不再需要人工值守，亦可以脱离网络播放；通过运行策略配置或手动监播命令可以方便地控制诸如休眠、恢复、停止、播放、音量增减、切换直播等一系列运行状态。

发布终端机支持多种视音频流格式、图像、文字和滚动字幕的播放。自带硬盘的发布终端机可以自动按节目播出单播放存放在硬盘中的节目内容。节目内容可以在网络流量相对小的时段传输到广角播放器，从而充分利用网络带宽。

发布终端机通过网线接口与监控中心的信息发布服务器进行信息连接，通过标准的VGA 输出到播放终端显示设备上。发布终端机相比普通的 PC 或工控机具有体积小、功率小、散热好、易于远程集中控制管理与维护的优点。

9.4.4 播放显示器

播放显示器支持播放各种标准的媒体文件，可采用离子显示器、液晶显示器、CRT 显示器、前投射显示器、背投显示器、网络触摸终端、多屏幕拼接显示墙等。播放终端布置于宣传橱窗、大厅、门厅或房间的醒目位置。查询终端、多媒体一体机应部署于营区人流较多的位置，并且具备一定的保护措施，防止损坏。

9.4.5 网络连接

系统和终端支持多种网络接入方式，亦可实现小规模部署。在智慧军营建设中主要通过营区局域网实现各个信息发布终端与监控中心的连接。

各个发布终端通过网络连接到服务器，获取播放列表以及播放内容。服务器可以静态、动态设置网络连接带宽，保证网络链路的带宽稳定性。监控中心服务器需要分配一个固定公网 IP 地址，并根据点数选择带宽；各媒体终端、管理平台需要具备能够连接营区的网络，在需要有较大文件传输的情况下为保证较快的下载速度，最好可以保证 1 Mbit/s 的下行带宽。

9.4.6 系统软件

系统软件结构如图 9 - 4 所示。

信息发布系统提供的管理工具软件应简单、易用、功能全面，包括如下的功能模块：

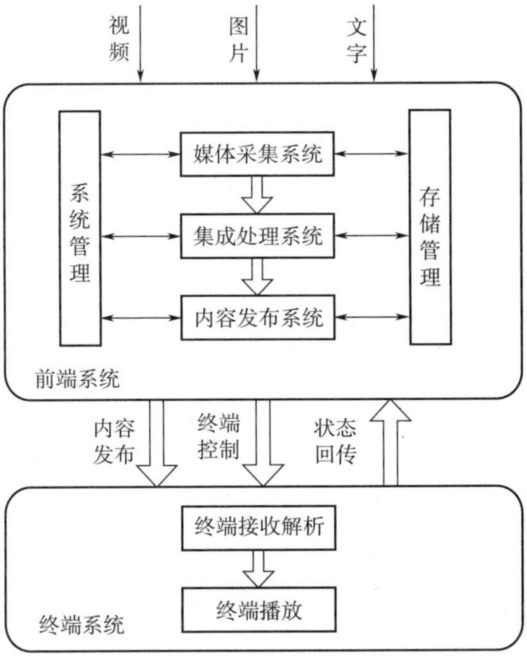

图 9-4　信息发布系统的软件结构

(1) 监播管理模块

支持对播放器进行控制，可完成播放、停止、音量控制、播放器休眠、重启、关机等操作。支持插播文字信息，可更改插播的文字的大小、字体等属性。查看播放器属性和相关参数，当前的内外网 IP、名称、唯一标识符、播出状态、心跳时间、当前播出单和播放器所属的区域。支持播放器刷新，获取最新的播放器工作状态。实时监控播放器的播出状态，可以跑马灯的形式显示播放器上线、传输信息、报警信息等；可查看播放器的播出单、垫片、播放器属性和文件列表。

(2) 播放管理模块

支持播出单的分区管理，可任意分配播出单所属的播出单分区。对播出单进行多样化的编辑，在编辑区域内可实现多个区域可视化操作，提供多种素材的编辑。支持发送多种类型的播出单。

系统应该支持对播出单的导入和导出，避免重复编辑播出单。

(3) 传输管理模块

支持手动传送播放节目到播放器，对单个播放器或对播放器组进行文件传输。

在网络不正常的时候，素材文件无法通过网络来传输，支持通过 U 盘实现文件传输。支持通过 U 盘实现对播放器的播出单导入。

可以通过“同步”来实现播放器和素材服务器的文件同步。

要求传输支持文件的断点续传。

支持设定传输计划，按指定的时间传输文件到播放器/播放器组。

（4）素材管理模块

支持素材库的分类管理，在“素材库中”可按素材的类别或文件类型建立素材目录。在素材目录建立后，对素材可以进行导入、预览、删除等操作。

（5）设备管理模块

支持建立播放器区，实现对播放器划分区域进行管理，可实现多级区域管理。

播放器的“添加、删除用户”可随时对某个区域添加和删除播放器，并编辑播放器名称、放置的区位置、查看当前状态等。

支持播放器主动发现服务器的方式，给播放器配置服务器 IP，播放器开机自动连接服务器。

支持网络升级播放器软件，支持远程升级播放器字库文件。

支持设置播放器的显示模式、输出模式、音量，支持设置播放器休眠、关机时间，支持批量设置播放器的参数，简化烦琐的设置操作。

远程控制关联设备（如：显示屏设备），实时控制播放器的开关（图 9－5）。

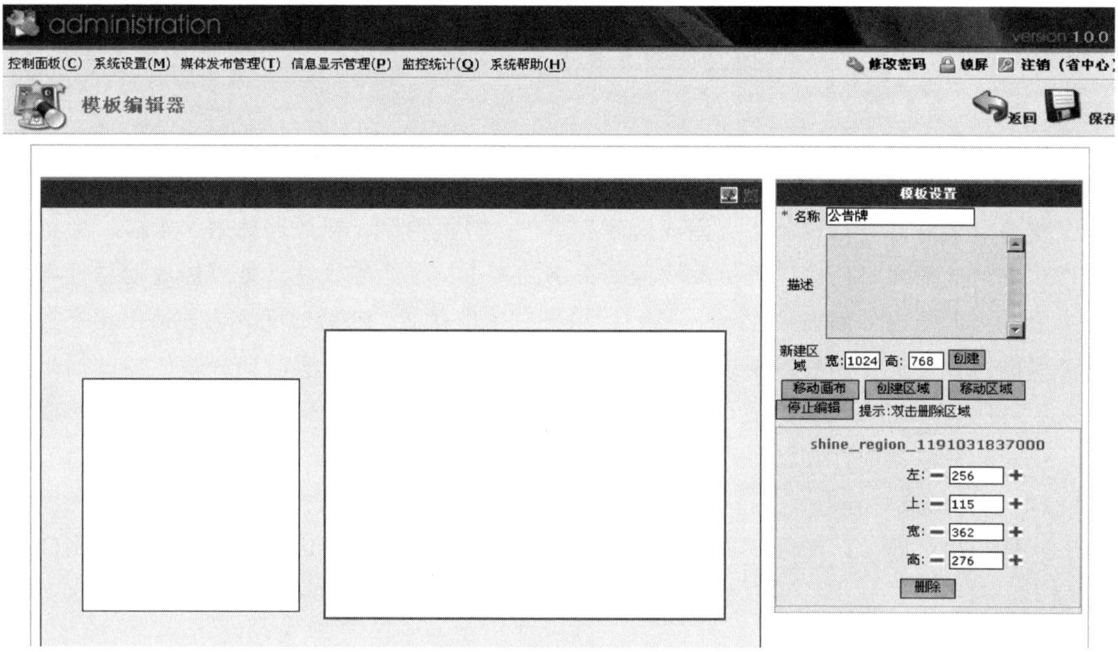

图 9－5　播放控制功能

（6）群组管理模块

“定时休眠”对群组内的播放器设置定时休眠时间，实现无人值守管理。

（7）用户管理模块

用户角色分配：设置管理员的管理角色；

权限管理：设置管理员的不同模块管理权限；

分级管理：给管理员分配不同的播放器、素材和播出单目录。

（8）审核模块

审核策略的建立：新建审核策略，确定审核人员。

建立审核规则：确定多人审核情况下，审核通过的规则。

分配需要审核的素材目录，分配需要审核的播出单目录。

审核记录查看：查看素材审核情况，查看播出单审核情况。

（9）系统管理模块

· 查看文件传输信息，显示传送方向、播放器 IP、传送开始时间和完成时间以及可以导出这些信息到 excel 表格。

· 在线用户信息查看。

· 查看告警信息。

· 查询节目日志。

· 查询用户的操作记录，包括添加、删除、修改和查询等操作，还可以将这些信息以 Excel 表格文件的方式导出。

· 系统信息查询：显示版本信息和许可证到期时间。

· 系统参数设置。

· 网络参数设置。

（10）实时信息模块

实时信息模块由实时信息源，实时信息模板，实时信息生成者构成。刷新时间到来时，定时器调用实时信息生成者。实时信息生成者调用实时信息源，信息源检查数据是否发生变化。如果数据发生修改，实时信息源填充实时信息模板。实时信息生成者根据实时信息模板生成图片，然后发送给下层。经过角色的抽象之后，实时信息子系统具有很强的可扩展性。

所有的实时信息源都实现一个接口，用户可以随意增加新的信息源，插入到现有系统中，现有的实时信息机制保持不变。

所有的实时信息模板内部都有一个二维数组。数组保存来自信息源的数据。用户可以随意改变数组在模板上的显示外观。

新建实时信息节目时，用户只需要指定合适的实时信息源和实时信息模板，系统会自动管理刷新机制。

（11）直播管理模块

直播管理模块支持 WMV 视频格式直播：在客户与媒体服务器之间需要建立一个单独的数据通道，从一台服务器送出的每个数据包传送到每一个客户机，实现跨网络的网络直播。

直播管理模块支持 MPEG2 视频格式组播：IP 组播技术构建了一种具有组播能力的网络，允许路由器一次将数据包复制到多个通道上。采用组播方式，一台服务器能够对几十万台客户机同时发送连续数据流而无延时。媒体服务器只需要发送一个信息包，而不是多个；所有发出请求的客户端共享统一信息包。信息可以发送到任意地址的客户机，减少网络上传输的信息包的总量。

9.4.7 信息发布审核

为保证系统安全和信息发布的严肃性，营区多媒体信息发布系统应具备完备的审核流程与机制，审核流程如图 9－6 所示。

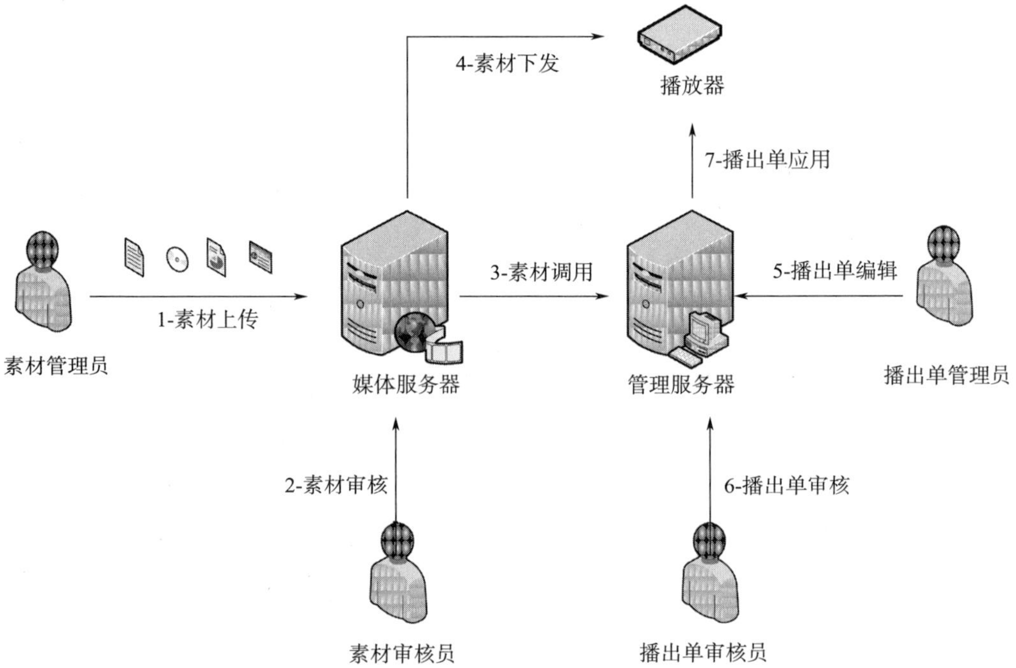

图 9－6　信息发布审核流程

第一步：素材管理员可上传并预览视频、音频、图片、字幕、实时信息等多种格式的素材；

第二步：素材审核员对上传的素材进行审核，审核未通过的素材，无法应用到播出单中，只有审核通过的素材才可以在播出单中应用，且支持批量审核；

第三步：审核通过的素材被标记，允许在播出单中使用；

第四步：审核通过的素材被标记，允许下发到播放器；

第五步：播出单编辑人员使用已经审核通过的素材制作播出单，未审核的播出单不允许应用到播放器；

第六步：播出单审核员对制作保存好的播出单进行审核；经过审核的播出单不允许再次进行编辑；审核未通过的播出单不允许应用到播放器；

第七步：审核通过的播出单被标记，并下发到播放器。

多媒体信息发布系统通过权限管理和审核策略定制，保证更加合理、安全的审核机制。

系统中可以在用户管理部分定义审核管理员的权限，并可以定义多种灵活的审核策略。基于审核权限的管理和策略制定，系统支持多角色、多级别的审核方式。

系统中可以制定审核管理员，专门负责播出单/节目单审核和素材审核；系统可以为不同的审核管理员指定负责的播出单目录和素材目录；系统可以指定审核管理员为素材审核管理员或者播出单审核管理员；系统可以为不同审核管理员分配专用的审核和监督播放终端。

第 10 章　广播系统

广播系统是应用于众多公开场合以声音方式传播信息的系统。部队营区一般都会建设广播系统，以方便部队指挥和营区管理。在智慧军营中，建设数字化的广播系统，可以灵活播放作息号角、业务警示音、部队广播、营区通知和背景音乐，在加强部队信息化管理的同时也营造一个优雅舒适的办公训练生活环境。

10.1　概述

营区广播是由军队单位自行管理，在本单位营区范围内为官兵服务的声音广播，包括业务广播、背景广播和紧急广播等。广播系统是为营区广播覆盖区服务的所有公共广播设备、设施及公共广播覆盖区的声学环境所形成的一个有机整体。

营区公共广播系统按用途可分为两类：

（1）室外广播系统

室外广播系统主要用于营区室外场合，如办公大楼周围、军事区、绿化区、体育活动区等。它的特点是服务区域面积大，空间宽阔，背景噪声大；声音传播以直达声为主；要求的声压级高，如果周围有高楼大厦等反射物体，扬声器布局不合理时会引起双重声或多重声，严重时会出现回声等问题，影响声音的清晰度和声像定位。室外系统的音响效果还受气候条件、风向和环境干扰等影响。

（2）室内广播系统

室内广播系统应用广泛，专业性很强，能进行语言和非语言扩声，同时也能在礼堂等场所供各类文艺演出使用，对音质的要求相对较高，系统设计不仅要考虑电声技术问题，还要涉及建筑声学问题。房间的体形等因素对音质有较大影响。

10.2　系统组成

广播系统基本组成包括 4 个部分：节目源设备、信号放大器和处理设备、传输线路和扬声器系统，如图 10－1 所示。

（1）节目源设备

节目源设备通常为无线电广播设备、激光唱机和录音卡座等，此外还有传声器等。

（2）信号放大器和处理设备

信号放大器和处理设备包括均衡器、前置放大器、功率放大器和各种控制器及音响加工设备等。这部分设备的首要任务是信号放大，其次是信号的选择。调音台和前置放大器

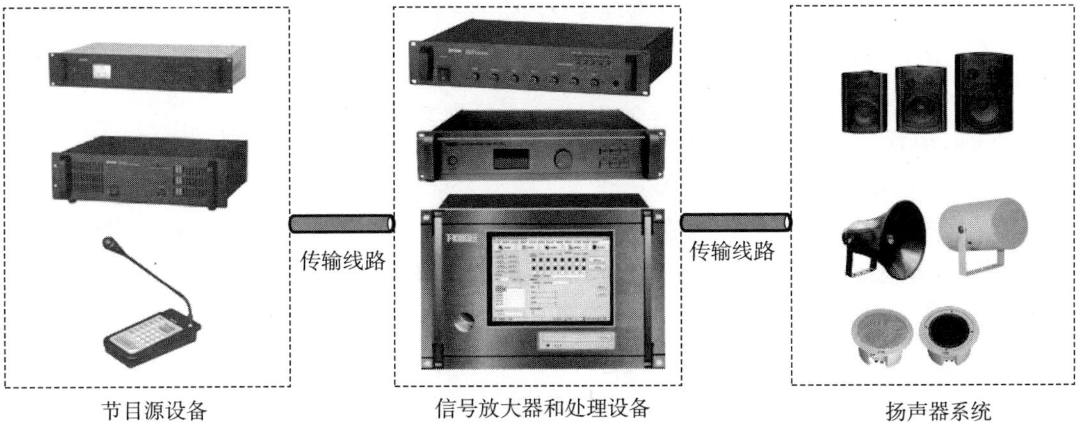

图 10-1　广播系统的组成

的作用和地位相似（当然调音台的功能和性能指标更高），它们的基本功能是完成信号的选择和前置放大，此外还担负着调整和控制音量和音响效果的工作。有时为了更好地进行频率均衡和音色美化，还另外单独投入均衡器。信号放大器和处理设备是整个广播音响系统的“控制中心”。功率放大器则将前置放大器或调音台送来的信号进行功率放大，再通过传输线路推动扬声器放声。

（3）传输线路

传输线路虽然简单，但随着系统和传输方式的不同而有不同的要求。对礼堂、剧场等，由于功率放大器与扬声器的距离不远，一般采用低阻大电流的直接馈送方式，传输线要求用专用喇叭线，而对公共广播系统，由于服务区域广，距离长，为了减少传输线路引起的损耗，往往采用高压传输方式，由于传输电流小，故对传输线要求不高。

（4）扬声器系统

扬声器俗称喇叭，是广播系统重要的器材，也是将电能转变为声能的唯一器材，即所有的声音都是通过扬声器发出的。它的品质、特性对整个广播系统的音质和性能起着关键作用。扬声器系统是由一个或多个扬声器和相应的附件（如障板、分频网络等）组成的，作为驱动电路与周围空气耦合的系统。扬声器有许多种类，如室内使用的各种音箱、喇叭，以及室外使用的音柱、号角喇叭等，通常根据其应用场合选择使用不同的扬声器。

10.3　主要功能

智慧军营的广播系统功能包括：

1）涵盖传统广播系统所有功能：包括发布作息号，音乐播放，发布通知、寻呼及其他语音信息和转播电台节目等。

2）领导讲话：领导通过广播系统的话筒，即能实现广播讲话，可指定营区全体广播或局部广播。

3）实时采播：将外接音频（卡座、CD、收音机、话筒等）接入广播系统，并通过广播网络发送广播信息，安装在不同建筑物的广播终端可实时接收并通过扬声器进行播放。

4）定时播音：采用各种定制的、可调整的方式设计定时播音计划，定时启停各种广播节目。

5）分区播音：系统可设定任意多个组播放制定的音频节目，或对任意指定的区域进行广播讲话；监控中心或分控中心可以控制不同分区扬声器的播放内容（划定区域播放）和音量等。

6）本地扩音：将营区建筑物或成建制部队的宿舍楼（层）作为一个独立的使用单位，配置广播终端，该终端提供音频输入（包括线路输入和话筒输入）功能，可实现本地话筒和其他音频的扩音输出。

7）音频素材制作：可实现声音素材的剪辑、混音、淡入淡出、噪声消除、变速不变调等功能，用于制作各种广播节目。系统资源服务器可存储大量的音乐节目或语音节目。用户可以根据实际情况扩充存储空间或更换服务器提升系统性能。

10.4　系统建设

10.4.1　系统构建

广播系统根据复杂程度不同可以分为简易系统、最小系统、典型系统等，适用于不同的建设目标。智慧军营根据部队的实际需求、应用范围、投资金额确定建设规模以及广播系统结构。

对于礼堂、会议室等对广播音响有较高要求的场合，应根据场地的建筑环境、声音环境品质等要求，结合专业的扩声系统设计进行建设，以达到良好的使用效果。

10.4.1.1　简易系统

简易的广播系统包括广播扬声器，广播功放，前置放大器和话筒。简易广播系统方案如图 10 - 2 所示。

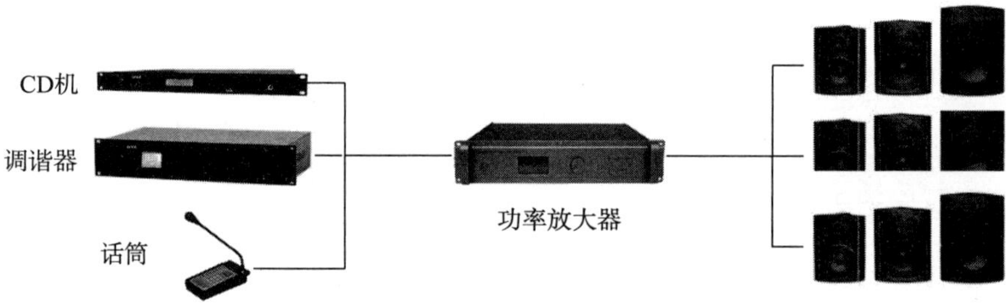

图 10 - 2　简易广播系统

简易系统只能发布简单的广播信号，包括通知、寻呼讲话等。倘若要广播背景音乐、广播新闻、发布录音，则可添置 CD、卡座、调谐器（收音机）等设备。该系统作为最基本的广播系统，因投资少、结构简单、建设简便等优点得到较广泛的应用，但主要的缺点是不适合较大范围使用，功能少，性能不高。

10.4.1.2　最小系统

最小系统是指公共广播功能基本完备的系统，结构如图 10－3 所示。

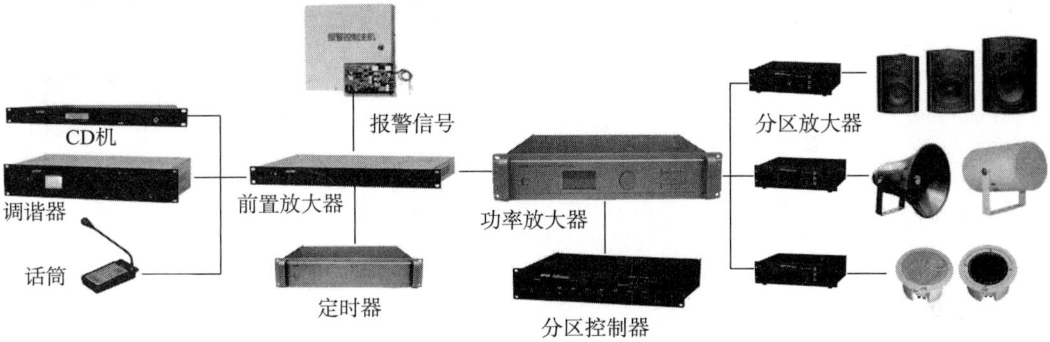

图 10－3　最小广播系统

同简易系统相比较，主要增加了分区环节、定时控制环节、警报环节和与消防中心联动的接口。平时系统在可编程定时器的管理下运行（根据预先编定的程序定时启闭有关环节的电源），并按时播放作息号等广播。当消防中心向系统发出警报信号时，通过联动接口强行启动有关环节（无论程序处于何种状态）；同时强行切入所有分区插入紧急广播，而不管它是否处于关闭状态。在该系统中，功率放大器和前置放大器也分开了，系统的组合、操控更为方便；另外还可配置监听器，以便监听系统的运行。

10.4.1.3　典型系统

同最小系统相比，典型系统增加了报警接入、分区强插、分区寻呼、电话接口以及主/备功放切换、应急电源等环节，系统的连接也做了相应的调整（见图 10－4）。报警接入设备是与消防中心连接的智能化接口，可以编程。当消防中心发出某分区火警信号时，报警矩阵能根据预编程序的要求，自动地强行开放警报区及其相关的邻区，以便插入紧急广播；无关的邻区将继续播放背景音乐或其他广播节目。

分区寻呼器可由分区选择器管理的任一个（或任几个）分区，插入寻呼广播。

电话接口是与营区电话网连接的智能化接口。当有电话呼叫时能自动摘机，向广播区播放来话，使得主管人员可以通过电话发布广播。当电话主叫方挂机时，系统亦会自动挂机。电话接口具有线路输入口，可以配接调音台、前置放大器等设备，以便举行电话会议。

10.4.1.4　网络广播系统

随着数字广播技术的发展，营区数字网络广播系统可采用广泛使用的 TCP/IP 网络技术，将广播的音频信号进行数字编码，并通过网络传输 IP 数据包，再由终端解码还原为

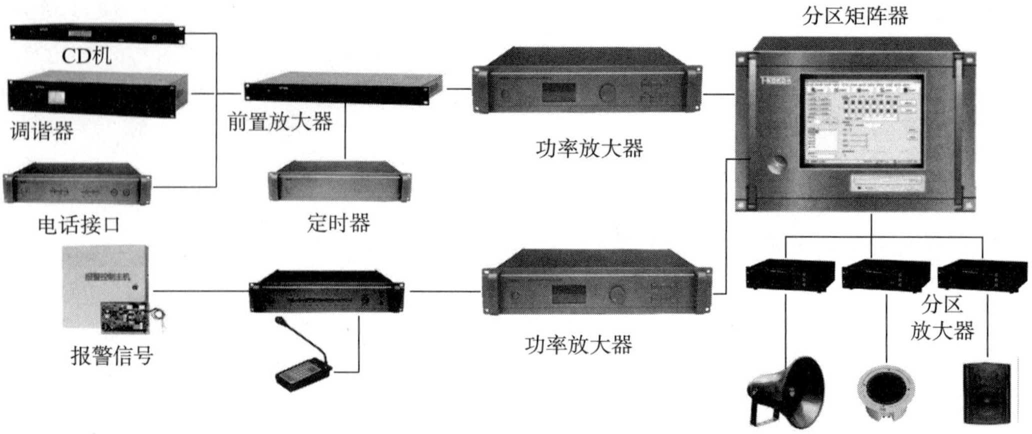

图 10-4　典型广播系统

音频信号，这种广播系统称为数字 IP 网络广播系统，它可解决传统广播系统存在的音质不佳，维护管理复杂，互动性能差等问题。

网络广播系统设备使用简单，安装扩展方便，只需将数字广播终端接入计算机网络即可构成功能强大的智慧广播系统，其结构如图 10-5 所示。

网络广播系统控制台可采用计算机控制方式，通过功能强大的管理软件进行管理，使用十分灵活便捷，如图 10-6 所示。

网络广播系统不同于传统广播系统，由于其建立在网络平台上，并融入了数字音频技术，因此在多方面都体现了其显著的优越性：

(1) 更强的功能

可独立控制每个终端播放不同的内容（如：局域网内 200 个终端同时播放 200 路节目）。不仅能够完全实现传统广播系统的功能（如：定时打铃、分区播放、消防报警等），而且还具备终端自由点播等功能。

(2) 更方便的传输

由于采用了网络传输技术，使音频信号无传输干扰及失真。采用了 MP3 压缩算法，占用网络带宽低（8～128 kbit/s），又能保证音质保真度，经测试采用 44.1 kHz，16 bit 采样，128 kbit/s 速率压缩通频带（线路输出）20～16 kHz，失真度≤3%。支持大范围的重要型应用，支持从监控中心到营区各个地区分控中心的同声广播，实现快速、可靠的信息沟通。每路节目占用带宽仅 0.1 Mbit/s。

(3) 更高的可靠性

广播系统的不稳定因素主要取决传输线路的质量，不合理的传输线路或造成不稳定甚至可能烧毁大功率的定压功率放大器。纯数字广播系统由于借助于成熟的以太网络通信技术，每一个终端设备相当于一台联入网络的简易计算机。用户只需要保证网络的畅通，无须增加其他的维护。服务器（Windows 操作系统）与 IP 网络主控机（嵌入式操作系统）提供双重保险，如一方故障，另一方可接管所有终端，确保系统基本功能正常运行。

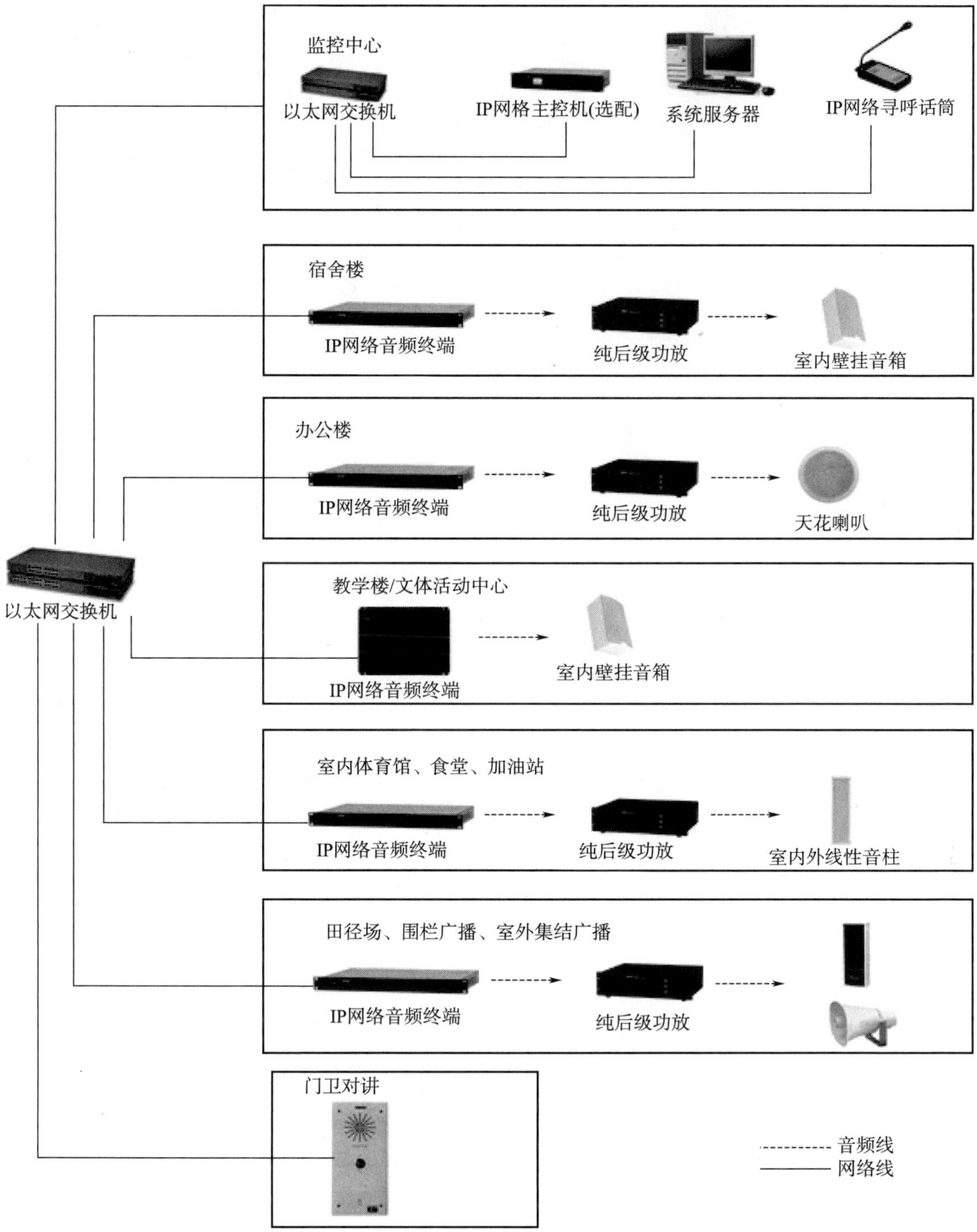

图 10-5　网络广播系统

（4）更简单的安装

网络广播系统安装简单。安装点只需具备以下三个条件：有一个交流 220 V 插座，有一个标准以太网络接入插座（RJ45）以及一个数字广播终端，就可以实现广播的延伸，因

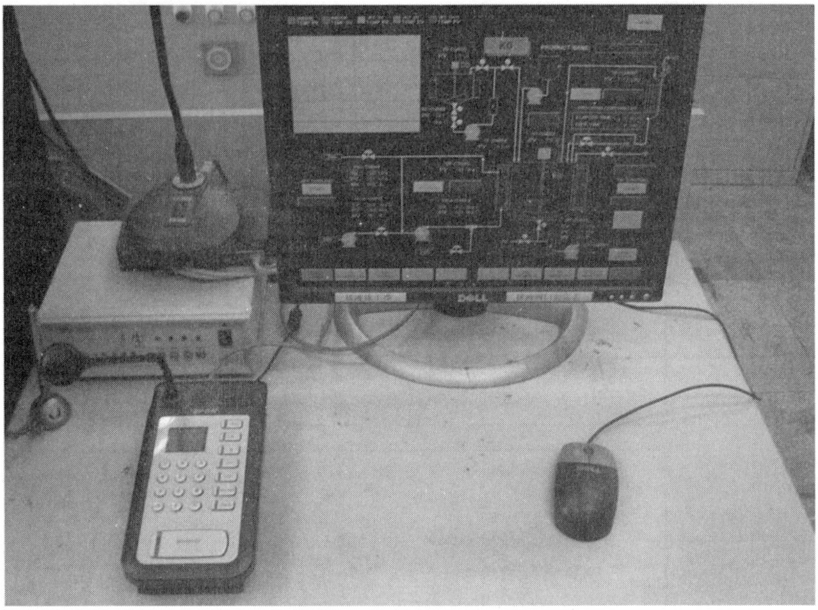

图 10－6　网络广播系统的控制台

此也更容易进行系统的扩展和调整。

10.4.2　广播分区

营区广播系统通常划分成若干个区域，由管理人员采用预编程序决定哪些区域须分布广播、哪些区域须暂停广播、哪些区域须插入紧急广播等。

分区方案原则上取决于部队营区的需要，通常可参考下列规则：

1）部队营区应将军事行政区与家属生活区分别设区；

2）军事行政区应根据场地性能设置分区，如行政办公区、军事训练区；

3）办公大楼可以设置为一个分区，也可按楼层分区；

4）营区内部队宿舍可按建制分区；

5）重要部门或广播扬声器音量必须由现场人员任意调节的应当单独设区。

总之，分区是为了便于管理。凡是需要分别对待的部分，都应分割不同的区。但每一个区内，广播扬声器的总功率不能太大，要与分区器和功放的容量相适应。

传统广播系统分区控制的功能由矩阵分区器来实现，而网络广播分区控制则体现出更大的灵活性。

10.4.3　扬声器的选用和配置

原则上应视环境选用不同品种、规格的广播扬声器。例如，在有天花板吊顶的室内，宜用嵌入式、无后罩的天花扬声器。这类扬声器结构简单，价钱相对便宜，又便于施工；主要缺点是没有后罩，易被昆虫、鼠类啮咬。

在仅有框架吊顶面而无天花板的室内，宜用吊装式球型音箱或有后罩的天花扬声器。而没有天花板时原则上应使用吊装音箱，也可用后罩的天花扬声器。有后罩天花扬声器的后罩不仅有一般的机械防护作用，而且在一定程度上起到防止声短路的作用。

在无吊顶的室内则宜选用壁挂式扬声器或室内音柱。

在室外，宜选用室外音柱或号角。尤其是部队营区内的港口、码头、机场、洞库等开阔场合，这类音柱和号角不仅有防雨功能，而且音量较大。由于室外环境空旷，没有混响效应，因此选择音量较大的音柱或号角。在营区园林草地，宜选用草地音箱。这类音箱防雨、造型优美，且音量和音质都比较讲究，利于营造营区的文化氛围。

在装修讲究、顶棚高阔的厅堂，宜选用造型优雅、色调和谐的吊装式扬声器。

10.4.4　广播功放的选用

传统广播功放主要的特征是具有 70 V 和 100 V 恒压输出端子。这是由于广播线路通常都比较长，须用高压传输才能减小线路损耗。

广播功放的最重要指标是额定输出功率。应选用多大的额定输出功率，须视广播扬声器的总功率而定。对于广播系统来说，只要广播扬声器的总功率小于或等于功放的额定功率，而且电压参数相同，即可随意配接，但考虑到线路损耗、老化等因素，应适当留有功率余量。

第 11 章　环境监测系统

环境质量是影响人身体健康的重要因素，随着经济与社会的发展，环境监测和环境保护越来越得到人们的关注。本着爱护官兵身体健康、提高工作与生活环境品质的目标，建设军队营区环境监测系统，及时准确地掌握营区内外环境质量动态，科学合理地制定部队训练与工作计划，有效应对各种环境问题，改善环境质量，对于建设绿色军营、环保军营和健康军营具有重要的价值。

11.1　概述

环境监测是以环境为对象，运用物理、化学和生物等技术手段，对大气、土壤等有关的组成成分进行定性、定量的综合分析，研究在一定历史时期和一定空间内的环境的性质、组成、结构及其变化规律。

环境监测主要包括：大气环境监测、水环境监测、土壤环境监测、环境生物监测、环境放射性监测和环境噪声监测等。环境监测按照监测手段的不同分为手工监测方式和在线监控方式；按照信息的传输方式不同分为逐级推送方式和一点多发方式；按照监测数据获取方式的不同分为通过数据采集传输仪、工控机设备等多种方式；按照网络传输方式不同分为有线、无线、微波等方式。

军队营区的环境监测系统主要是从营区环境状况个别重要参数的监测来掌握营区重点部位的环境质量情况，为部队进行训练和生活安排提供参考，其监测范围和对象十分有限。根据相关要求，结合部队实际情况，可考虑建设以有毒有害气体、水质、噪声和温湿度监测为主的环境监测系统，在营区重要物资仓库、弹药仓库、油库等地安装温湿度、气体浓度探测器；在基地办公、生活区安装温湿度、噪声和生活水质探测器等。

11.2　系统组成

环境监测系统主要采用分布式测量、网络化传输、集中化处理及应用的分层结构，通常包括感知层、网络层和应用层，系统组成如图 11 - 1 所示。

(1) 感知层

感知层由营区环境监测站和环境数据采集仪表、装置等组成，每个节点采集的参数包括水体的 pH 值、温度、湿度、噪声等，监测节点对采集的参数做线性化处理、温度补偿、数据打包及存储等处理。

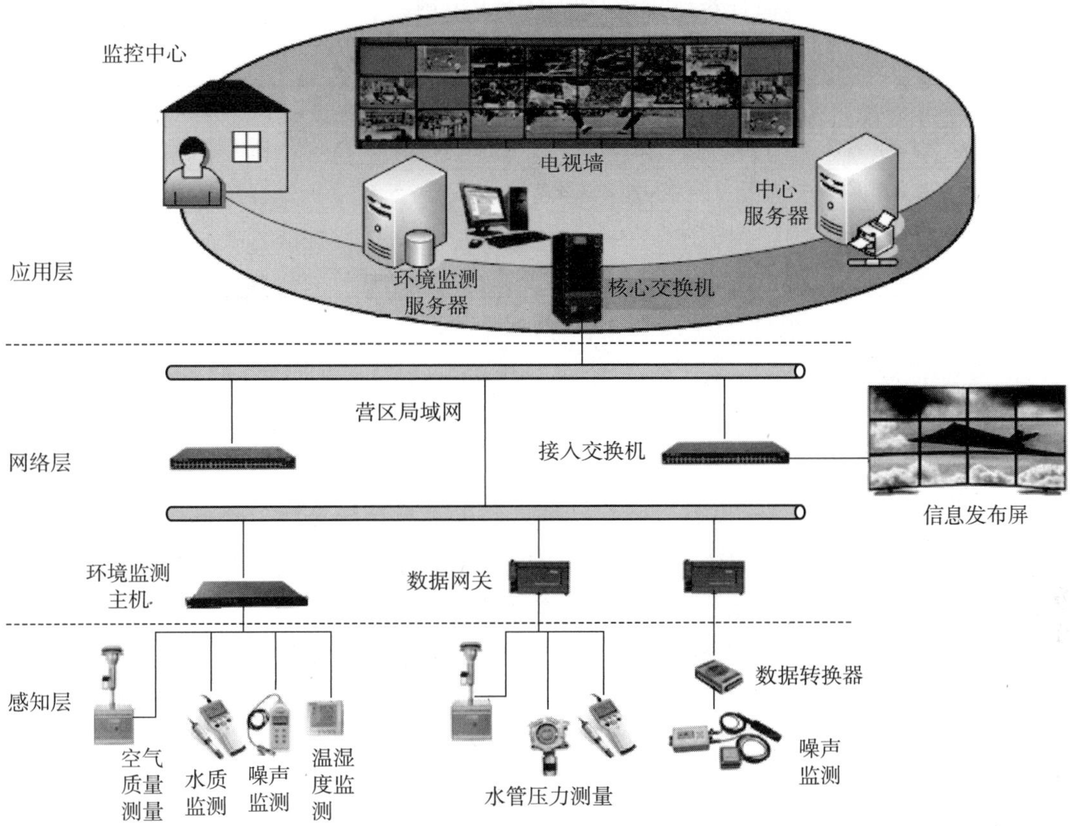

图 11－1　环境监测系统组成框图

（2） 网络层

信息在经过有效的过滤和收集后，将会由网络层接收并加以传输。网络层主要指营区局域网、测量仪表装置的通信网络，环境数据信息通过网络层实现在网络中的传输，并能够被及时有效地分析和处理。

（3） 应用层

应用层主要包括一些环境监测数据集中处理、应用和输出终端设备。该层次可以对各项环境数据进行管理、分析和决策，并进行公开发布。

采用物联网技术对营区环境监测的优势为：

1） 传感器节点的体积小且整个网络只需要部署一次，传感器网络部署对营区监测环境的影响很小；

2） 营区可根据需要布设不同数量的传感器节点，分布密度可调整，具有数据采集量大、精度高的特点。

3） 使用的环境传感器节点本身具有一定的计算能力、存储与通信能力，可以根据物理环境的变化进行较为复杂的监控，并且在节点间进行协同监控。此外，应用于环境监测的传感器网络，一般具有部署简单、便宜、长期不需更换电池、无须派人现场维护的优点。通过密集的节点布置，可以观察到微观的环境因素。

表 11－1 为给水管线监控系统设备组成的一个示例。

表 11－1 给水管线监控系统设备组成

序号	设备名称	型号	通讯方式	协议
1	压力传感器	低功耗	4～20 mA	电流信号
2	电磁流量计	DN300 电磁流量计	RS－485	ModbusRTU
3	智能阀门	VGA	4～20 mA	电流信号
4	微功耗终端		GPRS/专线	ModbusRTU

11.3 主要功能

11.3.1 业务功能

1）温湿度监测系统主要由温湿度传感器、数据采集传输单元（数据网关）及上位机管理系统组成，可对营区测量点的温度、湿度进行在线测量，数据上传至监控中心，并根据指令调整工作模式、上报工作状态和告警信息等；

2）空气质量监测系统主要由检测仪器、数据采集传输单元和数据处理单元三部分组成，可对营区空气质量的多个指标进行在线测量和远程监测，数据上传至监控机房，并根据指令调整工作模式、上报工作状态和告警信息等；

3）环境噪声自动监测系统由噪声监测终端（包括前端噪声采样单元和数据处理单元）、数据采集传输单元以及数据处理单元组成，数据上传至监控机房，并根据指令调整工作模式、上报工作状态和告警信息等；

4）有害气体监测系统、放射性监测系统和水质监测系统根据设定的测量模式（自动、手动）将采集到的数据上传至营区监测中心，并根据指令调整工作模式、上报工作状态和告警信息等；

5）监控中心对数据进行分类存储与管理，形成营区环境综合情况信息、历史信息等，按需要将数据发布到营区各用户终端、指定的公开信息发布屏上以及营房管理平台界面上，定时更新，根据需要实现营区温湿度、环境噪声和空气质量提示警示，示例如图 11－2 所示。

11.3.2 技术功能

（1）Web 浏览监控与 C/S 客户端监控结合

营区环境监测系统应既支持安全性更好的 C/S 客户端监控，同时也支持具有网络控制及配置功能的 Web 浏览登录监控。

（2）图示定位告警

针对营区不同监测地点环境监控状况，在监控中心主控服务器上可实现基于拓扑图或电子地图的图示定位报警，一旦出现特定受控状况，主控服务器可在图上出现状况点的图示变化与声音报警和文字报警信息；营区工作人员可迅速定位状况地点和状况性质。

图 11-2　环境监测数据显示

（3）自动声光告警

针对营区不同部位的受控状况，通过主控服务器的报警功能，可实现监控中心或其他实施应急处置单位的声光报警。

（4）配置管理

支持对系统设备的群组划分设置、工作模式、数据存储间隔、二次报警延时等运行参数、报警策略、调控策略参数的设置，保证系统正常、稳定运行。

（5）用户管理

系统支持按照级别、责任类别对用户的角色、权限进行管理分配，对不同级类用户定义不同权限。

（6）设备管理、通信管理

对网络连接延时、数据通信延时进行报警阈值、报警对象设置，以便管理人员及时了解监控网络故障与监控设备故障。

（7）数据库

支持并发访问，保证在并发方式下数据库的完整性和一致性。具有良好的可扩性和适应性，满足数据规模的不断扩充及应用程序的修改。具有良好的实时性、可靠性和可扩充性，满足可维护性、可恢复性、方便性、安全性、开放性等要求。

（8）数据共享

系统提供开放的数据共享接口，并可按用户要求与使用习惯定制符合 SNMP 等常用协议的数据共享接口，满足与其他系统的实时数据通信，对网管系统要求的数据或告警信息实现实时传递。

（9）用户化界面定制

系统支持用户化的营区、片区、机房等各级电子地图定制，显示营区、片区、机房、传感器、被监控部位等不同级别监控对象及配置点的位置、监测参数和正常/异常状态。

（10）自动电子巡检

系统支持监控界面自动巡检显示，并自动保存巡检时刻监测数据与视频场景抓图，以备管理人员随时人工复查。

（11）系统日志、数据查询

系统自动保存监测事件记录、报警记录与系统操作事件记录。管理人员可随时查询，及时全面了解环境监测系统的历史过程和当前状况。

11.4　系统建设

11.4.1　建设原则

1）在化学品仓库、油料仓库或洞库等设施附近安装有毒有害气体监测仪，监测化学品、油品试验和存储时产生的有害气体浓度和含量；

2）在营区室外监测点安装空气质量监测仪、噪声监测仪和温湿度监测仪，对环境要素进行实时、动态监测，并将相关数据发布到营区服务网站、公共信息发布屏上，为官兵提供环境健康信息提示；

3）集成营区已经建成的化学品仓库有毒气体监控报警系统到智慧军营监控平台上，构建营区集中式的安全预警管理系统；

4）安装部署环境监测管理软件，提供设备管理、数据记录、数据分析、数据发布及历史数据查询等功能；

5）有条件的建设项目，应将环境监测系统与通风、空调、排湿、降噪等环境控制系统进行联动，有效应对各种环境问题，提供营区环境安全预警及应对方案。

11.4.2　方案设计

营区环境监测系统的方案设计用于确定环境监测对象、监测点位布设、系统结构、设备选型、功能性能和使用管理等因素。

11.4.3　监测设备

11.4.3.1　环境监测传感器

环境监测的核心部分是传感器，是环境参数感知与测量的设备或装置，将各种环境物理量转换为适当的电信号，形成环境数据。目前，有各种空气质量、温湿度、噪声和水质测量传感器，功能和性能差异较大，应根据建设目标选用适当的产品。

传感器在信号输出方式上的不同，可以分为模拟传感器和数字传感器。模拟传感器信号采用模拟电压输出方式，往往具有精度高，可靠性高，一致性好，使用方便及价格低廉等特点。智慧传感器采集以及采集点到接入点的传输过程智慧化，监测数值不受电磁感应、传输线阻影响，精度无衰减，无电磁感应性波动。与模拟传感器相比，由于采取高集成度设计和智慧化处理，在可靠性、抗干扰能力以及器件微小化方面都有明显的优点，但存在测温范围、价格上的不足，具体使用还是以营区建设实际项目和系统设计要求为前提。

11.4.3.2　采集监测设备

采集监测设备是连接前端环境监测传感器和监控中心主机的中间环节，主要功能是提供跨网安全网关过滤接入，实现环境监控功能的集中采集、传输、通信、指令控制，同时也可提供传感器的电源。

根据当前环境监测传感器设备与装置的发展现状，采集监测设备可选用通用集成类型的监测设备和各种专用的环境传感器数据智能采集设备。通常集成类型的监测设备可实现与多种环境传感器设备与装置的连接，具有数据处理、协议转换、接口匹配和电源供给等功能，优点是结构紧凑、性能稳定、使用方便；而专用的环境传感器数据智能采集设备则是与各种特殊的环境传感器配套使用的设备，完成与特定传感器的连接，实现数据与控制信号的交互，其特点是针对特定传感器，用途单一。

温度、湿度等前端传感器硬件，尽量采用智慧传感器或监测仪表，系统监测数据在最前端完成采集、模数转换以及派生量计算后以高可靠数字链路传输，免除信号线路衰减影响、免除信号电磁干扰影响，尽量减少基数设置与换算设置等具体不确定人为因素对系统监测数据的影响；对于模拟式的传感器或监测仪表则在采集监测设备端应进行模数转换，实现后续的数字处理。

11.4.3.3　传输网络

环境监测传感器通常通过现场总线或专用通信线路与采集监测设备连接，进行控制信号与测量数据的交互；采集监测设备通常通过网络接口接入营区局域网，通过网络信号与监控中心主机连接，完成通信。

11.4.3.4　监控中心设备

监控中心接收采集监测设备通过网络传送的各种环境监测数据，进行集中式的数据处理、存储、分析和发布等处理，提供控制与管理人员对监测设备的远程控制、状态查询等管理功能，同时还要提供网络服务、数据查询等各类应用。监控中心设备应当部署高性能的服务器或计算机，具备良好的处理、存储与通信性能，为监控软件提供良好的硬件环境支撑。

第 12 章　有线电视系统

部分军队单位驻地比较偏远，市政有线电视可能覆盖不到，应根据部队实际需求和技术发展现状，建设营区现代有线电视系统，用于部队政治与文化教育，同时改善官兵的业余文化生活条件。

12.1　概述

现代有线电视系统是指以电缆、光纤为主要传输媒介，向用户传送本地、远地及自办节目的电视广播数据通信系统。这是一个集节目组织、节目传送及分配于一体，并向综合信息传播媒介的方向发展的综合性网络。

有线电视网一般可分为小型、中型和大型几种，其传送的用户数可以是几百、几千、甚至是几十万以上。中小型网通常采用电缆传输方式。过去有线电视系统一般只能传输 12 个频道，由于技术上的进步，现在大部分的有线电视可以提供 40 个以上的频道。先进的有线电视系统汇集了许多新型电子技术，而且还将与“信息高速公路”紧密地联系在一起，实现有线电视网络的技术新发展。

智慧军营有线电视系统的建设是信息化建设的重要部分，接收地方数字电视信号或将自制电视、视频信号通过解码、调制、混频和分路输出等步骤，将电视信号送到营区各处，用于部队官兵收看电视节目。

12.2　系统组成

有线电视系统大体由以下四个主要部分组成：信号源接收系统、前端设备、干线传输系统和用户分配网络。图 12－1 是整个有线电视系统的原理方框图，表示出了各个组成部分的相互关系。

（1）信号源接收系统

1）卫星地面站可接收各个卫星电视信号，近年来国外卫星电视频道不断增多，我国卫星电视频道也日益丰富，有线电视台通常从卫星电视频道接收信号纳入系统送到千家万户。中小型卫星地面接收站比较简单，例如用抛物面天线将卫星下行 3.7～4.2 GHz 的电视信号经过馈源和高频头（LNB）向下变成 950～2 150 MHz 的电视信号送入卫星电视接收机即可。

2）由军队单位驻地电视台的电视塔发送的电视信号称为开路信号。开路信号通常采用八木天线接收。用作共用天线时，一般采用单频道接收天线，即一副天线专门接收某一

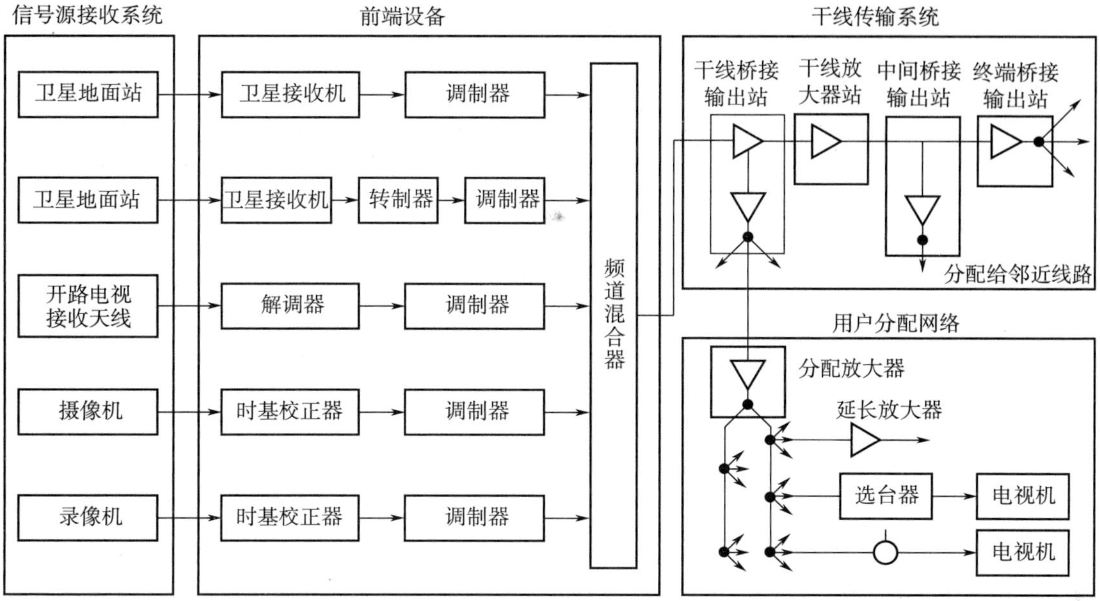

图 12－1　有线电视系统结构

电视频道的信号。

3）军队单位自办电视节目信号源，这种信号源可以是来自录像机或 VCD 或 DVD 输出的音/视频（A/V）信号，或由演播室的摄像机输出的音/视频信号。

（2）前端设备

前端设备是整套有线电视系统的核心。由各种不同信号源接收的电视信号需经再处理成为高品质、无干扰的射频电视节目，混合以后再馈入传输网络。

（3）干线传输系统

把来自前端的电视信号传送到用户分配网络，这种传输线路分为传输干线和支线。干线可以用电缆、光缆（AM）和微波（Video－Link）三种传输方式，在干线上相应地使用干线放大器、光缆放大器和微波发送接收设备。支线以电缆和线路放大器为主。

（4）用户分配网络

从传输系统传来的电视信号通过干线和支线到达部队营区各处，需用一个性能良好的分配网络使各用户的收视信号达到标准。分配网络有大有小，因用户分布情况而定，在分配网络中有分支放大器、分配器、分支器和用户终端。

12.3　主要功能

营区内的有线电视系统主要实现如下功能：

1）将信息化监控中心机房（或有线电视系统进线房）引来的有线电视信号、自制电视节目等多种信号通过传输网络分支分配到各用户终端，满足营区各用户观看电视的需要；

2）随着电视技术的进步，“广播式”和“交互式”的数字电视早已发展起来，营区有线电视系统只需要增加机顶盒等部分设备即可实现数字电视的收看，不仅提供了多套广播节目，更有交互式的点播节目，丰富了电视节目的资源。系统实现了双向传输系统，可以实现当前和将来所有基于有线电视系统的单向、双向业务的承载，实现邻频及双向通信；

3）系统向下传电视信号，可回传其他信号，系统具有扩展为多功能网络的功能；

4）系统满足国际要求的 860 MHz 双向邻频传输设计，具有良好的扩展性；

5）营区用户终端主要采用 TV/FM 双孔插口面板接收电视信号，采用墙装、地插座等形式安装面板。

12.4 系统建设

营区有线电视系统传输网络建设包括前端、传输线路和后端部分，应当在设备选型、现场安装调试、保护措施应用和使用管理维护环节严格遵守相关的技术要求，提高建设质量，保证有线电视系统的性能。

12.4.1 规划设计

对营区需要建设的有线电视系统进行规划设计，依据部队实际需求、现有电视系统建设情况以及项目投资规模，设计的要点包括：

（1）系统模式

设计营区有线电视系统的结构模式，包括选择模拟、数字或混合模式，传输和分配网络采用树型或其他结构，是否全部采用双向预留传输方式。

（2）前端信号源

设计营区有线电视信号源的接入方式、接入内容，是否包括卫星电视信号、市政有线电视信号和营区自办电视节目，以及这些信号的接入方式。

（3）传输方式

根据营区大小等因素，选用光缆、电缆等电视信号传输方式，设计其结构、分区，规划分支线路、放大器站等设施设备安装部署点位。

（4）管理方式

确定有线电视系统由哪个部门管理、哪个部门维护等及其相关的职责。

（5）其他方面

有线电视系统建设的相关方面的设计内容，例如数字机顶盒的购置、使用，有线电视使用费用管理等事项。

12.4.2 节目信号源

营区内部有线电视系统传输的电视节目有多套，信号源采用当地有线电视解调的方式。即通过多台数字机顶盒解码数字电视信号，并将其分别进入调制器重新调制、混合，形成基地内部的有线电视系统，再进入电视分配网络系统传输。

系统可扩展性强，未来如果需要增加频道，只需增加信号源设备及调制器即可。如在系统内需增加自办节目或卫星电视节目，只需要增加 DVD 播放机（或卫星接收机）以及调制器即可。

12.4.3　前端设备

1）前端机房内安装多套节目的数字机顶盒、调制器、混合器等设备。配置标准机柜用于安装所有设备。

2）机柜上各个调制器的 RF 信号分别进入混合器，成为全频道的电视信号，经放大后进入基地内部的分配网络系统，传输到各个房间的终端。

3）主要设备选型。

a）调制器：可选用 47～860 MHz 的邻频捷变调制器，捷变调制器可随时改变频道，以适应节目频道的临时调整。使用专业级的全频道高性能捷变式中频调制器，采用高可靠性残留边带滤波器，以及中频调制信号处理方式；双重 PLL 频率锁定，性能稳定可靠，有极好的音频及视频线性度；尤其可用于有线电视系统的扩容和节目的增加。

b）频道混合器：考虑到本地前端可扩展、应用更灵活，应选用多路（如 16 路）混合器。系统建成后，若需增加电视节目，只要增加调制器数量，整个系统不需再进行电路结构的变动及系统的调整。频道混合器应选用宽工作频率范围、高稳定、低驻波、低插损、高隔离度，具有良好的电磁屏蔽性的产品，能很好地满足各种类型邻频有线电视系统的配套要求。

c）分配器：选用高品质分配器及同轴电缆，提高机房系统的可靠性。

12.4.4　传输网络

营区有线电视系统传输网络建设包括传输线路、分支器、放大器等。小型的营区有线电视传输系统可采用树状分配、分支结构，这种传输线路为有线电视网络双向化发展提供了基础。放大器、分支器、分配器均置于弱电井道内的箱体内。

（1）传输线路

营区有线电视传输线路主要使用的有光缆和电缆两种方式。由于目前光缆的分支—分配技术难度大以及经济上的原因，光缆多用于长距离干线的信号传输。在智慧军营建设中，根据营区地理范围较小、传输距离不长的情况，有线电视系统传输通常以同轴电缆为主，个别情况可考虑其他传输方式。

放大器与分支—分配器的电缆连接可采用四层屏蔽物理发泡高频同轴电缆 SYWV-75-9（4P），距离较远时选用四层屏蔽物理发泡高频同轴电缆 SYWV-75-12（4P），分支器与用户终端采用四层屏蔽物理发泡高频同轴电缆 SYWV-75-5（4P）。传输分配网络须符合 CATV 国家标准要求，满足目前需要，并方便日后扩容。

（2）放大器

网络中放大器的主要作用是补偿电缆对传输信号所造成的损耗，根据电缆的传输特性和温度特性，放大器内设置了自动增益控制电路、自动斜率控制电路和温度补偿电路。放大器的输入电平大小由载噪比指标来确定，放大器的输出电平则由组合三次失真指标来确定，放大器的增益则由串接的级数来确定。

放大器的工作方式有输出全倾斜方式、平坦输出方式、半倾斜输出方式三种，现在大多数主干放大器都是半倾斜输出方式的，而楼层放大器多是平坦输出方式的。

放大器的调整主要包括两个方面，一是电平的调整，二是均衡的调整。一般是先调整斜率再调整电平。如果放大器采用导频控制模块则要合理选取高低端的导频信号，一般来说低端的导频信号是利用低端信号的视频载波频率，高端的导频信号是利用高端信号的视频载波频率。如果放大器采用温度补偿模块，则要注意该模块所标定的温度补偿范围和该模块的控制量，然后根据这两个参数设置好余量值以便调试。

12.4.5　分配网络

从传输系统传来的电视信号通过干线和支线进入分配网络，到达用户区。系统按照分支方式设计，用户分支串接不超过四个。这种设计方法使线路损耗平均，用户端电平接近（约为 68±4 dB），保证图像的传输质量，使电视信号在处理和传输过程中不失真，从而使用户获得最佳的收看效果。

统计营区有线电视系统设备，包括室内弱电箱（与网络系统共用）、视频线缆、分支器、电视用户插座等，形成详细工程技术资料。

第13章　时钟同步系统

时钟同步指同步分布在各地的计时系统，形成一致的时间度量，方便统一行动。常用方法是用一个标准钟作为基准，调校其他时钟与标准钟对准。军队营区各类指挥系统、通信系统、管理电子系统、计算机应用系统应用越来越广泛，各个信息系统的时钟统一同步运行十分重要，因此在智慧军营建设中应当开展时钟同步系统的建设。

13.1　概述

时间同步是所有分布式系统都要解决的一个重要问题。在集中式系统中，任何进程或模块都可以从系统唯一的全局时钟中获取时间；而在分布式系统中，由于物理上的分散性，系统无法为彼此间相互独立的模块提供一个统一的全局时钟，必须由各个进程或模块各自维护它们的本地时钟。由于这些本地时钟的计时速率、运行环境存在不一致性，因此即使所有的本地时钟在某一时刻都被校准，一段时间后，这些本地时钟间也会出现失步。为了让这些本地时钟再次达到相同的时间值，必须进行时间同步操作。时间同步就是通过对本地时钟的某些操作，达到为分布式系统提供一个统一时间标度的过程。

时钟同步系统可以为计算机网络、计算机应用系统、流程控制管理系统、电子信息系统以及数据库的保存及维护系统等提供精密的标准时钟信号和时间戳服务。系统全网时钟不同步会造成一些较为特殊的故障，如数据和信息丢失、事件信息逻辑混乱、某些工作站死机甚至系统瘫痪。高精度同步系统的日志事件信息更有利于事故分析、故障定位及隐患排查。

在智慧军营建设中，由于部队作战、训练和保障等业务活动越来越多地应用了各种自动化系统，并且都连接到营区局域网，为保证各个自动化系统信息、数据和事件传递时间逻辑关系的准确，需要建立全营区的时钟同步系统，为各种应用系统提供统一的时钟基准和时钟同步服务。

13.2　系统组成

智慧军营时钟同步系统由基准时钟、时钟服务器以及传输通道构成，如图13-1所示。

基准时钟产生一个基准的时钟信号，是各个应用对象采信的时钟标准，通过时钟服务器的相应处理以不同的传输协议经网络或其他传输通道传送到应用对象。各应用对象据此调整自身的时钟，并与基准时钟保持同步。

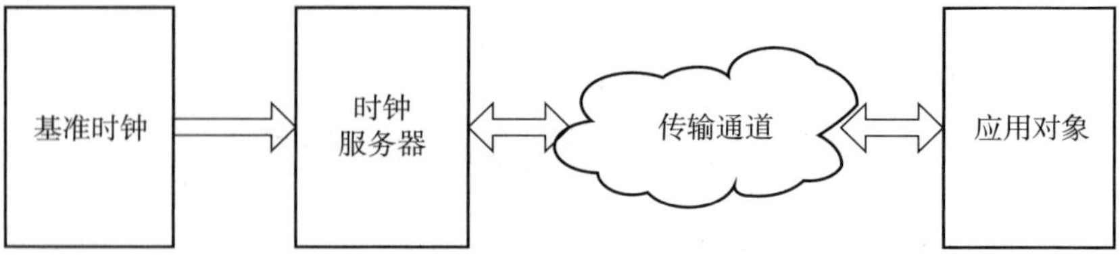

图 13－1 时钟同步系统基本组成

（1）卫星时钟同步

卫星时钟同步系统是以接收到的卫星发送的世界标准时钟信号为基准，建立授时网站，为用户提供通用的授时服务。其结构如图 13－2 所示。

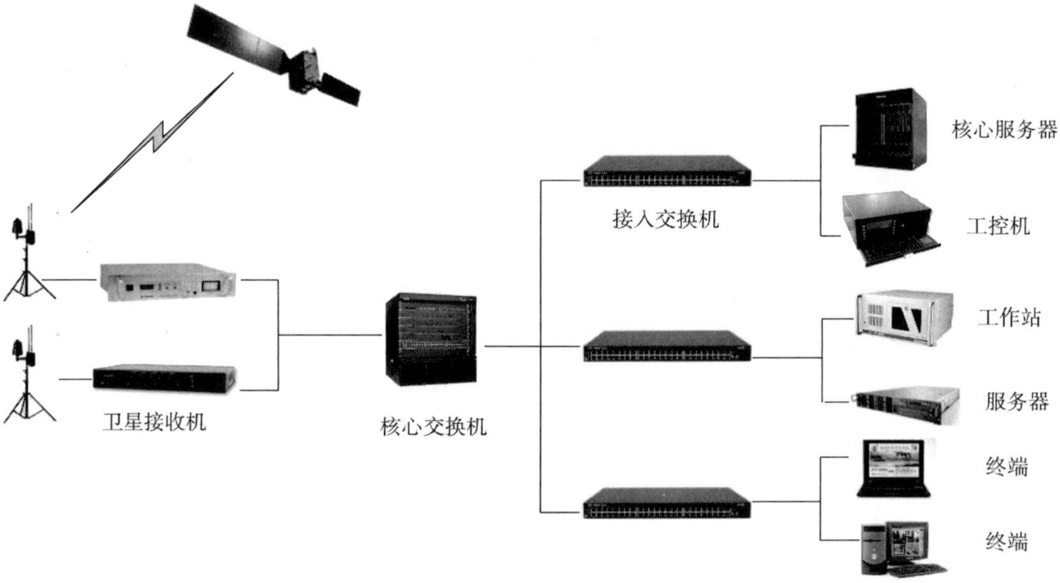

图 13－2 卫星时钟同步系统结构

全球卫星定位系统是一种以人造地球卫星为载体的覆盖全球、全天候工作的无线电导航定位系统，可以实现精确导航、定位和授时。目前世界上主要有美国的 GPS、俄罗斯的 GLONASS、欧洲空间局的 GALILEO 系统和中国的北斗卫星导航系统。

美国 GPS 的定位和授时精度、系统可靠性高，是一个军民两用系统，提供两个等级的服务。GPS 所发射的信号编码有精码与粗码之分。精码保密，主要提供给本国和盟国的军事用户使用，定位精度为 6 m；粗码提供给全世界民用，定位精度为 6～12 m，但在特定时期，粗码的定位精度可人为地降低，使对方得不到正常的导航信息。

我国的北斗卫星导航系统，可快速定位，为服务区域内的用户提供全天候、实时定位服务，定位精度与 GPS 相当；短报文通信，一次可传送多达 120 个汉字的信息；精密授时，精度达 20 ns。同时具备定位与通信功能，不需要其他通信系统支持，为自主系统，安全、可靠、稳定，保密性强，适合关键部门应用。

(2) 网络时钟同步

网络时钟同步系统是建立若干授时网站，为用户提供通用的授时软件，并且提供与时间服务器的链接。只要用户电脑定时通过授时软件访问这些时间服务器就能保证时间同步。采用通用的网络时间协议，在网上传递的时间信息具有统一的标准格式，合格的授时软件应该可以和任何一个授时网站上的时间服务器链接，并完成时间的传递。

网络时间协议 NTP 和简单网络时间协议 SNTP 是使用最普遍的国际互联网时间传输协议。NTP 属于 TCP/IP 协议族，可提供对时精度在 1～50 ms 之间。而 SNTP 是 NTP 的一个简化版，多数情况下，其精度可以保持在 1 ms 以内。

网络时钟同步系统结构如图 13－3 所示。

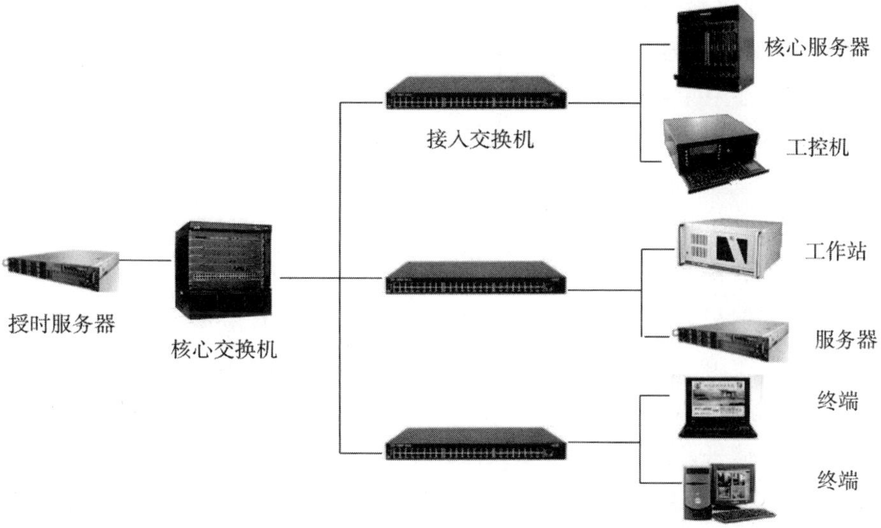

图 13－3　网络时钟同步系统结构

13.3　主要功能

时间同步系统主要功能为：

1) 显示统一的标准天文时间信息；

2) 通过网络授时和串口授时等方式向营区其他需要统一时间的系统及通信各子系统网管终端提供标准时间信息；

3) 对时方式的精度应满足营区各类设备的需求。

13.4　系统建设

13.4.1　系统结构

军队营区时钟同步系统的建设首先要选择系统结构，即选择卫星时钟同步系统还是网络时钟同步系统。

卫星时钟同步系统的优点是采用世界标准时钟信号，具有全球统一性，时钟准确、精度高；但缺点是系统复杂，建设投资大。

网络时钟同步系统的优点是系统构建简单，以网络上指定的服务器作为时钟基准，无需复杂的建设；缺点是时钟信号不标准，精度不高。

从当前美国GPS应用的成熟度和我国自主的北斗卫星导航系统快速发展的情况出发，采用GPS和北斗卫星导航系统双冗余时钟同步系统是一种十分先进、可靠的方案。系统利用北斗网络时间服务器，同时接收北斗导航卫星和GPS卫星信号，双卫星系统授时互为备用，采用国际标准的NTP/SNTP网络传输协议，通过网络接口为计算机网络中的计算机、路由器进行高精度网络授时。采用GPS和北斗卫星导航系统双冗余结构，GPS冗余装置和北斗卫星导航系统冗余装置之间按照一定的切换逻辑自动切换到信号较好的装置上工作，输出网络对时信号（SNTP协议）供需对时的终端或者监控、保护等设备对时。

采用GPS与北斗卫星导航系统双冗余结构的意义体现为：

1）模块化结构，NTP/SNTP端口可灵活配置，可配置多达20路以上物理隔离的10/100 Mbit/s网口；

2）卫星时钟系统采用双CPU同时工作，性能极大提高；

3）设备精度高，同步快；

4）支持单星授时模式，适用于收星效果不佳的情况，有屋顶和贴窗天线可供选择；

5）支持单GPS、单北斗卫星导航系统、单CDMA、双GPS、双北斗卫星导航系统、双CDMA、GPS/北斗卫星导航系统/CDMA双系统接收机配置，实现多基准冗余授时，能够智能判别GPS信号、北斗信号、CDMA信号、外部B码时间基准信号的稳定性和优劣，并提供多种时间基准配置方法；

6）具有完善的北斗卫星导航系统和GPS信号的性能监测功能，自动或手动选择主用卫星信号；

7）自保持能力强，时钟装置收不到卫星信号后，自守时能力优于 7×10^{-9}（0.42 μs/min）；

8）装置具有多个物理隔离的、相互独立的10/100 Mbit/s网口（每个端口具有独立的MAC地址），多个端口可以灵活地配置使用，可以用在不断增长变化的网络环境中；还可用于不同的子网或不同的物理隔离的网络中。另外，还可用来作为NTP网管使用，使两个物理隔离的网络共享时间服务器资源；

9）可同时为多达几十万台客户端、服务器、工作站提供时间校时服务；

10）支持Windows、Linux、UNIX、SUN SOLARIS、IBM AIX、HP-UX等操作系统及支持NTP协议的路由器、交换机、智能控制器等网络设备。

13.4.2 卫星时钟系统设备

时钟系统采用分布式结构，采用监控中心机房和应用终端组网方式，主要由中心母钟（含GPS和北斗卫星导航系统标准时间信号接收单元、主备母钟及分路输出接口箱）、传输通道、电源、系统监测计算机等组成。监控中心机房设备与中继器、应用终端通过传输通道连接。

监控中心母钟接收来自 GPS、北斗导航卫星的标准时间信号，在中心机房通过传输线路为其他各系统提供统一的时间信号，使各子系统的定时设备与时钟系统同步，从而实现统一的时间标准。标准时间信号接收单元是为了向时间系统提供高精度的时间基准而设置的，用以实现时间系统的无累积误差运行。

中心母钟和维护管理终端部署在营区监控中心设备房内，GPS 天线和北斗导航卫星天线安装在楼顶开阔位置，在天线馈线上加装防雷保护器。监控中心母钟安放于标准机柜，内设风扇、电源及门锁。

13.4.3　传输网络

营区时钟同步系统利用对时系统将获取的标准时钟信号信息在营区网络中传输，标准的时钟信息通过 TCP/IP 网络传输，网络中需要时间信号的设备如计算机、控制器等设备就可以与标准时钟信号同步，实现网络授时功能。

对于现场自动化控制装置和设备则通过串口形式，以串口总线等作为传输通道，接收时钟同步信号，完成同步。

第 14 章　营产营具管理系统

军队的现代后勤建设要求加强军营资产的精细化管理，在部队的营产营具管理工作中引入适当的信息化手段，取代手工管理，形成管理新模式，对于提高部队营房保障管理效率，促进智慧军营建设有重要的作用。

14.1　概述

部队的营产是指依法由部队使用管理的土地及其地上、地下用于营房保障的建筑物、构筑物、附属设施设备，以及其他附作物，如水电、取暖、卫生、消防等设施设备。营具是军营中的用具，包括各种办公、学习与生活用具。对营产营具的管理是行政管理工作的一部分，其目的是通过科学合理地使用好各类现有营产营具，提高营房综合保障能力，适应部队现代化建设的需要。

智慧军营建设时，采用以射频标签（RFID）、标识条码等为主要形式的电子标识系统，对营产的施工建造、竣工移交、维修改造、出租转让、拆除销号等环节，以及营具的购置配置、修理调换、仓储管理、收旧报废等过程进行全寿命周期的信息管理，形成营产营具管理系统，实现营产营具信息的采集、传输、加工和处理，落实精细化管理的要求。

14.2　系统组成

智慧军营的营产营具管理系统组成如图 14－1 所示。

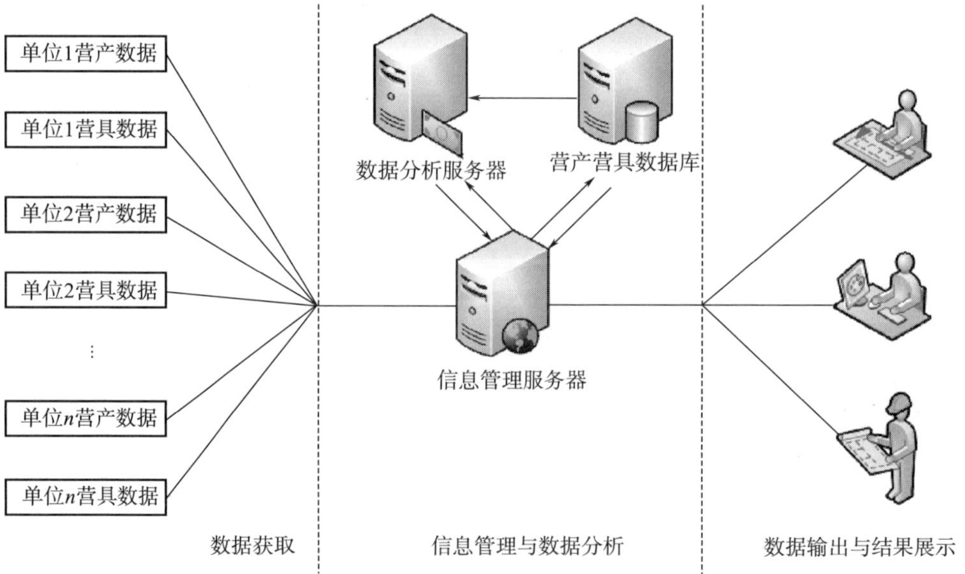

图 14－1　系统组成

系统从总体上可以分为数据获取、信息管理与数据分析以及数据输出与结果展示 3 个部分。营区内各个单位的营产和营具数据汇总到信息管理服务器后，经过相应处理存储到数据库中，当决策者执行查询和管理任务时，通过信息管理服务器执行操作；如果还要涉及数据的分析，则还要与数据分析服务器交互后再将结果回传。数据分析服务器还执行日常的数据分析工作，并不依赖于信息管理服务器。

应用于智慧军营的营产营具管理系统由软件、硬件和网络组成，如图 14－2 所示。

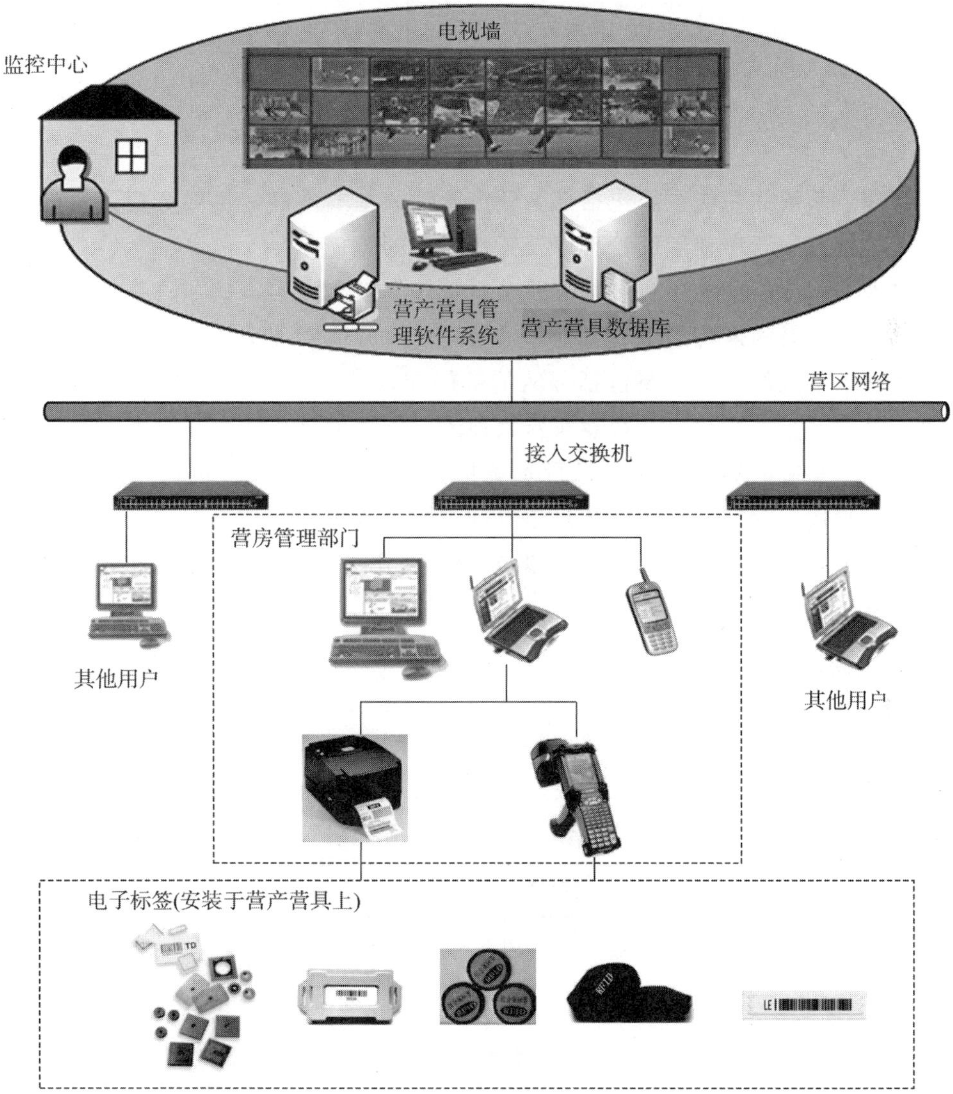

图 14－2　营产营具管理系统组成

其中管理软件是该系统的核心，其组成如图 14－3 所示。

软件划分为以下几个子系统：营产管理子系统、营具管理子系统、人员管理子系统、综合管理子系统以及数据分析子系统。

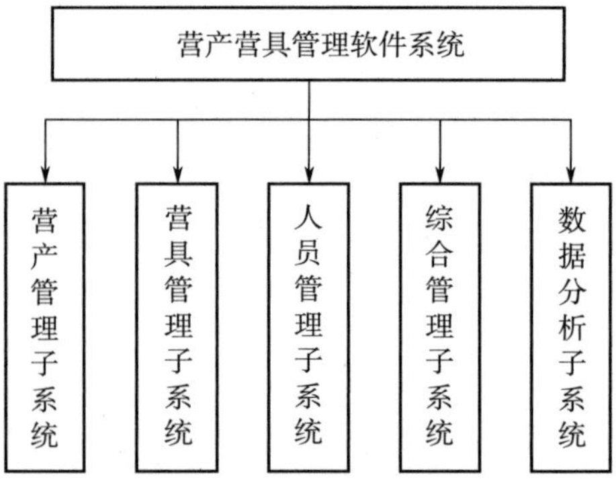

图 14-3　管理软件组成

营产管理子系统的功能主要包括部队营产管理的基本内容，例如产权产籍的管理、部队设施设备的管理、营房住用的管理以及营房档案的管理。

营具管理子系统的功能主要包括部队营具管理的基本内容，例如营具的库存管理、营具的配发管理、营具的采购管理、其他日常管理以及其他管理功能。

人员管理子系统的功能主要包括部队的部门和人员基本信息的管理，例如数据录入、查询、更新等。这个子系统可与智慧军营其他人员管理信息系统合并使用。

综合管理子系统的功能主要是进行系统信息的设置和管理，包括用户个人信息的管理，机构设置和代码管理，以及系统日志管理与数据备份等。

数据分析子系统主要功能是进行数据分析，找出营产营具使用中的趋势和一般性规律，以指导营具等物资的采购与调配。

14.2.1　营产管理子系统

营产管理子系统主要进行营产数据的汇总查询与管理（见图 14-4）。营产数据汇总查询主要提供依据各种关键字对部队的营产数据进行查询的功能。营产数据的管理主要包括产权产籍管理、设施设备管理、营房住用管理、营房档案管理，分别对应一个模块。

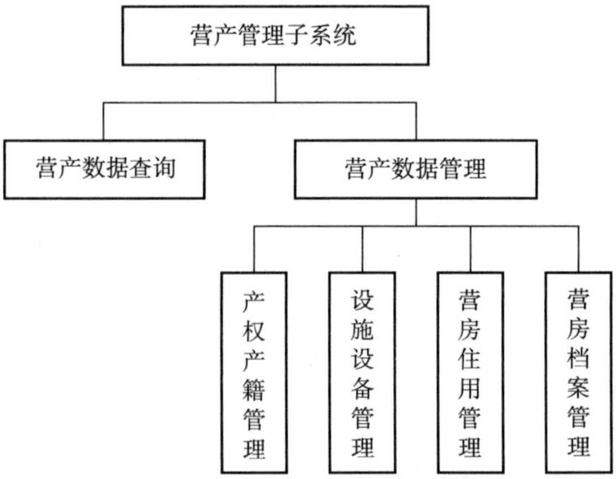

图 14-4　营产管理子系统组成

通过该子系统，主管部门或对口的管理人员可以方便地在线查询部队营产的状态，在营产发生变化时可以方便地进行修改或进行其他必要管理。

系统根据用户的权限，决定给用户显示的功能模块，以及用户能操作的功能模块。如普通营产管理人员只能进行查询操作，而高级营产管理人员可以进行营产数据的管理工作。

14.2.2　营具管理子系统

营具管理子系统主要进行营具数据的汇总、查询、数据录入与数据管理。营具管理子系统组成如图 14－5 所示。

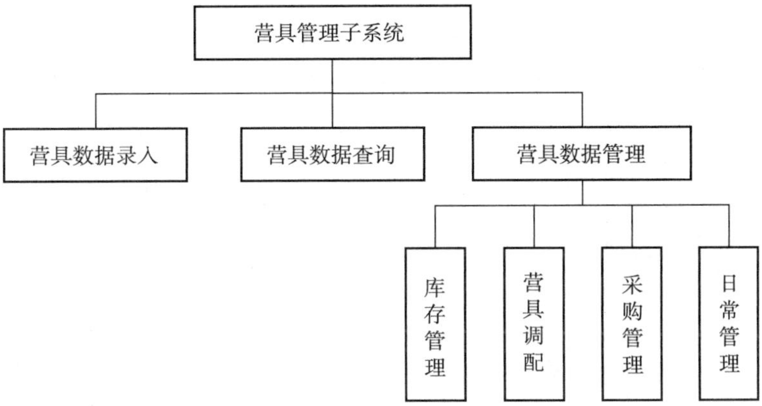

图 14－5　营具管理子系统组成

营具的查询模块提供按各种关键字查询部队营具数据的功能。

营具的数据录入模块主要功能是进行营具的计价挂账，输入基本信息，例如入库营具的内部编码等。

营具的数据管理包括以下模块：首先是库存管理模块，主要功能是对库存营具进行分类、统计，生成使用清单等；其次是营具调配模块，包括营具的入库、分配以及出库的信息管理；第三是采购管理模块，其功能主要是明确营具物资采购情况，特别是物资配发单位或供应商信息的管理，并根据计划和库存情况制定采购或调配计划，实施营具采购和调配；第四是日常管理模块，主要功能是管理日常的维修保养和报损回收信息。

14.2.3　人员管理子系统

人员管理子系统是对部队的部门和人员的基本信息进行管理，包括数据查询、更新等。用户进入系统主界面后，点击登录人员管理子系统，系统根据用户的权限，决定给用户显示的功能模块，以及用户能操作的功能模块。只有系统管理员和人事管理员有权进行营产营具数据的管理工作。

14.2.4 综合管理子系统

综合管理子系统主要包括用户信息管理、综合设置以及系统信息管理三个功能模块（如图 14－6）。

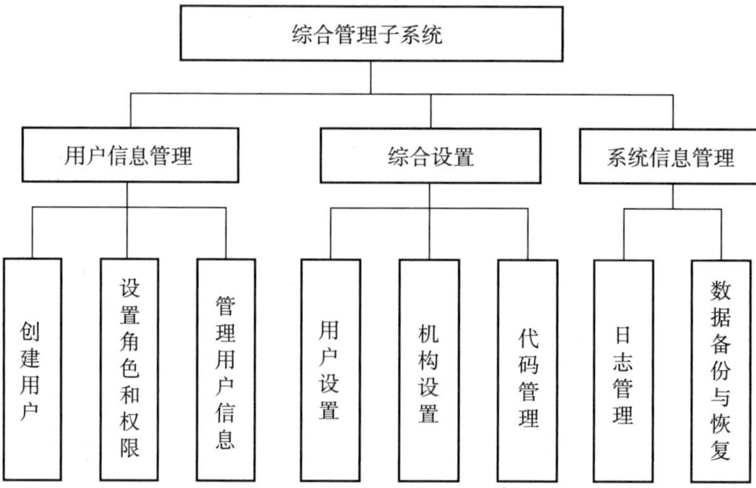

图 14－6　综合管理子系统组成

用户信息管理主要是管理系统中的各级用户。完成创建用户、对其设置权限，并能够修改用户的各项信息，包括用户对自己的个人基本信息进行修改以及密码设置等。

综合设置模块主要设置系统各项参数。首先是用户设置模块。每个用户在注册时，被赋予一定的权限，当用户登录系统时，系统会根据用户的权限判断该用户能进入哪些模块，以及能进行哪些操作。其次是机构设置模块，主要功能是对营产营具管理中涉及的机构做相应设置。代码管理模块主要涉及对全局性的营产营具的代码进行管理，包括增加、删除和修改等功能。

系统信息管理包括系统的日志管理、数据备份与恢复模块。日志管理模块主要包括两方面的功能。首先是记录跟踪登录用户的状态和所进行的操作，并能按时间、用户、子系统等关键词进行搜索和排序，为将来系统的核查提供依据。其次是记录和查询系统中的重要事件，如系统重启、维护的时间等。数据备份与恢复模块的功能是对系统中数据进行备份和恢复，可以选择备份整个系统的所有数据或备份特定子系统的数据。

14.2.5 数据分析子系统

随着部队营产营具数目的不断增加，一方面提出了对这些数据进行分析，以指导营产营具的分配、采购及生产的要求，另一方面随着数据的增加，也使得对数据进行分析、得出有效结论成为可能。数据分析子系统的目的是根据计划和库存情况制定采购或调配计划，指导营具的采购和调配。该模块是营具模块相关决策的依据。影响营具的采购和调配的因素众多，如上级计划、产业结构、部队所在地经济水平、部队官兵的结构、是否需要贷款以及相关的银行利率水平等。预测营具的需求变化可以采用基于相关指标用外推法、基于回归模型作预测等方法。但是预测时如果仅考虑单一的影响因素，将难以准确地分析营具的增长趋势；但解释变量过多，容易使各解释变量间具有较强的相关性，引发多重共线性问题。此外，如果拟合阶次过高，会使高频度的数据噪声纳入到模型当中，不利于有效分析。

14.3　主要功能

14.3.1　业务功能

（1）营产管理

营产管理提供包括产权产籍、设施设备、营房住用和营房档案的管理，以及各项营产数据的查询和汇总等功能。

（2）营具管理

营具管理包括：

营具登记：实现营具基本信息登记，建立其数字档案。登记的营具基本信息包括编号、名称、类型、规格、使用单位、责任人、启用时间等。同时提供营具标签打印功能，对于基本信息登记完毕的营具，可以打印标签，粘贴到营具上。

营具使用：主要考虑对使用情况进行管理，即在营具由部门统一管理的基础上，在系统中实现对其配发、借出、归还的监控，保证可以实时掌控每一个营具的状态。

营具注销：当营具在管理机构完成报废手续后，执行注销操作。

（3）营房住用全过程管理

对部队营房的维修改造、出租转让、拆除销号等管理活动以已有数据为认证依据，实现管理审批等事项以进行全过程管理，准确管理房地产资源、划拨营房维持性经费，杜绝计划外租赁项目、虚领冒领营房经费等现象。对于没有系统授权许可的工程建设项目和房地产资源，易于识别发现、便于查处追责。

（4）数据分析管理

能够以不同的模型方法对营区内的营产营具数据进行分析管理，发现规律，为营房部门提供营产和营具相关工作的指导。

（5）辅助决策

根据部队营产营具工作的内容，制定各种军事应用的保障预案；可在不同的使用条件和要求下，生成可用于参考的保障方案，为部队决策提供技术支持。

14.3.2　技术功能

管理软件在技术操作与使用上提供如下功能：

（1）用户管理

主要提供用户添加、删除，用户权限设置，密码修改功能。权限控制，采用角色分级用户控制。每一个编号对应一个用户名，且对应相应的用户级别。在添加用户时，除了编号与用户名以外，必须添加相应的级别，用户级别由系统管理员分配。

（2）组织机构管理

对部队的组织机构进行管理，构建维护组织机构结构化数据。形成格式化的组织机构构成，以方便营区管理以及数据的上报与下发。

（3）流程配置管理

对系统涉及的营具购置、配发、借用、归还、报废等流程进行配置，包括流程的创建、修改和删除。

（4）基础数据管理

对营产营具系统的基础数据进行管理。

（5）系统维护

包括系统数据备份和恢复功能，将对重要数据进行操作，保证营产营具管理数据的安全。

（6）信息查询

信息查询是系统的一个重要组成部分及功能。设置的方式为全局检索，查询条件采用的是组合查询模式，且可以选择和组合任意几种查询方式，既可以只选择一种查询条件，也可以所有查询条件都选择。

（7）数据报表

当在查看当前记录的详细信息时，有时需要将信息做成报表的形式，以便浏览或者打印。提供根据营房管理人员数据分析的需要对报表格式进行一定程度上的定制并且能够对报表中的一些统计数据进行多角度的追踪分析。可设置用户报表及文字资料两项报表功能。

14.4 系统建设

14.4.1 智慧编码

对营区内所有营产和营具进行智慧编码是系统建设的首要内容。该编码一般由代表营产营具种类信息的类别码和反映自身属性的属性码两部分组成。实行编码管理既有利于实施快速分类、统计，又因其具有唯一性和排他性，贯穿于营产营具整个寿命周期，避免了经常更换标签的弊端。

营产和营具的编码通常参照全军和军队的相关物资编码规定实施，也可根据本单位的特殊情况进行补充。

14.4.2 系统建设

系统的建设包括如下内容：

1）分别在部队营区的营产、营具上安装适当的“电子标识”，如固定式 RFID 标签、电子标牌、二维码、条形码等，对每一待管理的对象进行唯一的标识标记；

2）在营房管理部队配置管理计算机、条码打印机、二维条码识别仪、手持终端和相关耗材，对营产营具的“电子标识”进行统一的识别，建立数据库系统；

3）安装应用营产营具智能识别与管理软件，根据管理要求对各类数据进行统一管理；

4）在营区服务网站上研制相关软件构件，对公开的营具信息提供公示或查询等信息服务。

第 15 章　安全技术防范系统

近年来国际与国内形势发生了较大变化，军队营区的安全面临日益复杂的情况，传统的安全防护手段不仅需要大量的警卫勤务力量，并且防护效果也差强人意。随着我国安全防护技术与设备的发展与成熟，军营的智能安全防范手段也越来越丰富，效果也日益突出，军营的安防体系建设成为可能。

15.1　概述

军队安全技术防范系统是以部队营区安全保障为目的，以营区重点要害部位的防护为核心，综合运用技术防范、人力防范和实体防范等多种手段，将具有防入侵、防盗窃、防抢劫、防破坏、防爆炸、防自然灾害事故等功能的专用设备、软件组合成一个有机整体，通过有效的控制使之具有探测、延迟、反应等综合功能的安全防范体系。

根据《军事目标安全技术防范通用要求》，军事防护目标按风险等级由高到低分为一级、二级、三级和普通风险目标。不同风险等级目标应当采用对应等级的防护体系。防护体系的等级建设包括部署不同的安全技术防范设备系统，配置不同的防护功能，制定不同的防护策略，以满足不同的安全保障等级要求。

在营区安防系统设计时则要加强与部队保卫部门的协调，落实其提出的相关要求，系统建设时从适合部队实用要求为出发点，根据部队营区风险等级、防护等级、客观实际和建设投资等多种因素综合考虑，从而建成适用、管用、好用的营区安全防范系统。

15.1.1　风险等级

参照军队对重点要害部位安全防范的有关规定，根据军队军事目标在国防和军队建设中的地位作用、建设规模、所处环境和风险因素等，确定军队军事目标的风险等级，实行相应的等级管理制度。

军队营区根据如下原则确定防护目标等级：

1）根据目标涉密程度及发生安全事件后对国家、军队、单位、系统的影响程度来确定；

2）根据目标所处地理环境、目标面临的威胁程度和国家、军队对安全保密具体要求来确定；

3）根据风险等级来确定，重要军事目标按照由高到低分为三级风险目标，一般性军事目标列为普通风险目标。

一级风险目标，指对国家、军队安全稳定及外交政治全局有重大影响的军事设施；

二级风险目标，指对国家、军队安全稳定及外交政治全局有较大影响的军事设施；

三级风险目标，指对军队安全稳定有较大影响的军事设施；

普通风险目标，指一般性的公共建筑、干部战士生活保障区，以及未列入一级、二级和三级风险目标的办公、生活和勤务保障确需安全防范的场所。

根据实际情况和军事活动需要，可以调整军事目标风险等级。

15.1.2　风险防护

对应不同风险等级，防护目标的防护级别设置为一级防护、二级防护、三级防护和普通防护。

部队营区按警戒防护要求通常分为：防护区、监控区和限制区。防护区，指防护目标所在的区域，其边界可由实体设施、标识、探测、警卫等界定。监控区，是防护区内的重要部位，需采取安全技术防范措施全面覆盖。限制区，仅授权人员可以出入和活动的区域。不同的区域对应不同的防护要求。

各级防护的具体要求为：

（1）一级防护

应能发现和迟滞有组织、有预谋的经过特殊训练的人员使用专用器具危害防护目标。

具有实体防护能力的或与实体防护设施组合使用的安全技术防范系统、装置，应能阻挡或迟滞防范对象采取攀爬、翻越、冲撞、洞穿、破坏等不同途径通过防护区周界并发出警示、报警。

监控区应对处于警戒状态下的警戒区域内的人员或车辆等机动工具的进出、停留、移动实施不间断监控。

限制区应采用复合探测、音/视频智能分析、生物识别等技术手段加强防护能力。

（2）二级防护

应对监控区域内的所有人员、车辆、重要设施设备的行为、状态、报警进行监控并可靠记录。

具有实体防护能力的或与实体防护设施组合使用的安全技术防范系统、装置，应能阻挡或迟滞防范对象采取攀爬、翻越、冲撞、洞穿、破坏等不同途径通过防护区周界并发出报警，无法阻挡或迟滞的应采取现场声光警告。

监控区应对处于警戒状态下的警戒区域内的人员或机动工具的进出、停留、移动实施不间断监控。

限制区应采用复合探测、音/视频智能分析、生物识别等技术手段加强防护能力。

（3）三级防护

具有实体防护能力的或与实体防护设施组合使用的安全技术防范系统、装置，应能阻挡或迟滞防范对象采取攀爬、翻越、冲撞、洞穿、破坏等不同途径通过防护区周界并发出报警。

监控区应能对警戒状态下的警戒区域内人员或车辆的进出、停留、移动实施监控。

限制区宜采用复合探测、音/视频智能分析、生物识别等技术手段加强防护能力。

(4) 普通防护

监控区宜对人员或车辆进出、停留、移动进行监控。

15.1.3 组成和配置

安全技术防范系统包括视频监控、入侵报警、出入口控制等多个功能子系统，以不同的技术途径来实现对安全隐患的探测，不同子系统根据需要部署于营区的不同位置，其原理和配置的方法说明如下：

(1) 视频监控系统

视频监控系统是用于安全防范目的，通过对监视区域进行视频探测、视频监视、控制、图像显示、记录和回放的视频信息系统或网络。它是最常用的安全防范系统。通过视频监控系统对整个军队营区的实时全程监控，能让部队首长和值班人员可及时掌握营区现场所发生的一切事宜，为及时处理有关情况和决策提供强有力的依据。

视频监控系统布置点位及设备选型如下：

1) 营区重要出入口配置固定式枪机；

2) 办公大楼门厅配置室内球机；

3) 需要大范围监控区域配置室外长焦可控球机；

4) 道路、重点区域等配置室外可控球机；

5) 在营区周界重要位置设置夜视仪，主要对远距离、大范围的车辆和舰船进行监控；

6) 大范围目标，如道路的路口、门岗等位置，采用高速球机；

7) 小范围目标，用定焦枪机；

8) 监控中心采用半球机；

9) 油库等内部采用防爆摄像机，库房内大范围目标采用带云台防爆枪机，小范围目标采用不带云台防爆枪机。

(2) 入侵报警系统

入侵报警系统是利用传感技术和电子信息技术探测并指示非法进入或试图非法进入设防区域的行为、处理报警信息、发出报警信息的电子系统或网络。入侵报警系统主要配置于营区围墙周界、重点办公区周界等重点要害部位。

(3) 出入口控制系统

出入口控制系统是利用自定义符或/和模式识别技术对出入口目标进行识别并控制出入口执行机构启闭的电子系统或网络。出入口控制系统主要部署于营区主要出入口、营区内重要的分区出入口、指挥室、机要会议室、监控中心等其他核心场合，对防护区域车辆、人员进行控制和管理。

(4) 电子巡查系统

电子巡查系统是对安全巡查人员的巡查路线、方式及过程进行管理和控制的电子系统。在营区道路各主要部位、营区周界主要位置合理设置巡查点，巡查系统能按时间、区域或部位对巡查点和巡查线路编程设防或撤防，中心控制室应具有对巡查时间、地点、人员和顺序等数据的显示、归档、查询和打印等功能。根据营区实际情况，巡查点可设置在周界、闭路视频监控死角，巡查管理设备放置在监控中心或分控中心。

（5）枪支离位报警系统

枪支离位报警系统是对枪支进行在位监测与离位报警的电子系统。该系统主要部署于营区军事重点防范区、重要库区、重点哨位等处，有效实现对站岗哨兵枪支在位情况的实时监测，确保执勤人员及枪支安全。

（6）安全管理系统

安全管理系统是对入侵报警、视频监控、出入口控制等子系统进行组合或集成，实现对各子系统的有效联动、管理和/或监控的电子系统。

15.1.4 建设原则

智慧军营安全技术防范系统的建设应当遵守如下基本原则：

1）安全技术防范是军事目标防护体系的基础组成，应坚持人防、物防、技防相结合，防护级别与风险等级相适应，实现纵深防护、均衡防护和抗易损防护；

2）安全技术防范系统建设应纳入军队建设的总体规划，综合设计、同步施工和独立验收，满足预警、报警、处警和取证、分析的使用要求；

3）安全技术防范系统的设施设备应得到实体防护设施的支撑和保护，安全技术防范系统的设置和布局应与实体防护设施的设置和布局相结合，使安全技术防范系统既能充分发挥效能，同时其设施设备、连线又不易被攻击和破坏；

4）安全技术防范系统的设置和布局应与执勤、警卫分队的设置和布局相配合，安全技术防范系统的探测、监控范围应与执勤、警卫分队的保卫范围相重合，在安全技术防范系统报警时，使执勤、警卫分队处置警情所需时间最少。在提高防护能力的要求下，应采用主动防护手段加强实体防护，在防护薄弱处应部署执勤、警卫加强警戒；

5）安全技术防范系统运行管理应结合部队作战值班或其他日常值班进行；

6）安全技术防范系统选用设备必须是经过军用安全技术防范产品安全认证中心认证的国产设备。

15.2 视频监控系统

15.2.1 概述

15.2.1.1 定义

视频监控系统是利用视频技术探测、监视设防区域并实时显示、记录现场图像的电子系统或网络。用于安防领域的视频监控系统是集图像采集、传输、压缩、控制、报警、软件解码、数字图像记录和图像传输等技术于一体的众多技术应用系统。

视频监控系统是一种防范能力较强的应用系统，在安全技术防范中的地位和作用突出，已成为安全技术防范系统技术集成的核心。视频监控以其直观、准确、及时和信息内容丰富而广泛应用于许多场合。在营区安全技术防范体系中，视频监控是必不可少的要素。

15.2.1.2 技术特点

视频监控的特点包括：

1）视频监控作为一种主动的探测手段，监控与记录的信息具有实时性、完整性和真实性，不仅可以记录事件发生时的状态，还可以记录事件发展的过程和处置结果，是实施动态监控的最佳手段。

2）视频监控可作为其他技术系统，例如入侵报警系统的有效辅助复核手段。

3）视频监控是安全技术防范系统技术集成、功能集成的核心，往往各项功能都围绕视频监控功能展开；

4）视频监控是对安全防范区域的日常业务工作影响最小的技术系统。安防系统的运行是与正常的业务工作交织在一起的，通常由人工进行操作，可能会引起错误，例如对出入口控制系统操作不当影响人员的进出。而视频监控是一种被动的工作方式，是一种对日常业务影响最小的系统。

视频监控系统成为最常采用、最有效的安全技术防范手段。

15.2.1.3 视频监控技术应用

（1）对防范区域的实时监控

实现防范区域的实时监控，对防范区域重点要害部位进行安全监控，这是视频监控技术最常用的应用方式。

（2）探测信息的复核

在高风险部位，通常采用入侵探测和出入管理实现对这些部位的监控，当发生报警等信息时，由于这些信息是不可视的，需要采用图像技术对这些报警信息进行真实性核实，这也是降低系统误报率的有效手段。

（3）图像信息的记录

安防系统必须具备信息记录、存储功能，而图像是系统记录的最有价值信息，是各类相关应用的最真实、最可靠的信息来源。

（4）指挥决策

视频监控信息是进行指挥决策的重要依据，指挥人员可以通过对前端图像的查看，快速做出反应和决策部署，为各种活动提供决策信息。

（5）智能视频

智能视频是在视频监控的基础上，利用图像信息进行分析，对可能出现的入侵行为进行探测，从而提前预警。目前，也出现了一些利用智能视频进行周界防范、物品看护、入侵报警等功能的系统，可以有效提高视频监控的效率。

15.2.2　系统组成

视频监控系统按其位置和功能可分为三大部分：前端设备、传输系统和监控中心控制设备三个部分。

前端设备主要完成视频信号采集、滤波、压缩编码、形成复合同步码流、现场缓存、密码控制校核、通信链路控制、防护罩的控制等功能。主要设备包括摄像机、镜头、探测器、红外灯、云台、防护罩、译码器、照明灯等。

传输环节的主要功能是完成视频监控系统中的各种信号的传输。高质量的视频信号传输是视频监控系统设计的关键，特别是对于大型的、远距离的视频监控系统。传输部分包括各种光端机、光缆、视频线、双绞线等网络传输设备。传输部分要求前端摄像机摄录的图像进行实时传输，同时传输损耗要小、传输质量可靠，图像在监控中心能够清晰还原显示。

视频监控系统通常有一个监控中心或者几个分监控中心，控制部分是整个系统的“心脏”和“大脑”，是实现整个视频监控系统功能的指挥中心。监控中心集中了各类控制设备，实现图像信息的显示、存储、分配、合成、信息叠加等。常见设备主要包括：录像机、控制键盘、矩阵控制主机、控制台等。

当前，视频监控系统根据技术形式可以分为模拟式和数字式。模拟视频监控系统，是除显示设备外的视频设备之间以端对端模拟视频方式进行传输的监控系统。数字视频监控系统，是除显示设备外的视频设备之间以数字视频方式进行传输的监控系统。由于使用数字网络传输，所以又称网络视频监控系统。两种系统中设备接口和数据传输通道设备不同。

15.2.2.1　前端设备

（1）摄像机

摄像机是能够将景物光信号转变为图像电信号的视频采集设备，是视频监控系统的核心设备。作为前端设备，在大多数情况下决定着视频监控系统的图像质量。

摄像机是摄像头和镜头的总称，摄像头的主要传感部件是 CCD。镜头是用以生成影像的光学部件，由多片透镜组成，主要参数是变倍大小、控制方式、电动或手动、视场角的大小等。当监控系统监视场所面积较大时，可在摄像机上加装电动的（可控制）可变焦距（变倍）镜头，使摄像机所能观察的距离更远，更清楚。

常用的摄像机包括多种类型。

1）一体化摄像机：应专指镜头内建、可自动聚焦的一体化摄像机。与传统摄像机相比，一体化摄像机体积小巧、美观、安装快捷、监控范围广、性价比高，自动聚焦、防水等功能好。但也存在着协议不统一、特殊应用场景适用性不强等问题。

2）球型摄像机：是指将摄像头、镜头等设备组合内置在球型防护罩内的摄像设备。以防护罩区分，有全球型和半球型；以球型摄像机的性能区分，有定焦镜头球型摄像机或定焦镜头球罩型摄像机和一体化智能球机；以安装方式区分，有悬吊式、吸顶式和嵌入式等；以应用环境区分，有室内型和室外型。

3）低照度摄像机：是指在较低光照度的条件下仍然可以摄取清晰图像的摄像机，目前在技术规格方面对此并无统一标准，因此也无法定义在最低照度为何值时称其为低照度摄像机。低照度摄像机可简单分为：白天彩色/晚上黑白、低速快门及超感度摄像机。

4）网络摄像机：网络视频服务器与模拟摄像机连接到一起就构成了数字网络摄像机，也称为IP摄像机。每一个网络摄像机都有自己的IP网址、数据处理功能和内置应用软件，可担当网络服务器、FTP服务器、FTP用户端和邮箱用户端。许多高级的IP网络摄像机还包括其他特殊功能，比如移动探测、警报信号输出/输入和邮件支持。

摄像机相关技术参数包括扫描制式、CCD性能、水平分辨率、最小照度、供电方式、信噪比、视频输出、灵敏度等。

（2）镜头

镜头通常可以分为如下几类：

1）依据焦距分类有固定焦距式、伸缩式；

2）依据焦距数字大小分类有标准镜头、广角镜头、望远镜头等；

3）依据光圈分类有固定光圈式、手动光圈式、自动光圈式等；

4）依据镜头伸缩调整方式分类有电动伸缩镜头、手动伸缩镜头等。

通常用清晰度、照度、电子快门、白平衡、背光补偿、宽动态和强光抑制等参数来描述镜头性能。

摄像机的摄像效果如何，与镜头的选择有很大的关系。在不同的使用场合，根据不同的使用要求来选择摄像机的镜头。常规的摄像机镜头有以下几种：

1）手动光圈定焦镜头。这种镜头光圈可以改变，但是焦距是不可改变的。它适合于固定焦距、光照亮度变化不大的场合。

2）手动光圈变焦镜头。应用方式同上，只是有些场合下，考虑到摄像环境范围与距离没有确定，可采用此类镜头。

3）自动光圈定焦镜头。当环境照度发生变化时，这种镜头通过摄像机亮度电平输出的信号幅值，来驱动镜头光圈电机，自动调整光圈的大小，以保证落在CCD靶面上的照度是恒定的。它适合于照度变化较大，摄像焦距固定的场合。

4）自动光圈变焦镜头。应用方式同上，只是有些场合下，考虑到摄像环境范围与距离没有确定，可采用此类镜头；

5）电动变倍、电动光圈、电动焦距可变镜头。这种镜头的光圈与焦距的调整都是都是通过电动来控制的，该镜头一般焦距较长，变焦范围较大，光圈可以控制。

（3）云台

云台是安装、固定摄像机的支撑设备，云台分为固定云台和电动云台两种。固定云台适用于监视范围不大的情况，在固定云台上安装好摄像机后可调整摄像机的水平和俯仰的角度，达到最好的工作姿态后，只要锁定调整机构就可以了。电动云台适用于大范围扫描监视，它可以扩大摄像机的监视范围。电动云台是两个交流电机组成的安装平台，可以水平和垂直运动，电动机可接收来自控制器的信号精确地运行定位。

云台的性能指标包括：转动速度、转动角度和载重量。

（4）支架

摄像机支架是用于固定摄像机的部件。摄像机支架一般均为小型支架，有注塑型、金属型等种类，可直接固定摄像机，也可通过防护罩固定摄像机。摄像机支架都具有万向调节功能，通过对支架的调整，即可以将摄像机的镜头准确地对向被摄现场。

（5）防护罩

为了保证摄像机、镜头工作的可靠性，延长其使用寿命，应给摄像机装配具有多种保护措施的防护罩。使摄像机在有灰尘、雨水、高低温等情况下能正常工作，还可以尽量防止对摄像机和镜头的人为破坏。

（6）终端解码器

终端解码器也称为解码控制器，它是一个重要的前端控制设备，它在数字监控主机的控制下，可使云台、镜头、防护罩等前端设备产生相应的动作。终端解码器安装在摄像机（及云台）附近。它的功能是把由总控制台发出的代表控制命令的编码信号（由总线传送的串行数据）解码还原为对摄像机和云台的具体控制信号（比如开关信号）。它可以控制的内容有：摄像机的开机、关机；摄像机镜头的光圈大小、变焦、聚焦；云台的水平与垂直方向的转动；防护罩加温、降温以及雨刷动作等。目前生产的终端解码器还具有供给摄像机、云台、防护罩等所需要的各类电源的功能。

（7）辅助照明

为了使摄取的图像层次清楚、对比度合适，必须保证摄像机的最佳照度，在环境照度不能满足要求时，需要配置辅助照明设备以达到摄像要求。

①红外灯

红外灯采用红外辐射“照明”，产生人眼看不见而普通摄像机能捕捉到的红外光，辐射“照明”景物和环境，普通低照度黑白摄像机、白天彩色夜间自动变黑白摄像机或红外敏感型低照度彩色摄像机，感受周围环境反射回来的红外光实现夜视效果。

②激光灯

激光灯采用光斑均匀强化技术，以及光斑自动聚焦技术、具有光度强、画面更加均匀、照射耗电少、使用寿命更长等优点，缺点是由于亮度强，近距离照射反而效果差。

15.2.2.2　传输系统

视频监控系统传输方式分为同轴电缆传输、光缆传输、网络传输、微波传输、双绞线平衡传输、宽频共缆传输、无线传输等方式。在具有固定营房设施的军营中应用较多的是同轴电缆、光缆和网络传输。

（1）同轴电缆传输

同轴电缆传输是视频设备之间的直接连接，对 0～6MHz 视频基带信号不做任何处理，通过同轴电缆（非平衡）直接传输模拟信号，是最为传统的传输方式。优点是：短距离传输图像信号损失小，造价低，系统稳定。缺点是：传输距离短，300 m 以上高频分量衰减较大，无法保证图像质量。

（2）光缆传输

光缆传输分为模拟和数字光缆传输，把视频及控制信号转换为光信号在光缆中传输，是视频信号实现几十甚至几百千米传输的最佳方式。其优点是：传输距离远、衰减小，抗干扰性能好，适合远距离传输。缺点是：对于几千米内监控信号传输不够经济；光熔接及维护需专业技术人员及设备操作处理，维护技术要求高，不易升级扩容。

（3）网络传输

网络传输是解决大区域、远距离、点位较为分散等传输问题的监控传输方式，采用MPEG2/4、H. 264 等音视频压缩格式传输监控信号。优点是：不用单独布线，可共用网络，建设方便。缺点是：受网络带宽和速度的限制，图像的画面、动态等性能受影响。

表 15-1 为图像传输方式比较。

表 15-1　图像传输方式比较

传输介质	传输方式	特点	适用范围
同轴电缆	基带传输	设备简单、经济、可靠，易受干扰	近距离，加补偿可达 2 km
	调幅、调频	抗干扰好、可多路，较复杂	公共天线，电缆电视
双绞线	基带传输	平衡传输、抗干扰性强，图像质量差	近距离，可利用电话线
	数字编码	传送静止、准实时图像，抗干扰性强	报警系统、可视电话，也可传输基带信号，可利用网线
光缆传输	基带传输	IM 直接调制、图像质量好，抗电磁干扰好	视频系统，尤其是大型视频系统
	PCM、FDM、WDM	双向传输、多路传输	干线传输
无线传输	微波、调频	灵活、可靠、易受干扰和建筑遮挡	临时性，移动监控
网络传输	数字编码、TCP/IP	实时性、连续性要求不高时可保证基本质量，灵活，保密性强	远程传输，系统自主生成

对于点位较多、点位分散、传输距离几百米至几千米的监控环境，或是存在严重视频干扰源的监控环境，宽频共缆监控传输方式具有非常大的优势。一根同轴电缆传输几十路的图像和控制信号，大大减少了电缆使用量，极大地降低了电缆敷设的施工量；把图像直接调制到高频载波上传输，远远绕开了常见视频干扰 0～10 MHz 的干扰频段，使系统抗干扰性能大大提高；“总线＋星型”即树型布线结构，方便扩容，便于维护。

15. 2. 2. 3　图像显示、记录与控制

（1）监视器

监视器是视频监控系统的显示部分，目前液晶（LCD）、等离子（PDP）、发光二极管（LED）等显示器应用最广泛。表 15-2 为监视器分类。

表 15-2　监视器分类

分类方式	分类
尺寸	8/10/12/15/17/19/20/22/24/26/32/37/40/42/46/47/52/57/65/70/82/108 英寸
色彩	彩色和黑白监视器
扫描方式	隔行扫描和逐行扫描
类型	液晶监视器、背投监视器、CRT 监视器、等离子监视器等
屏幕	纯平，普屏，球面
材质	CRT，LED，DLP，LCD 等
规定技术性能	普通，专业，广播级

监视器指标包括：图像清晰度、色彩还原度、整机稳定度。

（2）记录设备

①数字硬盘录像机

数字硬盘录像机（Digital Video Recorder，DVR）是以计算机硬盘为图像记录介质，集成画面分割、切换、云镜控制、录像、网络传输、视频报警及报警联动等多功能的视频监控设备，可对图像/语音进行长时间录像、录音、远程监视。DVR 在图像处理、图像储存、检索、备份及网络传递、远程控制等方面性能优于模拟监控设备，价格也逐渐降低，应用越来越广泛。

②中心视频网络存储器

中心视频网络存储器（Central Video Recorder，CVR）是企业级的标准 IPSAN/NAS 网络存储设备结合视频监控应用的一类安防视频存储设备。随着网络高清视频设备的应用，视频文件的容量急剧增加，对视频存储系统的应用性能、冗余度、可靠性、可管理可维护性提出了更高的要求。而 IPSAN/NAS 网络存储设备具有高性能（企业级通用处理器、高可靠 RAID 磁盘冗余、网络冗余、供电冗余、风扇冗余），高可管理可维护性（标准的工业部件、标准的管理协议与接口）等特点，通过将各种安防视频监控软件模块安装到 IPSAN/NAS 网络存储设备上逐步形成了不同功能的 CVR，适用于需要大量网络高清摄像机的场景。

③网络视频服务器

网络视频服务器（Digital Video Server，DVS）是一种压缩、处理音视频数据的专业网络传输设备，由音视频压缩编解码器芯片、输入输出通道、网络接口、音视频接口、RS485 串行接口控制、协议接口控制、系统软件管理等构成，能通过以太网（局域网/广域网）同时传输图像和声音。

视频服务器可以在保留现有模拟视频监控设备的同时，将视频监控系统平滑升级到基于网络的视频监控系统，它非常适用于与现存的模拟闭路电视监控系统相集成。视频服务器为模拟视频设备带来了全新的功能特性，并彻底消除了系统对于同轴电缆、模拟监视器和 DVR 等专用设备的依赖。

（3）存储设备

当视频监控系统需要存储的视频数据超过直接附加存储的限制时，应当实施分离的存储系统，通常采用的存储系统包括网络存储系统 NAS、SAN 系统以及磁盘阵列 RAID 系统。采用的分离的存储系统需要视频监控系统的硬件或软件的支持。

①网络存储

NAS 是网络环境的单个存储设备，可以直接附加到 LAN，向网络上所有的客户提供共享存储。NAS 设备易于安装和管理，可以提供低成本的解决方案，但是流入的数据的吞吐量却有限。SAN 是是一种高速、用于特殊目的的存储网络，通过光纤连接到一个或多个服务器。用户可以通过服务器访问 SAN 上的任一存储设备，存储空间可以扩展到千兆字节。集中化数据存储降低了管理要求，提供了灵活的高性能存储池，可用于多个服务器环境。两者的区别是，NAS 是一种整个文件都可存储在一个硬盘上的存储设备，而 SAN 由许多设备组成，文件可以存储在多个硬盘上。这种硬盘配置可实现可扩展硬盘解决方案，可以存储大量数据，冗余性高。

②RAID（独立磁盘冗余阵列）

RAID 是由多个独立的磁盘组合起来而形成的一个大的逻辑磁盘系统，从而实现比单块磁盘更好的存储性能和更高的可靠性。RAID 的级别不同，提供的冗余度也不同（见表 15－3）。

表 15－3　RAID 级别

序号	RAID 级别	特征
1	RAID－0	数据分散在两个或多个硬盘上存取，提高了读写速度，但没有冗余度
2	RAID－1	也称为磁盘映射。至少两个磁盘复制数据，两个磁盘可同时读取
3	RAID－5	包括旋转式奇偶阵列，读写操作可以交迭使用。存储奇偶信息，可用于恢复丢失的数据。RAID－5 至少需要 3 个磁盘，在阵列中可运行 16 个磁盘

（4）控制设备

①画面分割器

画面分割器又称监控用画面分割器，有 4 分割、9 分割、16 分割等多种，可以在一台监视器上同时显示 4、9、16 等多个摄像机的图像，并记录到录像机上。

②视频分配器

视频分配器可实现一路视频输入，多路视频输出，使用者可在无扭曲或无清晰度损失情况下观察视频输出。通常视频分配器除提供多路独立视频输出外，兼具视频信号放大功能，故也被称为视频分配放大器。

③视频切换器

视频切换器可对系统传输的图像信号进行切换、重复、加工和复制。它可以对多路视频信号进行自动或手动控制，使一个监视器能监视多台摄像机信号。视频切换器是为专门复合视频信号的切换设计的，可任意切换一路视频信号输出到显示设备。

④视频矩阵

视频矩阵是指通过阵列切换的方法将 M 路视频信号任意输出至 N 路监视设备上的电子装置易到难。一个 $M \times N$ 矩阵表示：它可以同时支持 M 路图像输入和 N 路图像输出，一般情况下矩阵的输入大于输出，即 $M > N$。有一些视频矩阵也带有音频切换功能，能将视频和音频信号进行同步切换，这种矩阵也叫作视音频矩阵。

15.2.3　系统功能

视频监控系统对营区监控区域内的人员、车辆、物资动态进行实时、不间断、远距离监控，对发生的报警及时捕获，可实时录像，可有效对营区进行监督管理。

系统主要功能为：

（1）数字硬盘录像

捕获影像并以数字形式压缩存储在计算机的硬盘上。可进行长时间压缩存储，在检索时，可根据图像存储的时间、日期以及镜头号进行查找。

（2）图像检索回放

可根据时间、日期、摄影机编号等来搜寻、调阅当时的画面，可使用多级速度或单帧回放记录的影像。

（3）多画面显示

可同时监视 1、4、9 等多个动态画面，实现任意画面显示。每一画面显示相应的视频输入图像；利用鼠标操作进行单画面显示，当鼠标点中某个窗口时，可放大至全屏显示。通过主机视频切换功能，可根据需要轮流监控各监控点情况，进行现场管理。

（4）报警联动

可联动报警探测设备和其他相关设备，如入侵报警系统等。可将报警和视频监控系统结合起来，有效、快速地对报警点进行处理。

（5）网络操作

同时链接多个网络视频前端，具有断线后自动重联功能；支持实时的网络视频组播；支持用户管理、网络视频前端设备管理、告警信息管理和视频录像管理。用局域网实现远程通信，可设立多个远程终端。可通过网络分控对主机进行控制，其功能与监控中心相同。

（6）动态存储

可自动长时间存储现场图像，自动删除过期图像，实现自动循环录像。

（7）操作

可用键盘、鼠标进行操作。对安装了云台的监控点，可通过鼠标方便地对云台进行上下左右全方位控制，来改变观察的位置，可对摄像机的镜头聚焦、变倍、光圈大小调节进行控制。

（8）图像处理

主要是对储存的画面进行修改。如：亮度、对比度、色彩等，使图像更清晰，图像质量更佳。

15.2.4 系统建设

15.2.4.1 基本要求

营区视频监控系统的建设应考虑：

1）营区不同防范对象、防范区域对防范的总体要求（包括风险等级和管理要求）；

2）风险等级、安全防护级别对视频探测设备数量和视频显示/记录设备数量要求；对图像显示及记录和回放的图像质量要求；

3）监视目标的环境条件和建筑格局分布对视频探测设备选型及部署位置的要求；

4）对控制终端工作参数设置的要求；

5）对系统构成和视频切换、控制功能的要求；

6）与其他安防子系统集成的要求；

7）音/视频和控制信号传输的条件以及对传输方式的要求。

15.2.4.2 设计要点

初步设计是工程设计方（或承建方）依据设计任务书（或工程合同书）、现场勘察报告和国家相关法律法规以及现行规范、标准的要求，对工程建设项目进行方案设计的活动。

在现场勘察的基础上，根据视频监控系统建设的基本要求，对营区视频监控系统建设形成初步方案，指导后续建设工作顺利开展。初步设计内容包括系统总体结构、布设位置、设备选型和工程要求等要点：

（1）需求分析与工程设计的总体思路

需求分析是对部队营区建设视频监控系统应达到目标的总体解读，对系统功能、性能、使用和维护等要素的客观分析判断。

工程设计方案的总体思路指根据部队实际应用需求和建设投资规模制定的基本设计方案，包括项目概述、布防策略、总体结构、技术体系、系统配置、布设位置及其他必要的说明。

（2）前端设备的布设及监控范围说明

根据营区建筑分布、安全防护等级和重点要害部位的确定，设计前端设备的布设位置、数量、基本性能和监控范围。

（3）前端设备（包括摄像机、镜头、云台、防护罩等）的选型

以功能、性能和价格为依据，确定各个前端设备的设备类型、型号和配属设备等。

（4）监控中心设备（包括控制主机、显示设备、记录设备等）的选型

根据系统总体设计和各项指标要求，确定监控中心设备的类型、型号和配属设备等。

（5）传输通道设计

对营区各个前端设备、中心设备之间的传输方式、路由及管线敷设等要素进行设计，对传输通道的设备进行选型。

（6）监控中心设计

监控中心是视频监控系统运行和使用的主要场所，设计要点包括选址、面积、温湿度、照明等要求和设备布局等。在智慧军营建设中，营区监控中心承担视频监控中心的职能，上述设计应归入营区监控中心设计过程。

（7）系统其他性能

对系统安全性、可靠性、电磁兼容性、环境适应性、供电、防雷与接地等的设计与说明。

（8）与其他系统的接口关系

设计视频监控系统与营区的出入口控制系统、入侵报警系统等的指令联动、数据交互和集成方式等。

（9）预期效果说明和系统扩展性

对系统建成后可能达到的效果进行预先评估说明，并对未来系统的扩展可能性、方法和问题进行设计说明。

（10）其他

包括对营区人防、物防系统的要求和实施建议，为视频监控系统的建成使用提供设计参考。

15.2.4.3　设计文件

总体设计过程属于初步设计阶段，该阶段所形成的技术文件应包括：设计说明、设计图纸、主要设备材料清单和工程概算书等。

在营区安防系统中，该阶段比其他建设行业要求的设计深度会有所加深；并且由于安防产品的离散化特点，要求提供产品的供应厂家或者品牌信息，以便核实造价。

15.2.4.4　工程建设

初步设计完成后，经方案论证和施工图设计阶段后，形成可以指导工程建设的设计材料。

随后，根据军队的工程建设项目相关的规定，按工程建设流程和实施方法进行后续的工程建设，包括方案评审、工程造价审查、工程招投标、工程施工、工程竣工验收等。

15.2.5　智能视频系统

摄像机的大量应用，使得监控视频数据也大量地增加，单纯依靠人力监视视频大屏幕比较困难，工作人员注意力不可能长时间高度集中，当连续查看屏幕超过 2 小时后会疲劳，此时可能出现漏检和误检；超过 9 个屏幕的高强度实时监控任务人力往往无法胜任。

为解决上述问题，视频智能分析技术得到发展和应用。智能视频分析技术是计算机视觉技术在安防领域应用的一个分支，是一种基于目标行为的智能监控技术。它能够在图像或图像序列与事件描述之间建立映射关系，从而使计算机从纷繁的视频图像中分辨、识别出关键目标的行为，过滤用户不关心的信息，自动分析和抽取视频源中的关键信息，让视频监控由人工安防转入到自动化安防的工作模式。

智能视频分析技术实现的功能有：

1）识别类分析：偏向于对静态场景的分析处理，通过图像识别、图像比对及模式匹配等核心技术，实现对人、车、物等相关特征信息的提取与分析。如人脸识别技术、车牌识别技术及照片比对技术等。

2）行为类分析：用于对动态场景的分析处理，典型的功能有车辆逆行及相关交通违章检测、防区入侵检测、围墙翻越检测、绊线穿越检测、物品偷盗检测等。

3）图像检索类分析：按照所定义的规则或要求，对历史存储视频数据进行快速比对，把符合规则或要求的视频浓缩、集中或剪切到一起，实现快速检测目标视频。

4）图像处理类分析：主要对图像整体进行分析判断及优化处理以达到更好的效果，或者将不清晰的内容通过算法处理达到看得清的效果，如视频增强技术（去噪、去雾、锐化、加亮等）、视频复原技术（去模糊、畸变矫正等）。

5）诊断类分析：该项分析主要针对视频图像出现的雪花、滚屏、模糊、偏色、增益失衡、云台 PTZ 失控、画面冻结等常见的摄像头故障进行准确分析、判断和报警，如视频质量诊断技术。

目前视频智能分析主要有两种产品形式：前端智能和后端智能。前端智能将智能分析算法嵌入到前端摄像机，对采集的视频内容立即分析，提取出画面中关键的、感兴趣的内容实时传给后端做存储及深入分析。前端智能分析的优势在于每一路前端摄像机都可以做智能实时分析，缩短延时，减轻后端的计算压力，做到无遗漏的智能分析，是目前的发展趋势。基于后端服务器的智能视频分析是指将智能算法软件安装在服务器中，前端普通摄像机的视频传入服务器，对视频流进行图像分析和处理。

前端智能分析优点是连接前端设备的网络带宽要求低，无须将视频传输回监控中心，缺点是无法灵活切换各个前端设备的分析类型，一旦建成无法改变特定前端设备的智能类型。后端智能分析的优势是可以灵活切换前端设备，对任意的前端设备都可以应用智能视频分析功能，后续软件升级方便快捷，缺点是服务器数量较多时会占用较大的空间，对带宽有一定的要求。

智能视频系统的应用是视频监控系统建设的趋势，随着技术的不断发展成熟，其作用将充分发挥出来，可显著提升军队营区视频监控系统的技术水平和实用效果。

15.3　入侵报警系统

15.3.1　概述

入侵报警系统是利用传感器技术和电子信息技术探测、指示非法进入或试图非法进入设防区域的行为，并发出报警信息的电子系统。通常包括周界入侵报警、建筑物内区域/空间入侵报警等种类。

入侵报警能根据被防护对象的使用功能及安全防范管理的要求，利用各种不同类型的探测器构成点、线、面、空间探测技术对设防区域的非法入侵、盗窃、破坏和抢劫等进行实时有效的探测与报警，其基本要求是能够准确、实时地探测各类入侵事件，能在本地或远处发出报警信号。

图 15 - 1 为入侵报警系统示意。

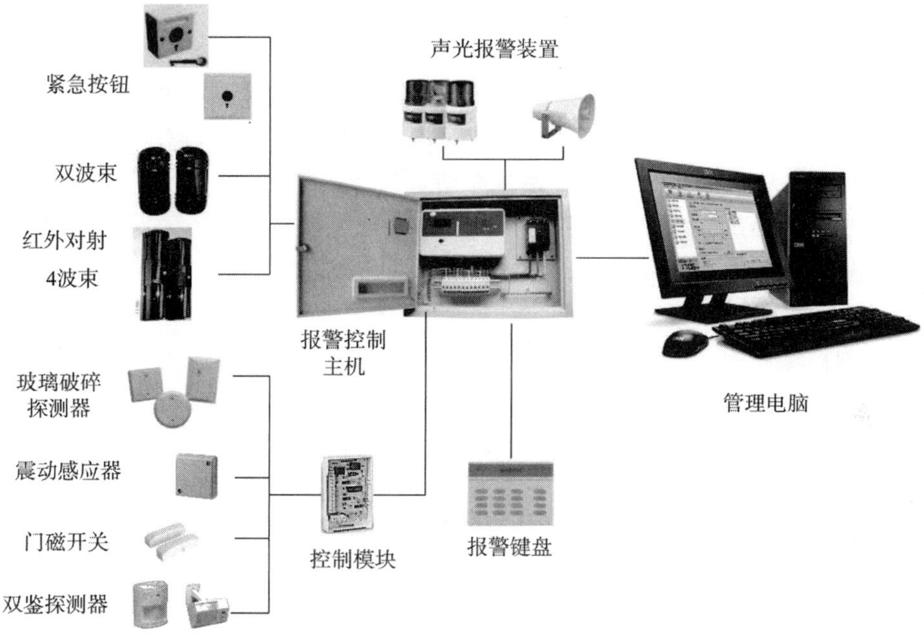

图 15 - 1 入侵报警系统示意

15.3.2 系统组成

入侵报警系统通常由前端入侵探测器（包括探测器和紧急报警系统）、传输系统、报警控制器、报警中心以及上级指挥中心等部分组成，如图 15 - 2 所示。

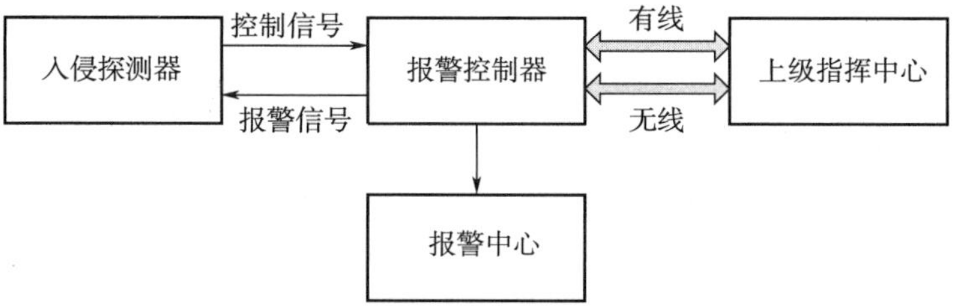

图 15 - 2 入侵报警系统组成

（1）入侵探测器

入侵探测器主要安装在防范现场用以探测非法入侵。核心部件是传感器，作用是将非法入侵引发的物理量变化转换为电信号。一般有模拟传感器和数字传感器，目前数字式、智能式的传感器的技术发展较快，应用越来越广泛。

入侵探测器通常配合紧急报警系统一起使用。紧急报警系统是一种危险警报设备或装置，当按下设备的报警专用键时，系统会将预定的报警信号发送到相应的报警终端，发出声、光等形式的警报。紧急报警系统的部署十分重要，其报警按钮一般安装在营区的门岗、值班室等位置，用于营区门岗遇险、重点要害部位入侵、营区遭遇紧急情况等突发事件时的报警及快速反应。

（2）传输部分

传输部分由具有报警信号传输功能的电子装置和信号传输通道组成。入侵探测器发现入侵行为之后产生的报警触发电信号，由传输系统传递给报警控制器，而报警控制器对入侵探测器发出的各种控制信号（如探测器布防、撤防等）也能由传输系统传输给探测器；同时传输系统还能提供探测器需要的电源。

报警信号的传输方式可以分为有线传输和无线传输两类。有线传输模式可分为多线制传输和总线制传输等。

①多线制传输模式

多线制传输模式又称分线制模式，各报警防区通过多芯电缆与报警控制主机之间采用一对一的连接方式。多线制的优点是可根据控制器的输入端口辨别防区的地址，部分遭破坏时，其他部分仍能正常工作。缺点是工程布线和维修麻烦，不利于扩容。

②总线制传输模式

各报警防区通过其相应的地址模块及报警总线传输设备与报警控制主机相连。总线制的特点是探测器与报警控制器之间的所有信号均沿着公共线路（总线）传输。探测器实行统一的编码，在输出探测信号时，地址码信号也同时输出。报警控制器根据地址码区分各报警信号，并分别进行处理、判断和报警显示。

报警传输部分还包括无线传输模式、混合传输模式等，在军营重点要害部位安全技术防范系统建设过程中，无线传输模式通常不采用，而多采用总线制传输模式或者混合传输模式。

（3）报警控制部分

报警控制部分，通常也称为报警主机，用于接收探测器送出的报警信号，并对此信号进一步处理，判断出有无危险情况出现。当有危险情况出现时，即可启动报警控制器的报警装置发生声音、灯光等报警信号，并显示报警部位。一般来说，一个报警系统可覆盖多个防区，每个防区通过地址码模块将报警信号送至报警控制器。

报警主机置于监控中心，是报警系统的主控部分，它可向探测器提供电源，接收并处理探测器送出的报警信号。也可以向上一级接警中心或其他部门报告警情。可以连接一个或多个键盘，用户可以在键盘上完成编程和对报警系统的各种控制操作。

（4）报警中心

报警中心负责接收、处理各子系统发来的报警信息、状态信息等，并将处理后的报警信息、监控指令分别发往上级指挥中心和相关子系统。

15.3.3　系统功能

（1）报警信息获取

连接前端各类入侵探测与报警设备或装置，实现各类报警信息的有效获取及汇总。

（2）布防与撤防

工作时间内可将系统设置于撤防状态，报警控制器即使接到探测器发来的报警信号也不会发出报警。非工作时间，设置入侵报警系统进入布防状态，如果有探测器探测到非法入侵事件，立即报警。系统可由管理人员手动设置布防与撤防状态，也可以通过系统提供的设置选项，自动对系统进行布、撤防设置。

（3）防破坏

如果入侵报警系统的线路和设备受到破坏，线路发生短路或断路时，报警控制器会发出报警，并能显示故障信息，方便检修。

（4）与视频监控系统的联动

报警处理系统是一个独立的系统，但通过系统平台将各个子系统集成起来，可以实现其与其他系统之间的联动。报警控制主机和其他子系统的控制计算机与安防专用网连接，通过后端平台软件对各个子系统进行控制。

（5）报警信息的查询统计

对系统收到的报警信息进行管理，可根据权限进行信息的查询、调阅、统计、删除等操作。

15.3.4　系统建设

15.3.4.1　基本要求

智慧军营安全防范报警系统建设时，应当遵守相关的国家标准、军用标准、行业标准和军队相关的规章制度。

15.3.4.2　系统设计

营区报警系统设计时，应当从部队使用需求、营区建筑、建设规划和投资规模等要求出发，明确系统的产品组成结构、组网模式、布设点位和系统配置等要点。

（1）组成结构

1）独立和专门的报警系统，由报警探测器、报警控制主机和（或）报警监控中心三级组成。

2）从属于视频安防监控系统或门禁控制系统，报警探测器的输出信号被送往监控系统或门禁系统的报警输入框端口，并由它们完成对报警信号的接收、处理、复核、联动和上传。

（2）组网模式

根据信号传输方式的不同，入侵报警系统组网模式宜分为：分线制、总线制、无线制及公共网络制。

1）分线制是探测器、紧急报警装置通过多芯电缆与报警控制主机之间采用一对一专线相连。特点是适于小规模（探测点少）、小范围系统；根据控制器物理接口的不同可区分探测器地址；不易受干扰。

2）总线制是探测器、紧急报警装置通过其相应的编址模块与报警控制主机之间采用报警总线（专线）相连。

3）无线制是探测器、紧急报警装置通过其相应的无线设备与报警控制主机通信，其中一个防区内的紧急报警装置不得大于4个。

4）公共网络制是探测器、紧急报警装置通过现场报警控制设备和/或网络传输接入设备与报警控制主机之间采用公共网络相连。公共网络可以是有线网络，也可以是有线—无线—有线网络。

（3）布设点位

布设点位的选择应当考虑：

1）入侵报警点位的设置，由部队实际需求决定，包括：门岗、财务办公室、保密档案室、机要机房、枪械库等。

2）紧急输出信号和输出端点设置，如在监控中心和应急分队配置声、光报警装置。

表15－4为防盗报警系统信息点统计表示例。

表15－4　防盗报警系统信息点统计表示例

编号	位置分布	需求分类	单位	数量	备注
1	营区大门岗	紧急报警按钮	个	1	数量为示例，具体根据防控区的面积和设备性能决定数量
2	财务室	双鉴探测器	个	2	
		玻璃破碎探测器	个	4	
3	保密档案室	双鉴探测器	个	6	
		玻璃破碎探测器	个	4	
4	枪械库	双鉴探测器	个	10	
		玻璃破碎探测器	个	8	
5	警勤队	警报器	个	2	值班室、队部

15.3.4.3　设备选型

设备选型主要指入侵探测器和报警主机的选型，具体应当由部队具体建设项目来确定，通常应当考虑其功能、性能和适用性等多个因素。

（1）入侵探测器

入侵探测器有多种类型，不同的类型适用于不同的场合。

1）按探测原理不同或应用的传感器不同，可分为开关式探测器、被动红外式探测器、主动红外式探测器、雷达式微波探测器、超声波探测器、声控探测器、振动探测器等；

2）按工作方式，可分为主动式探测器和被动式探测器；

3）按探测器的警戒范围，可分为开关点控制型探测器、线控制型探测器、面控制型探测器和空间控制型探测器；

4）按使用的场所不同，可分为室外型探测器、室内型探测器和室内外兼有型探测器；

5）按探测信号传输方式，可分为有线探测器和无线探测器。

入侵探测器的主要性能指标通常包括：

1）电源适应范围；

2）过压状态运行；

3）备用电源；

4）接口；

5）稳定性指标；

6）耐久性指标；

7）抗干扰指标。

（2）报警主机

报警主机按防护功能分为：A 级，为较低保护功能级；B 级，为一般防护功能级；C 级，为较高防护功能级。根据营区防护要求进行选型，同时还要考虑如下因素：

1）功能；

2）灵敏度和探测范围；

3）误报率、漏报率；

4）防破坏保护，包括防拆保护及传输线路短路和断路保护；

5）供电及备用电要求；

6）稳定性与耐久性要求。

15.3.4.4　建设验收

入侵报警系统建成后，应当进行正规的系统验收，合格后才能投入使用，验收时应当检验如下的功能和性能项目：

1）控制功能。包括主控功能、报警记录、自检功能。

2）报警功能。包括设防状态、撤防状态、紧急报警、延时报警、多路同时报警、多级报警。

3）防拆及故障报警。探测器、控制器的防拆报警、故障报警。

4）报警线路。检查备用的报警线路功能是否正常，对特别重要场所，模拟主线路故障，系统应能自动转换到有线或无线的备用方式实现报警；利用市话网电话线传输报警信息的系统，在线路上模拟挂接使用通信设备，例如电话机、传真机等，然后触发报警探测器，在主叫方式下应具有报警优先功能，应有被叫禁用措施。

5）报警声级。用声级计在距离音响发声器件 1 m 的正前方测量。安装于室内的发声器报警声级应不低于 80 dB（A），安装于室外的发声器报警声级应不低于 100 dB（A）。

6）报警联动。模拟发生报警时，与其相关的视频安防监控子系统、出入口控制子系统及灯光照明设备等应能按照系统设计要求正确联动，有效记录联动信息；并进行声音复核和图像复核。

7）报警反应速度。

8）探测灵敏度。

9）探测范围。探测范围试验应在防护的最大范围边界上进行，有效防护范围应符合相关设计要求。

10）其他功能。其他功能的检验要求应符合相应标准、工程合同及设计任务书的要求。

15.3.5 周界防范系统

周界防范系统是对营区的整个外围边界或内部区域周边进行监控的设备或装置。通常结合周界地形走势，通过安装在围墙上的红外对射装置、电子围栏等设备对边界进行实时监控及报警，探测非法接近、停留、跨越周界进入防控区域的行为，可与视频监控系统联动，结构如图 15-3 所示。

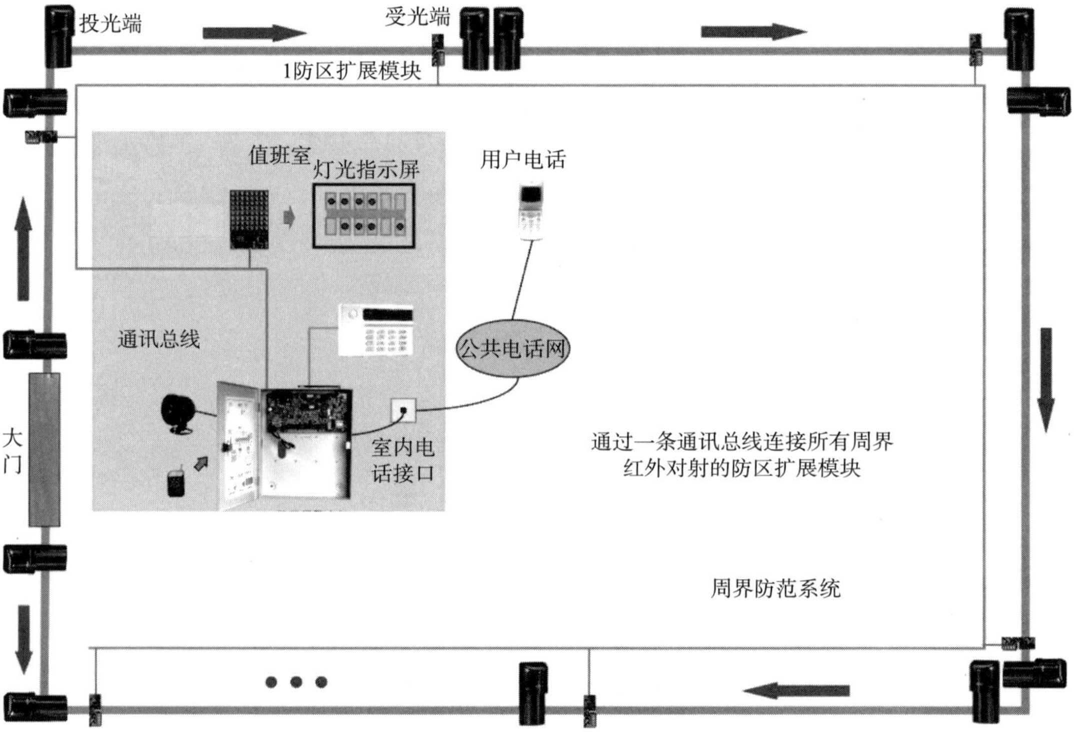

图 15-3　周界防范系统

周界防范系统是维护营区边界周围安全的主要技术手段，有人非法进入或企图进入设防周界时，该系统可以迅速、准确地探测到，传送现场险情信号至监控中心，激活声光报警，并且可自动将报警点的摄像机图像切换到主监视器上，方便值班人员核对现场情况。

军队营区周界通常包括沿海区域和陆上实体周界形成的区域。

15.3.5.1　技术选型

目前常用的周界防范技术主要有红外对射、振动光缆、传统高压交流电网和智能型脉冲电子围栏几类，技术上差别比较见表 15－5。

表 15－5　几种周界防护系统的比较

序号	系统形式	组成和原理	优点	缺点
1	主动红外对射	由主动红外光发射器和接收器组成。在红外收发器间形成红外光束，当光束被遮挡时，自动识别报警	外形美观，易安装，成本低	适应能力差，易误报
2	电子围栏	由脉冲发生器（主机）和围栏电子缆线等组成。主机向围栏发射脉冲，如遭入侵攀爬、剪断围栏导致回路断路或短路，则引发报警	具备全天候工作能力，误报率低，能阻碍入侵者	成本较高
3	张力式围栏	由张力探测器、控制器及前端钢丝、杆体及线缆组成。当探测器探测到张力的变化达到报警要求时，引发报警	围栏不带电，具有安全性，能精确分辨哪根钢丝被触动，有一定阻挡作用	季节变化、气温变化大以及小型鸟类撞击，会导致误报率增大，应用可靠性需要改进
4	振动光缆	由光纤传感器电缆、控制器和报警主机组成。通过安装在围栏上的光纤传感器电缆探测到因有人攀爬引起围栏的振动时，则引发报警	安装方便，具有较高的灵敏度	容易受到外界振动和天气变化的影响
5	泄漏电缆	由发射与接收电缆、控制器和报警主机组成。系统检测发射与接收单元的高频能量耦合，当感应区有入侵时，引发接收信号出现变化，产生报警	通常部署比较隐蔽，探测区不可直观可见，不易受破坏	防区范围受泄漏电缆长度限制，容易受非入侵物体影响产生误报

“电子围栏系统”全称为智能型周界电子围栏安防阻挡报警系统，是目前比较流行的周界防盗报警系统。系统强调“预先探测，阻挡为主”的周界安防理念。该系统对入侵者给予瞬间高压低能脉冲电击，以阻止其翻越，做到预防为主。对执意入侵者和破坏者，给予电击并发出报警，延缓了入侵的时间，以便给保安人员争取时间，及时制止犯罪。总体上，具有如下的特点：

（1）先进稳定、简单可靠

电子围栏系统性能稳定，技术先进，器材组合合理，操作简便，一般保安人员经过简单培训就可完全掌握。由于器材的合理组合，大大增加了系统的使用寿命，致使综合成本下降。脉冲主机上可有液晶显示窗，用来显示整个系统的工作状态，直接显示出前端围栏上的具体高压值，同时显示出前端围栏的负载情况，这个技术给使用带来很大的方便。

（2）整体性、严密性和威慑性

电子围栏系统是一种“有形”的报警系统，给人一种威慑感觉，使入侵者增加一种心理压力，从而把报警系统和警戒系统有机地结合起来，达到以防为主、防报结合的目标。安装电子围栏系统后，相当于在墙顶上形成一道“有形”的电子屏障，增加了围墙高度，使外人无法入侵，也使围墙内的人无法从墙面攀越逃离。如有特殊需要，也可将电子围栏系统做成隐蔽式的。通常，电子脉冲每分钟 60 次扫描电子墙的每一根导线，每个脉冲峰值有 5～8 kV，使入侵者难以攀越，以此延长了翻越的时间。另外，本系统如遇断路、短路或失电，系统都会发出报警信号。报警输出为两组开关量信号，可选择显示前端报警还是主机报警，便于客户在报警时及时找出报警原因，还可以与任何报警系统联网使用，便于提高防范等级。

(3) 环境适应性强、误报率低

由于系统结构上的特点，该系统误报率低，不受环境（如植被，树木，小动物等）和气候（如雾，雨，风和雪等）的影响。由于误报率极低，不会由于经常误报而使保安人员产生麻痹思想，故一旦报警就会立即引起保安人员的高度重视。

(4) 系统绝对安全及报警感知性

与传统的高压交流电网具有本质的不同，它采用了高压脉冲（5 000～8 000 V）且能量低（小于 5 J）的电压，每秒钟发出一个脉冲信号，因而对人不会构成生命危害，同时电子围栏的柔性 PV 中间过线杆和专用合金丝，不支持人体的重量，又能感知入侵者的入侵，并发出报警信号，确保系统的安全可靠。

(5) 适用性强

系统有高压、低压两种工作模式，用户可以根据不同的需求自由切换模式，高压模式可以产生峰值为 5 000～8 000 V 的高压脉冲，低压模式可以产生峰值为 900 V 左右的脉冲电压。可以在白天或有人员在围栏附近作业时切换到脉冲峰值为 900 V 左右的低压模式，这使前端围栏的脉冲打击力度更小，如果夜间或警戒级别较高时，可以恢复到 5 000～8 000 V 的高压脉冲模式。系统可以分类输出脉冲主机和围栏的报警信号，方便系统报警时用户及时检查出报警原因。系统报警灵敏度可调。

(6) 系统的可扩容性

系统具有扩容能力，可以和其他现有报警监控设备兼容。有利于今后进一步提高安全等级，避免设备的重复投入。

智慧军营周界防范系统设计时，可根据现场实际情况采用电子围栏，安装在实体围墙顶部向外延伸，起阻挡和威慑的作用，当整个系统被短路或断路时或断电时，系统发出报警。同时在电子围栏上醒目的地方安装警告标志避免意外。

15.3.5.2　电子围栏系统组成

电子围栏系统主要由高压脉冲主机、金属导线、传输线及报警主机组成，其结构示意如图 15－4 所示。

(1) 工作原理

高压脉冲发生器（主机）通电后发射端口向前端围栏发出脉冲电压（5 000～8 000 V），大约 1 秒发射 1 次，脉冲在围栏上停留的时间大约 0.1 s，前端围栏上形成回路后脉冲信号回到主机的接收端口，此端口接收反馈回来的脉冲信号；同时主机还会探测两个发射端之间的电阻值。如果前端围栏遭到破坏造成断路或短路，脉冲主机的接收端口接收不到脉冲信号或两个发射端之间的电阻太小，主机都会发出报警。电子围栏系统脉冲主机产生高压脉冲（峰值 5 000～8 000 V）或者低压脉冲（峰值 900 V）传到前端围栏上，使前端围

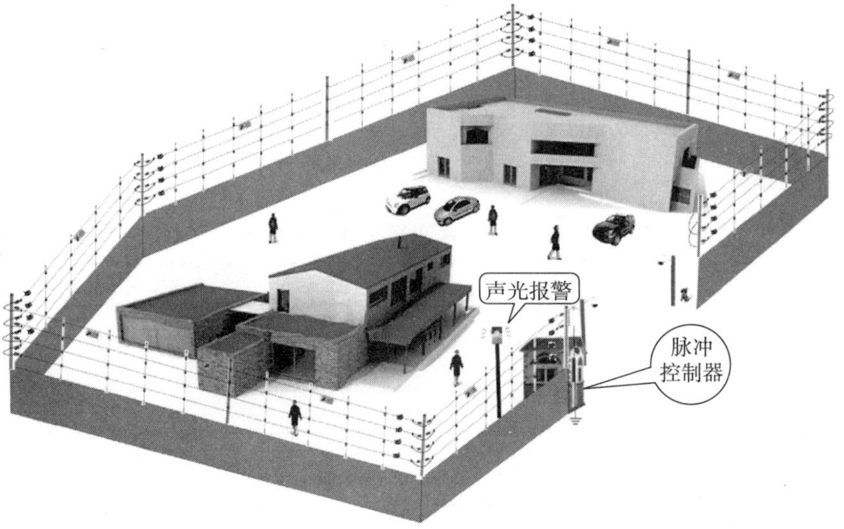

图 15 - 4　智能型电子围栏系统示意图

栏具有阻挡和威慑的作用，当整个系统被短路、断路或断电时，系统发出报警。

接警/报警主机支持总线式或总线、分线混合式防区，混合防区网络可由最多 8 路分线式防区和 48 路总线式防区混合组成。总线防区的信号传输方式为 RS485 方式。

（2）电子围栏系统组成

图 15 - 5 为电子围栏系统结构示意图。

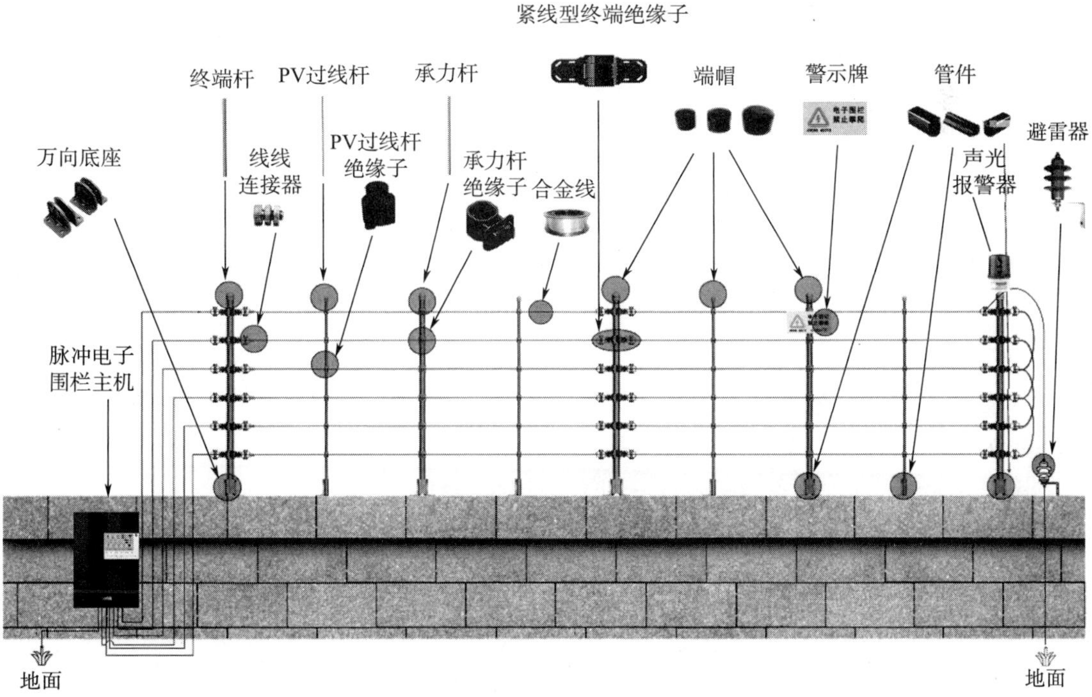

图 15 - 5　电子围栏系统结构示意图

①控制器

电子围栏控制器也称为主机，一般放置于安装现场的防水箱内。电子围栏系统配有声光报警系统，发生报警时，可通过主机排查警情。

供电电源：AC 220（1±10%）V，50 Hz，10 W。

表 15－6 为脉冲高压机器性能指标，表 15－7 为脉冲低压机器性能指标。

表 15－6　脉冲高压机器性能指标

脉冲峰值　<8000 V	脉冲电流超过 300 mA 的持续时间　<1.5 ms
脉冲周期　≥1 S	脉冲电流峰值　≤10 A
脉冲持续时间　≤0.1 s	脉冲最大能量　≤5.0 J
脉冲最大电量　≤2.5 mC	

表 15－7　脉冲低压机器性能指标

脉冲峰值　700 V	脉冲电流超过 10 mA 的持续时间　<1.5 ms
脉冲周期　≥1 S	脉冲电流峰值　≤40 mA
脉冲持续时间　≤0.1 s	脉冲最大能量　≤25 mJ
脉冲最大电量　≤0.02 mC	

②前端围栏

前端围栏直接安装在围墙顶部上方，围墙的高度在 2.6 m 以上。电子围栏的高度为 0.8 m 左右。导线数为 4 根；线距为 200 mm 左右，线张力为 30～50 kg；由抗腐蚀专用合金导线制成，强度高，电阻低。

③终端拉线杆

终端杆的安装：采用焊接、卡箍两种方式固定，视围墙结构状况而选择较合适的方式。在铁栅围墙上，采用焊接法。在混凝土围墙上，采用膨胀螺栓固定方式。只要能达到稳固、美观，也可以用别的方式。周界上平均每 70 m 使用一根终端拉线杆。

④承力杆

承力杆中心应离开墙面一定的距离。当围墙没有开孔或孔径不大于 50 mm 时，设距离应不小于 200 mm。承力杆必须安装牢固。

⑤PV 过线杆

PV 过线杆安装于围墙墩上，用于支撑导线。

⑥绝缘子

用终端绝缘子固定夹把终端绝缘子挂在终端拉线杆上。

⑦导线

通常是金属导线，选用抗氧化、耐腐蚀，且具有良好电导率的材料制作，材料的断裂伸长率不宜大，每 100 m 金属导线的电阻值不大于 100 Ω。在 400～500 N 的拉力下应断裂。一台脉冲主机加上一定长度的前端围栏导线，便组成一个独立完整的周界防区。

⑧警示牌

在电子围栏上醒目的地方，每隔约 10 m 安装警示牌一块。

(3) 系统安装建设

①各类杆的安装

每个防区的两端应安装防区终端受力杆。每个防区的中间应安装防区区间受力杆，防区区间受力杆间或与防区终端受力杆间的间距应不大于 25 m。防区内有拐角的地方应安装防区区间受力杆；拐角的角度小于 120°时，应使用防区终端受力杆。防区内应安装支撑杆，支撑杆间距应不大于 5 m。前端探测围栏应具有禁止人通行的警示牌，警示牌应每隔 10 m 设置一个，并应做到昼夜可视。前端探测围栏的金属导线连接处应采用压接法连接。安装在受力杆和支撑杆上的绝缘子应固定牢靠。

②围栏金属线的安装要求

独立式电子围栏，直接架设在地面上。其高度为 2 m 左右，一般安装 10～12 根线缆。考虑到设备和人身安全，要求在独立式电子围栏的一侧或两侧，安装不低于 1.2 m 的防护墙或围墙。其间的净空距离应不小于 1 m。使独立式电子围栏正常工作部位处于一个公众通常难以接近的封闭区域内。建筑物（如围墙）附着式电子围栏安装通常应采用顶置式安装；如采用侧置式安装，则前端探测围栏的最下面一根金属导线距地面高度应不小于 2.3 m。顶置式安装可以采用直立式安装，也可以采用倾斜式安装。附属物的高度应在 2.0～2.8 m 之间。

15.4 出入口控制系统

15.4.1 概述

出入口控制系统是利用自定义符识别、模式识别等技术对出入口目标进行识别并控制出入口执行机构启闭的电子系统或网络。出入口控制系统采用主动的方法，对出入口实现自动控制与管理，并能快速进行判断。对符合条件的出入请求予以放行，对不符合条件的出入请求予以拒绝，并发出报警信息，同时还能记录出入及报警信息。图 15-6 为出入口控制系统示意图。

15.4.2 系统组成

由于出入口系统产品组成结构复杂多样，不易采用物理划分，可采用逻辑划分方式。通常出入口控制系统逻辑组成如图 15-7 所示。

(1) 钥匙

钥匙即出入凭证。种类有：

1) 各种卡片：磁卡、条码卡、IC 卡、威根卡等；

2) 输入个人识别码：一般为 4～6 位数字；

3) 人体生物特征：指纹、掌形、眼底纹、面部、语音特征等。

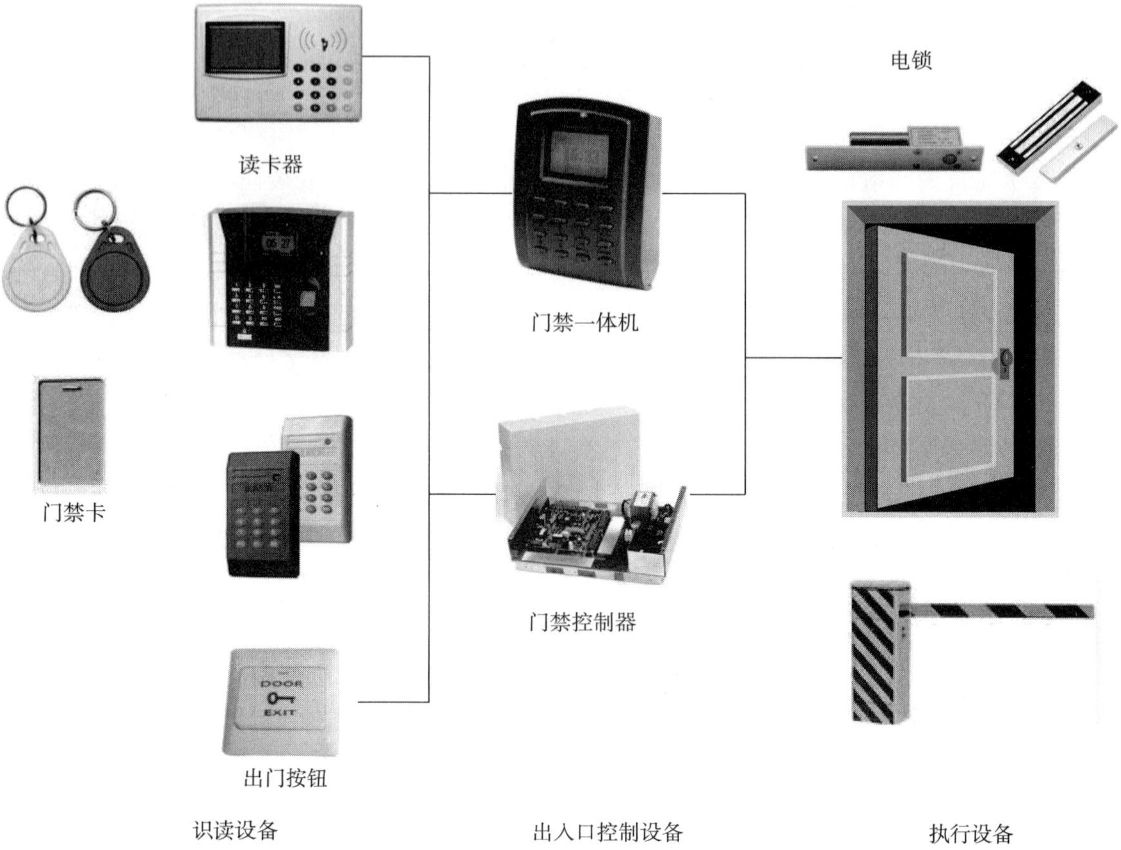

图 15－6　出入口控制系统示意图

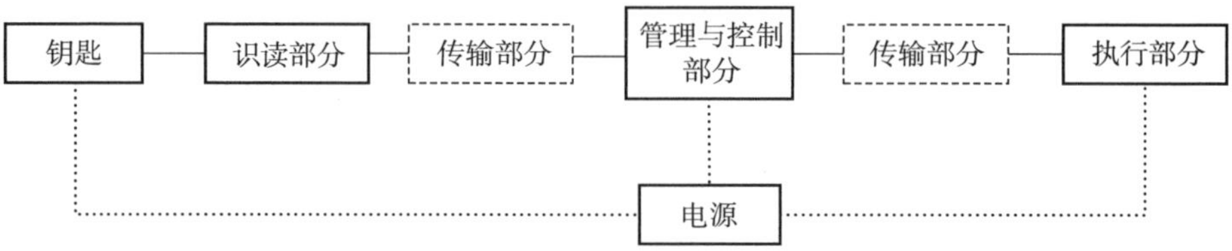

图 15－7　出入口控制系统逻辑组成

（2）识读部分

识读部分是通过提取出入目标身份等信息，将其转换为一定的数据格式传递给管理与控制部分，管理与控制部分再与所载有的资料对比，确认同一性，核实目标的身份，以便进行各种控制处理。

（3）管理与控制部分

管理与控制部分是出入口控制系统的管理与控制中心。其具体功能如下：

1）提供出入口控制系统人机界面。

2）负责接收从识读部分发来的目标身份等信息。

3）指挥、驱动执行部分的动作。

4）出入目标的授权管理（对目标的出入口行为能力进行设定），如：出入目标的访问级别、出入目标某时可出入某个出入口、出入目标可出入的次数等。

5）目标的出入行为鉴别及核准。把从识别子系统传来的信息与预先存储、设定的信息进行比较、判断，对符合出入口授权的出入行为予以放行。

6）出入事件、操作事件、报警事件等的记录、存储及报表的生成。事件通常采用 4W 的格式，既 When（什么时间）、Who（谁）、Where（什么地方）、What（干什么）。

7）系统操作员的授权管理。设定操作员级别管理，使不同级别的操作员对系统有不同的操作能力，还有操作员登陆核准管理等。

8）出入口控制方式的设定及系统维护。单/多识别方式选择，输出控制信号设定等。

9）出入口的非法侵入、系统故障的报警处理。

10）扩展的管理功能及与其他控制与管理系统的连接，如：考勤、巡更等功能，与防盗报警、视频监控、消防等系统的联动。

（4）执行部分

执行部分执行从管理与控制部分发来的控制命令，在出入口做出相应的动作，实现出入口控制系统的拒绝与放行操作。执行部分采用的闭锁部件、阻挡部件有：各种电动门、电磁吸铁、电动栅栏、电动栏杆以及人员通道闸机等。出入准许和拒绝要发出声响和/或可见光信号进行指示。

15.4.3　系统功能

15.4.3.1　基本功能

1）可依照用户的使用权限设置在什么日期，什么时间，可通过哪些门。对所有门均可在软件中设定门的开启时间、关闭时间等；

2）对进入系统管理区域的人所处位置以及进入该区域的次数做详细的记录。当有人非法闯入或某个门被强迫打开时，系统可以实时记录并报警；

3）可与报警系统联动，产生防盗报警后，系统可立即封锁相关的门；

4）可与视频监控系统联动，在产生报警的同时，系统可联动视频录像或切换矩阵主机监视报警画面；

5）出入口控制系统可与消防系统联动，在发生火灾时，打开所有或预先设定的门；

6）系统还可控制电梯、保温、通风、紧急广播、空调和照明等设备；

7）系统可按用户要求扩充其他子系统，如人事考勤管理、巡查、消费（食堂、餐厅收费）管理和停车管理子系统，以及内部医疗、自动售货、资料借阅等子系统，充分发挥一卡多用功能。

15.4.3.2　管理功能

（1）对通道出入权限的管理

1）出入通道权限的管理就是对每个通道设置哪些人可以出入，哪些人不能出入；

2）进出通道的方式就是对可以进出该通道的人进行出入方式的授权，进出方式通常有密码、读卡（生物识别）、读卡（生物识别）＋密码三种方式；

3）进出通道的时段就是设置可以进出该通道的人在什么时间范围内可以进出。

（2）实时监控功能

管理人员可以通过计算机查看每个门区人员的进出情况（同时可有照片显示）、每个门区的状态（包括门的开关，各种非正常状态报警等）；也可以在紧急状态打开或关闭所有的门区。

（3）出入记录查询功能

系统可储存所有的进出记录、状态记录，可按不同的查询条件查询，配备相应考勤软件可实现考勤、出入口一卡通。

（4）异常报警功能

在异常情况下可以实现计算机报警或报警器报警，如非法侵入、门超时未关等。

根据系统的不同，出入口控制系统还可以实现以下一些特殊功能：

①反潜回功能

持卡人必须依照预先设定好的路线出入，否则下一通道刷卡无效。本功能是防止持卡人尾随别人进入。

②防尾随功能

持卡人必须关上刚进入的门才能打开下一个门。本功能与反潜回实现的功能一样，只是方式不同。

③消防报警监控联动功能

在出现火警时出入口控制系统可以自动打开所有电子锁让里面的人随时逃生。与监控联动通常是指当有人刷卡时（有效/无效）监控系统自动录下当时的情况，同时也将出入口控制系统出现警报时的情况录下来。

④网络管理监控功能

大多数出入口控制系统用一台计算机管理，而具有此项功能的系统则可以设置在网络上任何一个授权的位置对整个系统进行监控查询管理，也可以通过网络进行网上异地设置管理监控查询。

⑤逻辑开门功能

简单地说，就是同一个门需要几个人同时刷卡（或其他方式）才能打开电控门锁。

15.4.4 系统建设

15.4.4.1 建设模式

出入口控制系统有多种构建模式，可根据系统规模、现场情况、安全管理要求等合理选择。

（1）按硬件构成模式分类

出入口控制系统按硬件构成模式可分为一体型和分体型。

①一体型出入口控制系统

此类系统的各个组成部分通过内部连接、组合或集成在一起，实现出入口控制的功能，如图 15－8 所示。

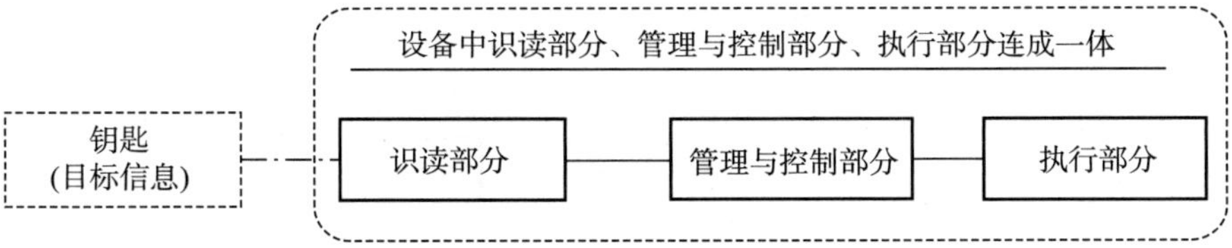

图 15－8　一体型的出入口控制系统

②分体型出入口控制系统

此类系统的各个组成部分，在结构上有分开的部分，也有通过不同方式组合的部分。分开部分与组合部分之间通过电子、机电等手段连成为一个系统，实现出入口控制的功能，如图 15－9 所示。

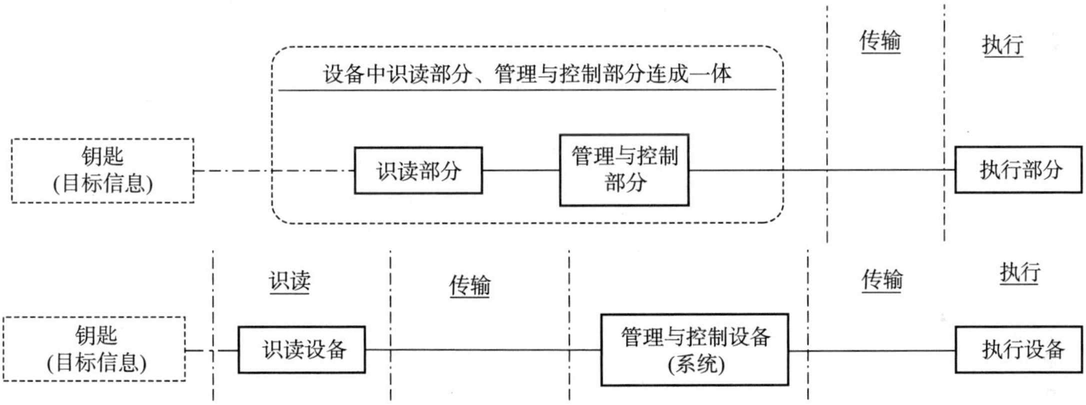

图 15－9　分体型的出入口控制系统

（2）按管理控制方式分类

出入口控制系统按管理与控制方式可分为独立控制型、联网控制型和数据载体传输控制型。

①独立控制型出入口控制系统

此类出入口控制系统，其管理与控制部分的全部显示/编程/控制等功能均在一个设备（出入口控制器）内完成，如图 15－10 所示。

图 15－10　独立控制型出入口控制系统

②联网控制型出入口控制系统

此类出入口控制系统，其管理与控制部分的全部显示/编程/管理/控制功能不在一个设备（出入口控制器）内完成。其中，显示/编程功能由另外的设备完成。设备之间的数据传输通过有线和/或无线数据通道及网络设备实现，如图 15-11 所示。

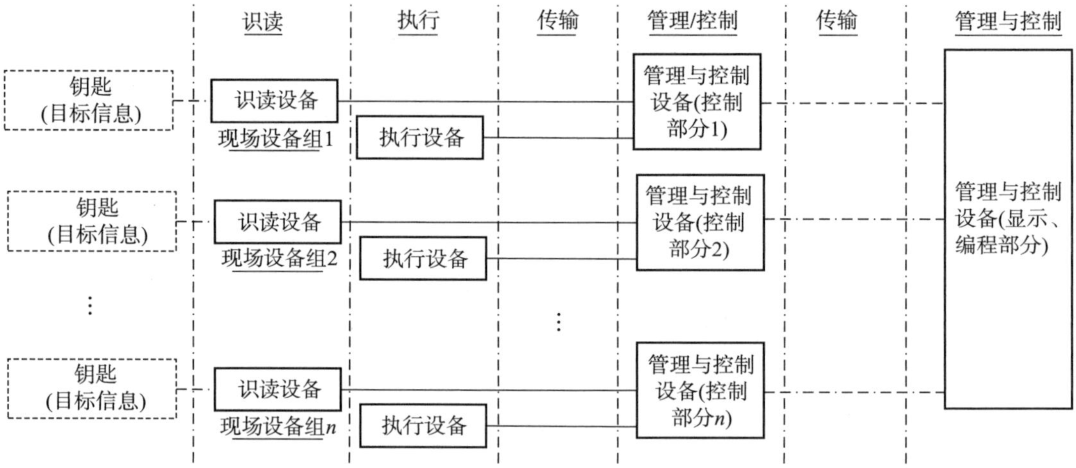

图 15-11 联网控制型出入口控制系统

③数据载体传输控制型出入口控制系统

此类出入口控制系统与联网型出入口控制系统区别仅在于数据传输的方式不同，其管理与控制部分的全部显示/编程/管理/控制等功能不是在一个设备（出入口控制器）内完成。其中，显示/编程工作由另外的设备完成。设备之间的数据传输通过对可移动的、可读写的数据载体的输入/导出操作完成，如图 15-12 所示。

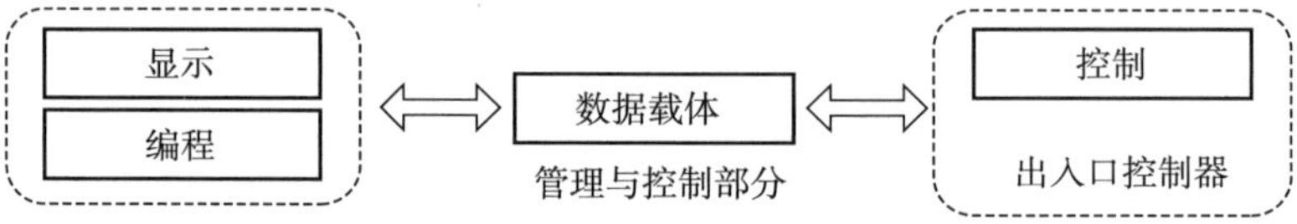

图 15-12 数据载体传输控制型出入口控制系统

另外，出入口控制系统按出入口现场设备连接方式可划分为单出入口控制设备型（单门控制器）和多出入口控制设备型（多门控制器）。按联网模式可分为总线制、环线制、单级网及多级网。

15.4.4.2 身份识别装置

身份识别单元起到对通行人员的身份进行识别和确认的作用，是出入口控制系统的重要组成部分，识别的方式主要有卡证类、密码类、生物识别类以及复合类身份识别方式。

选型时，通常应该首先对营区所有需要安装身份识别装置的出入口进行安全等级评估，分为一般、特殊、重要、要害等几个等级，对于每一种安全级别可以设计一种身份识别的方式。例如，一般场所可以使用进门读卡器、出门按钮方式；特殊场所可以使用进出门均需要刷卡的方式；重要场所可以采用进门刷卡加乱序键盘、出门单刷卡的方式；要害场所可以采用进门刷卡加指纹加乱序键盘、出门单刷卡的方式。这样可以使整个出入口控制系统更具有合理性和规划性，同时也有较高的安全性和性价比。

营区的出入口身份识别装置通常有：

（1）卡片识别系统

卡片识别运用最为广泛，使用快捷方便，常用的卡片有 IC 卡和 ID 卡。

①IC 卡

IC 卡是集成电路卡（Integrate Circuit Card）的英文简称，通常也被称为智能卡（Smart Card）。根据与外界数据传送方式的不同，IC 卡可分为接触式 IC 卡和非接触式 IC 卡。接触式 IC 卡主要通过读写器卡座的触点与卡座的触点相接触，完成信息读写的过程。非接触式 IC 卡则是将芯片与感应天线完全密闭封装在卡片内部，通过无线电波的电磁感应方式完成与读写器之间的数据交换，也称为射频卡（RF Card）。

②ID 卡

ID 卡全称为身份识别卡（Identification Card），为不可读写的感应卡，内含固化的编号，是公开、暴露的。除了卡号外，无任何保密功能。

（2）密码识别系统

密码识别的操作是根据人员使用键盘输入编码的有效性进行判断。编码通常由 4～10 位的阿拉伯数字组成，“*”或者“#”是键盘上意为“错误”或者“删除”的辅助键，键盘上可能还会有标示为特殊功能的附加键，其一般由字母表中的字母来表示，或根据系统安装时设置而定。

（3）人体生物特征识别系统

①指纹识别

指纹识别是以每个人指纹的唯一性作为身份识别的钥匙。在系统中预先建档，将个人的指纹采用光学、电容式的指纹采集器存储到计算机中形成指纹库；用户刷指纹时，指纹扫描器采集用户指纹的特征信息，交给主机进行分析比较，判断用户的身份，决定用户是否有进出的权限。

②面部识别

面部识别又称人脸识别、面像识别、面容识别等。采用摄像机等方式获取用户的面部图像，与预先建立的人像数据库进行比对后完成对象身份的识别与判定。面部识别快速、简便、非侵扰，不需要人的被动配合，有良好的防伪、防欺诈性，但识别难度高、技术复杂。

③掌形识别

掌形包括手掌的长度、宽度、厚度以及手掌和除大姆指之外的其余四个手指的表面特征，也具有唯一性。掌形识别系统一般采用红外（IR）＋电荷耦合（CCD）成像手段，目前发展了 3 类识别技术，一种是扫描整个手的手形识别技术，一种是仅扫描单个手指的技术，还有一种是结合这两种技术的扫描食指和中指两个手指的指形识别技术。掌形识别多采用三维立体形状识别方式，具有较高的准确性。

④虹膜识别

人体的血管纹路也是独特性的，人的视网膜上面血管的图样可以利用光学方法透过人眼晶体来测定，形成虹膜识别。如果视网膜不被损伤，从三岁起就会终身不变，每个人的血管路径差异很大，被复制的机会很少。

虹膜识别系统使用一束低强度的红外光束环绕着瞳孔中心进行扫描。根据扫描后得到的不同位置所对应的不同反射光束强度来确定视网膜上的血分布图样。这种方法在不是生物活体时无法反应，基本不可能伪造。

15.4.4.3 控制与执行单元

控制与执行设备部分通常是指出入口系统的控制器。出入口控制器中有运算单元、存储单元、输入单元、输出单元、通信单元等，承担运行和处理的任务，对多种出入请求做出判断和响应。

（1）出入口控制器

控制器必须放置在专门的弱电间或设备间内集中管理，控制器与读卡器之间具有远距离信号传输的能力；控制器机箱必须具有一定的防砸、防撬、防爆、防火、防腐蚀的能力，尽可能阻止各种非法破坏的事件发生。

（2）电锁与执行单元部分

电锁与执行单元部分包括各种电子锁具、人员通道闸机、挡车器等控制设备，这些设备应具有动作灵敏、执行可靠以及良好的防潮、防腐性能，并具有足够的机械强度和防破坏的能力。

电子锁具按工作原理的差异，具体可以分为电插锁、磁力锁、阴极锁、阳极锁和剪力锁等，可以满足各种木门、玻璃门、金属门的安装需要。每种电子锁具在安全性、方便性和可靠性上各有差异，也有自己的特点，需要根据具体的实际情况来选择合适的电子锁具。

人员通道闸机用于管理人员出入，且能满足一次只通行一人。根据对机芯的控制方式不同，闸机分为机械式、半自动式、全自动式。机械式闸机是通过人力控制拦阻体运转，机械限位控制机芯的停止；半自动式闸机是通过电磁铁来控制机芯的运转和停止；全自动式闸机是通过电机来控制机芯的运转和停止。通过控制机芯的运转和停止，来控制拦阻体的开启和关闭。根据同一台闸机所含机芯和拦阻体数量的不同，闸机可分为单机芯（包含1个机芯和1个拦阻体）和双机芯（包含2个机芯和2个拦阻体）。根据拦阻体和拦阻方式的不同，可以分为三辊闸、摆闸、翼闸、平移闸、转闸、一字闸、速通门等。

挡车器，又称道闸，是用于道路上限制机动车行驶的通道出入口管理设备。挡车器由减速箱、电机、传动机构、平衡装置、机箱、闸杆支架和闸杆等部分组成。按照控制部分的性能分为：机电道闸、数字道闸、智能闸；根据闸杆分为：栅栏道闸、直杆道闸、曲臂杆道闸；根据起落速度分为：快速道闸、中速道闸、慢速道闸；根据安装方向分为：左向道闸、右向道闸。

(3) 传感与报警单元部分

传感与报警单元部分包括各种传感器、探测器和按钮等设备，最常用的就是门磁和出门按钮，应具有一定的防机械性创伤措施。这些设备采用开关量的方式输出信号，可以将门磁报警信号与出门按钮信号进行加密或转换，如转换成 TTL 电平信号或数字量信号，上传到监控设备，形成对门开闭状态的监测和电锁通断的控制。同时，出入口控制系统还可以监测出以下报警状态：报警、短路、安全、开路、请求退出、噪声、干扰、屏蔽、设备断路、防拆等状态，可防止人为对开关量报警信号的屏蔽和破坏，以提高出入口控制系统的安全性。另外出入口控制系统应该对报警线路具有实时的检测能力。

(4) 管理与设置单元部分

管理与设置单元部分主要指出入口控制系统的管理软件，管理软件可以运行在 Windows 系列环境中，支持客户端/服务器的工作模式，并且可以对不同的用户进行可操作功能的授权和管理。

(5) 线路及通信单元部分

出入口控制器可以支持多种联网的通信方式，如 RS - 232、485 或 TCP/IP 等。为了出入口控制系统整体安全性的考虑，通信必须能够以加密的方式传输。

15.5　电子巡更系统

15.5.1　概述

电子巡查系统是利用碰触卡技术开发的管理系统，将巡逻人员在巡更巡检工作中的时间、地点及情况自动准确记录下来，以有效管理巡更员巡视活动的电子系统。其主要功能是实现对巡更线路的设定，以及对巡更按钮和巡更地点的设置，实现信息读取、查询，完成巡更全过程的监控。

电子巡更系统分为在线式和离线式。

在线式电子巡更巡检系统是在设备现场通过综合布线方式安装的数据采集器与控制室内电脑组成的一个实时监控系统。当巡检员携带信息钮或信息卡，按布线范围进行巡检时，管理者在中央监控室内就可看到巡检人员所在巡逻路线及到达巡检点的时间，重要场合和一些有特殊要求的设备巡检可采用在线式电子巡更系统，在线式系统的最大优点是能进行实时管理。在线式电子巡更系统比较适用于在一定范围内巡检要求特别严格，或巡检工作有一定危险性的地方，目前应用非常少。

离线式电子巡更巡检系统无需布线，只要将巡更巡检点安装在巡逻位置，巡逻人员手持巡更巡检器到每一个巡更巡检点采集信息后，将信息通过传输器传输给计算机，就可以显示整个巡逻巡检过程（如需要再由打印机打印，就形成一份完整的巡逻巡检考察）。相对于在线式电子巡更巡检系统，离线式电子巡更巡检系统的缺点是不能实时管理，如有对讲机，可避免这一缺点。它的优点是无需布线，安装简单，易携带，操作方便，性能可靠。不受温度、湿度、范围的影响，系统扩容、线路变更容易且价格低，又不宜被破坏。

系统安装维护方便，适用于任何巡逻或值班巡视领域。

离线式电子巡更巡检系统分为接触式巡更巡检系统与非接触式巡更巡检系统（也称感应式巡更巡检系统）。

（1）接触式巡更巡检系统

接触式巡更巡检系统是指巡更巡检人员手持巡更巡检器到各指定的巡更巡检点接触信息钮，把信息钮上所记录的位置、巡更巡检器接触时间、巡更巡检人员姓名等信息自动记录成一条数据，工作时有声光提示，其耗电量也非常小。接触式巡更巡检器又分为非显示型巡更巡检器与数码显示型巡更巡检器。它们的工作内容是相同的，不同点是数码显示型巡更巡检器在读取信息时可通过巡更巡检器上的显示窗口让巡更巡检人员准确及时地看到巡逻的时间和次数。

（2）非接触式巡更巡检系统（也称感应式巡更巡检系统）

非接触式巡更巡检器是利用感应卡技术不用接触信息点就可以在一定的范围内读取信息，它自带显示屏，可以查看到当前存储的信息，同时又有人员记录、事件记录及棒号自身设置的功能，它的不足之处是易受强电磁干扰。不适应在恶劣环境下持续工作，如果在恶劣条件下使用，又想有屏幕显示读取的信息，可选用数码型巡更巡检器，它弥补了非显示接触型巡更巡检器与非接触式巡更巡检器的不足之处。

智慧军营中，考虑到系统的适用性和建设的复杂性，通常选用离线式电子巡更系统，文中重点对此进行说明。

15.5.2 系统组成

离线式电子巡更系统由地址标识钮、巡更棒、巡更阅读器和巡更管理终端等构成（图 15-13）。

（1）地址标识钮

地址标识钮通常是一个内含 64 位数据的电子标签，体积大小相当于普通的纽扣电池，每个电子标签的编码都是唯一的，且不可复制。一般由不锈钢外壳封装，防水、防磁、防震，耐高温和低温性能好。经系统设置后，地址钮只表示一个设备代码或一个巡检人员身份信息。

（2）巡更棒

巡更棒用于采集、贮存和传输巡查记录。由合金材料或不锈钢金属外壳制成，具有防水、防尘、抗摔击性能；体积小，内带时钟、内存，操作简单，携带方便，一次存储容量可达 4 096 条，是设备巡检人员进行记录和管理的工具。巡检时由巡检员携带，按设置的巡检线路到达地址钮所在位置，即能将巡检信息等进行采集记录。配置数量可视设备巡检工作量而定，一般每条巡检线路人员（三班制）可合用一套。

（3）巡更阅读器

巡更阅读器又称数据转换器，由电源、通信线及通信座构成。在离线式巡更巡检系统中，传输器是数据采集器与管理电脑间的连接件，与计算机间通过 RS-232、USB 等接口

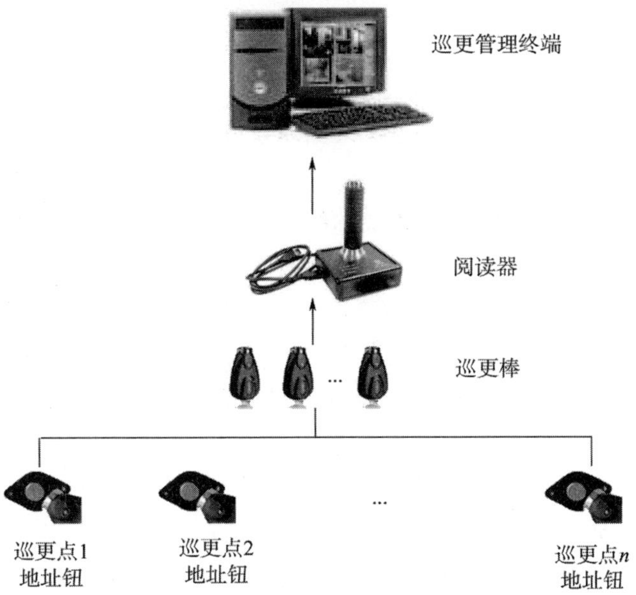

图 15-13　离线式电子巡更系统组成结构图

进行通信，能将数据采集器的记录逐条传送到管理电脑的巡检管理软件中。

（4）巡更管理终端

巡更管理终端是巡更管理软件运行的平台，进行数据采集、存储和处理，用于巡更计划制定、巡更执行情况管理、巡更异常管理、巡更数据分析等。

15.5.3　系统功能

巡更系统应具有如下功能：

1）系统管理：可以对系统进行权限的设置、密码更改、通信端口选择。

2）方案设定：可以对巡查点进行名称的编码，设置巡查路线、班次，对巡查路线进行编排，对巡查任务时间进行设定，以及进行巡查人员登记、部门登记、巡查时间设置。

3）使用登记：对巡查点信息钮进行登记、对巡更棒进行登记（包括时钟的调整）、巡查时间注册、巡查时间设置、巡更棒注册。

4）数据处理：对巡更棒内的数据进行下载以及报表的查询。查询可以按日期查询、部门查询、路线查询、人员查询、巡查时间查询、班次查询、单个信息点查询、所有信息点查询等；并且有三种格式的报表打印输出，打印格式可以针对漏查、所有记录和迟到早退进行打印。

5）数据备份：以防电脑系统损坏可以对其基本数据进行备份，也可以对其巡查的数据进行备份，便于恢复其设置的功能。

6）网络功能：可以通过局域网对巡查数据进行查看，巡更点设置、巡查路线的设置（一条路线包括的点的设置及点与点之间的时间设置）、巡查任务设置、巡查点编辑（包括巡查点增减，巡查点名称和编号的更改）、巡查记录读取、记录数据处理（存盘、打印、查询等)。

15.5.4 系统建设

营区电子巡更系统建设的要点是电子巡更系统配置和设备选型。

(1) 电子巡更系统配置

巡更点地址链是电子巡更系统中重要的配件，安放在巡更巡检的主要路线上，安防巡检人员通过巡更棒按照指定的路线依次巡检所有巡更路线上的巡更点，以此达到对营区重要部件进行巡检的目的。

通常根据巡更路线的长短设计巡更点布置方案，例如每视线范围内设置 1 个，每 100 m 设置 1 个，重要或复杂地段地点必须设置巡更点，根据营区具体情况设置，可密可疏，也可在使用后再调整。

设置完毕后，应将巡更地址标识钮进行可靠安装，同时记录好每个地址标识钮对应的安装地点，以方便管理软件使用。

然后对巡更棒、阅读器等配件进行配置，形成如表 15－8 所示的配置表。

表 15－8 电子巡更系统设备配置表

<table>
<tr><th>序号</th><th>设备名称</th><th>规格型号</th><th>单位</th><th>数量</th><th>安装位置</th><th>备注</th></tr>
<tr><td>1</td><td>阅读器</td><td></td><td>台</td><td>1</td><td>监控室</td><td rowspan="5">根据营区具体情况设计巡更点位</td></tr>
<tr><td>2</td><td>巡更棒</td><td></td><td>台</td><td>3</td><td>监控室</td></tr>
<tr><td>3</td><td>地址钮(含安装座)</td><td></td><td>个</td><td>10</td><td>巡更点 1(营区大门内侧),巡更点 2…</td></tr>
<tr><td>4</td><td>人名钮</td><td></td><td>个</td><td>5</td><td></td></tr>
<tr><td>5</td><td>电源适配器</td><td></td><td>台</td><td>1</td><td>监控室</td></tr>
</table>

(2) 设备选型

巡更产品较多，设备选型时应注意：

1) 选择主流产品，质量有保证，日后维修方便；

2) 选好巡更设备配套管理软件，应要求厂商提供软件开发包，可通过后期开发将其纳入安防集成控制平台进行统一的管理，提高整体效益。

15.6 枪支离位报警系统

15.6.1 概述

当前，部队周围社会环境日趋复杂，不安全因素增多，执勤哨兵擅离哨位、遭受袭击、抢劫枪支等问题时有发生，给部队和社会造成严重危害。为加强防范，确保重要军事目标、哨兵和枪支安全，结合部队实际，智慧军营应建设执勤枪支离位报警系统，用于对执勤哨兵与枪支进行监控管理。

常用的枪支离位报警系统工作原理为：在执勤枪支内安装微型信号发射器，在岗哨安装接收机，根据岗哨实际情况划定监测控制范围；当哨兵携枪支出现脱岗离位一定距离时，接收器将失去信号，系统提示枪支异常离位，若在规定的时间内回来，系统恢复正常；否则将视为枪支被盗抢的警情，经比较确认，报警器发出报警（如果遇到紧急情况，也可以按下报警按钮）。

军队各单位在重点防范区、要害部位等执枪执勤哨位配备枪支离位报警系统，可以实时管控枪支在位情况，及时发现枪支离位的警情，确保执勤哨兵及枪支安全。

15.6.2　系统组成

枪支离位报警系统通常基于射频识别技术（RFID）、无线局域网技术以及视频检测技术等实现。

基于 RFID 的枪支离位报警系统在枪支上安装具有唯一标识码的射频电子标签，后台系统设定相应的关联信息，当携带电子标签的枪支通过射频覆盖的区域时被激活，不间断地发射自身的标识码到接收器，接收器通过是否能够接收到标识码来判断是否发生枪支离位。该系统有以下不足：检测范围不可控制，检测存在盲区，功耗大。基于无线局域网技术的枪支离位报警系统通常是在一定范围内安装多个接收器，通过对接收到的信号场强大小进行计算判断携带发射器的枪支的位置。系统有以下不足：发射器功耗大，定位精度低，环境干扰影响大，误判率高。视频检测技术的枪支离位报警系统采用智能检测或人工检测实时视频信号的方式来判断值勤枪支是否脱离视频监控范围，其缺点是实现成本高，准确性差。

基于 RFID 技术的枪支离位报警系统结构如图 15－14 所示。

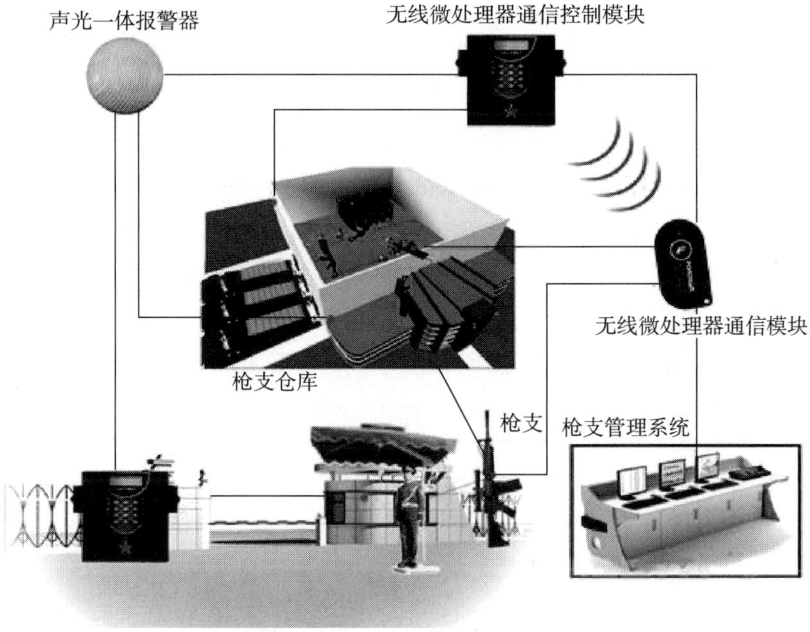

图 15－14　枪支离位报警系统

枪支离位报警系统由枪支无线标签模块、无线微处理器通信控制模块、监控中心服务器几部分组成；为每支枪配备唯一的无线微处理器通信模块，枪支无线标签模块不间断发射 RFID 信号，每个值班室设置一台通信控制模块，不间断扫描监测范围内的枪支 FRID 信号并通过有线 TCP/IP 链路（可扩展成无线链路）上传至监控中心主机。当通信控制模块在一定的时间段内（时间段长度可设定）监测不到枪支 RFID 信号时，自动产生报警信号并传输至监控中心服务器，并驱动值班室和监控中心的声光报警器，产生报警。枪支在岗实时状态可以在监控中心服务器中得到记录，并通过报表的形式展示，枪支在岗异常情况也被记录在监控中心服务器，并通过报表的形式展示。

15.6.3 系统功能

该系统具有以下功能：

1）枪支离位实时报警功能。基于探测器可以使枪支处于 24 小时实时监视控制下，针对枪支被抢或枪支离位自动报警通知值班人员。

2）哨兵离位自动报警功能。系统可根据执勤哨位的实际情况划定执勤区域，一旦哨兵擅自离开岗位，系统可自动预警或报警通知值班人员。

3）防拆除防破坏功能。枪支内的微型发射器具备防拆除功能，当非法拆除设置在枪托附件匣内的微型发射器时，可自动报警。设备体积小，隐蔽性好，不易人为破坏。

4）多种警情功能。如枪支在位显示、离位预警或报警、失电提示、紧急情况报警、多级报警、断线报警。

5）事件实时记录功能。系统可对执勤哨位进行实时侦测，对发生的事件进行实时记录，便于相关人员进行事后查阅。

6）布防撤防功能。可根据换防时间段设定布防及撤防时间。

该系统具有以下优点：

1）抗干扰能力强。采用无线频率三跳频技术，自适应空间无线电波。

2）全无线模式，功耗低、节能。外场的检测设备均为低功耗设备。

3）设计思想新颖。该系统在报警复核、报警联动等方面做了系统研究，解决了长期困扰部队的执勤武器易失控的难题。同时，在部队物质与设备监管、人员监控等相关工作中具有广泛的应用价值。

4）适应性广。系统功能采用了模块化结构，能根据实际需要对枪支离位、哨兵离位、紧急情况报警等功能进行灵活组合，具有广泛的适应性。

15.6.4 系统建设

15.6.4.1 系统设备

（1）标签模块

无线标签模块安装在执勤枪支上，枪支被值班室主机限制在规定的范围内活动，能根据实际需要对枪支离位、哨兵离位、紧急情况报警等功能进行灵活组合，且功耗低、数据量小、抗干扰性能好、保密性能高。图 15－15 为无线标签模块。

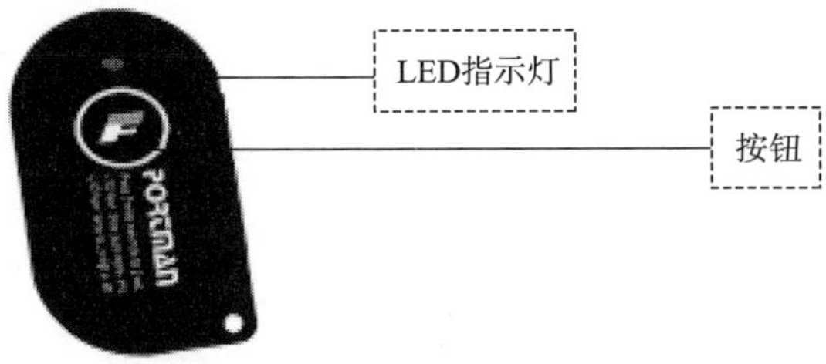

图 15－15　无线标签模块

（2）控制模块

无线微处理器通信控制模块安装在岗哨亭、枪库、值班室等对应位置，自动侦测一定范围的标签模块，并循环显示在设备的显示屏上，24 小时实时监控标签对应枪支的位置信息，做出对应的报警指示，记录数据并上传到后台服务器，管理员凭密码可修改其对应参数。

门岗安装的通信控制模块有防拆报警功能，该主机能长期接收到枪支上发射器发出的信号，并能记录存储、不间断检索，当检索到存储的序列号未能找到时设备发出声光报警，主机设置了停止报警按钮，当停止报警按钮按下后停止报警，恢复工作后开始新的存储、检索工作。图 15－16 为无线微处理器通信控制模块。

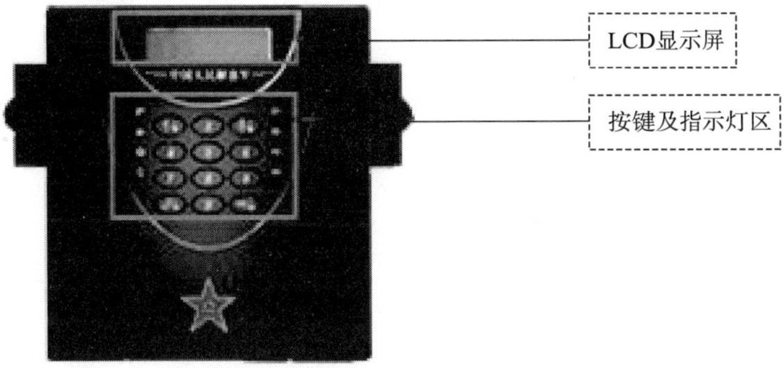

图 15－16　无线微处理器通信控制模块

无线微处理器通信控制模块的主要操作功能如下：

1）安装：前端所有设备安装调试完毕以后，对智能报警检测器插上电源，初始化布防指示灯闪亮后即进入警戒状态，如接收到突发事件、脱离岗哨等报警信息，智能报警检测器发出报警声音，如没有手动撤防操作，系统报警数分钟后停止报警。

2）布防：按遥控控制开关“布防”键，智能报警检测器提示声音响后，进入布防状态，检测到非法操作即报警。

3）撤防：按遥控控制开关“撤防”键，智能报警检测器提示声音响后，进入撤防状态，检测到非法操作不报警。在布防状态下，智能报警检测器若检测到非法操作则发出报警声音，按下该键即可解除报警声音。

4）紧急报警：当遇到紧急情况时，按遥控控制开关“紧急”键，无论出于何种状态，立即发出报警声音。

15.6.4.2 安装与维护

在枪支离位报警系统使用过程中，需要注意以下事项：

1）定期查看设备的指示灯，检查设备是否在正常工作状态；

2）定期人为模拟告警演练，检查设备告警是否正常；

3）系统交流电中断时，设备利用备用电池能维持 2 小时左右的系统正常运行，应及时供电以确保系统正常运行；

4）严禁拆卸系统设备。

电子标签的电池通常能连续使用 1 个月以上。如果枪支在监控区域短时间内频频发生预警和告警，极可能是电池电量不足，此时需要更换电子标签电池。

第 16 章　电磁屏蔽室

电磁屏蔽室是一种专门设计的能对射频电磁能量起衰减作用的封闭空间。电磁屏蔽室是智慧军营建设的重要内容，可保护军用电子设备免受电磁干扰，防止部队军事机密通过电磁信号传播方式泄露，保证信息安全。

16.1　概述

随着军队信息化建设的快速推进，我军的信息网络、信息系统、信息资源及信息服务等得到了飞速发展，大量的基层部队的军营内都建设了具有较高密级的作战指挥室、机要通信室、计算机网络中心等设施，如果不采取有效的安全防护手段，军事信息安全将存在巨大隐患。

信息可通过电磁波进行空间传播，为防止信息泄露，通常根据电磁波传播原理采取一定的技术手段阻断电磁波信号的传播。电磁屏蔽效应是以某种导电或导磁材料制成屏蔽壳体，将需要屏蔽的区域封闭起来，使其内的电磁场不能越出这一区域，而外来的辐射电磁场不能进入该区域，或进出该区域的电磁能量将受到很大的衰减。电磁屏蔽室是利用电磁屏蔽效应，专门用于衰减或隔离来自内部或外部电场、磁场能量的建筑空间体。按当前技术实现的常用方法，电磁屏蔽室就是构建一个具有导电、导磁外壳的房子，进行严密的电磁密封，阻断电磁辐射出入，如图 16－1 所示。

图 16－1　电磁屏蔽室

根据 GB/T50719《电磁屏蔽室工程技术规范》，电磁屏蔽室按其工作和屏蔽效能的高低，可分为简易电磁屏蔽室、一般电磁屏蔽室、高性能电磁屏蔽室和特殊要求的电磁屏蔽室等类型，见表 16－1。

表 16－1　电磁屏蔽室分类及主要特征指标

<table>
<tr><td colspan="2">电磁屏蔽室分类</td><td>简易电磁屏蔽室</td><td>一般电磁屏蔽室</td><td>高性能电磁屏蔽室</td><td>特殊要求的电磁屏蔽室</td></tr>
<tr><td colspan="2">屏蔽频率范围</td><td>150 kHz～1 GHz</td><td>10 kHz～18 GHz</td><td>50 Hz～40 GHz</td><td rowspan="7">主频段、屏蔽指标、接地等根据设备要求确定</td></tr>
<tr><td rowspan="2">屏蔽指标</td><td>磁场</td><td>以工程情况而定</td><td>因频段不同要求不同</td><td>因频段不同要求不同</td></tr>
<tr><td>电场</td><td>≤60 dB</td><td>>60 dB</td><td>≥100 dB</td></tr>
<tr><td colspan="2">屏蔽室结构形式</td><td>采用金属板、金属网、导电涂料等,单层结构</td><td colspan="2">组装式或焊接式电磁屏蔽室</td></tr>
<tr><td colspan="2">主要用途</td><td>防止射频电磁场的影响</td><td colspan="2">主要用于测试、保密、工程试验研究等</td></tr>
<tr><td colspan="2">接地</td><td>一般为多点接地</td><td>单点或多点接地</td><td>单点或多点接地</td></tr>
<tr><td colspan="2">特殊要求</td><td>无</td><td>有</td><td>有</td></tr>
<tr><td colspan="2">备注</td><td>对电磁屏蔽要求不高的场所,如会议室等</td><td>通常采用的方式,包括部队指挥室、机要室等</td><td>根据明确要求建设的高性能电磁屏蔽室</td><td>根据明确要求建设</td></tr>
</table>

电磁屏蔽室性能主要用综合屏蔽效能（SE）描述，单位为 dB，定义如下：

$$SE = 20\log E_0/E_1$$

式中，E_0 代表屏蔽前电磁辐射强度；E_1 代表屏蔽后电磁辐射强度，SE 值越大，说明屏蔽效能越好。军用电磁屏蔽室 B、C 级的综合屏蔽效能要求可参见 GJBz20219《军用电磁屏蔽室通用技术要求和检验方法》具体条文。

16.2　主要功能

电磁屏蔽室的主要功能为：

1）隔离外界电磁干扰，保证室内电子、电气设备正常工作。

2）阻断室内电磁辐射向外界扩散。强烈的电磁辐射源应予以屏蔽隔离，防止干扰其他电子、电气设备正常工作甚至损害工作人员身体健康。

3）防止电子通信设备信息泄露，确保信息安全。电子通信信号会以电磁辐射的形式向外界传播，敌方利用监测设备即可进行截获还原。电磁屏蔽室是确保信息安全的有效措施。

4）军事指挥通信要素必须具备抵御敌方电磁干扰的能力，在遭到电磁干扰攻击甚至核爆炸等极端情况下，结合其他防护要素，保护电子通信设备不受毁损、正常工作。

16.3　系统组成

16.3.1　基本组成

电磁屏蔽室本质上是一个用金属作为屏蔽材料的房子，包括六面壳体、门、窗等一般房屋要素，要求具有严密的电磁密封性能，并对所有进出管线做相应屏蔽处理，阻断电磁波的出入，结构如图 16－2 所示。

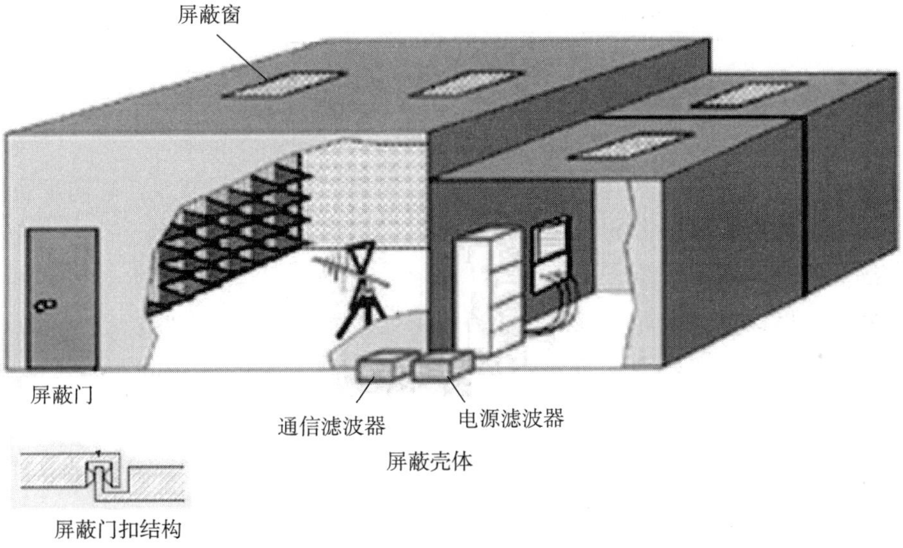

图 16－2　电磁屏蔽室结构示意图

目前电磁屏蔽室有钢板拼装式、钢板焊接式、钢板直贴式及铜网式四大类。钢板拼装式（也称为可拆卸式）电磁屏蔽室是按照设计要求，由预先加工成型的屏蔽壳体模块板、结构件、屏蔽部件等，经过施工现场装配，组建成具有可拆卸结构的电磁屏蔽室。一般由厚度 1.5 mm 钢板模块拼装而成，生产、安装工艺较简单，适用于小面积、屏蔽效能要求一般的工程。可拆卸移建，但移建后屏蔽效能明显降低。钢板焊接式屏蔽室是主体结构采用现场焊接方式建造的具有固定结构的电磁屏蔽室，采用 2～3 mm 冷轧钢板与龙骨框架焊接而成，屏蔽效能高，适应各种规格尺寸，是电磁屏蔽室的主要形式。钢板直贴式和铜网式用于屏蔽效能要求较低的简易工程。

16.3.1.1　壳体

此处以钢板焊接式电磁屏蔽室为例。其壳体包括六面龙骨框架、冷轧钢板。龙骨框架由槽钢、方管焊接而成，材料规格按屏蔽室大小确定。地面龙骨（地梁）应与地面进行绝缘处理。墙、顶部冷轧钢板厚 2 mm，底部钢板厚 3 mm，先在车间预制成模块，分别焊接在龙骨框架内侧。所有焊接均采用 CO_2 保护焊，连续满焊，并用专用设备检漏，防止漏波。所有钢质壳体必须进行良好的防锈处理。

16.3.1.2　电磁屏蔽门

电磁屏蔽门是屏蔽室唯一活动部件，也是屏蔽室综合屏蔽效能的关键，技术含量较高，材料特殊，工艺极其复杂。电磁屏蔽门有插刀式铰链门和平移门两大类，这两类屏蔽门都有手动、电动、全自动等形式。如考虑使用的稳定性及性价比，则首选手动插刀式铰链门（标准门尺寸为 1 900 mm×850 mm）。当场地受到限制时，可采用移动式屏蔽门。

插刀式铰链屏蔽门配有电动锁紧或手动锁紧机构，为双点锁紧结构，配有铰链页实现门的旋转运动，内外门板为双层绝缘式结构；采用单刀插入式电磁密封技术、不锈钢复合密封刀、三排可拆卸式镀青铜簧片。

屏蔽门的结构特点：

1）门的刀口采用以铁为基体的镀铜复合刀口，其固有的铁磁性及镀铜后较好的导电性，能兼顾整个频带的屏蔽性能指标；

2）采用镀青铜弹簧片，其经真空热处理后有较好的弹性及耐磨性，能满足使用要求；

3）刀口及簧片接触部分都为同一种材料，电位差相近，在接触面上不会产生电腐蚀，能长时间保证屏蔽性能；

4）簧片为可拆卸式，如局部有损坏极易更换，无需专业人员维修；

5）门的锁紧为双点斜棋锁紧结构，电动锁紧机构采用电机传动谐波减速器减速，具有运行平稳、噪声低的特点；

6）采用单刀插入式电磁密封技术、复合刀口、可拆卸式镀青铜三排簧片，能有效地形成电磁密封腔，电磁密封可靠；

7）在屏蔽室断电情况下，电动锁紧门可以在室内实施手动操作开门；

8）该种形式屏蔽门为典型结构形式，设计工艺均较成熟。

16.3.1.3　截止波导通风窗

截止波导通风窗是截止波导与通风口结合为一体的装置，该装置既允许空气流通，又能够衰减一定频率范围内的电磁波。截止波导通风窗内的波导管宜采用等边六角形，即蜂窝形，通风窗的截面积应根据室内换气次数进行计算。目前，行业中最常用的蜂窝型波导窗由对边距 5 mm 的六边形钢质波导管集合组成，波导管不妨碍空气流通，却对电磁辐射有截止作用。通常采用 300 mm×300 mm×50 mm 规格的全焊接式蜂窝式波导窗，插入损耗≥100 dB (150 kHz～1 GHz)，完全满足《电磁屏蔽室工程技术规范》要求。屏蔽室按面积大小配置相应数量的波导窗，分别用于进风、排风、泻压。图 16－3 为波导通风窗。

进入屏蔽机房内的送风及排风均应通过波导窗，以保证整体屏蔽指标，为减小风阻系数，增加有效的迎风面积，采用全焊式蜂窝型通风波导窗，其工艺特点是：

1）全焊接式波导窗的连接强度远远高于浸锡式波导窗，运输装配过程不会影响其质量，确保在各频段中的屏蔽效果；

2）全焊接式波导窗中蜂窝芯不会因为焊接的热影响而熔化开焊；

3）全焊接式波导窗不存在浸锡式波导窗因要保证浸锡效果而存在过多的焊锡的情况，

图 16－3　波导通风窗

其重量远远小于浸锡式波导窗；

4）全焊接式蜂窝波导窗采用高技术焊接法，以确保即使在很小的蜂窝芯情况下也不会堵塞蜂窝孔；

5）全焊接式蜂窝波导窗采用的焊接材料为高导电性和高导磁性材料，屏蔽效果好；

6）全焊接式蜂窝波导窗在所有形式的波导窗中质量最小，风阻最小，屏蔽效果最好。

16.3.1.4　强弱电滤波器

进入屏蔽室的电源线、通信信号线等导体都会夹带传导电磁干扰，必须有相应的滤波器加以滤除。滤波器是由无源元件（电感、电容）构成的无源双向网络，其主要性能参数是截止频率（低通、高通、带通、带阻）、插入损耗（阻带衰减量），滤波性能取决于滤波级数（滤波器滤波元件数）、滤波器结构类型（单电容型 C 型、单电感型 L 型、π 型）等。电源滤波器的规格、供电方式和数量应根据电磁屏蔽室内设备的用电情况确定。信号线电缆应通过信号滤波器滤除电磁干扰或进行其他屏蔽处理。

16.3.1.5　波导管

进入防护室的各种非导体管线如消防喷淋管、光纤等，均应通过波导管，波导管的截面尺寸和长度应满足电磁屏蔽的性能要求。波导管对电磁辐射的截止原理与波导窗相同。

16.3.1.6　室内电气、室内装修

室内电气、室内装修涉及穿管走线、配电箱、照明、插座及吊顶、墙面装修、地面防静电地板等。为确保屏蔽室稳定运行，电气、装修材料必须选用符合国家标准的防火、防潮、环保产品。

16.3.2 配套系统

16.3.2.1 空调系统

屏蔽室空气调节系统可根据实际情况配置。有中央空调时可由波导窗直接接入，也可单独安装空调。民用空调、商用空调、精密空调均可选用，空调电源线、内外机控制信号线、气水管都必须进行相应屏蔽处理。

16.3.2.2 消防报警系统

电磁屏蔽室应配备消防报警系统。报警信号线及相关控制信号也要分别进行滤波处理。一般配置一路烟感报警信号。

16.3.2.3 接地系统

接地系统是消除公共阻抗耦合，防止寄生电容耦合的干扰，保护设备和人身的安全，保证计算机系统稳定可靠运行的重要手段。接地系统与屏蔽室适当结合后，可形成良好的抗干扰能力。因此，为了能保证电子系统安全、稳定、可靠地运行，保证设备、人身的安全，针对不同类型电子设备的不同要求。应设计出适当形式的接地系统。接地类型一般分为以下几种：

1）计算机系统的直流地：接地电阻不大于 1 Ω；

2）交流工作地：接地电阻不大于 1 Ω；

3）安全保护地：接地电阻不大于 4 Ω；

4）防雷保护地：接地电阻不大于 10 Ω。

屏蔽工程直流接地交流工作地、安全保护地、防雷接地系统建议使用建筑物综合接地系统，屏蔽室内所有电气设备外壳、金属管道、金属吊顶、全钢抗静电地板、金属隔断框架均应牢固连接建筑物综合接地，接地电阻不大于 1 Ω。

设备接地线应和其他导线隔离绝缘，不能当作配电系统的中性线。电源输出的中性线与接地线之间电压应小于 1 V，不论计算机开启与否，电压值不得超过 1 V；接地线与接地极至电源引入间，应配置金属穿线管保护，并妥善固定。

电磁屏蔽室的接地宜采用共用接地装置和单独接地线的形式。因工作时屏蔽室壳体有漏电情况（与滤波器工作特性有关），故防护室接地要求极高。要求单点接地，跟地质因素有关，一般接地电阻应不大于 1 Ω。

16.3.2.4 电源系统

屏蔽室电源一般按需要配置设备电源、空调照明辅助电源。因工作时壳体有一定漏电，故屏蔽室电源不能经过漏电保护器。

根据各类电源的种类及负荷的大小，分别选用不同容量的电源滤波器引入屏蔽室；采用低泄漏电源的电源滤波器，其插入衰减能力与屏蔽室综合效能一致。电源滤波器应集中安装，滤波器前端不能有过流保护装置，但可设置过载保护装置。

16.3.3 屏蔽组件

组件数量是否充足，安装条件如何，这些对于任何屏蔽施工来说，都是非常关键的，且这些因素之间存在着严格的相关性。组件会对屏蔽性能产生影响，在屏蔽完整性方面，会产生一个间断点；对于主要屏蔽结构和组件来说，安装条件是非常重要的。除了功能孔径（如满足观看需要、通风或贯通型电缆的孔径），最重要的也是最难处理的问题是主要屏蔽结构的邻近部分之间的接头以及结构与安装组件（如开关、灯等）之间的接头。接头通常被划分为永久性、半永久性和经常工作接头。后两种接头通常是由屏蔽衬垫来提供的；永久性接头一般是通过焊接、螺钉或铆钉制作成的。应避免金属零件的突出部分向屏蔽区域辐射电磁波。如果必须用到一些金属零件，则确保其充分接地是非常必要的。

16.3.3.1 屏蔽衬垫

电磁干扰屏蔽衬垫是安装在面板间接头处的一种非常重要的组件，主要用于降低电磁场穿透能力。它可以由多种材料制成，并可采用多种不同开关，以满足指定的性能。屏蔽衬垫性能通常依据其电磁封闭能力、机械强度和对化学试剂的抗性来指定，它与功能和应用有关，通常要考虑如下问题：

1）环境条件、温度、是否存在腐蚀剂、压力条件、振动等因素；

2）所需屏蔽的等级；

3）需要连接的啮合面的不稳定性；

4）应用类型，即屏蔽衬垫数量与工作频率；

5）成本。

常见的屏蔽衬垫有导电聚合物或橡胶、线状网格柔性织物和指状屏蔽衬垫。铍青铜、钢和锡涂层磷青铜是最为常用的金属屏蔽衬垫材料。

16.3.3.2 屏蔽窗口

可用于屏蔽窗口的材料有多种，从导电玻璃、导电塑料到复合材料，常见的形式为嵌入到光学透明玻璃上的线状网格。

对于织物栅网来说，通常每英寸开孔数量为 80～200 个，由直径变化范围为 20～100 μm 的电缆构成。在 1 GHz 频率点处，当使用平面波进行激励时，能够实现的屏蔽效能变化范围为 50～80 dB。与机织线状网格相比，针织线状网格提供的屏蔽效能较差，在 1 GHz 频率点处，当使用平面波进行激励时，能够实现的屏蔽效能变化范围为 20～40 dB。对于导电玻璃或导电塑料来说，在 1 GHz 频率点处，当使用平面波进行激励时，能够实现的屏蔽效能变化范围为 40～60 dB。通常情况下，紧凑型薄膜厚度的变化范围为 50～200 nm，其光学透明度量级为 90%。

16.3.3.3 屏蔽连接器

屏蔽连接器主要用来支持电缆和光纤进入到屏蔽区域。可用的屏蔽连接器有多种类型，电磁兼容性能较好的连接器具有屏蔽背壳。通常使用能够在连接器输入端实现屏蔽的屏蔽电缆，同时安装滤波器来限制屏蔽区域电缆的天线特性，防止其电磁泄密。

16.3.3.4 通风系统

电磁屏蔽室对通风和散热都有要求，一般是通过使用带风扇或不带风扇的通风管来实现。如果不进行充分的屏蔽，这些小孔会形成严重的屏蔽失效点。一般采用蜂窝状的通风波导来建设通风系统。

16.4 系统建设

营区电磁屏蔽室建设按照先设计、后建设、再检测评估等步骤开展。

设计阶段是根据营区电磁屏蔽室的建设目标、建设等级、建设指标等要求，对电磁屏蔽室进行先期设计，包括主要构建方案、配套措施、材料选型、施工方案、建设周期和检测措施等内容，形成具有可操作性的方案。通常方案应按照工程项目的要求，报请上级审批，并通过专业技术评估。

电磁屏蔽室建设阶段是根据批复的方案实施具体屏蔽室工程的建设，包括现场测量、技术设计、生产安装图纸、车间准备、现场安装、自检、验收等程序。

（1）屏蔽室安装现场准备

安装现场要求一干（环境干燥）、二净（室内、室外清洁无杂物）、三平（顶、墙、地平）、四到位（风气水管、强电、弱电、接地线到位）。

（2）车间生产

车间生产包括壳体钢板模块制作、龙骨框架材料准备、电磁脉冲防护门制作、波导窗制作；滤波器、波导管、室内电气、内装材料配置等。

（3）包装、运输、搬运

电磁屏蔽室工程应组织好各种设备、配件、配料的包装、运输和搬运工作，尤其是施工场所通常是部队营区重点部位，应特别注意保密安全。

（4）现场安装

现场安装包括搭建龙骨框架，钢板模块焊接，防护门、滤波器、波导窗、转接板等安装，波导窗与空调风口衔接，防护效能自检，室内电气铺设，内装修等环节。如有一级防震则涉及交叉作业，需做好协调工作。

（5）产品自检

为保证屏蔽室建设工程质量，确保验收顺利，承建单位应具备质量自检能力，屏蔽室自检包括壳体自检，即在屏蔽壳体完成时进行初检，主要目的是查漏、补漏。

（6）组织验收

由建设单位邀请权威机构对屏蔽室进行全面检测、鉴定，是屏蔽室建设的最后环节，同时也是对电磁屏蔽室效果进行总体评估的阶段，达到设计要求的电磁屏蔽室将为部队营区信息安全建设发挥重要的作用。

第 17 章　营区服务网站

营区服务网站为军营官兵提供综合信息服务。在智慧军营中，服务网站承担着信息发布与沟通的功能，建设好网站不仅能够将营区管理、日常业务等工作有效地开展起来，同时也为部队官兵提供一个了解营区管理要求，掌握营区保障信息，进行意见反馈的重要信息渠道，应借鉴成熟经验，加强建设。

17.1　概述

网站建设是指使用标识语言，通过一系列设计、建模和执行的过程将电子格式的信息通过网络传输，最终以图形用户界面的形式被用户所浏览。网站是互联网上最常用的信息交互节点，是基于网络的信息交互模式的基础。

在智慧军营建设中，由于信息网络的成熟使用，建设基于网络的信息网站对于为官兵提供信息公开服务是一种很方便的形式，有利于改善官兵获取部队信息的手段，同时也改变营区管理与服务的模式，提高信息化应用水平。

网站是建立在营区网络信息平台上的一个基于网站风格的信息平台，对于信息化应用水平较高的部队，它通常是部队综合网站的一个组成部分，由部队相关单位统一规划、建设、管理和维护。营区服务网站是部队营房管理部门的一个信息服务窗口，其出发点是提供有关部队营房业务的信息处理与服务开发的平台，因此建设时应实现以下几个建设目标：

1）构建规范有序、清晰易用的营房业务处理与学习教育管理平台；

2）构建共同维护、权威及时的营房动态信息发布平台；

3）构建紧贴实际、好用管用的营房日常业务处理平台；

4）构建内容丰富、高效响应的营房信息资源查询平台；

5）构建知无不言、扁平直通的营房意见互动交流平台。

17.2　系统组成

网站的主要功能模块组成如图 17－1 所示。各功能模块的主要作用如下。

（1）营区保障

营区保障为军营保障业务部门实施营区保障管理，进行营区保障设施设备管理，辅助保障决策提供有力的工具。

（2）网上报修

网上报修主要依托智慧军营信息网络，改变传统的单纯电话沟通方式，使原先的参与人员通过网上进行报修申请、审核、维修处理，提高管理水平。

（3）学习教育管理

经常性学习教育和专题学习教育活动是每年政治工作的重要组成部分，网络平台是学习教育活动的重要手段。目前的网上学习教育活动管理平台以论坛系统为基础，功能较为单一，信息管理手段不够权威规范，管理方式较为落后，需要构建新的网络学习教育管理平台，进一步提升网上学习教育管理的质量和水平。

（4）动态信息发布

动态信息发布功能是向营区官兵展示营区保障动态、营房信息、通知通告等信息的发布平台。需要构建一套更加完善的信息发布管理系统，通过信息发布的职责分配，实现营区各部门共同维护，同步更新。

（5）数字信息资源查询

数字信息资源包括有关的政策、规章、制度、资料、书籍、文献等内容，为营区官兵提供了一个查找、阅读和学习的渠道。同时也汇总了营区营房相关的数据资料，包括工程建设、房地产、设施设备、营具等多类电子化的资料，部分可公开供官兵查阅。信息资源模块需细化论证，不断拓展扩充信息资源的品种与数量，提高系统的服务效率，更好地为科研人员提供有效的信息资源支撑。

（6）意见互动交流

营区网络平台应为官兵提供更为便捷、形式更加丰富的意见交流平台，使官兵更好地参与、执行、监督营区管理的各项工作，开诚布公地交流问题，为官兵提供开放的意见互动交流平台。

该系统配置三个岗位：用户岗、管理岗、维修岗。用户岗的人员通过系统，录入报修申请单，填写本次报修的相关信息，通过核心模块提供的操作流程，用户选择对应的管理人员，发送申请给管理人员。管理岗人员接收到信息后，打开用户提交的申请单，填写相关的处理意见，根据用户报修情况进行处理，如果营级能处理，就给维修岗发送信息；如果不能处理就给团级管理岗发送信息。维修岗人员接收信息后，安排人员给用户修理，同时修改申请单为维修状态；修理完毕后，维修岗人员改变申请单的状态为完成，同时登记本次维修费用；也需要给管理人员发送修理完毕通知；另外，用户也要把本次的维修情况发送给管理人员。

其他功能包括：

1）申请单维护：查看申请单的状态，修改申请单的状态；

2）费用维护：根据申请单增加维修费用，根据申请单修改维修费用；

3）待办提醒：报修申请主要通过待办信息进行提醒，如果用户发送报修申请，管理岗人员的待办里就有信息，操作待办进行办理；

4）通知管理：通过此模块给相关人员发送维修进展情况；

5）统计功能：按时间段统计报修费用。

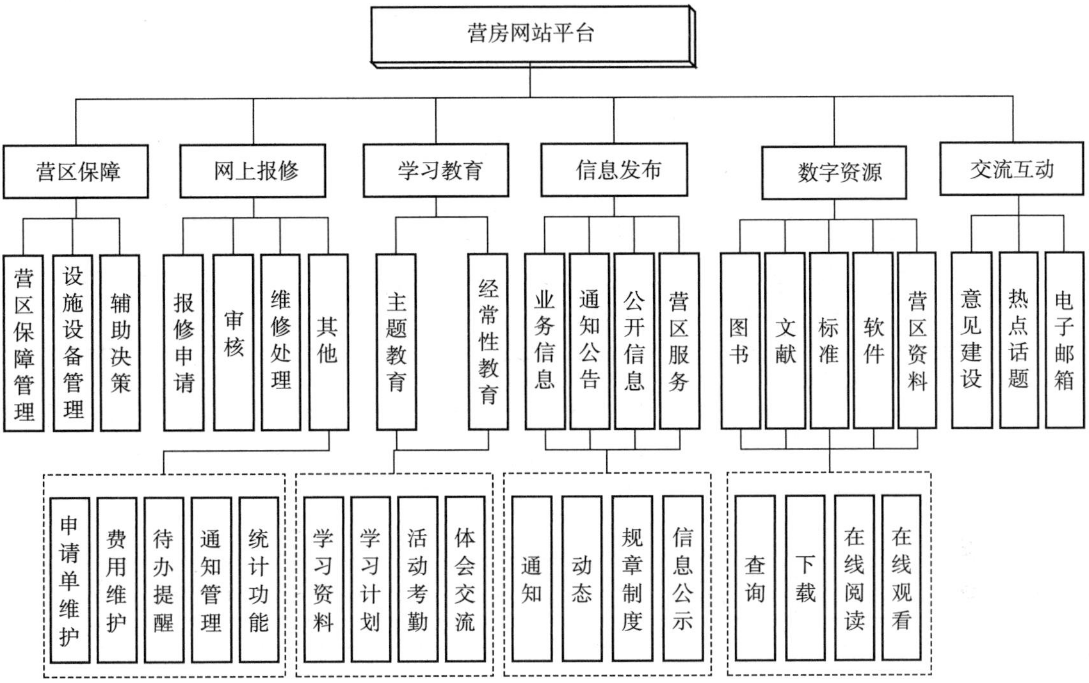

图 17－1　网站组成结构

网站从技术架构上划分为 5 层体系架构，自下而上分别为硬件层、支撑层、构件层、应用层、表现层，如图 17－2 所示。

（1）硬件层

硬件层包括系统所需要的硬件设备，主要由服务器与磁盘阵列设备组成。结合智慧军营的规划，应一次性配置具备一定冗余资源的硬件设备，构建服务器系统，灵活配置若干虚拟服务器支撑上层软件建设。

（2）支撑层

支撑层包括支撑系统服务所需的基础软件支撑环境，如操作系统、应用软件、虚拟化软件、Web 服务容器和数据库系统等。

（3）构件层

构件层主要负责提供实现系统业务功能所需的基础软件构件。构件层主要包括单点登录系统、内容管理系统、论坛系统以及电子邮件系统等基础服务提供系统，以及工作流引擎、文档在线处理构件、图表处理构件以及文件压缩管理构件等一系列解决某项功能需求的专业化软件构件。

（4）应用层

应用层主要负责根据系统的功能需求构建独立功能单元的软件模块，以供用户直接应用。主要包括营房业务模块、网上报修模块、学习教育模块、信息发布模块、数字资源模块以及互动交流模块等功能模块。

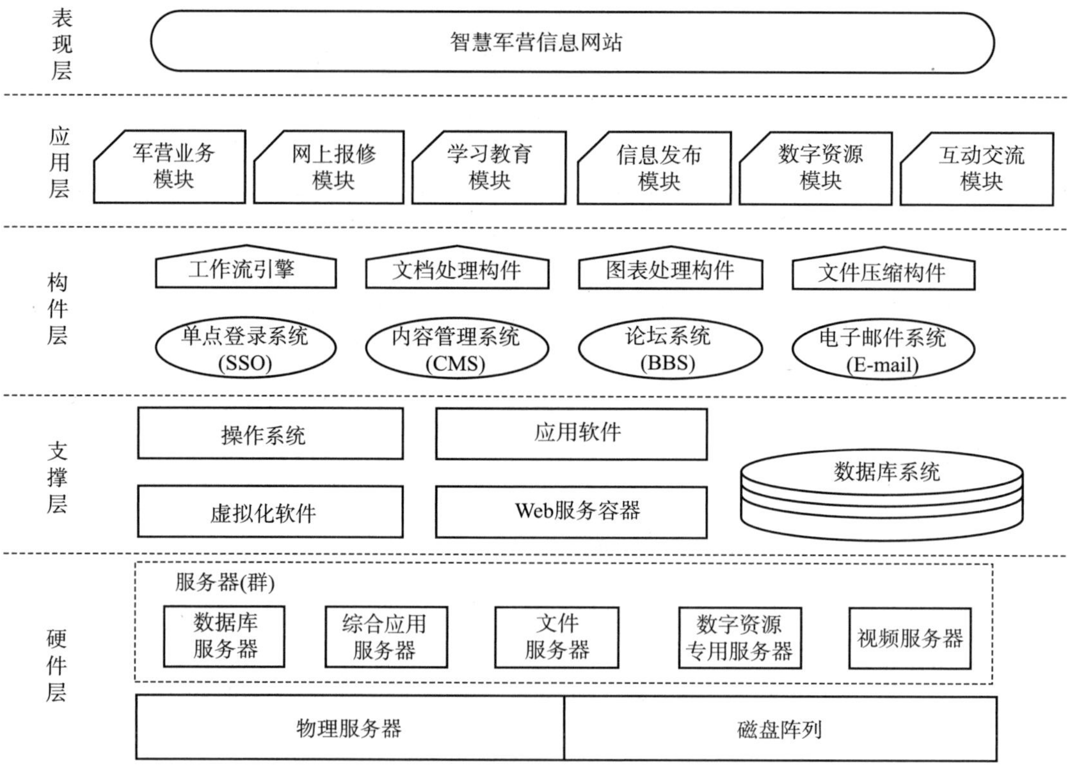

图 17－2　平台技术架构示意图

（5）表现层

表现层主要负责用户直接交互的门户网站的建设。门户网站的建设可根据用户的需求，有针对性地提取系统数据，生成符合用户需求的用户界面，供用户直接或间接访问系统功能。

17.3　主要功能

营区服务网站是智慧军营业务管理和对外信息服务系统的用户界面，可设置三级访问权限，为单位领导、营区管理人员和基层官兵及住户提供营房综合信息服务。营区服务网站主要具备如下功能：

1）具有公用信息界面。营区服务网站具有新闻、通知、公告发布，法规制度、营房知识查阅，工程建设、营房维修、水电消耗、住房分配、营具请领等相关信息公示的功能。

2）具有管理决策界面。使用者通过营区服务网站可在营区平面图或三维图上，任意查询分栋建筑、设施设备、管网等基础信息，营房住用、水电气热消耗、分类收费等管理信息，以及供水、供电、供热、中央空调、环境监测等设施设备运行状况信息。

3）具有业务处理界面。营区服务网站可链接营区各类保障与管理业务管理系统和设施设备监控系统，为营区日常管理提供可视化集成环境。

4）具有用户交互界面。营区服务网站为基层单位或住户提供定制的交互桌面，主要功能包括营房住用、水电消耗、供热质量、分类缴费和营房维修、营具请领、物资使用计价挂账等信息查询，以及网上报修、意见反馈、工作评议等。

17.4　系统建设

17.4.1　基本原则

营区网站建设不同于民用网站，其目标定位于为营区内的官兵提供信息服务，将来可能接入军队网络，为全军官兵使用，要求网站简洁、功能性强，建设时应遵循如下的基本原则：

1）可持续性。网站的建设和运行，一方面要考虑营区部门管理上的持续发展与信息服务，另一方面要充分考虑网站功能结构上的不断扩容与调整，有可能要与营区的综合网站进行整合，应保持良好的升级功能和扩展性；

2）便于浏览。网站必须是服务于官兵的工具，而不应该是一个仅供展示的静止的“花瓶”。网站的浏览方式必须充分考虑官兵的浏览习惯，其页面风格也必须充分考虑目标访问者的审美观。

3）可管理性。作为一个完整的信息平台，网站能够随着部队建设发展而进行维护，这种变化维护是随时的、不确定的，要求网站的内容也要可更新，随时根据实际需要对网站的内容进行更新。

4）交互性。网站除了以常规的服务、业务模式吸引官兵以外，更重要的是其访问界面要具有友好的交互功能，无论是在信息、业务区域还是在咨询、服务区域，访问的官兵应随时可以与网站进行方便地交互交流。所以在网站每个栏目的规划中都会充分体现交互性，用户可以非常方便地进行查询、搜索、咨询、反馈等操作，用户无论在哪一级页面都可以得到方便的咨询、服务。

5）易操作性。针对官兵对信息网络应用理解存在差异和对电脑操作水平不同的特点，在网站的设计中，要实现“傻瓜式”的操作流程，尽量减少专业性的工作，为网站管理人员提供后台灵活的数据更新维护等功能。

17.4.2　网站建设

网站建设包括硬件设施选择、网站设计、网络程序编写三个部分。

在硬件设施方面来说，选择还是比较容易的。即按照营区网站建设的基本要求，选择适当的服务器，通常部署于营区监控中心，向营区网络发布。

网站设计最主要的是看网站信息传递给官兵的审美视角，既要体现军营文化特点，又要考虑网站的主要功能，网站应采用简洁、大方的风格，并且宜提供丰富的信息，吸引官兵的注意力。

网络程序编写方面，由于网站维护要求简单，通常采用一般常见的网站程序建站就可以了，如 PHP 等，同时可以配合一些 JS 效果，使官兵对网站体验更好。

17.4.3　网站维护

营区服务网站建成后，应当由专门信息人员进行维护，以保证网站正常运行，并及时更新反馈信息，动态信息的维护通常由企业安排相应人员进行在线的更新管理；静态信息（即没用动态程序数据库支持）可由专业人员进行维护。具体的工作包括：

1）网站服务器及相关软硬件的维护，对可能出现的问题进行评估，制定响应时间；

2）网站数据库维护，有效地利用数据是网站维护的重要内容，因此数据库的维护要受到重视；

3）网页内容的更新、调整等，这项工作十分重要，长时间不更新的网页内容会让营区的官兵产生视觉疲劳，降低使用积极性；

4）制定相关网站维护的规定，将网站维护制度化、规范化。

第 18 章　智慧服务系统

智慧军营建设不仅着眼于培养和提高军队的战斗力，同时也可利用其良好的信息技术与产品，改善军营的日常生活保障与服务能力，形成具有良好工作与生活条件的军营环境，让官兵感受智慧军营建设带来的便利与优势，从而使信息化建设成果惠及广大官兵，产生良好的应用效益。

18.1　概述

智慧服务是指个人或组织运用智能化、智慧化的手段为其他人或组织提供的服务。在我国的智慧城市建设中，高效的信息服务是其重要的目标，涉及的范围较广，比如智慧交通、智慧教育、智慧医疗、智慧电子政务等，智慧服务同时也是智慧城市建设的组成部分。

在军营中智慧服务主要集中于营区范围内，为便捷官兵工作、训练、生活而提供的信息采集、发布和交互等方面的服务，主要集中于交通、就医、就餐、营房报修等方面，与此相关的各类智慧服务信息系统的建设十分必要。

18.2　公共交通

18.2.1　系统概述

在一些大型的营区内，道路多、车辆交通繁忙，公共交通管理十分重要。运用科技手段建设现代化的交通管理控制系统，优化营区的交通控制，建立良好的营区交通秩序，是智慧军营建设的内容。

18.2.2　系统结构

军营的指挥中心通过对各个交通路口前端设备的运行状况进行监控，实时掌控路口的运行状况；监控中心使用交通控制算法，通过对来自营区内各个路口、路段采集的交通数据进行分析，寻找出交通出行的规律及特点，并融合适当模型，生成较为合理的实时优化方案，下达给前端交通信号灯控制设备，以减少路口空放，降低机动车停等次数、减少交通延误时间。

交通管理控制系统的逻辑结构如图 18－1 所示。主要包括 6 个层次：设备层、网络层、数据存储层、业务服务层、业务应用层和业务展示层。其中设备层、网络层和数据存储层主要是设备系统；业务服务层、业务应用层和业务展示层主要是软件系统，进行信息处理、信息展示和交通设备的控制。

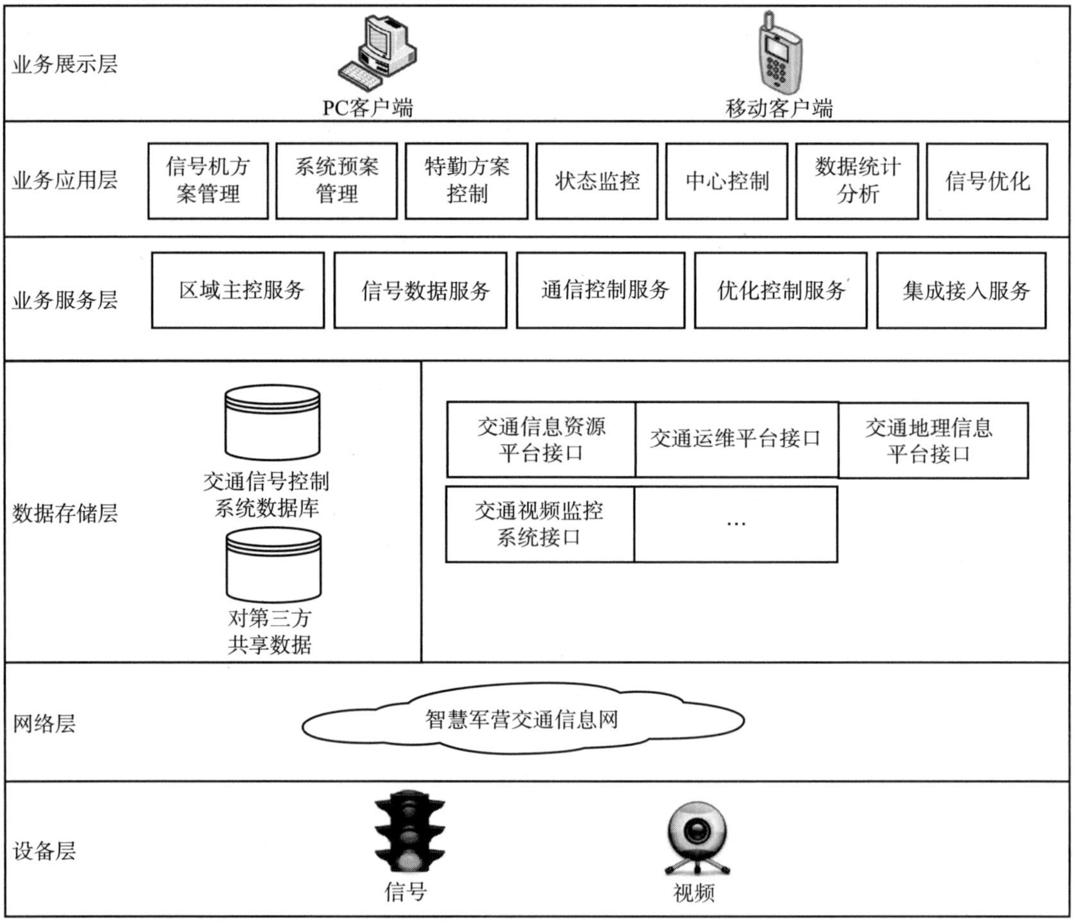

图 18-1　系统逻辑结构图

18.2.3　系统功能

系统提供感应控制、勤务指挥控制、行人过街控制、优先控制、人工干预控制等功能，主要作用如下：

1）从宏观上了解整个营区各路口的通信状态；

2）对于通信正常路口，了解路口当前详细状况；

3）根据路口视频与运行状况的符合度，通过单口控制，干预路口的运行。

4）路口状态监视：路口状态监视可以监视选中路口设备的执行状态，包括灯态信息，相序，时序，警报信息，线圈的线圈感应，执行的信号方案，如有视频对应，则可以查看到当前路口的视频信号等，也可以对此路口设备进行中心控制，包括对时、闪烁、重启、关灯等操作。

5）子区状态监视：子区状态监视可以对一个子区中所有路口进行状态监视，包括子区中所有路口的信号机状态，系统用不同的颜色和提示文字来显示信号机工作状态是否正常，便于使用者从宏观上监测多个路口的运行状态。

18.3　共享单车

18.3.1　系统概述

共享单车是一种当前我国非常流行的一种公共交通工具，是互联网快速发展的一种产品，面向 3～10 km 出行需求。结合智能手机扫码开锁，以循环共享的方式，提供短距的公共绿色交通服务。

在有条件的军营，为满足营区内人员绿色、高效、便捷出行需求，可在营区投放共享单车，供营区内人员免费使用。

18.3.2　系统结构

共享单车由单车车体、车控终端、云端平台及手机 APP 等部分组成。

车体与传统的自行车相同，不同的是为了增加共享单车的使用寿命和可维护性，共享单车做了相应优化，如车胎不需要充气、没有链条、单边结构、铝制材质等。

车控终端是共享单车的核心部件，主要实现车辆电子锁控制、GPS 定位、GPRS 数据传输等功能。

云端平台部署于监控管理中心，作为所有共享单车的中控大脑，可与所有单车进行数据通信，收集信息与下单命令，同时为管理人员与用户 APP 提供服务。响应用户与管理员的操作向车控终端发送命令进行控制。

营区内人员可使用手机 APP 查看附近的共享单车并进行预约，通过地图引导找到单车并扫描二维码开锁骑车。共享单车使用 APP 可以完成行驶线路记录，通过车身锁内集成的嵌入式芯片、GPS 模块以及 SIM 卡，随时监控自行车的具体位置。图 18－2 为共享单车系统结构图。

18.3.3　系统功能

1）GPS 定位：共享单车的停放没有固定的车桩，因此具备很强的灵活性，为了便于营区内人员寻找单车，系统软件具备 GPS 定位功能，节省了营区内人员找车的时间，提高了营区管理效率。

2）导航功能：单车 APP 具备导航功能，营区内人员打开 APP 通过 GPS 定位能够快速、准确地发现单车，可以为营区内人员提供完整的出行方案。

3）预约用车：在上、下班高峰期，共享单车软件可为营区内人员提供单车预约功能，营区内人员可在线查看单车的实时情况，在单车 APP 上提前进行预约，只需在限制的时间内开锁便可以骑车，一旦超过限制的开锁时间，其他人员可扫码开锁骑车。

4）智能停车：系统采用精准的定位算法，可迅速确定单车停放位置及停车位状态，实现共享单车的有序取放；

5）提高效率：共享单车能够提升营区内人员生活和工作的效率，不论是生活和工作，共享单车都可以大幅缩短在途时间。

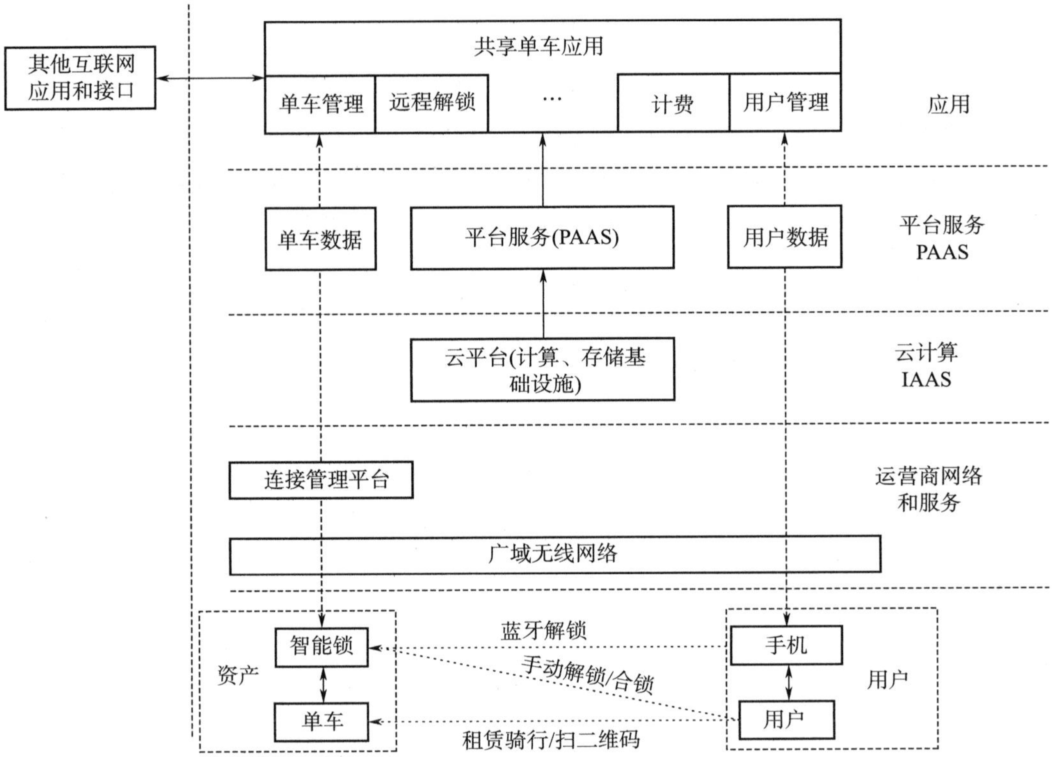

图 18－2　共享单车系统结构图

6）低碳环保：共享单车既是一种更加低碳环保的出行方式，也是一种更健康的生活方式。

18.3.4　部署使用

参照国内共享单车的运营模式，可与国内共享单车运营商合作，面向营区人员出行需求在智慧军营内投放一定数量的共享单车，根据营区管理部门制定的共享单车管理制度进行运营，包括共享单车的使用、停放、维修、报废、补充和升级等，以保证共享单车使用的便利性、规范性和可持续性，方便官兵和家属等人员使用。

18.4　摆渡车

18.4.1　系统概述

在面积较大的营区，为方便官兵和群众的较远距离出行，可配置交通摆渡车。在车上安装车载终端设备，对摆渡车工作情况的静、动态信息进行采集、发送，可与监控管理中心进行摆渡车的实时定位和即时通信，方便管理中心人员对摆渡车进行监控、调度与管理。同时在营区内建设站点呼叫站牌，实现车辆定位、车辆调度、轨迹跟踪、电子站牌和人工呼叫等功能，方便人员乘坐。

18.4.2　系统结构

摆渡车子系统由车载终端、智能电子站牌、处理平台、数据分析平台组成。

车载终端由传感器、数据采集器、无线发送模块组成，摆渡车实时运行工况包括驾驶员的操作行为、动力系统工作参数数据等。车载终端通过北斗卫星导航系统/GPS，将车辆位置、车况等信息传输至监控中心。实现对车辆的实时监管、指挥调度、异动信息反馈等。

智能电子站牌采用高清液晶显示屏，支持光纤/4G 无线通信，具有车辆预报站、车辆到站提醒、线路展示、语音播放、视频监控、广告播放、便民服务、WiFi 热点、一键更换线路信息、新闻发布等功能。

处理平台和数据分析平台通常采用统一的管理平台进行设备工作状态监控、数据分析、状态控制、系统升级和内容更新等远程管理。

18.4.3　系统功能

建设智能电子站牌和呼叫站点，智能电子站牌通过 4G/光纤通信，采用全球定位系统（GPS）、交通地理信息系统（GIS－T）、视频传输及智能传感技术，结合摆渡车智能调度管理系统、车载系统、数据中心、多媒体管理平台、视频监控平台，为营区乘车人员提供车辆预报站信息、车辆到站提醒、线路展示、语音播放、视频监控、广告媒体播放、便民服务信息、公告/新闻、WiFi 热点等多项功能，极大地方便人员在营区内活动。

通过电子站牌或手机 APP 实现车辆动态/静态信息获取及控制展示，将摆渡车线路信息、车辆信息、线路配置车辆信息、站台信息、线路途经站点信息、定制的宣传用语、预报站信息、广告视频/图片/文字等信息的显示，TTS 语音播报，与多媒体综合管理平台相结合，实现显示终端展示信息一键更换、站序表一键更新、视频广告信息一键发布。

摆渡车子系统具备以下功能：

1）车辆定位：加装车载终端，实现车辆的实时定位和即时通信；

2）车辆调度：根据运营情况，调度员可以及时发出调度指令，调整行车间隔、增加/取消车次、提示驾驶员运行速度和位置等；

3）轨迹跟踪：查看车辆运行轨迹；

4）电子站牌：用户可以实时查看摆渡车位置、路线、预计到达时间；

5）人工呼叫：在站点加装呼叫器，用户可实现与摆渡车的语音呼叫；

6）APP 功能：通过手机 APP 可以实时查看行车路线和预计到站时间。

处理平台处理海量车辆信息，对数据进行“过滤清洗”。

数据分析平台负责对数据进行报表式处理，供管理人员查看。

18.4.4 部署使用

根据营区的大小和分区的要求，在营区投放一定数量的摆渡车，在营区适当的位置设置车站，规划行驶路线、行驶时刻表，方便营区官兵与群众使用。

摆渡车上加装车载终端设备，用于通话、短信通信和终端设置，主要功能有地图展示、车辆定位、车辆状态上报、车辆调度等。

车载终端在完成将车辆状态信息向监控中心传送的同时，车上的显示部分也将显示出各个状态量，以供驾驶员参考。液晶模块显示信息主要包括驾驶员编号、车辆的位置、行驶速度、实时时间等，是人机交流的窗口，具有操作简便、安全可靠等特点。服务端程序部署于监控中心，是监控管理人员使用的软件，主要用于摆渡车行驶状态的监视和摆渡车的调度与管理。

呼叫器和电子站牌部署于摆渡车站点。

18.5 停车引导

18.5.1 系统概述

面向智慧军营内各个停车场的管理需求，建设基于车牌识别、智能导航等技术的停车引导子系统。在停车引导子系统管理中，涉及各方面的管理，车辆进出的管理、停车路线智能导航、车辆进出停车场停车位的引导和反向寻车等，各个子系统相互关联，协调运行。

利用营门的出入口车牌识别对各类车辆进行识别和登记，将各种信息输入到数据库。对所有出入口的车辆进行有效、准确的监测和管理。利用停车引导子系统与人员管理和车辆管理系统的数据联动，实现自动识别访客车辆号牌、智能导航到受访单位办公区或家属区并辅助引导到最近的停车场，帮助来访者和车辆在最短的时间内找到合适的停车场和停车位，避免车辆找不到停车场，进场后找不到车位，互相抢车位，拥堵等状况，提高营区内各个停车场管控效率，为来访者提供便捷的交通服务。

18.5.2 系统结构

停车引导子系统的停车场监测传感器采集各车位的状态信息后，上传至中央控制器，经数据汇总处理后，形成停车场的车位状态图，并发送到各个车位引导屏，实现车位的引导。

建立停车引导子系统，可为来访车辆进行路线规划并将导引信息显示在引导屏上。停车引导子系统利用车辆管理系统的车位分析功能，由信息显示系统、控制系统、引导系统管理软件和手机 APP 导航几部分组成。图 18－3 为停车引导子系统结构图。

（1）信息显示系统

信息显示系统动态实时显示停车场车位数的变化，主入口引导屏显示整个车场空车位

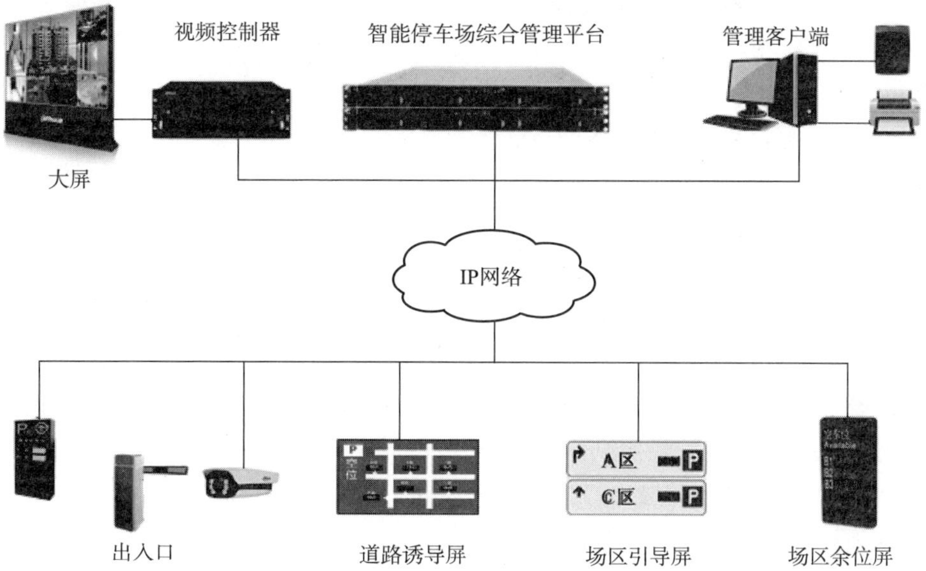

图 18 - 3　停车引导子系统结构图

数，区位引导屏显示该区域的空车位数，交叉路口引导屏显示行车方向上的空车位数。车位信息由主控器实时发布。引导屏采用灯箱与 LED 结合的方式，LED 采用亮度点阵模块，在阳光直射下依然清晰可辨，固定信息为中英文显示，采用灯箱模式，户外引导屏密封落地安装，在日晒雨淋下保证使用功能，并具备防潮、不变色的功能。室内屏采用吊装方式。引导屏的显示数据可由管理电脑通过引导系统软件进行设置、修改。

（2）控制系统

控制系统为整个引导系统的核心，完成所有数据的采集、传输、控制，计算车位数的变化，实时更新各个引导屏的车位数，并将数据实时上传到管理电脑，在电子地图上直观反映车位使用情况。控制系统在通过引导系统软件设置完参数以后即可独立工作，此时电脑关机或故障均不影响系统功能。控制系统由主控器、节点控制器、数据采集器组成，实时采集车位探测器、车流量检测器的状态，对车位数进行运算，并将运算结果发送到引导屏和管理电脑。控制系统具有自检功能，对故障设备发出报警信息，提示设备故障，通过管理软件可查出具体位置，方便维修人员进行系统维护。

（3）引导系统管理软件

引导系统管理软件中嵌入了车位电子地图，可以直观地实时反映停车场车位使用情况，操作员可直接根据电子地图来监控车场状况，对于停车位错误的车辆，支持手动改写其停车位，以调整车位实占情况。

18.5.3　系统功能

停车引导子系统具有以下功能：

1）电子地图显示车位状况；

2）停车超时告警和设备故障报警；

3）VIP 车位管理；

4）事件记录表；

5）历史记录表；

6）对车位的日常行政管理；

7）对系统数据提供图表报告表。

在系统正常工作时，电子地图上的车位会根据车位是否被占用有相应的显示，如果车位上有车，该车位会被置成红色，方便管理人员了解车位使用情况，在界面左侧信息栏显示停车场总的车位使用情况，比如车位总数、空车位数等。

另外，对于某些被长期占用的车位会发出报警信息，并在界面显示该车位位置，提醒系统管理人员注意是否有异常情况发生。

手机 APP 是用户的操作入口，用户可通过 APP 智能导航到受访单位办公区或家属区并辅助引导到最近的停车场，为来访者提供便捷的交通服务。

18.5.4 部署使用

在营区主要路口布设电子交通提示屏，与人员管理和车辆管理系统的数据联动，实现自动识别访客车辆号牌、智能导航到受访单位办公区或家属区并辅助引导到最近的停车场，为来访者提供便捷的交通服务。

18.6 微信公众号和移动端 APP

为提高军营面向官兵服务水平，建设公共服务分系统，通过建设微信公众号、移动端 APP、专属服务号码等内容，让军营官兵切身感受到智慧军营建设给官兵生活所带来的便捷。

18.6.1.1 微信公众号

立足于大院在营院安全管理、公共信息发布、居民日常生活保障、营院生活娱乐设施及服务提供的信息资源公开及交互的需求，专门设计、开发了一套为营区官兵广泛接受、内容详实丰富、方便快捷、安全高效的微信公众服务平台，将为营区的安全管理与服务保障提供一种强有力的支撑，实现管理与保障的质的飞跃。

系统由前端公众号以及后端管理平台和设备构成，在为军营相关机关的营院管理、居民用户“衣、食、住、行、乐”提供便利信息服务的同时，实现信息数据的快捷化审核发布、可靠化交互和本地化存储，并通过安全身份认证、敏感消息过滤保证系统的安全性以及保密性，如图 18－4 所示。

（1）前端公众号

前端微信公众号主要运行于用户智能手机上，完成用户登录、用户操作、用户页面展示等功能，具体功能见表 18－1。

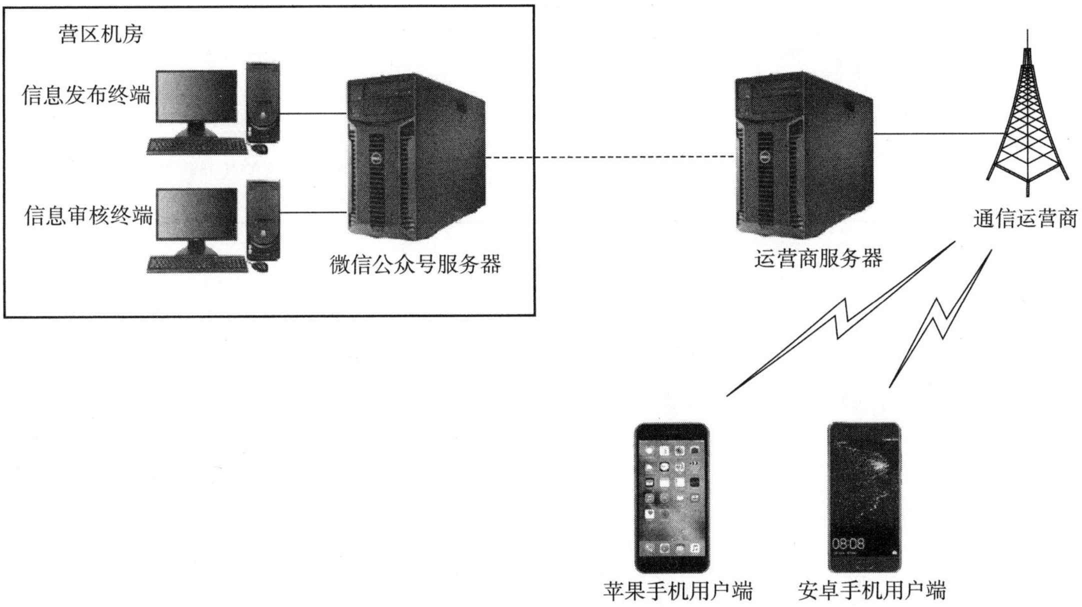

图 18－4　微信公众号系统结构

表 18－1　具体功能清单

序号	模块	功能	需求说明	备注
1	办事指南	发布营区内涉及业务的办事流程，具体包括营房维修、被装调换、卫生勤务、饮食保障、住宿管理、财务咨询、军车派遣等	应用点击链接推送文章的方式，或者直接在链接网页内进行展示	
2	预约服务	提供各专家门诊预约	可以通过链接点击进入预约系统，完成对军营内医院专家门诊的预约	
3	便民信息	提供营区内以及营区附近的超市、医院药房、派出所、银行网点、公共交通、天气查询、快递服务、外卖服务等信息	采用多种方式进行服务信息推送或信息查询	
4	近期活动信息发布	提供包括电影放映预告，文体活动，生活服务信息预告	通过链接提供各类活动信息预告，包括时间、地点、内容，可以设置关注某项活动，在活动开始时会进行提示，同时可以在个人中心查询自己关注的活动	
5	便民缴费	实现水、电、燃气、供暖、电话、网络、有线电视费用的在线缴纳，以及余额和历史信息记录的查询	通过在线的方式，应用支付宝、微信钱包、银行卡等方式完成水电燃气费用的在线缴纳，并可查询余额和历史缴纳记录	
6	人员进入营区登记	进行外来人员的入院登记，以及提前预约入院	具体实现方式进一步讨论确认，包括是否与硬件设备产生互联，二维码扫码进门的使用等	
7	车辆进入营区登记	进行外来车辆的入院登记	具体实现方式进一步讨论确认	

续表

序号	模块	功能	需求说明	备注
8	营区广播	进行营区重要通知的发布	通过推送文章或者点击链接的方式进行推送	
9	营区新鲜事	进行营区内一些活动的精彩内容发布	通过推送文章或者点击链接的方式进行推送	

（2）后端管理系统

后台管理系统包括管理服务器、发布终端、审核终端、管理软件、与腾讯公司的公网连接等部分。用户内容管理系统主要致力于配合前端公众号，做好公众号日常运营活动的维护与统计。针对公众号日常运营所产生的文章推送、活动审核、场馆预约等需求，后端管理系统提供了一个统一的操作平台，可方便快捷地完成上述内容的运营维护，见表 18－2。

表 18－2　具体功能清单

序号	模块	功能	需求说明	备注
1	实名认证记录	记录并展示所有进行实名认证的用户信息	以表的形式进行展示，管理员有权进行删除，但不能进行修改	所有用户必须实名认证
2	用户访问自动回复	用户初次关注公众号时，以及发送特定信息时，系统进行自动回复	管理员可以设置用户输入信息以及自动回复内容之间的对应关系，并可以修改自动回复内容	
3	用户黑名单管理	通过设置用户黑名单实现禁用黑名单内用户的预约抢票等互动功能	管理员可以对黑名单内用户进行管理，是否对黑名单内用户权限进行灵活配置在后续进一步讨论确定	
4	文章推送	管理员进行文章推送	确定文章样式模板，以及文章所属板块，之后进行发送	
5	用户申请活动后审核发布	审核用户申请的活动详情，符合规定则进行发布，或修改后发布，不符合规定则返回用户并注明原因	管理员对活动的安全场地等进行审核，都符合规定的情况下予以批复，之后在公众号内进行活动发布	
6	用户预约活动情况管理	对用户预约活动的情况进行查询、统计和批复	管理员查询用户的活动申请，对符合要求的用户，结合申请时间等因素进行审核，确定预约成功的用户，并进行反馈，可以设置成为按预约顺序自动反馈	
7	用户预约通道的开启与关闭	开启或关闭用户预约通道	管理员可以提前发布活动预告，待达到预约时间时进行预约通道的开启，并在结束时关闭通道	
8	公众号模板维护	对公众号内的发布模板进行维护	管理员可以修改文章模板的样式，并可保存多套样式	
9	公众号样式维护	对公众号的样式进行维护	管理员可以灵活调节公众号的样式，对不同按钮以及展开项的位置进行修改	

续表

序号	模块	功能	需求说明	备注
10	用户行为统计	对使用公众号的用户的操作行为进行统计	对用户在公众号内进行的场馆预约，活动预约，以及外部人员申请出入营门等情况进行统计分析，其他项目待讨论后确定	
11	内容管理统计	对公众号内发布内容的情况进行统计	包括文章的点击情况以及转发情况进行统计，其他项目待讨论后确定	
12	车辆管理统计	对外来车辆的情况进行统计	对外来车辆申请出入营门的情况进行统计分析	
13	财务应用	利用微信平台进行各类管理收费等财务的应用	营区居民水、电费的缴纳；营区人员长期出入证办理费用的缴纳；营区车辆管理费用的缴纳；其他费用的缴纳等	

18.6.1.2　移动端 APP

研发移动端 APP，开通远程医疗、营房维修、被装调换、卫生勤务、饮食保障、住宿管理、财务咨询、军车派遣等保障单元，协调保障力量处置官兵服务诉求。

1）远程医疗：为官兵提供远程挂号就医、健康咨询等服务。

2）营房维修：对军营待维修设施设备信息进行管理，包括待修物名称、地点、事由、申报人、申报时间、处理时间、维修人员、维修消耗、维修费用、维修效果、反馈情况等信息。

3）被装调换：提供被装发放信息的查询、调换申请。

4）卫生勤务：提供季节性常见病防治、养生保健、心理小常识等内容，提供知识的搜索、浏览、下载等功能。

5）饮食保障：提供食谱的查询、管理，伙食的开支明细、副食品价格的明细查询与管理，副食品采购价格的统计，伙食开支明细的统计，食谱管理统计等功能。

6）住宿管理：对军营可租赁营房、租赁状态进行管理，包括位置、面积、性质、配套设施设备情况、租赁单位（人）、租赁性质、租赁金、到期时间、租赁评估等信息。

7）财务咨询：提供工资和住房资金的网上查询和信息公开功能。

8）军车派遣：提供动用申请、动用审批、车辆销单、历史查询在内的业务流程操作。

18.7　服务热线电话

为实现智慧军营公共服务全覆盖，针对不便于使用微信公众号和移动端 APP 的军营官兵或住户，开通专属服务热线电话，实现营区管理业务办理一号上报，值班人员接听服务热线电话，解答用户的问题，协调各保障管理机关和单位处理用户相关的问题。

18.8 公共区域无线接入

18.8.1 系统概述

根据军营管理的有关规定，有条件的单位可在军营非保密的生活公共区域开设无线WiFi接入区域，为军营内生活的官兵、家属和地方人员提供免费无线接入服务。

18.8.2 系统结构

系统包括交换机、无线控制器和多个无线接入点及配套设施。采用无线网络桥接与覆盖技术来实现营区的无线组网。考虑用户的接入数量对带宽的要求，采用室外大功率AP设备并架设在合适位置，以满足营区内对无线接入网络的需求。

18.8.3 系统功能

系统主要提供军营的公共区域手机、电脑等终端的无线认证上网手段，具有如下的特点：

1）弹性部署：在智慧军营公共场所内任何需要无线上网的地方，只要输入无线账号、密码接上网络即可，方便快捷；

2）双重流控：专利技术iQos和AirQos有线、无线智能双重流控，智能调配出口带宽和无线资源，保证上网高峰期所有接入用户都能够流畅上网；

3）规避风险：可以与本地或者互联网上的认证服务器系统进行对接，绑定上网者身份和数据，规避法律风险；

4）大规模：智慧军营公共场所的无线网络覆盖范围广，系统能够在大面积覆盖情况下保证信号的质量；

5）高密度：智慧军营公共场所往往人群比较密集，无线网络能够在高峰期负荷大量用户同时接入；

6）高质量：基于大范围的信号覆盖及大量的用户接入，系统能够保证无线网络的稳定性；

7）限制非法用户接入：为避免某些用户借用公共网络进行不法行为，系统能够有效限制非法用户接入，同时能够为上级监管部门提供可查询、可追溯的上网日志记录。

18.8.4 部署使用

在智慧军营公共场所提供上网接入服务，在不同的地理位置部署多台云AP接入设备，通过交换机接入到网络，实现对整个上网区域的无线覆盖。同时，提供Portal认证接口，可以与本地或者互联网上的认证服务器系统进行对接。用户上网接入到无线网络后，需要到指定页面通过手机号码进行注册上网，进行手机号码的认证才能上网。

18.9　绿化灌溉

18.9.1　系统概述

军队营区通常涉及绿化灌溉问题，采用当前已经十分普及的智能化绿化灌溉控制系统不仅能收到良好的灌溉效果，同时也能节省人力、节约用水。智能灌溉管理利用土壤湿度传感器，通过土壤采集器采集土壤的湿度数据，将数据通过网关上传到监控管理中心的管理系统中，软件系统通过采集的数据了解土壤的状态及植物的水分需求。根据土壤不同深度的水分，判断土壤是否达到需要灌溉的阈值，如果需要进行灌溉，系统利用灌溉控制设备控制各个电磁阀进行放水灌溉。

18.9.2　系统结构

智能灌溉系统结构如图 18－5 所示。

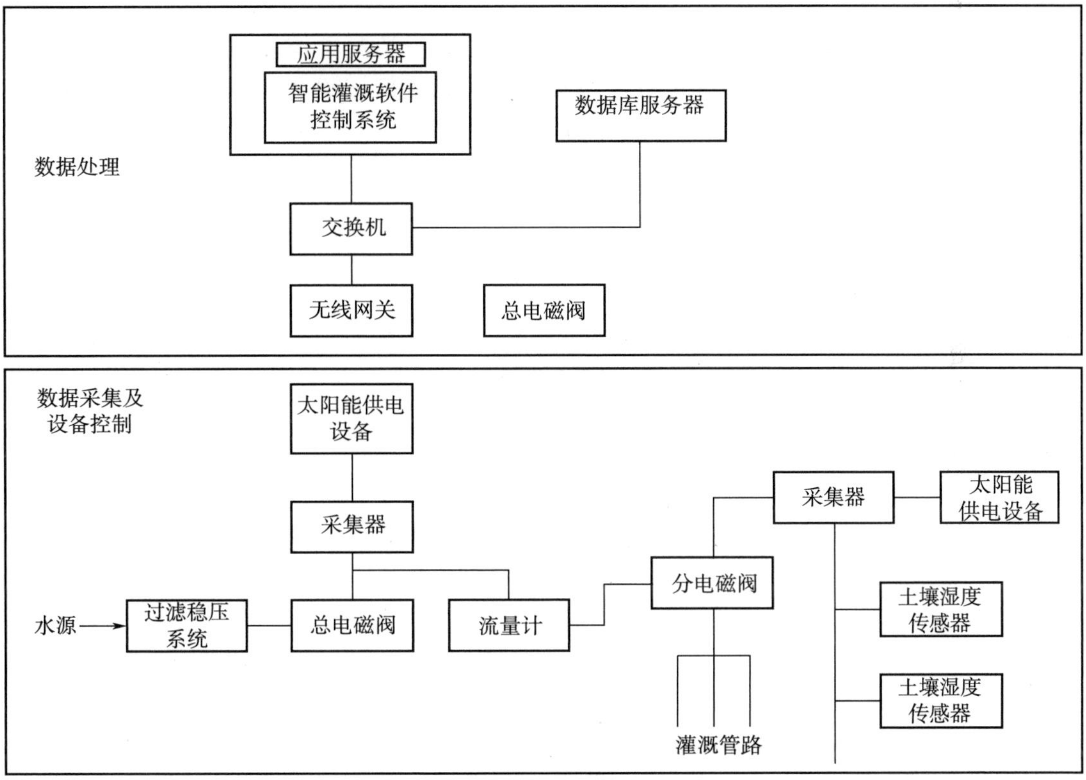

图 18－5　智能灌溉系统结构示意图

智能灌溉管理主要包括数据采集层和数据处理层两个层次。

数据采集层：数据采集区中将控制系统与植物生长环境监测系统相连，控制系统的总电磁阀和流量计及监测系统中都配置太阳能供电设备。

数据处理层：采集器将采集的数据利用无线的方式通过无线网关上传数据。其中网关与交换机相连，交换机与应用服务器和数据库服务器相连接。在应用服务器中建立智能灌溉系统平台，将种植地基本信息、种植地监测信息、种植地管理信息、数据分析数据库、专家决策信息库等数据存放于数据库服务器中。

18.9.3　系统功能

智能灌溉系统通过传感器对土壤湿度数据进行采集和分析，软件系统按照最优方案，控制各个阀门的开启及水泵的运行状态，科学有效地控制灌水时间长度、灌水量、灌水均匀度、灌水周期等，保证种植区的植物对水分的需求，促使其健康生长。

智能灌溉系统可以实时监控系统内部各部分压力、各阀门水流量、各阀门开启时间、各种植区的土壤湿度、系统用电量等数据，如出现异常，现场发出警报。实时监控的功能，减少了监管人力，进一步提高了管理效率，大大节约了管理成本。

18.9.4　部署使用

营区绿地内，安装雨量传感器、土壤湿度传感器、光照度传感器、时控开关和电磁阀，敷设 PE 灌溉水管，每 15 m 设置灌溉喷头，实现该区域绿化灌溉根据天气情况自动运行，同时也可通过管理平台远程操控各点位灌溉。

第 19 章 信息安全系统

信息安全是智慧军营建设的关键要素之一。近些年来部队由于信息安全管理措施与手段的不当，造成了许多安全事件，不仅对国家与军事秘密造成了损害，同时也严重影响了官兵对信息系统的信赖，制约了信息系统的应用。因此，信息安全系统的建设是智慧军营必须重点考虑的内容。

19.1 概述

信息作为一种资源具有自身的特殊性，其价值特性不同于物质、能量等资源。信息价值不仅取决于信息的本身或内容，通常还取决于其属性：

1）信息可靠性，即信息的来源可靠或可以信赖，而非混乱或伪造的；

2）信息时间性，即信息是有效或有意义的，而非失效或过时的；

3）信息准确性，即信息内容是准确无误的，而非错误或被篡改的；

4）信息传播性，即获悉信息的人员范围得到有效控制，排除泄露或失盗的情况。

信息安全的含义就是受控制的信息是可靠的而非伪造的，准确的而非遭破坏或篡改的，有效的和可用的而非延误的或难以提取的，有传播范围限制时是被严格控制的或保密的，而非已经泄露或失盗的。信息安全保护就是持续地维护信息的可靠性、准确性、保密性、完整性和可用性。其中，保密性是指保障信息仅仅为那些被授权使用的人获取；完整性是指保护信息及其处理方法的准确性和完整性；可用性是指保障授权使用人在需要时可以获取信息和使用相关的资源。

随着计算机应用的深入，计算机信息系统逐步从单机向局域网、广域网发展，特别是互联网的迅速发展，计算机信息安全面临新的、更严峻的挑战。构成计算机信息基础的计算机操作系统和网络的千差万别，实现计算机连接的多种网络拓扑结构的混合，所采用介质的多样性，信息的集中处理或分布处理等多种形式，这些都大大增加了计算机信息系统安全问题解决的难度。因此计算机信息安全不再是系统内某个元素或某几个元素的安全，而是系统整体的安全；不再是一个单纯而简单的问题，而是一个系统工程。从技术角度看，计算机系统安全包括计算机安全、网络安全和信息安全。其中信息安全是主线，它贯穿在计算机安全和网络安全之中。

军事领域是信息系统的“发源地”，随着计算机网络技术的不断发展和在军事领域的广泛应用，信息网络战以崭新的作战样式从根本上改变了传统的军事安全观。在计算机网络技术迅猛发展的同时，各种计算机网络在军事领域中得到日益广泛的应用，对网络信息资源和信息安全技术的依赖程度越来越高，网络攻击技术也不断进步，并对军事信息系统的安全产生越来越大的威胁，信息网络安全隐患和失泄密问题变得日益突出，成为关系未来高技术条件下的局部战争夺取战役战斗主动权的重要问题，因此营区信息安全系统的建设作为军事信息安全建设的重要组成部分，应当受到高度重视，应采取有效的技术手段和严格的管理措施来保障军事信息安全。

19.2 系统组成

营区信息安全系统的组成应从满足营区信息安全保障的需要出发，采取必要的技术手段和管理措施来实现安全保障的目标，总体上包括物理安全、电磁辐射安全、计算机安全、网络安全和安全管理等五个方面，如图 19 - 1 所示。

19.2.1 物理安全

物理安全主要是指对营区硬件实体的威胁，包括环境安全、设备安全和介质安全。环境安全指营区计算机网络系统的工作及存储环境，包括各类机房、配线室、弱电间、管廊、线槽等基础设施环境，同时也包含配套的通风、消防、照明等设施设备；设备安全指计算机网络系统全部的运行、保障和配套设备的安全，包括服务器、数据存储设备、交换机、路由器、集线器、防火墙、网关和不间断电源等设备；介质安全是指营区存储信息的介质的安全，如光盘、优盘等。

在日常条件下，各种自然灾害、人为破坏、操作失误、设备故障、电磁干扰、被盗都可以造成营区信息系统、载体的损坏和数据资料的损失，产生严重的后果。战时，敌方可能运用多种武器对营区内信息系统的多个实体进行摧毁，使之永久失效，因此物理安全是首先要考虑的因素。

核心网络设备和服务器等设备应当设置防盗、防火、防水、防毁等物理安全设施以及温度、湿度、洁净度、供电等环境安全设施，位于雷电活动频繁地区的网络基础设施必须配备良好的防雷与接地装置。在规划物理安全设施时可参考 GB/T21052《信息系统物理安全技术要求》、GB/T22239《信息系统安全等级保护基本要求》等国家技术标准。

核心网络设备和服务器最好集中放置于中心机房，其优点是便于管理与维护，也容易保障设备的物理安全，更重要的是能够防止直接通过端口窃取重要资料。

19.2.2 电磁辐射安全

防止信息空间扩散是规划物理安全的重要内容，除光纤之外的各种通信介质、显示器以及设备电缆接口都不同程度地存在电磁辐射现象。根据电磁理论分析并且实践证实，计算机及其外围设备在进行信息处理时会产生电磁辐射，导致信息泄露。现在的侦察技术已实现在 1 000 m 外收集显示器辐射的信息，这是过去部队不了解而容易忽视的问题，在认识到其严重性后部队营区应高度重视军事信息的电磁辐射安全防护。

电磁辐射安全防护是为防止营区计算机与网络系统中的信息通过各种渠道在空间上的

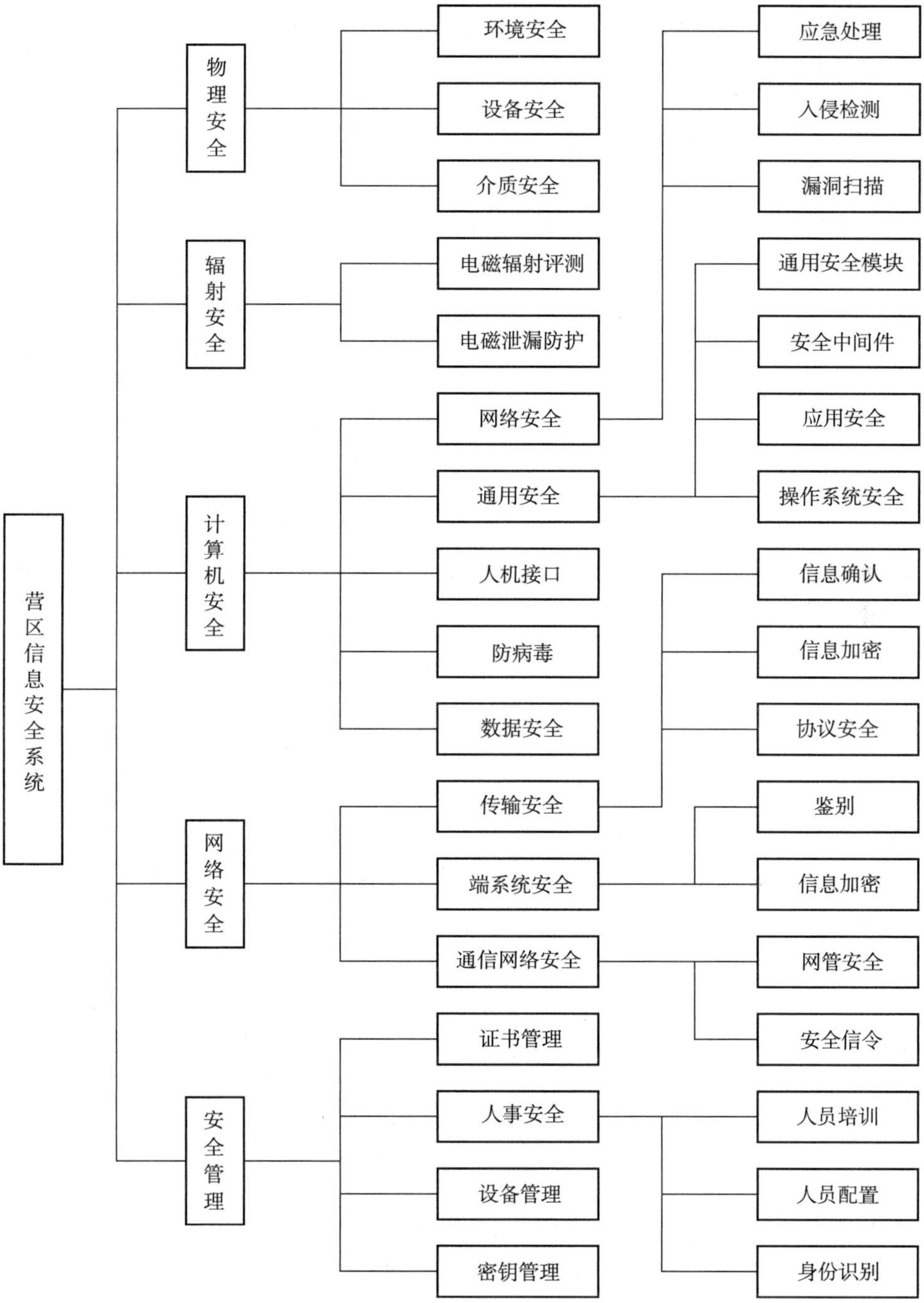

图 19-1　营区信息安全系统组成

扩散，应在物理上采取一定的防护措施来减少或干扰扩散出去的空间电磁信号，主要的手段包括防电磁信息辐射泄漏、抗电磁干扰等方法。例如，铺设电缆采用金属导管屏蔽，计算机和显示器最好使用符合美国瞬态电磁脉冲辐射标准的产品，尽可能减小因电磁辐射导致失密的危险。

19.2.3 计算机安全

计算机安全主要是指服务器、工作站、数据存储介质、计算机等设备的安全。计算机安全隐患主要为操作系统和应用程序的安全漏洞。

现在我军广泛使用的各类计算机操作系统多为 C2 级，未达到军事标准等级，在安全体系结构上先天不足，靠打补丁逐步完善，缺乏严密的安全框架，安全漏洞较多。操作系统的安全防范措施主要是根据国家信息化技术发展的成果尽可能采用国产自主研发的操作系统。在使用现有的计算机常用操作系统时应进行必要的安全配置，关闭存在安全隐患的应用，对保存有用户信息口令的关键文件使用权限进行严格限制，加强口令字的使用管理，通过配备操作系统安全扫描系统对操作系统进行漏洞扫描，及时发现其中存在的安全漏洞并对设备重新配置或升级。

在应用系统安全上，应用服务器尽量不要开放一些没有经常用的协议及协议端口号，如文件服务、电子邮件服务等应用系统。可以关闭服务器上如 HTTP、FFP、TELNET、RLOGIN 等服务。此外，应加强登录身份认证，确保用户使用的合法性，并严格限制登录者的操作权限，将其完成的操作限制在最小的范围内。充分利用操作系统和应用系统本身的日志功能，对用户所访问的信息做记录，为事后审查提供依据。

19.2.4 网络安全

网络安全主要包括传输安全、端系统安全和网络安全。

传输安全指信息在传输过程中的安全，它是最主要的威胁，也是所有信息安全系统防护的重点，包括：一是信息的截获和窃取。可通过网络接口、搭线旁路、无线信号接收甚至在网络中的网关和路由器上截获数据，获取输出信息；或通过信息流量和流向、通信频度和长度等参数的分析，合并应用其他途径掌握的部队配置地域情报，推导出有用信息，如战役指挥中心的位置、规模和作战企图等。二是信息的篡改。当攻击者侵入网络后，可能通过各种方法和手段对网络传输的信息进行篡改，并发往目标系统，破坏信息的完整性。如在信息中插入一些内容，使接收方无法判读和判读错误，也可能改变信息流的次序和内容，或删除某个消息或消息的某个部分。三是信息的假冒。当攻击者掌握网络信息数据规律或解密了指挥文电格式后，可以假冒合法用户或发送假冒信息来欺骗其他用户。如假报敌情干扰情报处理，虚报战损消耗保障资源，甚至调遣作战单元配置，改变作战态势。四是恶意抵赖。在复杂多变的战场环境中，各作战要素本应科学计划工作，合理配置资源。上级的作战资源保障程度也是受运输能力、时间、空间的限制的，因此网络内部的要素在发出信息之前应审慎负责。如果信息传递没有防止恶意抵赖的功能，可能导致虚假需求泛滥，最终使保障体系崩溃。

端系统安全是指网络传输设备终端的安全，包括各类光传输终端机、有线传输终端机和无线传输终端机。

网络安全指营区计算机网络建设和使用时应当采取适当的措施，堵住目前技术上的各种漏洞，使得网络体系具有较高的安全性和保密性。

19.2.5 安全管理

安全管理往往是营区信息安全中容易出现问题的环节。一是管理组织不完善。目前我军在体制编制上没有专业安全管理人员的岗位，更没有实际的安全管理组织。二是管理规范不完善。大多数现有的管理制度是依据本系统的任务制定的，而信息安全是个整体工程，不完整的管理在效果上表现为“木桶效应”，即木桶的盛水量由最短的一块木板决定，网络系统的安全强度由最薄弱的安全环节所决定。虽然近年来相继制定了一些管理制度，但教育宣传不够到位，执行落实不够严格，仍存在很多漏洞。三是技术管理不到位。单位内部人员多数缺乏信息安全意识，对网络安全与信息攻防的知识了解不多，多数用户认为网络的安全完全依赖于防火墙、防病毒等技术措施，没有提高到管理的高度来认识，无法应对日新月异的信息安全威胁。四是访问控制机制不健全。一些内部工作人员为了贪图方便，有时私自复制秘密文档，窃取访问权限，工作人员之间感情代替原则的问题时有发生。如果出于不可告人的目的，加之内部人员熟悉网络运行情况，攻击行为就具有很强的针对性，而且很多防护措施如防火墙、身份识别对内部攻击不起作用，对泄露、篡改、隐瞒、抵赖、销毁权限外信息等问题难以防范。在网络安全行业内流行着这样一条 80/20 法则：80％的安全威胁来自网络内部。也就是说，黑客再狡猾、再危险，但真正危险的“敌人”还是隐藏在内部的。所以，要想保证网络的安全，在做好边界防护的同时，更要做好内部网络的管理。

19.3 主要功能

信息安全系统可采用有效的技术和管理手段，保护营区内的计算机信息系统和网络内的计算机硬件、软件、数据及应用等不因偶然或恶意的原因而遭到破坏、更改和泄漏，保障信息系统能够连续、正常地运行。具体实现的功能包括：

（1）计算机安全保护

保护营区内各个计算机系统的安全，包括硬件安全、软件安全和数据安全。硬件安全一般指设备安全，通常有明确的保护措施，同时还要结合管理手段，防止计算机部件或整机丢失、失窃等。软件安全和数据安全是指采用手段对计算机的软件系统和数据系统进行保护，包括防病毒、软件备份、数据加密、数据备件等手段。

（2）网络安全保护

对营区建设的各类网络进行安全保护，防止各种非法的接入、非法的入侵、非法的数据访问以及网络上各类非法程序的运行等。网络安全保护一般是营区信息安全防护的关键环节，安全隐患多，安全威胁技术发展较快，因此信息安全系统应重点加强各类网络安全措施的建设。

（3）网络行为审计

能够对营区被监测网络中的网络行为进行完整的审计并记录日志，便于在事故发生后根据日志记录信息追查网络行为，提供网络线索轨迹。

（4）全息信息留存

对被监测网络中所有的BBS发帖、文章发表、邮件发送等网络内容数据全息采集并保存在后台的日志服务器上，可通过词汇、IP地址、时间等方式对留存的内容进行全文检索，留存的数据为日后的查询提供可靠、有效的信息源。

（5）流量监测

主要对营区内网络的数据协议、流向、流量进行统计分析，通过该功能掌控营区网络主节点的工作状态和使用情况。

（6）实时报警功能

能够及时发现营区网络中入侵、病毒发作等威胁情况，实时将各种报警信息报送给营区信息安全管理人员，提高对营区网络信息安全的及时发现及处理能力。

（7）数据综合查询分析功能

营区信息安全管理人员可通过综合查询分析终端，进行下发策略、信息查询、统计分析等各种管理操作，掌握营区信息网络的具体运行数据。

为了保证营区内网络运行的安全、正常和高效，通常应采用先进的网络运行监控与安全防护手段，最大限度地堵塞常见的安全漏洞，实现营区网络运行全面、高效的安全管理。

19.4 系统建设

19.4.1 基本方法

信息安全是十分专业的技术领域，为达到全面有效地保护营区军事信息安全的目标，通常需要专业化的信息安全系统设计、建设和使用管理，每一个环节处理到位后，才能有效地相互配合，发挥出各自功效，形成信息安全保障的合力。

19.4.2 信息安全系统设计

分析营区信息安全系统的使用需求以及安全建设的总体目标，在此基础上设计营区计算机网络及应用系统整体安全体系框架。在此框架中，以安全策略为引领，建设安全基础设施、统一的安全运维管理平台，运用完善的信息安全机制，通过安全管理的保障，实现营区整体的信息安全，信息安全系统的框架示意图如图19-2所示。

不同部队的营区根据自身的特点、要求与建设现状，在上述框架中选择适合的信息安全技术产品和安全运维管理平台软件，建立具体的计算机网络身份认证、访问授权、信息保密、审计等安全管理机制，制定适当的安全管理规章制度和落实措施，构建营区的信息安全保障体系。

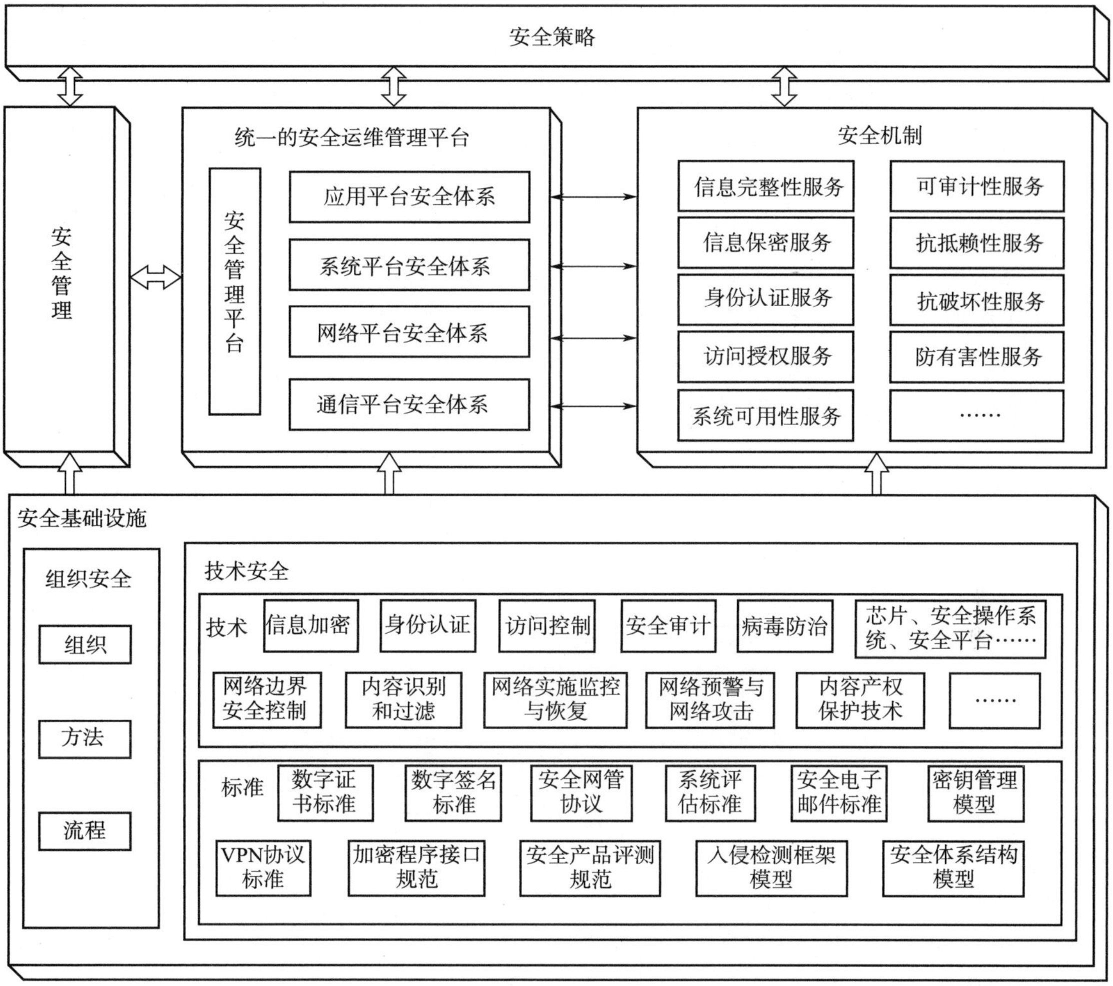

图19－2　信息安全系统的框架示意图

19.4.3　物理安全措施

营区信息安全体系建设的物理安全主要包括三个方面：环境安全、设备安全和介质安全。物理安全措施包括：对营区计算机与网络系统所在环境的安全保护，如机房保护、区域保护和灾难保护等；保护计算机、网络服务器、交换机、路由器等硬件设备，防止失窃、人为故意损坏、违规操作等；对移动介质进行严格管理，防止失窃、丢失、违规使用等行为。

19.4.4　电磁辐射安全措施

营区对计算机网络系统电磁辐射安全的主要防护措施有两类：

一类是对传导发射的防护，主要采取对电源线和计算机设备信号线加装性能良好的滤波器，减小传输阻抗和导线间的交叉耦合。

另一类是对辐射的防护，这类防护措施又可分为以下两种：一是采用各种电磁屏蔽措施，如对设备的金属屏蔽和各种接插件的屏蔽，同时对机房的各类管道和金属门窗进行屏蔽和隔离；二是干扰的防护措施，即在计算机系统工作的同时，对终端机配套主动式干扰设备，利用干扰装置产生一种与计算机系统辐射相关的伪噪声向空间辐射来掩盖计算机系统的工作频率和信息特征。

19.4.5　计算机安全措施

最常用的计算机安全措施是身份认证，即计算机“认识”的人才能使用，通常是采用登录密码的方式。有条件的智慧军营可采用基于生物识别（例如指纹识别）的身份识别系统，彻底解决困扰计算机及网络应用的身份安全认证的难题。统一身份认证系统功能架构如图 19－3 所示。

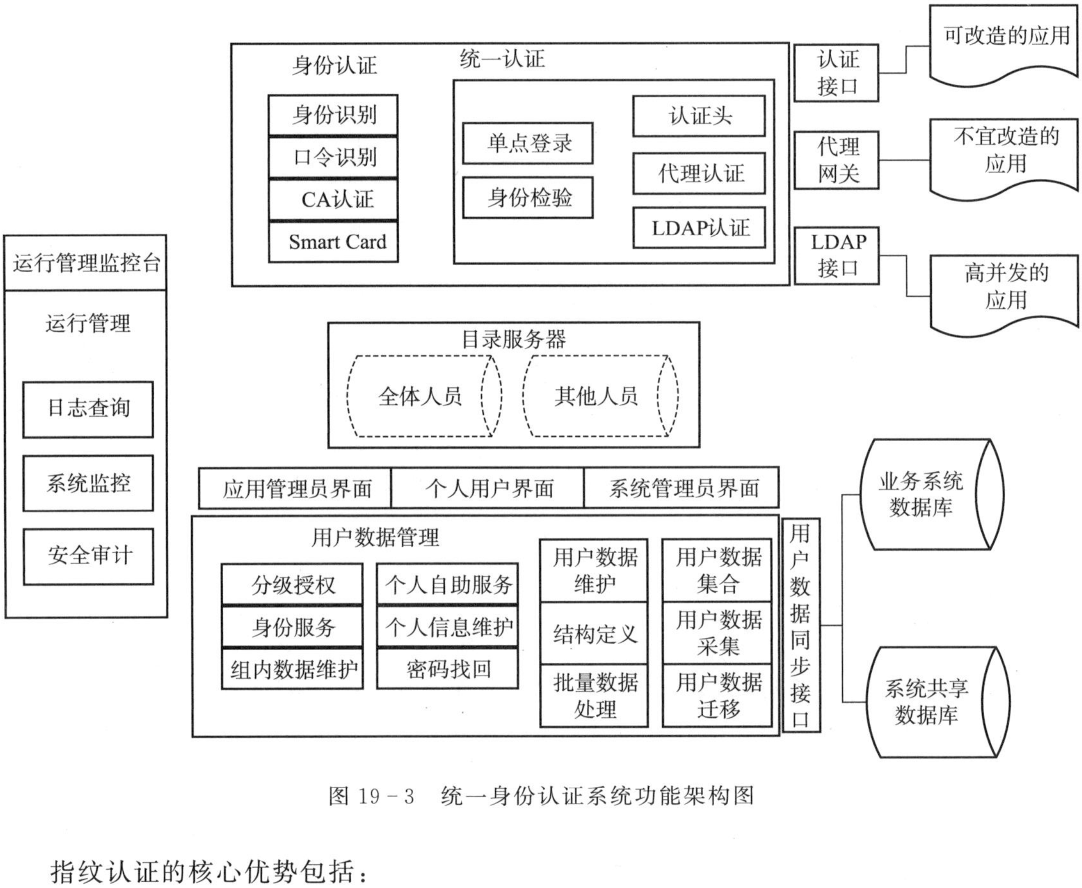

图 19－3　统一身份认证系统功能架构图

指纹认证的核心优势包括：

1）安全认证：指纹特征人人不同，不可转让、复制，不易盗取或破解；

2）方便易用：指纹随身携带，无须记忆、不会遗失。

3）人证合一：传统认证模式下，口令、设备本身成为认证授信凭证，一经转让、混用，即可导致权限置换，指纹认证使权利人与实际执行人保持统一，落实安全管理严密执行。

指纹识别能充分发挥人证合一、不可抵赖、避免身份盗用等特性，省去用户记密码，重复修改密码的烦琐，巩固网络体系安全，非常适用于各类营区对身份安全认证要求极高的情况。

另外，成熟的营区网络应用还应当建设目录级安全控制机制。即网络应允许、控制用户对目录、文件、设备的访问。用户在目录一级指定的权限对所有文件和子目录有效，还可进一步指定对目录下的子目录和文件的权限。对目录和文件的访问权限一般有八种：系统管理员权限、读权限、写权限、创建权限、删除权限、修改权限、文件查找权限、存取控制权限。用户对文件或目标的有效权限取决于用户的受托者指派、用户所在组的受托者指派、继承权限屏蔽取消的用户权限三个因素。一个网络系统管理员应当为用户指定适当的访问权限，这些访问权限控制着用户对服务器的访问。八种访问权限的有效组合可以让用户有效地完成工作，同时又能有效地控制用户对服务器资源的访问，从而加强了网络和服务器的安全性。

应用平台安全是计算机安全保障的另一个目标，数据的保密性、高可靠性和防篡改等特性，以及应用系统对于系统功能和相关数据的严格控制，将成为整个应用和数据安全体系的主要需求。应用安全措施具体包括：

1）条件成熟时建立 PKI/CA 体系，为应用安全提供认证、加密、数字签名、数据完整性等功能和服务。

2）要求应用授权管理和身份认证的机制，建立安全的应用体系架构。从而能够确保对使用应用系统的用户的辨识和访问控制，例如：领导、机关人员等不同的用户级别和不同级别的验证方式（口令、IC 卡、USB 卡等）。

3）有效地建立信息资源的标记、加密存储和保管机制。考虑应用层对传输数据进行加密。

应当建立营区数据备份中心，有效地建立数据的本地在线备份机制，确保数据在意外情况下的及时恢复，建立灾难和应急响应机制。

19.4.6 网络安全措施

网络传输链路的安全保障措施是选用在远距离、非可控的传输链路上配置适当的干扰器、网络加密机等设备，使得数据的传输安全达到安全保密以及完整的要求，保证信息传输不受到人为、物理等其他因素影响。

营区计算机网络安全措施主要包括防火墙、杀毒软件、信息加密、入侵检测、安全认证和日志审计等手段，其中防火墙、杀毒软件是最主要的运用方法。同时，安全措施从对网络进行被动防守的做法向网络主动检测和防御的技术方向发展，因此入侵检测系统日益成为一种主动的网络安全防护措施得到应用。

营区网络信息安全系统的实现方案如图 19－4 所示。通过部署隔离网闸、防火墙对各个安全区域进行隔离。在主干交换机上部署入侵检测设备、漏洞扫描设备，在网络上部署日志审计、防病毒系统、内网监控系统。漏洞扫描设备可以定期对涉密网进行漏洞扫描。

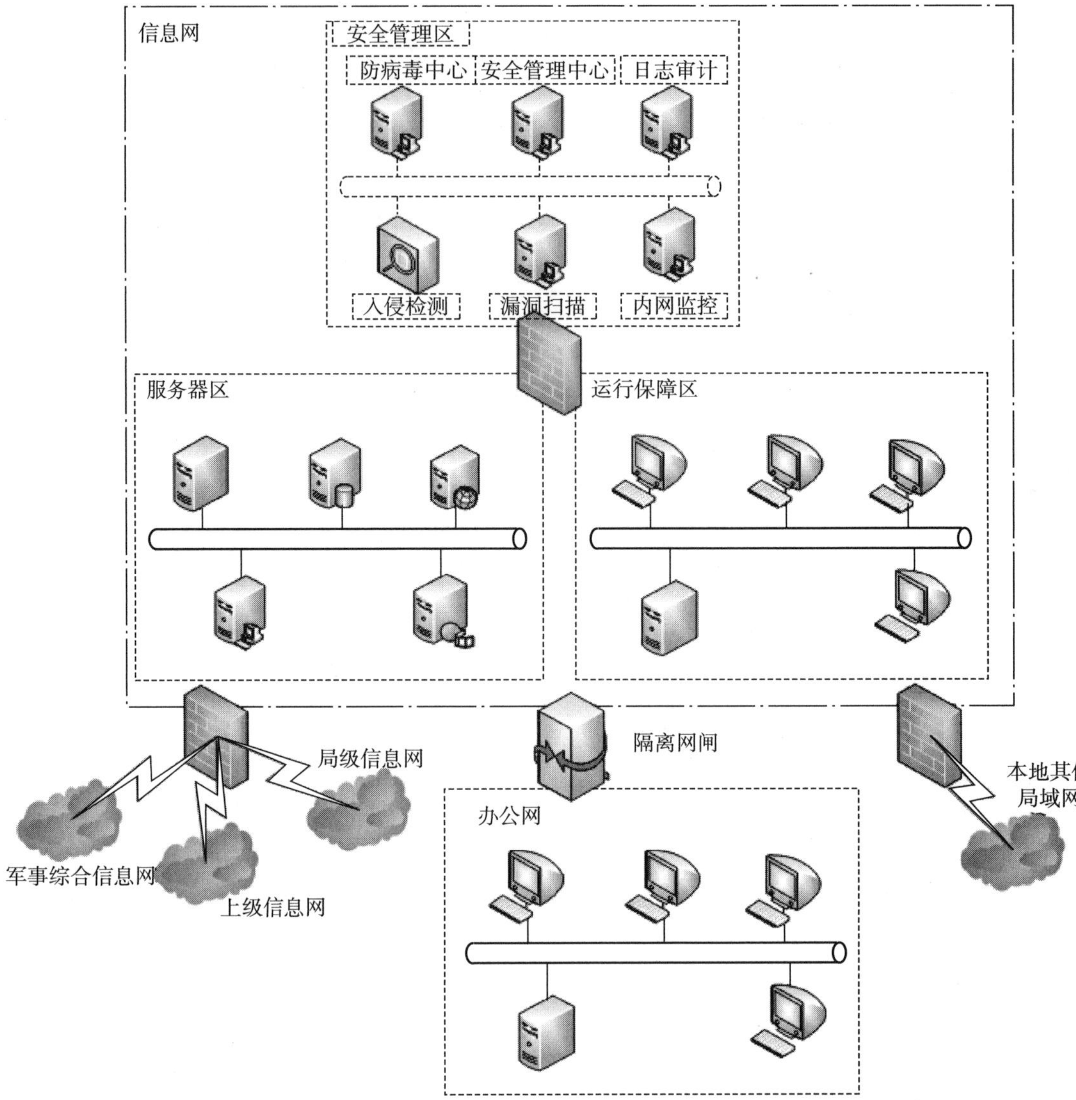

图 19-4　网络信息安全系统的实现方案

网络平台安全措施建设主要采取如下的方法：

（1）网络安全优化

网络安全优化主要包括根据营区局域网不同网段的不同功能要求和不同的安全等级，对整个网络体系架构进行相关的安全域划分。并根据不同的安全需求，设立相关访问控制。对现有的网络设备加强安全策略配置，如访问控制列表，进行严格的访问控制。

（2）防火墙

防火墙就是用来在两个或多个网络间加强相互间访问控制的一个或一组网络设备（计算机或路由器等），以达到保护内部网络、防备外部网络的目的。防火墙的职责就是根据本单元的安全策略，对外部网络与内部网络交流的数据进行检查，符合的通过，不符合的拒绝；拒绝未授权的用户访问，同时允许合法用户不受妨碍地访问网络资源。防火墙是网络层安全领域最成熟、使用最广泛的技术，是用于割断信任网络与不信任网络的有效工具。在网络中部署经过军队认证的防火墙，设置各级安全屏蔽，将全网在网络上分割为相对独立的子网，防止来自子网外部的非法访问和操作，从技术上杜绝营区内部的非法访问等事件。

由于防火墙隔离的是不同的安全区域，在系统中各个安全区域之间访问方式和内容各不相同。因此配置防火墙应根据不同区域的访问规则，在防火墙上启用相应的控制策略，如对于服务器区的服务器，只允许相关的主机访问，在防火墙与服务器区相连的端口上应明确配置策略，指明哪些涉密区的机器允许对该区进行访问。

（3）入侵检测系统

为防范营区网络入侵者或恶意操作人员攻击网络中心服务器群，应在营区网络核心交换机上配备一套入侵检测系统。入侵检测系统包括探测器和控制台，探测器接在交换机监听口上，探测器实时监听所有进出交换机的数据流，并根据控制台制定的策略分析访问行为的特征，如果发现不正常的访问行为，立即上报控制台，并按事先安全策略执行相应操作，如：报警、对访问进行阻断等。由于入侵检测系统与防火墙联动组成了动态防护系统，并且包含大量攻击性代码，因此可以检测到绝大多数的攻击行为，可以与防火墙系统做到有利的互补。

在具体建设中可选择入侵检测设备，交换机将欲监控网段的接口镜像到入侵检测设备所在的端口，可对全网的数据流进行入侵检测，在这种配置方式下，IDS 网卡工作在杂凑模式下，以旁路方式对网络进行监控，不需要配置 IP 地址。为了有效地对检测的入侵行为进行阻断，IDS 应配置成与防火墙进行联动，一旦 IDS 检测到攻击行为，及时地通过联动协议与防火墙配合，阻断攻击行为。

（4）网络病毒防杀系统

营区计算机系统经常出现的问题就是各类计算机病毒，往往是单台计算机感染病毒后，迅速传播到整个营区网络，造成十分严重的后果。过去通常采用的方法是单机各自安装各类防杀病毒软件，由于有些计算机未必安装杀毒软件，即使安装杀毒软件也可能不是正版，且病毒库可能不是最新版本，导致无法彻底杀灭病毒，使得病毒在营区网络传播。在智慧军营建设中应采用网络版的杀毒软件，如网络版的瑞星杀毒软件，安装于监控中心专门的防病毒服务器上，可以对接入营区网络的所有服务器、计算机等进行自动安装杀毒软件，及时检测和控制各种文件、宏和其他网络病毒的传播和破坏，具有集中统一的管理界面，系统具有自动升级、自动数据更新、可管理性等特性，具备以下能力：

1）防毒体系。提供更全面、更及时、更彻底的病毒保护服务。

2）强大的网络控制功能。包括内容过滤、屏蔽病毒传播端口、共享控制、重要文件写保护等，使得外面的病毒进不来、进来的病毒没办法进一步扩散，大大减小病毒造成的损失，而且所有动作都由防毒系统自动更新执行。

3）清除工具可以集中自动分发。对于安装防毒软件之前已经发作的病毒，如果病毒已启动进程，病毒文件则处于正被调用状态，其他防毒厂商则需管理员使用清除工具一台一台手动清除病毒，而本子系统可以像分发病毒代码一样分发清除工具，通过后台运行，全面清除已经发作的病毒，最大程度保证病毒的清除效果。

4）传染源捕捉功能。防毒软件通过日志可以方便地找出整个网络系统中的病毒传染源，可以极大提高寻找病毒攻击点的效率，确保整个网络的病毒风险降至最低。

5）扫描工具可以找出未安装防毒软件的计算机节点。可以帮助管理人员迅速找出未安装防毒系统的节点，生成 Excel 表，同时在未安装的机器上弹出提示信息。

6）安装、卸载、更新不需要重新启动。

7）版本升级后客户端不需要重新安装。

（5）主机安全监管

在营区监控中心配置统一的计算机安全监管平台软件，通过网络安全综合管理，对营区网络上的关键主机和服务器系统的运行状态、资源的使用情况、安全日志等进行监管，及时发现系统的异常行为和故障，保障主机与业务系统的可用性。

（6）日志审计系统

安全审计综合分析系统主要由日志代理、安全审计中心、日志数据库和审计系统管理器四个部分组成。日志代理收集各种操作系统、网络安全设备、应用程序的日志信息，过滤后发送给安全审计中心处理；安全审计中心主要接受日志代理和各种安全设备、系统转发的日志信息，集中保存在日志数据库，分析后将输出报告给审计系统管理器；日志数据库保存各种日志信息；审计系统管理器提供给用户一个方便、直观的管理接口。

（7）系统冗余和备份

针对信息网络系统中关键的主机应用系统，应该建立相应的系统冗余与备份措施，如可通过服务器集群、双机热备等措施，最大程度保障主机系统的可用性，最大程度地保障营区各项业务的连续性。

19.4.7 管理措施建设

“三分技术，七分管理”说明了管理在整个信息安全系统建设过程中的重要性。在整个安全过程中，安全事件的产生（内部攻击、病毒代码等）、安全产品的选型、安全系统的规划与实施、安全系统的维护与监管、安全事件的处理等所有与安全相关的内容都是由人在负责和处理，因此需要有一个规范化、系统化的安全管理体系来维系人和技术这两个因素之间的关系。另外，没有绝对安全的信息系统，再优秀的安全产品和安全体系，如果没有统一的策略与管理，都无法提供良好安全防护能力。因此在营区信息网络安全系统建设过程中，明确安全管理的重要性，整个信息安全系统的建设以安全管理为核心，通过对安全防护技术体系、安全服务体系以及安全人员的统一调控和管理，实现营区信息安全体系架构的建设。

19.4.7.1 强化安全意识

在营区官兵中强化保密意识，树立保密就是保安全的观念。如今网络泄密已成为军事信息安全的一个重大威胁，在营区使用计算机网络的同时，必须时刻防止军事信息的泄密。为此，要教育官兵牢固树立保密就是保打赢、保密就是保安全的观念，引导官兵认清计算机网络泄密的严重危害，加强对计算机及网络安全保密新知识和新技术的教育、培训和学习，使得广大官兵更深入掌握网络信息安全保密的基本知识，掌握技术防范的基本技能。

19.4.7.2　强化安全制度

只有建立完善的规章制度，才能使各个环节上的管理有章可循、有法可依。建立完善的规章制度一是要建立严格的机房和介质管理制度，加强对网络机房和办公计算机的管理，禁止外来人员特别是地方人员进入军网；各种泄密光盘、优盘等介质必须造册登记、专柜存放，落实双人双锁管理以及机密以上光盘、优盘交由保密室保管等制度。二是建立用户入网申请登记、审查和访问控制制度，保证网上没有无关用户，更没有危险用户。采取设置口令、身份认证等措施，防止非法用户进入网络；采取设置用户等级、控制访问权限等措施，控制用户可访问的涉密信息。三是遵守军网与民网物理隔离的规定，关闭军线电话的拨号上网功能，保障营区军网的安全。

19.4.7.3　强化行政监督

为防止信息安全事故和隐患，必须加大行政管理力度。一是明确职责，每级网络都指定一名领导主管，并指定一个业务部门专门负责营区计算机网络的建设、管理和维护，确保出了问题有主管领导和主管部门负责抓，避免相互推诿。二是加强领导。职责明确后就要一级抓一级，从一点一滴做起，从一人一事抓起，确保营区计算机网络系统的稳定运行。三是检查督促。应定期或不定期地进行检查，发现违规的人和事，依规进行处理。

第20章　标准体系建设

智慧军营标准体系是由智慧军营建设范围内相互关联的标准按照一定的结构进行逻辑组合而构成的有机整体。建立科学合理的智慧军营标准体系，有助于开展智慧军营标准化的顶层设计和总体布局，有利于判断和明确智慧军营的标准化方向和重点，对于科学合理地制定智慧军营相关标准和促进智慧军营发展具有极为重要的意义。

20.1　概念与作用

标准体系是一定范围内的标准按其内在联系形成的科学有机整体。与实现一个国家的标准化目的有关的所有标准，可以形成一个国家的标准体系；与实现某种产品的标准化目的有关的标准，可以形成该种产品的标准体系。标准体系的组成单元是标准。

标准体系具有以下特性：

1）目的性。即每一个标准体系都应该是围绕实现某一特定的标准化目的而形成的。

2）集合性。标准体系是由两个以上的可以相互区别的单元有机地结合起来完成某一功能的综合体。随着技术的发展，标准体系的集合性日益明显，任何一个孤立标准几乎很难独自发挥效应。

3）层次性。即同一体系内的标准可分为若干个层次。它反映了标准体系的纵向结构。

4）整体性。标准化是构建标准体系的一个主要出发点。在一个标准体系中，标准的效应除了直接产生于各个标准自身之外，还需要从构成该标准体系的标准集合之间的相互作用中得到。构成标准体系的各标准，并不是独立的要素，标准之间相互联系、相互作用、相互约束、相互补充，从而构成一个完整统一体，同时各类标准在数量上应保持一定的比例关系。

5）可分解性。为保证标准体系的有效性，这就要求体系的可分解性。标准在大多数情况下只是某一技术水准、管理水平和经验的反映，具有一定的先进性。但随着各方面情况的发展，标准对象的变化，技术或者管理水平的提升都要求制定或修订相关标准，这就要求对标准进行分解，以对标准进行维护，包括修改、修订、废止等操作。

6）动态性。即标准体系随着时间的推移和条件的改变应不断发展更新，必须适应其应用的政治环境、经济体制和技术水平。

研究、建立并逐步完善智慧军营标准体系，综合考虑不同军兵种、不同层级、不同规模、不同特色的军营发展需求，加快制定核心和急需标准，促进智慧军营涉及的总体、支撑技术与平台、建设与应用、保障与管理、服务与安全标准的逐步建立与逐渐健全，充分发挥智慧军营建设标准化工作的引导与规范作用，指导各军队单位智慧军营建设，确保智慧军营建设质量，提升军营智能化与智慧化水平。

20.2　建设现状

2010 年左右，原总后勤部基建营房部提出数字军营概念，先后在多个部队开展数字军营示范试点工程建设，逐步形成了“一个标准、六个规范”的军队数字军营建设指导性文件，成为数字军营建设最初的标准与规范。随着近几年技术的发展和理念的更新，智慧军营在内涵与外延上与数字军营都发生了很大的变化，智慧军营与数字军营的标准体系建设也必然存在很大的不同。

当前智慧军营建设中，没有完整、成熟的标准体系，没有统一的标准作为指导，管理与技术实现上各自为政，相互独立，相互割裂，资源无法共享，势必影响智慧军营整体建设水平，具体而言存在以下问题。

（1）智慧军营相关标准、规范建设滞后

智慧军营建设正处于探索和试点的初级阶段，特别是缺少在规划设计、建设维护、管理运行方面的标准，尚未形成比较完善的建设标准和规范，这对于规范智慧军营建设极为不利，具体包括以下几个方面。

一是缺少智慧军营标准化体系规划设计的总体框架。智慧军营标准化体系应该由总体标准、硬件建设标准、软件开发标准、数据建设标准、信息安全标准、信息网络标准等组成，目前这方面还没有形成体系。

二是缺少适用于智慧军营建设维护、管理运行标准。智慧军营建设涉及硬件、软件系统的设计、开发、生产、验收和技术文件编制的全过程控制，范围较广，需要大量的相关标准。

三是缺少构建智慧军营标准化体系各方面之间的逻辑关系研究。智慧军营标准化体系各个标准之间既相互独立，又有着千丝万缕的联系，只有在构建之前进行充分细致的研究，才能保证在实际建设中切实有效。必须建立处于最顶层的总体标准，它是智慧军营建设的总体指导和准则；把握住硬件建设标准、软件开发标准和数据建设标准等标准化体系的核心内容；理顺贯穿于智慧军营建设各个阶段的信息安全标准和信息网络标准，保证标准化体系的基础牢固和保障到位。

（2）地方标准和军队标准建设不相适应

由于军队和地方的建设内容、要求不同，已有的地方标准（如智慧城市建设标准）不适用于指导军队智慧军营的建设。地方的建设标准侧重家庭住宅与公共区域的智能化管理，而军队的建设重点是办公训练区域与生活区域；另外，地方建设重点是设施安全、方便舒适、节能环保等，而军队的建设重点是节能高效、提升保障效能。因此，建设目标、建设重点都不一样，这就造成了地方标准和军队智慧军营建设不相适应的问题，具体包括以下几个方面。

一是标准体系不统一。基于智慧城市标准体系框架，重点制定智慧城市术语、参考模型、评价指标、顶层设计、数据融合、城市公共信息与服务支撑平台、网络安全等基础性、关键性标准。智慧军营标准体系框架范围更小，针对性更强，要求更高。

二是评价指标体系不统一。智慧城市按照《智慧城市评价指标体系总体框架》及《智慧城市评价指标体系分项评价指标制定的总体要求》，开展各领域分项评价指标的研制工作，逐步形成我国整体智慧城市评价指标体系。军队智慧军营的评价指标体系就是利于战备、方便生活，提高部队营区的信息化管理水平。

三是推动标准体系应用实施模式不统一。智慧城市国际标准化组织于 2013 年成立了智慧城市任务组，以实施相关的标准化工作。军队智慧军营由于各个国家军队发展不平衡，军队业务发展保密性要求，全世界没有统一的机构组织，只有少数几个军事强国（如美国、英国等）投入资金进行研究，因此标准体系的发展不具有普及性和广泛性。

总之，我军的智慧军营信息化标准体系建设还处在起步阶段，目前尚无成熟的体系，需要在下一步工作中不断发展完善。

20.3 标准体系分析

在论证智慧军营的标准体系时，基于军队建设与发展的实际需求，把握需要建设的标准与已有标准的关系，急需急用标准与后续标准的关系，先进超前标准与我国民用技术及产业、军用技术与产品发展现状的关系，使智慧军营标准体系的构建与现有标准全方位对接。在基础技术标准方面，除有特殊要求外，一般按照国家、军队、行业基础技术标准开展。

标准体系内部标准应按照一定的结构进行逻辑组合，而不是杂乱无序地堆积。由于标准化对象的复杂性，体系内不同的标准子系统的逻辑结构可能体现出不同的表现形式。主要有以下两种：

（1）层次结构

层次结构是表达标准化对象内部上级与下级、共性与个性等关系的良好的表达形式。层次结构类似树结构，父节点层次所在的标准相较子节点层次的标准，更能够反映标准化对象的抽象性和共性；反之，子节点层次的标准能更多地反映事物的具体性和个性。层级深度如何，也体现了对标准化对象的管理精度。标准层次结构的完备性，标志着标准体系的灵活性与弹性，是标准体系适应现实多样性的一个重要方面。

（2）线性结构

线性结构又叫作顺序结构，是指各标准按照过程的内在联系和顺序关系进行结合的形式。该结构主要体现了标准化对象在活动流程中的时间性。

20.4 组成框架

信息化标准体系是围绕信息技术开发、信息产品的研制和信息系统建设、运行与管理而制定的标准体系。它是指导信息化标准工作的纲领性文件，为信息化建设提供标准信息与技术依据。智慧军营标准体系指的是由营区信息化建设范围内的具有内在联系的标准组成的科学的有机整体，标准化体系主要由总体标准、应用标准、管理标准、安全标准、信息资源标准和基础标准等组成。

（1）总体标准

智慧军营的总体性、框架性、基础性标准和规范，包含智慧军营术语和定义、建设总体标准、智慧军营参考模型、建设指导原则、标准体系总体应用指南，是智慧军营建设的总体建设依据和技术参考，其他各类智慧军营标准规范应遵循智慧军营总体标准。

（2）应用标准

应用标准包含营区基础数据库建设规范、信息系统技术要求、信息系统接口要求等信息化应用系统的标准或要求，是各类系统在制定、使用、部署时应遵守的技术标准。

（3）管理标准

管理标准包含军队营区数字化建设定额标准、建设施工规范、管理评估办法等标准与要求，是智慧军营建设与管理应遵守的各类规则。

（4）安全标准

安全标准包含信息安全总体标准、信息安全技术标准等，是智慧军营信息安全系统建设、部署、使用与管理等方面应遵守的各类标准规则。

（5）信息资源标准

信息资源标准包含建设数据规范、图形规范、信息资源共享与交换规范等，是智慧军营信息资源规划与设计应遵守的各类标准规则。

（6）基础标准

基础标准包含基础设施建设规范、软件工程建设规范等，是智慧军营的基础标准。

图 20－1 为智慧军营标准体系框架（虚框表示待制定的标准与规范，实框表示现有的标准与规范）。

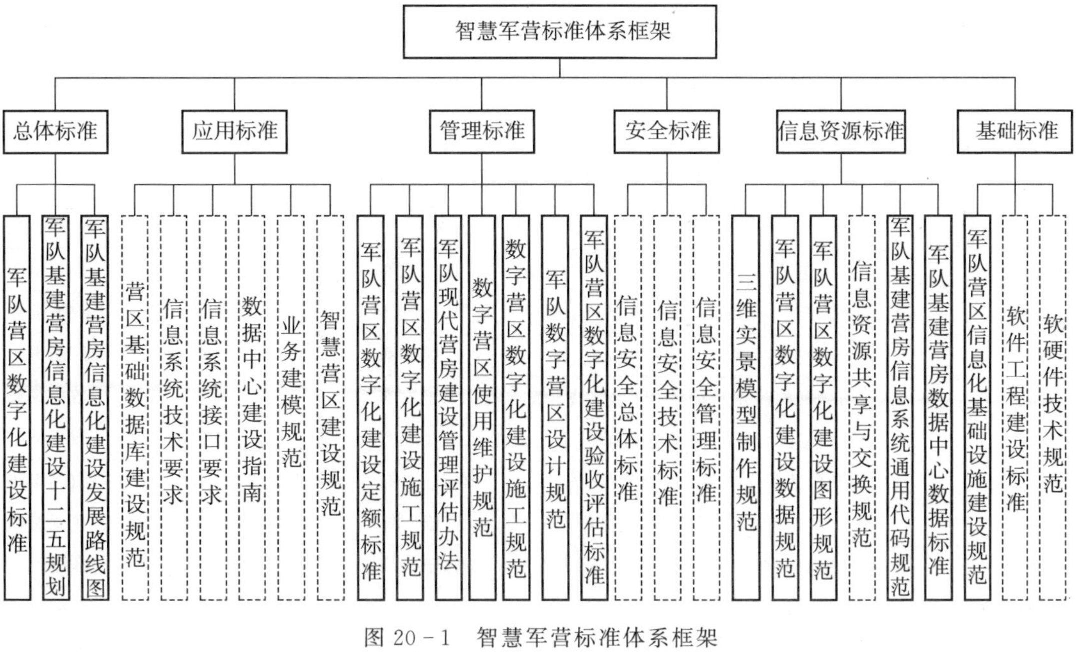

图 20－1　智慧军营标准体系框架

20.5 标准体系表

标准体系表是将一个标准体系内的标准，按一定的形式排列起来的图表。制定标准体系表，有利于了解一个系统内标准的全貌，从而指导标准化工作，提高标准化工作的科学性、全面性、系统性和预见性。

在此提出了部分智慧军营的标准体系表，如表 20－1 所示。

表 20－1 资源或数据（管理）标准明细表

序号	标准名称	标准状态	标准号	标准类别
01－01－01	《军队营区数字化建设数据规范》	原总后内部发布		数据
01－01－02	《智慧军营信息化资源分类与编码的基本原则与方法》	待制定		数据
01－01－03	《智慧军营信息化元数据通用要求》	待制定		数据
01－01－04	《智慧军营地理环境数据通用要求》	待制定		数据
01－01－05	《智慧军营信息化数据交换数据元目录》	待制定		数据
01－01－06	《智慧军营信息化实体数据通用要求》	待制定		数据
01－01－07	《智慧军营信息化综合数据规划指南》	待制定		数据

由于营区建设与管理对象涉及土建、设备、企业、人员、地理、技术（系统）以及营区管理与服务各业务过程中的过程对象等，因此营区信息化标准涉及多个国家基础信息编码标准和行业内部编码标准。采标原则是军标优先，其次是国家标准，再次是非军队行业标准，最后是根据智慧军营建设需要制定的标准部分。

通过对相关标准的检索，表 20－2～表 20－10 中列出了国军标、国标和行业标准中涉及的数据编码相关标准，从表中可以看出，相关标准覆盖面还比较小，还不足以将智慧军营需要的数据进行全面编码，因此在智慧军营信息化标准体系中，还需大力开展相关数据编码的研究和制定。

表 20－2 数据编码标准明细表

序号	标准名称	标准状态	标准号	标准类别
01－01－08	《军用物品唯一标识》	已发布	GJB7375	数据编码
01－01－09	《军用物资和装备品种标识代码编制规则	已发布	GJB7001	数据编码
01－01－10	《军用物资条码应用标识	已发布	GJB5114	数据编码
01－01－11	《军用物资和装备自动识别标识符》	已发布	GJB7371	数据编码
01－01－12	《军用射频识别标签唯一标识》	已发布	GJB7376	数据编码
01－01－13	《军用基础地理信息要素分类与编码》	已发布	GJB1839B	数据编码
01－01－14	《军用数字海图要素属性编码规则	已发布	GJB2680	数据编码
01－01－15	《军用数字地图要素属性编码》	已发布	GJB1839	数据编码
01－01－16	《智慧军营数据分类与编码体系》			数据编码
01－01－17	《分类与编码通用术语》	已发布	GB/T10113—2003	数据编码

续表

序号	标准名称	标准状态	标准号	标准类别
01-01-18	《信息分类和编码的基本原则与方法》	已发布	GB/T7027—2002	数据编码
01-01-19	《信息技术 图片编码方法 第 1 部分:标识》	已发布	GB/T10022.1—1998	数据编码
01-01-20	《信息技术 图片编码方法 第 2 部分:登记规程》	已发布	GB/T10022.2—1996	数据编码
01-01-21	《城市地理要素编码规则　城市道路、道路交叉口、街坊、市政工程管线》	已发布	GB/T14395—2009	数据编码
01-01-22	《信息技术先进音视频编码 第 1 部分～第 16 部分》	已发布	GB/T 20090.1—2012	数据编码
01-01-23	《地理信息分类与编码规则》	已发布	GB/T 25529—2010	数据编码
01-01-24	《导航电子地图数据分类与编码》	已发布	GB/T 28442—2012	数据编码
01-01-25	《地面气象要素编码与数据格式》	已发布	GB/T 33695—2017	数据编码
01-01-26	《地理信息影像与格网数据的内容模型及编码规则 第 1 部分:内容模型》	已发布	GB/T 35653.1—2017	数据编码

表 20-3　数据与业务功能设计标准明细表

序号	标准名称	标准状态	标准号	标准类别
01-02-01	《军用公文数据交换格式》	已发布	GJB5941	数据交换
01-02-02	《智慧军营信息化数据资源元数据服务接口技术要求》	待制定		元数据服务
01-02-03	《智慧军营信息描述规范》	待制定		信息描述
01-02-04	《智慧军营信息资源分类与编码体系》	待制定		信息资源
01-02-05	《云计算数据中心参考架构》	待制定		数据

表 20-4　信息化业务应用设计标准明细表

序号	标准名称	标准状态	标准号	标准类别
01-03-01	《后勤业务信息数据模型　供应保障关系编制规范》	已发布	GJB6797	业务信息
01-03-02	《师以下部队营区规划设计规范》	已发布	GJB2586	规划设计
01-03-03	《智慧军营信息技术参考模型》	待制定		技术模型
01-03-04	《智慧军营信息化应用接口设计》	待制定		接口设计
01-03-05	《综合布线系统工程设计规范》	已发布	GB 50311—2007	数据

表 20-5　硬件建设标准明细表

序号	标准名称	标准状态	标准号	标准类别
02-01-01	《军队营区数字化建设施工规范》	原总后发布		建设施工
02-01-02	《军用建筑物网络布线系统工程设计通用要求》	已发布	GJB5088	网络布线
02-01-03	《军用有源射频识别标签通用规范》	已发布	GJB7372	传感器
02-01-04	《军用无源射频识别标签通用规范》	已发布	GJB7373	传感器
02-01-05	《智能密钥卡通用规范》	已发布	GJB5806	智能硬件

续表

序号	标准名称	标准状态	标准号	标准类别
02-01-06	《智能传感器　第1部分：总则》	已发布	GB/T 33905.1—2017	智能硬件
02-01-07	《智能传感器　第2部分：物联网应用行规》	已发布	GB/T 33905.2—2017	智能硬件
02-01-08	《智能传感器　第3部分：术语》	已发布	GB/T 33905.3—2017	智能硬件
02-01-09	《智能传感器　第4部分：性能评定方法》	已发布	GB/T 33905.4—2017	智能硬件
02-01-10	《智能传感器　第5部分：检查和例行试验方法》	已发布	GB/T 33905.5—2017	智能硬件
02-01-11	《智能记录仪表　通用技术条件》	已发布	GB/T 34036—2017	智能硬件
02-01-12	《物联网总体技术　智能传感器接口规范》	已发布	GB/T 34068—2017	智能硬件
02-01-13	《物联网总体技术　智能传感器特性与分类》	已发布	GB/T 34069—2017	智能硬件
02-01-14	《物联网总体技术　智能传感器可靠性设计方法与评审》	已发布	GB/T 34071—2017	智能硬件
02-01-15	《建筑群综合布线系统工程设计规范》	已发布	GB/T 50311—2000	综合布线
02-01-16	《视频安防监控系统工程设计规范》	已发布	GB 50395—2007	安防监控
02-01-17	《安防监控视频实时智能分析设备技术要求》	已发布	GB/T 30147—2013	安防监控
02-01-18	《安全防范报警设备安全要求和试验方法	已发布	GB 16796—1997	安防监控
02-01-19	《智能建筑设计标准》	已发布	GB 50314—2015	智能建筑
02-01-20	《智能建筑工程质量验收规范》	已发布	GB 50339—2013	智能建筑
02-01-21	《智能建筑工程施工规范》	已发布	GB 50606—2010	智能建筑
02-01-22	《建筑智能化系统施工监管规范》	已发布	DB43/T244.8—2017	智能建筑

表 20-6　软件建设标准明细表

序号	标准名称	标准状态	标准号	标准类别
02-02-01	《军用软件开发通用要求》	已发布	GJB2786A	软件开发
02-02-02	《军用软件开发文档通用要求》	已发布	GJB438A	软件开发
02-02-03	《军用软件配置管理》	已发布	GJB5235	软件开发
02-02-04	《军用软件测试指南》	已发布	GJB141	软件开发
02-02-05	《军用射频识别唯一标识编码解析系统接口》	已发布	GJB7387	软件接口
02-02-06	《智慧军营信息化应用软件通用要求》	待制定		应用软件
02-02-07	《智慧军营信息化数据资源信息服务接口技术要求》	待制定		服务接口
02-02-08	《智慧军营信息化业务资源数据交换要求》	待制定		交换技术

表 20-7　数据建设标准明细表

序号	标准名称	标准状态	标准号	标准类别
02-03-01	《军队营区数字化建设图形规范》	原总后发布		图形数据
02-03-02	《军队营区三维实景模型制作规范》	原总后发布		模型数据
02-03-03	《数据标准化管理规程》	已发布	GJB 139	数据管理
02-03-04	《关系数据库管理系统功能通用要求》	已发布	GJB4354	数据库

续表

序号	标准名称	标准状态	标准号	标准类别
02-03-05	《关系数据库管理系统功能与性能测试要求》	已发布	GJB4353	数据库
02-03-06	《军用数字地图数据要求》	已发布	GJB1840A	地图数据

表 20-8　信息安全标准明细表

序号	标准名称	标准状态	标准号	标准类别
02-04-01	《军用计算机网络用户标识和口令规程》	已发布	GJB2900	数据编码
02-04-02	《军队办公网络及设备安全防护通用要求》	已发布	GJB7561	网络安全
02-04-03	《军用计算机网络安全评估准则》	已发布	GJB 3395	网络安全
02-04-04	《智慧军营信息化数据安全总体要求》	待制定	GJB4354	数据安全
02-04-05	《智慧军营信息化应用系统安全总体要求》	待制定		系统安全
02-04-06	《智慧军营信息化信息安全管理指南》	待制定		信息安全
02-04-07	《信息安全技术 术语》	已发布	GB/T25069—2010	信息安全
02-04-08	《信息系统通用安全技术要求》	已发布	GB/T20271—2006	信息安全
02-04-09	《信息系统等级保护安全设计技术要求》	已发布	GB/T25070—2010	信息安全

表 20-9　信息网络标准明细表

序号	标准名称	标准状态	标准号	标准类别
02-05-01	《军用网络安全隔离交换产品通用要求》	已发布	GJB7175	信息网络
02-05-02	《军用计算机开放系统互连网络体系结构》	已发布	GJB3115	信息网络
02-05-03	《电子信息系统机房设计规范》	已发布	GB50174—2008	信息网络
02-05-04	《电子信息系统机房施工及验收规范》	已发布	GB50462—2008	信息网络
02-05-05	《智慧军营信息化网络建设规范》	待制定		信息网络

表 20-10　业务模型标准明细表

序号	标准名称	标准状态	标准号	标准类别
03-01-01	《智慧军营信息化业务模型通用要求》	待制定		业务模型
03-01-02	《智慧军营信息化业务模型开发和使用指南》	待制定		业务模型
03-01-03	《智慧军营信息化业务模型服务通用要求》	待制定		业务模型
03-01-04	《智慧军营信息化业务模型维护、升级通用要求》	待制定		业务模型

第 21 章　成果效益

智慧军营的建设将在营区的保障需求信息采集能力、营区的管理状态感知能力、多类信息综合处理能力和信息利用能力上发挥积极的作用，并由此带来诸多的建设理念、保障与管理模式以及信息应用系统成果，促进军营由“传统型”向“数字型”“智慧型”转变，信息化应用能力的提升，会产生显著的军事、经济和社会效益。

21.1　概述

相比传统的军营，智慧军营的“智慧”主要体现在三个核心理念：感知、互联、智能的实现上。其中，“感知”代表信息收集，“互联”代表信息互通，“智能”则代表对信息的掌控分析。通过对营区安全管理与保障任务的各类信息的高效处理，为营区的“智能化”和“智慧化”创造条件。

21.2　智慧点分析

具体来说，智慧点主要集中在如下方面。

（1）感知物联化

通过在营区布置大量的各类传感器，将营区人员、车辆、环境、事件等监管对象状态、位置等信息数据进行感知收集，使所有涉及安全防护和保障服务的各个重要方面都能够被有效感知和自动监测，实现感知物联化。

（2）监测智能化

监控设备的智能处理系统通过前端智能摄像机采集营区画面可实现对监控场景内事件的自动感知、智能甄别，对非常规行为进行判别，实现智能化处置。

（3）态势可视化

构建营区统一的地理信息应用系统，并利用二维/三维 GIS 地图、前端传感器及可视化系统等，通过多屏整合显示对营区整体态势、人员、车辆、设施设备、环境及发生事件的情况进行全面掌握和图形图像显示，实现态势可视化。

（4）处置实时化

通过布置大量传感器和监控系统，使得营区管理人员能够第一时间发现问题，进行定位和定性；且通过管理指挥系统，指挥调度相关人员在问题现场对情况进行了解和取证，提出处置意见上报管理指挥中心，从而提升处理问题的效率，实现实时化。

（5）资源共享化

通过建立营区综合信息管理平台，制定数据交换与资源共享统一标准，实现营区各部门、各监控点间的按权限使用及数据安全共享，从而解决信息割裂、数据孤岛等问题，实现资源共享。

（6）处理规范化

营区管理人员在处理各类事件时从指挥调度到现场处置实现依据预案和管理规定的程序化与规范化处理，使得每一步操作都有据可依，告别过去凭经验、人情处理的做法，实现规范化。

（7）决策科学化

通过对大量信息的累积与学习，并对其进行归纳、总结与分析，得到数据之间的规律，逐步建立科学、合理的营区保障与管理模型，对营区的安全管理与保障任务的实施做出智能预测及科学分析，实现决策科学化。

（8）体系开放化

通过建立开放的技术体系与科学的技术架构，营区保障、管理与安全技术防范系统可为智能视频处理技术、智能生物识别技术、智能探测与监控技术、大数据应用技术、人工智能技术和决策支持智能化技术等高新信息技术的应用提供一个良好的开放平台，可融入新的技术，同时也保留与作战指挥系统、武器装备等信息系统的交互接口，为将来的作战指挥与综合保障信息系统一体化建设奠定基础，深入推动我军的信息化建设。

21.3　实效分析

（1）建成营区保障与管理信息体系

运用传感器、物联网、智能探测和数据智能分析等技术，通过整合指挥、保障、管理、监控和处置等军营业务要素，实现营区状态智能采集、信息智能管理、环境智能分析、通道智能防范、监控智能识别、险情智能感知、车辆智能管控、情况智能处置等智能功能，构建以科技手段为支撑的营区保障与管理信息体系。

（2）全面提高预知预警预处理能力

由于采用了各类传感采集装置和信息处理系统，可以提前实现保障与管理需求的采集、保障与管理状态的感知，可促使保障与管理由被动处理向主动作为转变；管理控制由控点控线向控面控域转变；利用多方资源构建全维的保障与管理能力。

（3）提升营区应急指挥响应速度

运用物联网技术结合应急指挥系统，使信息采集从过去的人工采集、逐步汇总上报等方式向自动化、实时化、场景化相结合的方式转变，督岗形式从定人督岗转变为电子督岗，可有效提高营区各类事件的应急指挥响应能力，通过视频监控、智能分析等模块的智能联动，有效缩短需求预计、力量筹措、方案制定和应急反应时间，提供快速有效的决策支持，提高应急响应可知可控能力。从而提高了营区基于信息系统的应急响应能力。

（4）大幅提升营区协同处置能力

建成营区协同共享网络的信息处理和数据分析应用系统，通过综合业务、营区安防、营区能源环境监控等方面的建设，对获取的多类数据进行智能分析，对事件发生的类型进行识别，实现时间、空间的多维智能识别，从而及时、准确掌握营区各类事件的情况，并且通过预案管理、决策支持等技术的合理应用，提升营院指挥员的科学决策能力，有效打破各业务系统间数据屏障，实现各业务数据的相互协同和高效利用，提升营区综合管理的第一时间协同处置能力。将营区的各有关单位、部门和岗位列入协同网络共享单位，根据“谁主管、谁负责、按责处置”原则，落实维护责任，处置解决问题，进一步形成分工明确、指挥有力、统一协调、运转高效的工作格局。

（5）整体提升营区信息化水平

使用隔离的光缆建成营区保障与管理专用、高速、安全的信息网络。并在此基础上，通过营区综合信息管理平台实现任务保障、人员管理、车辆管理、装备管理、行政管理和安防监控等的综合集成应用，达到营区“全人员、全要素、全过程”的信息化覆盖，整体提升营区信息化水平。

（6）大幅改善信息分析能力

通过营区指挥中心的建设，分析处理营区管理领域感知设备上传的数据和其他相关数据，提升管理人员第一时间研判问题能力。通过执行预案实现原有的凭借经验处理向有据可依转变，实现了从经验化到程序化的跨越；极大地提升了营区保障与管理的工作效率，使得原有相对滞后的处置速度得到极大的提升。通过数据分析，清楚掌握某一对象、某一时段、某一区域的问题发生率、重复率，有效推定管控的重点区域、重点时段、重点内容，促进领导决策更加科学。

通过对营区保障与管理系统存储的大量数据的统计、分析、挖掘，从大量的数据中找到其关联性，并从中分析出一些结果，把原来无用的数据变为有用的知识及信息；将原来只能事后处置的事情变为可以进行事前预测，从而能够尽早地进行防范或适当的处理；通过各类的评价得到最真实的营区保障与管理效果，不断促进保障与管理水平的提升。

（7）提高营区现代化管理水平

通过营区综合保障与管理系统建设，实现营区状态充分感知，信息网络互联互通，信息资源深度整合，知识管理普及深入等多方面智慧应用。实现决策运行的智能化、协同化、精准化和高效化，优化资源配置，可节省大量人力、财力、物力，有利于提高营区智能化管理水平，加快推进营区智慧化建设发展步伐。

第 22 章　建设实施

智慧军营是一项长期建设的系统工程，需要有全军顶层的规划建设指导，需要有前瞻先进且切合实际的设计方案，需要有大量的相关技术与产品支撑，需要有完善的建设管理体系和配套资金，应当立足当前、着眼未来，在总体目标和建设思路的指引下，各单位分阶段实施，逐步有效推进。

22.1　规划实施

智慧军营建设的落地应遵循军队项目建设的管理规定，实现科学规划设计、规范实施、有效运行和维护管理，在经费、人员、资料等方面实现严格管理，从而顺利开展建设。智慧军营建设规划实施框架如图 22－1 所示的内容。

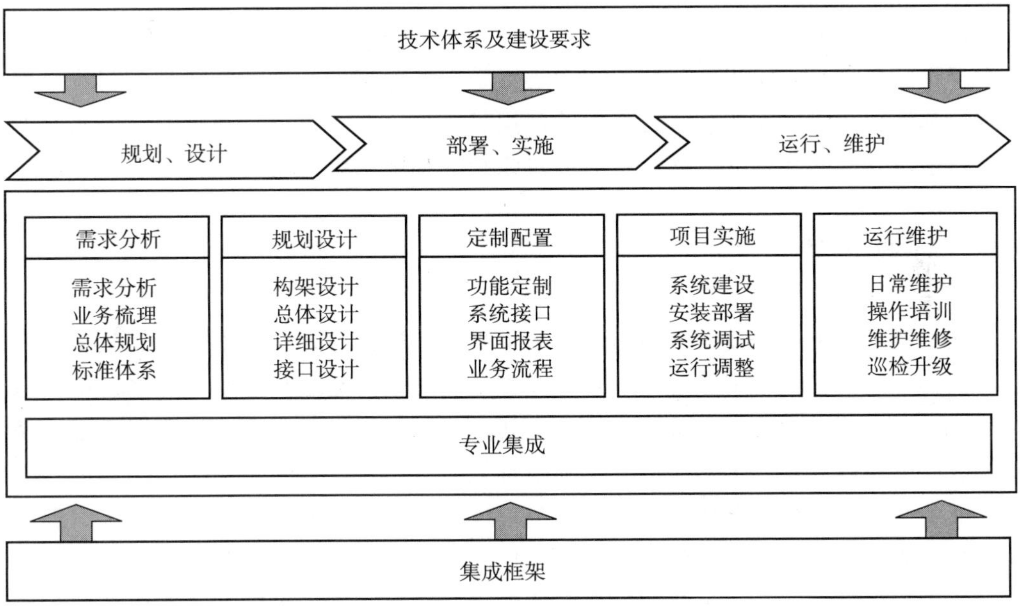

图 22－1　智慧军营建设规划实施框架

（1）系统需求分析

根据智慧军营建设项目设计任务书所确定的范围，针对系统建设方案对系统的详细情况进行调查。通过对整个项目流程及现行系统业务流程的描述，提出系统的结构和功能模型。

（2）系统规划设计

完成系统分析阶段之后，下一步是对系统的规划设计。针对部队智慧军营建设，在系统规划设计阶段要完成的工作包括：根据系统分析阶段完成的系统分析说明书对部队营区、建筑系统结构和功能模块的分析，参考部队营区建设实际条件，针对分析中的方案详细设计实现功能的技术方案，具体说明智慧军营建设预期达到的目标，总体建设原则、建设构想、建设项目、建设内容、建设阶段规划、各系统功能模块实现的功能和具体的系统操作，形成智慧军营建设总体规划方案。

（3）系统定制配置

针对具体部队实际需求，在确定智慧军营建设体系结构时选择适当的技术架构、通用信息系统、通用软件平台模块等标准化的信息模块，可采用“拼积木”的方式，在一个比较科学的框架下定制、配置现阶段、未来阶段的信息系统模块，逐渐建设完整的智慧军营系统。

（4）系统项目实施

这一阶段主要是系统实现，完成系统建设的阶段。在这个过程中，要完成部队智慧军营的建设，包括基础设施建设、硬件设备安装部署、信息系统应用程序的研制和综合集成。由于在这个阶段，对系统的建设、安装、研制等工作可能有交叉，为了高效并且很好地完成这个阶段的任务，需要对整个系统实施阶段的工作做精心的安排，既不造成时间冲突，又能很好地衔接各项工作的开展。实施过程严格按军队建设项目进行管理。

（5）系统运行维护

智慧军营各信息系统投入运行后，应进行定期和不定期的维护和管理。配置必要的操作、管理和维护人员，按规程进行系统的使用与管理。在系统正常运行时，要实时记录系统的运行情况，同时要建立并落实良好的台账管理和使用维护制度。

22.2 协调建设

智慧军营系统工程涉及营区内部队的多个专业职能部门，包括参谋部、政工部、后勤部和装备部等多个部门，关系跨度大且各种关系纠结于一起难以厘清。许多营区信息系统的规划、设计、建设、使用和维护涉及多个部门，各部门的职责有时也难以界定清楚，造成了智慧军营建设在部队落实时遇到不少困难。

为推动全军的智慧军营建设，全面改善营区保障与管理能力，应当由营区后勤部门统一协调其他职能部门，从部队的实际出发，从营区信息基础设施设备建设入手，首先建成营区一体化、先进、安全、可靠的信息网络系统，然后再逐步扩展到其他业务部门的系统应用。本着“功能实用、经济适用、稳定可靠”的原则，科学地规划设计本营区智慧建设的基本目标、建设项目、技术体系、应用系统和运行管理机制，遵循全军技术规范标准，以标准化、国产化、专业化的系统来实现智慧军营的建设目标。

22.3 人才队伍建设

智慧军营是一种部队营区形式，在规划、设计、建设、使用和维护中包含大量的信息技术知识，努力造就一支高素质的营区信息化人才队伍，是当前和今后智慧军营建设的紧迫任务。

智慧军营信息化人才队伍建设的基本要求体现在许多方面，包括：

（1）人才队伍结构合理

从信息化战争对军队保障与管理人才的总体需求看，不仅需要有一大批懂得高技术的各级各类专业技术人才和管理人才，而且需要有一批对信息化战争及综合保障有深刻认识的各级指挥人才。因此，必须树立人才队伍整体优化观念，建设一支适应信息化战争需要的、结构合理的人才队伍。

（2）具备信息化战争意识和素养

智慧军营信息化人才要具有敏锐的信息化战争意识，熟悉信息战的相关理论，具备扎实的信息化战争理论水平和一定的谋略能力。能熟练运用与自身任务相关的信息攻防和保障手段，了解现代网络技术、微电子技术、通信技术、计算机技术的基础原理和发展趋势，熟悉信息设备的操作使用，能排除一般的技术故障，保障军事信息化系统正常运行。

（3）具备较高的知识与能力水平

伊拉克战争中，美军使用了先进的计算机系统、电子干扰系统、卫星侦测系统等科技含量很高的武器装备系统和保障系统，充分证明信息化战争就是知识密集型战争。所以，这就要求智慧军营信息化人才不仅应有较高的科技知识储备，而且还应熟练掌握现代保障理论，对信息化战争有深刻的理解，具备较高的营区保障组织指挥能力。

（4）具备敏锐的决策能力

信息化战场情况错综复杂，战场态势瞬息万变，不可预见因素成倍增长，保障任务十分艰巨。这就要求营区保障指挥员必须具有敏锐的战场“嗅觉”，创新的思维能力和果敢的决断素质，面对稍纵即失的战机，能及时做出快速反应，敢于决策，确保营房保障任务的圆满完成。

（5）具备过硬的战斗作风和心理素质

信息化战争会使每名参战人员都经受到考验，如果没有坚强的意志品质和过硬的心理素质是无法支撑的，要树立高昂的斗志和顽强的战斗精神，树立必胜的坚强信念，做到镇静自若，处变不惊，能及时、正确处理各种突发情况，保证营区保障顺利实施。

智慧军营人才队伍建设应采取如下应对措施：对人才进行招聘，较强的计算机技术、分析判断与逻辑思维能力和高超的业务能力是基层营房管理人员必须具备的。招聘这类人才，不仅可以使智慧军营管理技术力量整体实力得到提高；还可以通过“一个人才”培养“一批人才”，进而带动工程建设，快速实施人才培养；加强现有人员的培训力度。人才培养方面，扩大人才培养的范围和途径，可通过院校教育和在职教育进行。在工程安装调试阶段培训人员都要参与到工作中。其中的系统工作原理、设备分布、操作方法、普通故障的排除都要熟练掌握；留住人才，营造良好环境。坚持高效运用人才策略，在管理方面，本着最大程度地发挥他们的才干为用人原则，保证岗位与人才专业对口、匹配；编制确立客观公正的评价标准，定期开展人才测评工作。

第 23 章　总结与展望

智慧军营建设是一个长期的过程，应随着时代的进步和技术的发展不断推陈出新，应不断适应军队任务使命的调整和军事需求的变化。展望今后智慧军营的发展，必然是朝向陆海空一体化联合作战保障的方向发展，向更加集成、更加智能的方向前进。

23.1　总结

智慧军营的出现是信息化战争这个外因和我军信息化建设加速这个内因共同催生的时代产物，全面、综合地理解智慧军营的本质，把握智慧军营建设的规律不是一蹴而就的事情。文中针对智慧军营的起源、现状、概念、组成、结构、内容、建设、安全和效果等多个要素进行了讨论研究，既参考了大量类似系统的相关知识，同时又融入了建设实践得到的经验成果，力求勾勒出智慧军营相对清晰、完整的轮廓，为智慧军营的规划、设计、建设、管理、运维、升级、发展提供有益的探索，但这些仍然是初步的探索，还不能充分展现智慧军营的庐山真面貌，还需要持续地、系统地、深入地研究。

信息时代中技术发展的一个重要的特点就是迭代快，往往一个概念还没有成熟推广就可能被另一个新诞生的概念替代，这也体现了信息技术加速发展的高速度、快节奏。智慧军营的概念，在这个时代背景下虽然维持的时间有可能不长，但智慧军营代表的聚焦军事信息技术、聚焦平战一体化保障、聚焦精准智能管理的趋势不会改变，并将随着信息技术的发展更加坚定而持续。

23.2　展望

当前阶段实际可实施的智慧军营建设仅是部队营区保障中营房业务保障和营区管理工作的信息化建设初级阶段，为适应全军信息化整体建设的发展要求，智慧军营建设未来应融入到全军作战指挥、政工教育、后勤保障和装备保障等各项信息化业务建设中去，并且将当前用于信息处理的许多先进技术进行实践应用，对智慧军营进行充实提高，逐步发挥信息体系的整体效能，从而更有力地促进部队战斗力的提升。

23.2.1　平战一体化

现代战争一般是高技术条件下进行的局部战争，具有突发性强、战略转换时限短、远距离跨区机动等特点，可能动用大量的武器装备。承担主要保障任务的军队基地将负责大量的保障工作，如各类保障物资的筹措、保障兵力的组织、保障活动的快速准备与实施等，同时还可能涉及营房工程抢修抢建、营房资源动员征用等工作，这其中既有大量的计算分析工作，又有烦琐的管理统计工作，涉及大量的物资和用户。这些工作实时性要求高、技术性强、牵扯面广，并且工作量大、复杂烦琐，若依靠人工完成，及时性和准确性都将大打折扣，必须依靠智慧军营已经建成的完整的信息处理系统来实施，因此智慧军营应体现出平战一体化的建设前瞻性和规划性。

智慧军营建设围绕平战一体化，应当从整体规划、信息体系结构加固、信息系统强化与冗余建设、快速平战转换机制等方面入手。

（1）整体规划

从整体规划上应当预先考虑战时需求，与平时使用需求相同的需求结合系统建设与使用来体现，战时需求应从作战演练、军事训练等过程中采集、分析与总结，科学地预测并规划战时信息系统功能，从智慧军营整体定位、平时与战时信息系统规划分类等方面进行全面考虑，使得智慧军营的建设不仅为平时服务，在战时也具有良好的建设与使用基础。

（2）信息体系结构加固

根据作战保障要求，从安全性、可靠性等方面综合加固智慧军营信息体系结构，包括提前预置信息资源，战时启用；强化信息结构，对薄弱的信息节点进行扩容或技术升级，对信息链路建设备份系统提高可靠性；建立信息系统离网、停用机制，防止个别稳定性弱的信息系统在战时条件下无法负荷，启动系统离网、停用机制，将其临时排除出智慧军营信息体系，防止对其他系统产生不良影响。

（3）信息系统强化与冗余建设

从战时突发性、高强度使用等要求出发，在综合平时使用指标的要求下，适当加强信息系统建设时的数据吞吐能力、防错能力和故障恢复能力指标建设，同时可考虑信息系统的冗余建设，尤其是数据存储系统的冗余，保证在特殊情况下信息与数据的安全和可用。

（4）快速平战转换机制

快速平战转换机制包括智慧军营运行、保障、值班和维护维修转换机制。平时运行时各项要求都不同于战时，一旦作战，立刻实施战时各项机制，保证人力、物力和财力的投入，实现信息系统更高要求地运行。

23.2.2　国产自主可控

网络空间已经成为国家继陆、海、空、天之后的第五疆域，同样体现国家主权。保障网络空间安全也就是保障国家主权。自主可控是保障网络安全、信息安全的前提。能自主可控意味着信息安全容易治理、产品和服务一般不存在恶意后门并可以不断改进或修补漏洞；反之，不能自主可控就意味着具有“他控性”，就是受制于人，后果十分严重但又十分隐蔽。

在我国当前信息化的建设过程中，由于在软件、硬件技术产品研发与生产上的差距，导致大量使用非国产、非自主可控的软件与硬件设备，存在十分严重的安全隐患。在智慧军营的建设中，如果不能有效地封堵这些漏洞，将产生不可预测的后果，因此必须坚定地走国产自主可控的道路，在军营物联网系统、基础软件产品（如操作系统、数据库系统等）、信息应用软件系统、服务器、交换机等多方面分阶段开展国产自主可控产品替代的步骤，逐步提高国产自主化程度，保证智慧军营的信息安全。

23.2.3 先进信息技术综合应用

单项信息技术的发展无疑会改善其在智慧军营应用的性能和效果，先进信息技术的综合应用必然将智慧军营信息体系的建设推向新的高度，使得智慧军营信息的感知更全面、信息处理更快捷、数据利用更高效、决策更加科学合理。

先进信息技术的发展快速而迅猛，可在智慧军营中的多个场景下得到应用，不能尽述，在此介绍其中的 3 种：

（1）军营领域的大数据技术

随着大数据在军事领域的高效开发和全面运用，军事信息化将步入大数据时代。大数据是指规模远远超过传统数据库软件处理能力的海量数据集合。对信息化战场而言，数据巨大的特征体现得尤为明显。阿富汗战争期间，美军为打击一小股恐怖分子，其部署在太空、空中和地面的全方位情报侦察监视系统，24 小时内产生的数据就有 53 TB，如此巨大的数据，会使得指挥员和部队陷入数据的海洋中无所适从。大数据的另一个重要特征就是价值密度低，在海量的数据中隐藏了有用的知识和信息，如何挖掘并分析出有关军事动向等重要的情报信息，是大数据应用难点。

随着军队营区信息化建设的深入和推广，数据从传感器等各种设施设备源源不断地汇聚，营区保障的各项活动的记录、测量和分析范围不断扩大，积累的数据规模愈加庞大、关系愈加复杂，大数据的典型特征更加明显。进行营区保障管理和决策时，就需要分析更多数据，有时甚至是所有后勤需求、后勤资源的全部数据。而当前后勤信息化建设中，数据采集技术还不完善、数据处理能力还有待提高、数据使用还十分落后，传统的数据库、数据集市等系统已经不能有效满足大数据的储存、分析需要，发掘数据价值成为信息系统核心功能和最高追求。

大数据的作用是破解后勤迷雾的有效途径。由需求不确定性和资源不确定性构成的后勤迷雾，容易造成资源申请、资源采购、资源存储、资源运输和保障效率方面的问题。大数据处理技术，可实现海量数据自动搜索信息，跨越时间和空间发现新知识、探索新规律，从而更容易发现营区保障的真实需求。另外，大数据使后勤预测决策更加科学。大数据预测不再基于传统的因果关系推测，而是对不同事物之间或事物不同属性之间的相关关系进行分析，从而预测未来。营区后勤领域各种活动、装备、人员物资相互交织、相互影响，相关关系更加复杂。探寻某些特定相关性，可以预测物资消耗、机器故障、设备状态，预防设施设备失效。将大数据预测技术与传统数据分析技术结合起来，必将大大提高预测的精确度、效率和时效性。

在智慧军营建设发展中大数据将成为提升信息化建设成果能力的重要技术手段，应当根据当前大数据发展的现阶段成果，逐步探索数据分布式存储和并行化处理技术、数据可视化技术等应用，提高数据的利用能力与利用价值。

(2) 智能物联网技术

前文提及物联网技术是智慧军营的关键技术之一，同时也是促进智慧军营向前进步的推动技术。随着物联网技术的不断普及，实践应用不仅验证了技术的可行性和先进性，同时也带动了相关技术的发展，如物联网信息安全技术，使得物联网的应用逐渐走向成熟。

在智慧军营建设中，物联网的应用目前还集中于设施设备的远程监控、仓储物资的管理等方面，将来可能会更深入地应用于营区保障和管理的各个方面，如现代单兵健康状态与需求监测系统穿戴式设备可将单兵人员的当前各项生理指标实时测量并发送到相关的节点，同时根据其状态对保障需求进行预测和收集，在营区实施人员作战训练时提供更好的支持。各类物联网传感器的技术进步，为营区各种保障设施设备的更多状态监测提供了手段，使得营区的感知更全面。另外，物联网传感器的发展使得一种微型的入侵探测传感器成为现实，可将多个微型的传感器隐蔽地部署于营区周界开阔处，用于形成周界入侵的探测防区，有效、及时地发现非法的进入。

(3) 移动联网技术

移动联网技术往往与物联网技术的发展相辅相成，是民用物联网系统建设与应用的重要支撑技术。在军队信息化建设中，由于保密等因素，泛在的无线通信技术的应用受到很大的限制，而这又影响了物联网技术在智慧军营中应用的深度和范围。

随着军事无线通信加密技术和应用机制的成熟，移动联网技术，如短距离无线通信技术中的蓝牙通信技术、Zigbee 通信技术、5G 通信技术等将会在智慧军营建设中得到更广泛的应用，使得军营中设施设备的监测、安全防范系统的部署、环境监测等许多信息系统的构建发生较大的变化，使得结构更丰富，部署更灵活，使用更方便。

参考文献

[1]《安全防范工程技术规范》GB 50348—2004.

[2]《建筑物电子信息系统防雷技术规范》GB50343—2015.

[3]《安全防范系统供电技术要求》GB/T15408—2011.

[4]《民用闭路监视电视系统工程技术规范》GB50198—2011.

[5]《视频安防监控系统工程设计规范》GB 50395—2007.

[6]《视频安防监控系统技术要求》GA/T 367—2001.

[7]《出入口控制系统工程设计规范》GB 50396—2007.

[8]《出入口控制系统技术要求》GA/T 394—2002.

[9]《入侵报警系统工程设计规范》GB 50394—2007.

[10]《入侵报警系统技术要求》GA/T 368—2016.

[11]《数据中心设计规范》GB50174—2017.

[12]《安全防范视频监控联网系统信息传输、交换、控制技术要求》GB/T 28181—2016.

[13]《综合布线系统工程设计规范》GB 50311—2016.

[14]《电工电子产品应用环境条件　无气候防护场所使用》GB 4798.4.

[15]《跨区域视频监控联网共享技术规范》DB33/T629—2007.

[16]《信息技术　开放系统互连　网络层安全协议》GB/T17963—2000.

[17]《信息安全技术　网络基础安全技术要求》GB/T20270—2006.

[18]《电子信息系统机房设计规范》GB50174—2008.

[19]《安全防范工程技术规范》GB50348—2004.

[20]《入侵报警系统工程设计规范》GB50394—2007.

[21]《视频安防监控系统工程设计规范》GB50395—2007.

[22]《出入口控制系统工程设计规范》GB50396—2007.

[23]《公共广播系统工程设计规范》GB50526—2010.

[24]《电子信息系统机房设计规范》GB50174—2008.

[25] 丁雪．外国军队基地研究［C］．北京：国防工业出版社，2009.

[26] 董玉杰，梅全亭．外军基建营房信息化建设及对我军的启示［J］．中国储运，2012（2）：125-127.

[27] 陈都、曹巨辉、张翼超．美军新军事变革对营房保障设施建设的牵引作用［J］．后勤学术，2014，2：111.

[28] 章云，许锦标．建筑智能化系统［M］．北京：清华大学出版社，2007.

[29] 张振昭，许锦标．楼宇智能化技术［M］．2 版．北京：机械工业出版社，2003.

[30] 程大章．智能建筑楼宇自控系统［M］．北京：中国建筑工业出版社，2005.

[31] 程大章．智能建筑工程设计与实施［M］．上海：同济大学出版社，2001.

[32] 全国智能建筑技术情报网，等．建筑智能化技术招标书范本［M］．北京：中国电力出版

社，2005.
[33] 董春桥．智能建筑自控网络［M］．北京：清华大学出版社，2008.
[34] 王锦标．计算机控制系统［M］．北京：清华大学出版社，2004.
[35] 高传善，毛迪林，曹袖．数据通信与计算机网络［M］.2 版．北京：高等教育出版社，2004.
[36] 戴瑜兴．建筑智能化系统工程设计［M］．北京：中国建筑工业出版社，2005.
[37] 张振昭，谷刚，曾珞亚．建筑影音应用系统［M］．北京：机械工业出版社，2004.
[38] 张九根，丁玉林．智能建筑工程设计［M］．北京：中国电力出版社，2007.
[39] 陆伟良．实用楼宇管理自动化控制工程［M］．南京：东南大学出版社，2008.
[40] 陈在平，岳有军．工业控制网络与现场总线技术［M］．北京：机械工业出版社，2006.
[41] 孙晓豪．智能建筑系统集成［M］．北京：中国电力出版社，2005.
[42] 中元国际工程设计研究院．电气设计 50［M］．北京：机械工业出版社，2005.
[43] 中元国际工程设计研究院．暖通空调设计 50［M］．北京：机械工业出版社，2005.
[44] 秦兆海，周鑫华．智能楼宇技术设计与施工［M］．北京：清华大学出版社，2003.
[45] 张端武．智能建筑的系统集成及其工程实施［M］．北京：清华大学出版社，2005.
[46] 秦兆海，周鑫华．智能楼宇安全防范系统［M］．北京：清华大学出版社，2005.
[47] 中国建筑设计研究院机电院，等．智能建筑电气技术精选［M］．北京：中国电力出版社，2005.
[48] 万建武．空气调节［M］．北京：科学出版社，2006.
[49] 刘泽祥．现场总线技术［M］．北京：机械工业出版社，2005.
[50] 高阳．计算机网络原理与实用技术［M］．北京：电子工业出版社，2005.
[51] 关桂霞，周淑秋，徐远超．网络系统集成教程［M］．北京：电子工业出版社，2004.
[52] 刘军明．弱电系统集成［M］．北京：科学出版社，2005.
[53] 陈龙．智能建筑安全防范及保障系统［M］．北京：中国建筑工业出版社，2003.
[54] 张勇．智能建筑设备自动化原理与技术［M］．北京：中国电力出版社，2006.
[55] 冯冬芹，黄文君，等．工业通信网络与系统集成［M］．北京：机械工业出版社，2005.
[56] 曲丽萍，王修岩．楼宇自动化系统［M］．北京：中国电力出版社，2004.
[57] 韩江洪，等．智能家居系统与技术［M］．合肥：合肥工业大学出版社，2005.
[58] 沈晔．楼宇自动化技术与工程［M］．北京：机械工业出版社，2005.
[59] 谢秉正．建筑智能化系统监理手册［M］．南京：江苏科学技术出版社，2003.
[60] 郎禄平．建筑自动消防工程［M］．北京：中国建筑工业出版社，2006.
[61] 张公忠，郭维钧，等．现代智能建筑技术［M］．北京：中国建筑工业出版社，2004.
[62] 董春利．建筑智能化系统［M］．北京：机械工业出版社，2006.
[63] 杨连武．火灾报警及联动控制系统施工［M］．北京：电子工业出版社，2006.
[64] 戴绍基．建筑供配电技术［M］．北京：机械工业出版社，2005.
[65] 胡道元．智能建筑计算机网络工程［M］．北京：清华大学出版社，2002.
[66] 段培永，齐保良．智能建筑计算机网络［M］．北京：人民交通出版社，2002.
[67] 孙宇翔，邢建春．军港勤务保障智能决策支持系统［C］．四川兵工学报，2010，31（8）：85－77，112.